安徽省中等职业学校
对口招生考试总复习·数学

答 案 全 析

北京师范大学出版集团
BEIJING NORMAL UNIVERSITY PUBLISHING GROUP
安 徽 大 学 出 版 社

第1章　集合

基础知识巩固

一、选择题

1.C　2.A　3.D

4.C 解析：根据含有 n 个元素的集合有 2^n-1 个真子集，将 $n=3$ 代入可求得答案.

5.B 解析：这是一个点集，不能误认为是数集，一个有序实数对就是一个点，故这个集合只含2个元素.

6.C　7.C　8.C　9.B　10.D　11.D

二、填空题

12.$\{1,2,3,4,5\}$

13.$\{-1\}$ 解析：这道题的关键是要抓住 $x^2\in A$，然后再分析讨论得出 $x^2=1$ 或 $x^2=x$，解得 $x=\pm1$，或 $x=0$，经检验只有 $x=-1$ 符合题意.　14.$x\neq3$ 且 $x\neq-1$.

15.$\{0,2,4\}$　16.$m\geqslant5$　17.$B\subsetneqq A$

三、解答题

18.解：$\because -3\in\{a-3,2a-1,a^2-4\}$，$\therefore a-3=-3$ 或 $2a-1=-3$ 或 $a^2-4=-3$，$\therefore a=0$ 或 $a=-1$ 或 $a=1$，$\because$ 当 $a=-1$ 时不满足元素的互异性，应舍去，故 $\therefore a=0$ 或 $a=1$.

19.解：$U=\{x\in\mathbf{N}\mid x<8\}=\{0,1,2,3,4,5,6,7\}$，

$A\cap B=\{1,2,3,4,5\}\cap\{0,2,3,4,7\}=\{2,3,4\}$；

$A\cup B=\{1,2,3,4,5\}\cup\{0,2,3,4,7\}=\{0,1,2,3,4,5,7\}$，

$\complement_U A=\{0,6,7\}$，$\complement_U B=\{1,5,6\}$，$(\complement_U A)\cup(\complement_U B)=\{0,1,5,6,7\}$.

20.解：$A\cap B=\{x\mid x>1\}\cap\{x\mid -2\leqslant x\leqslant4\}=\{x\mid 1<x\leqslant4\}$，$\complement_U A=\{x\mid x\leqslant1\}$，$(\complement_U A)\cap B=\{x\mid x\leqslant1\}\cap\{x\mid -2\leqslant x\leqslant4\}=\{x\mid -2\leqslant x\leqslant1\}$.

21.解：$\because M=N$，$\therefore \begin{cases}x=x,\\ x-1=0,\\ \dfrac{y}{x}=1,\end{cases}$或$\begin{cases}x=x,\\ x-1=1,\\ \dfrac{y}{x}=0,\end{cases}$ $\therefore\begin{cases}x=1,\\ y=1,\end{cases}$或$\begin{cases}x=2,\\ y=0,\end{cases}$ $\because$ 当$\begin{cases}x=1,\\ y=1\end{cases}$时不满足元素的互异性，应舍去，故$\begin{cases}x=2,\\ y=0.\end{cases}$

22.解：$\because A\cap B=B$，$\therefore B\subseteq A$，$\therefore m-2\geqslant6$，$\therefore m\geqslant8$.

能力强化提高

一、选择题

1.D　2.B　3.A

4.C 解析：根据题意可知 -2 和 5 是方程 $x^2+ax+b=0$ 的两根，由根与系数的关系

可得$\begin{cases}-2+5=-a,\\-2\times5=b,\end{cases}$故 $a=-3,b=-10$,故 $a+b=-13$.

5. B 6. D 7. D 8. D

9. C 解析:根据题意可知,$3-x$ 能被 6 整除,故 $3-x=6$ 或 $3-x=3$ 或 $3-x=2$ 或 $3-x=1$,从而解得 $x=-3$ 或 0 或 1 或 2.

10. A 11. D

二、填空题

12. 3 13. $\{2,1,0\}$ 14. $\{x|-4\leqslant x\leqslant 2\}$ 15. $\{0,2,4\}$ 16. 充分

三、解答题

17. 解:$M=\{x|x^2-5x+6=0\}=\{2,3\}$,$\because M\supsetneqq N$,$\therefore N=\varnothing$或 $N=\{2\}$或 $N=\{3\}$. 当 $N=\varnothing$时,$a=0$;当 $N=\{2\}$时,$a=\frac{3}{2}$;当 $N=\{3\}$时,$a=1$,综上所述 a 的值为 0 或$\frac{3}{2}$或 1.

18. 解:$\because A\cap B=\{2\}$,$\therefore 2\in B$,$\therefore$ $a-3=2$ 或 $a-1=2$ 或 $a^2+1=2$,
$\therefore a=5$ 或 $a=3$ 或 $a=1$ 或 $a=-1$. $\because$当 $a=1$ 时不满足元素的互异性,应舍去,故 a 的值为 5 或 3 或-1.

19. 解:设两项都及格的人数为 x,则$(35-x)+(26-x)+x+5=60$,解得 $x=6$. 故两项都及格的人数为 6.

20. 解:$A=\{x|x^2+2x-3=0\}=\{-3,1\}$,$\Delta=(-m)^2-4(m-1)=m^2-4m+4=(m-2)^2$,当$\Delta=0$,即 $m=2$ 时,$B=\{x|x^2-2x+1=0\}=\{1\}$,此时 $B\subseteq A$,符合题意;当$\Delta>0$,即 $m\neq 2$ 时,根据题意得 $B=A=\{-3,1\}$,根据根与系数的关系得 $\begin{cases}-3+1=m,\\-3\times1=m-1,\end{cases}$解得 $m=-2$,综上所述 m 的取值为 2 或-2.

考试真题体验

1. B 2. A 3. B 4. B 5. C 6. A

第 2 章 不等式

第 1 节 不等式的性质

基础知识巩固

一、选择题

1. B 2. B 3. D

4. B 解析:$\because x^2+1>0$,$\therefore (x^2+1)(x-1)>0\Leftrightarrow x-1>0$. 5. D 6. D

7. C 解析:$\because 2<y<5$,$\therefore -5<-y<-2$. 由不等式的同向可加性得$-4<x-y<1$.

8. B 9. D 10. B 11. A 12. A

二、填空题

13. $<$　14. $(-2,0)$ 解析：$\because -1<a<1,-1<-b<1,\therefore -2<a-b<2$. 又$\because a<b$，$\therefore a-b<0$，从而得$-2<a-b<0$.　15. $>$　16. 充分不必要

三、解答题

17. 解：$\because a^2+b^2+3-(2a-2b)$

$=a^2+b^2+3-2a+2b$

$=(a-1)^2+(b+1)^2+1>0$

$\therefore a^2+b^2+3>2a-2b$

18. 解：$a-b=\sqrt{13}-\sqrt{11}-(\sqrt{7}-\sqrt{5})=\dfrac{2}{\sqrt{13}+\sqrt{11}}-\dfrac{2}{\sqrt{7}+\sqrt{5}}$

$\because \sqrt{13}+\sqrt{11}>\sqrt{7}+\sqrt{5}$，$\therefore \dfrac{2}{\sqrt{13}+\sqrt{11}}<\dfrac{2}{\sqrt{7}+\sqrt{5}}$，$\therefore a-b<0$，即 $a<b$.

19. 解：$\because a>0,b>0,\therefore a+b-\sqrt{ab}=(\sqrt{a})^2+(\sqrt{b})^2-\sqrt{ab}=(\sqrt{a}-\sqrt{b})^2+\sqrt{ab}>0$，

$\therefore a+b>\sqrt{ab}$.

20. 解：设$\triangle ABC$的第三边长为x，则由三角形的性质得

$\begin{cases}9+4>x,\\9-4<x,\end{cases}$ $\therefore 5<x<13$，即第三边的取值范围为$(5,13)$.

21. 证明：$\because a\neq b,\therefore a^2-(2ab-b^2)=a^2-2ab+b^2=(a-b)^2>0$，

$\therefore a^2>2ab-b^2$.

22. 证明：$\because x^2+2x+2=(x+1)^2+1$，且当 $x\in\mathbf{R}$ 时，$(x+1)^2+1>0$

$\therefore x^2+2x+2>0$.

能力强化提高

一、选择题

1. B　2. B

3. D 解：$a=\sqrt{2}=\dfrac{4}{2\sqrt{2}}$，$b=\sqrt{7}-\sqrt{3}=\dfrac{4}{\sqrt{7}+\sqrt{3}}$，$c=\sqrt{6}-\sqrt{2}=\dfrac{4}{\sqrt{6}+\sqrt{2}}$，

$\because 2\sqrt{2}<\sqrt{6}+\sqrt{2}<\sqrt{7}+\sqrt{3}$，$\therefore \dfrac{1}{2\sqrt{2}}>\dfrac{1}{\sqrt{6}+\sqrt{2}}>\dfrac{1}{\sqrt{7}+\sqrt{3}}$，

$\therefore \dfrac{4}{2\sqrt{2}}>\dfrac{4}{\sqrt{6}+\sqrt{2}}>\dfrac{4}{\sqrt{7}+\sqrt{3}}$.

4. A　5. B　6. D　7. D　8. D　9. C　10. D

二、填空题

11. $>$　12. $>$　13. 小于-8　14. $a\geqslant 8$

三、解答题

15. 解：对任意实数 a、b，$\because a^2+b^2-\dfrac{5}{3}ab=a^2-\dfrac{5}{3}ab+\left(\dfrac{5}{6}b\right)^2-\left(\dfrac{5}{6}b\right)^2+b^2$

$=(a-\frac{5}{6}b)^2+\frac{11}{36}b^2\geqslant 0$，$\therefore a^2+b^2\geqslant\frac{5}{3}ab$.

16. 证明：对任意实数 x，$\because 2x^2-3x+5=2(x^2-\frac{3}{2}x)+5=2(x-\frac{3}{4})^2+\frac{31}{8}>0$，

$\therefore 2x^2-3x+5>0$.

17. 解：对任意实数 x、y，$\because x^2-xy+y^2-(xy-1)=x^2-2xy+y^2+1=(x-y)^2+1>0$，

$\therefore x^2-xy+y^2>xy-1$.

18. 解：当 $x>5$ 时，$M-N=\sqrt{x-4}-\sqrt{x-5}-(\sqrt{x-2}-\sqrt{x-3})$

$=\frac{1}{\sqrt{x-4}+\sqrt{x-5}}-\frac{1}{\sqrt{x-2}+\sqrt{x-3}}$

$\because \sqrt{x-4}+\sqrt{x-5}<\sqrt{x-2}+\sqrt{x-3}$

$\therefore \frac{1}{\sqrt{x-4}+\sqrt{x-5}}>\frac{1}{\sqrt{x-2}+\sqrt{x-3}}$

$\therefore M-N>0$，$\therefore M>N$.

19. 解：$\because 0<a<b$，且 $a+b=1$，$\therefore b-a>0$，$a=1-b$，

$\therefore b-(a^2+b^2)=b-a^2-b^2=b(1-b)-a^2=ba-a^2=a(b-a)>0$，

$\therefore b>a^2+b^2$.

20. 证明：$\frac{x}{y^2}+\frac{y}{x^2}-(\frac{1}{x}+\frac{1}{y})=$

$\frac{x^3+y^3}{x^2y^2}-\frac{x+y}{xy}=\frac{x^3+y^3-(x+y)xy}{x^2y^2}=\frac{(x+y)(x^2-xy+y^2)-(x+y)xy}{x^2y^2}$

$=\frac{(x+y)(x-y)^2}{x^2y^2}$

$\because x>0,y>0$，$\therefore \frac{(x+y)(x-y)^2}{x^2y^2}\geqslant 0$，$\therefore \frac{x}{y^2}+\frac{y}{x^2}\geqslant\frac{1}{x}+\frac{1}{y}$.

考试真题体验

1. 解：当 $x\in\mathbf{R}$ 时，$\because x^2+x-1-3(x-1)=x^2-2x+2=(x-1)^2+1>0$，

$\therefore x^2+x-1>3(x-1)$.

2. 解：$\because b>a\geqslant 0,m>0$，$\therefore \frac{a+m}{b+m}-\frac{a}{b}=\frac{m(b-a)}{b(b+m)}>0$，$\therefore \frac{a+m}{b+m}>\frac{a}{b}$.

3. B　4. A

第 2 节　不等式的解法

基础知识巩固

一、选择题

1. A

2. D 解析：$\because x^2-4x+4=(x-2)^2\geqslant 0$ $\therefore x^2-4x+4\leqslant 0$ 的解集为 $\{2\}$.

3. C　4. C　5. B　6. C　7. A　8. B　9. B　10. C　11. D

12. B 解析：$\because x^2-x+2=(x-\frac{1}{2})^2+\frac{7}{4}>0$，$\therefore (x^2-x+2)(x^2-1)<0\Leftrightarrow x^2-1<0$.

二、填空题

13. $(-\infty,-1)\cup(1,+\infty)$　14. $(-2,1)$　15. $(1-\sqrt{2},1+\sqrt{2})$　16. $(-4,+\infty)$

三、解答题

17. 解：解方程 $x^2+2x-3=0$ 得 $x_1=-3,x_2=1$，故 $x^2+2x-3\leqslant 0\Leftrightarrow -3\leqslant x\leqslant 1$；又由 $|3-4x|>1$ 得 $4x-3<-1$ 或 $4x-3>1$ $\therefore x<\frac{1}{2}$ 或 $x>1$，$\therefore$ 原不等式组的解集为 $[-3,\frac{1}{2})$.

18. 解：由 $|3-2x|<5$ 得 $|2x-3|<5$，$\therefore -5<2x-3<5$，$\therefore -1<x<4$. $\because x$ 取整数，$\therefore$ 原不等式的整数解集为 $\{0,1,2,3\}$.

19. 解：$\because$ 方程 $x^2-x-2=0$ 的解为 $x_1=-1,x_2=2$，$\therefore$ 不等式 $x^2-x-2\leqslant 0$ 的解集为 $[-1,2]$，即 $A=[-1,2]$. $\because A\cap B=\varnothing,B\neq\varnothing$，$\therefore a\geqslant 2$ 或 $1+a\leqslant -1$，$\therefore a\leqslant -2$ 或 $a\geqslant 2$，$\therefore a$ 的取值范围为 $(-\infty,-2]\cup[2,+\infty)$.

20. 解：由题意得 $(-a)^2-4\times 1\times(a+3)\geqslant 0$，解得 $a\leqslant -2$ 或 $a\geqslant 6$，$\therefore a$ 的取值范围为 $(-\infty,-2]\cup[6,+\infty)$.

21. 解：由题意可知 $x_1=1$ 或 $x_2=2$ 是方程 $x^2+bx+c=0$ 的两根，从而得 $\begin{cases}b+c=-1,\\2b+c=-4,\end{cases}$ 解得 $b=-3,c=2$.

22. 解：由题意得 $k^2-4\times 1\times 2\leqslant 0$，整理得 $k^2-8\leqslant 0$. 解这个不等式，得 $-2\sqrt{2}\leqslant k\leqslant 2\sqrt{2}$. 故 k 的取值范围为 $[-2\sqrt{2},2\sqrt{2}]$.

能力强化提高

一、选择题

1. B 解析：$\because x^2+4x+4=(x+2)^2\geqslant 0$，且当 $x\neq -2$ 时，原不等式成立，$\therefore$ 答案选 B.

2. B　3. D　4. A　5. B

6. C 解析：$\because$ 原不等式的解集为空集，$\therefore$ 对应的二次函数的图像与 x 轴无交点或只有一个交点，

$\therefore$ 对应的一元二次方程的根的判别式 $\Delta\leqslant 0$，从而求得 $a\geqslant 1$.

7. B　8. A　9. A

10. C 解析：由 $(x-1)^2x\leqslant 0$ 得 $\begin{cases}(x-1)^2\geqslant 0\\x\leqslant 0\end{cases}$ 或 $\begin{cases}(x-1)^2\leqslant 0,\\x\geqslant 0,\end{cases}$ $\therefore x\leqslant 0$ 或 $x=1$.

二、填空题

11. 1　12. $[0,2]$

13. $\varnothing$ 解析：因为对任意实数 x，$|3x-5|\geqslant 0$，所以原不等式的解集为空集.

14. $\left\{x\,\middle|\,x\neq -\frac{1}{2}\right\}$.

三、解答题

15. 解：(1)由 $|x^2-3x|>4$ 得 $x^2-3x<-4$ 或 $x^2-3x>4$，整理得 $x^2-3x+4<0$ 或 $x^2-3x-4>0$. 因为 $\Delta=(-3)^2-4\times1\times4=-7<0$，所以不等式 $x^2-3x+4<0$ 的解集为 $\varnothing$. 又由 $x^2-3x-4=0$ 得 $x_1=-1$，$x_2=4$，所以不等式 $x^2-3x-4>0$ 的解集为 $(-\infty,-1)\cup(4,+\infty)$. 所以原不等式的解集为 $(-\infty,-1)\cup(4,+\infty)$.

(2)有原不等式得 $\begin{cases}3x-2<0\\-(3x-2)>2x+1\end{cases}$ 或 $\begin{cases}3x-2\geqslant0,\\3x-2>2x+1,\end{cases}$ 解得 $x<\frac{1}{5}$ 或 $x>3$，所以原不等式的解集为 $(-\infty,\frac{1}{5})\cup(3,+\infty)$.

16. 解：由题意得 $(m-1)^2-4\times1\times2\geqslant0$，化简得 $m^2-2m-7\geqslant0$，解方程 $m^2-2m-7=0$，得 $m_1=1-2\sqrt{2}$，$m_2=1+2\sqrt{2}$，故不等式 $m^2-2m-7\geqslant0$ 的解集为 $(-\infty,1-2\sqrt{2})\cup(1+2\sqrt{2},+\infty)$，即所求 m 的取值范围为 $(-\infty,1-2\sqrt{2})\cup(1+2\sqrt{2},+\infty)$.

17. 解：由题意得 $x_1=2$，$x_2=3$ 是方程 $x^2-mx+6=0$ 的根，$\therefore m=5$，从而得 $2x^2+5x+3>0$. 由方程 $2x^2+5x+3=0$ 得 $x_1=-\frac{3}{2}$，$x_2=-1$，$\therefore$ 不等式 $2x^2+5x+3>0$ 的解集为 $(-\infty,-\frac{3}{2})\cup(-1,+\infty)$.

18. 解：由题意得 $\begin{cases}a^2-1<0,\\[-(a-1)]2-4(a^2-1)(-1)<0,\end{cases}$ 化简得 $\begin{cases}a^2-1<0,\\5a^2-2a-3<0.\end{cases}$ 由 $a^2-1<0$ 得 $-1<a<1$；由 $5a^2-2a-3<0$ 得 $-\frac{3}{5}<a<1$，故实数 a 的取值范围为 $(-\frac{3}{5},1)$.

19. 解：由 $|x-a|<b$ 得 $a-b<x<a+b$，从而得 $\begin{cases}a-b=-5,\\a+b=2,\end{cases}$ 解得 $a=-\frac{3}{2}$，$b=\frac{7}{2}$.

20. 解：由 $x^2-5x-6=0$ 得 $x_1=-1$，$x_2=6$，$\therefore$ 不等式 $x^2-5x-6<0$ 的解集为 $(-1,6)$，即 $A=(-1,6)$；由 $|1-2x|>1$ 得 $1-2x>1$ 或 $1-2x<-1$，整理得 $x<0$ 或 $x>1$，$\therefore B=(-\infty,0)\cup(1,+\infty)$，$\therefore A\cap B=(-1,0)\cup(1,6)$.

考试真题体验

1. C　2. A　3. D

4. 解：解方程 $x^2-5x-6=0$ 得 $x_1=-1$，$x_2=6$，$\therefore$ 不等式 $x^2-5x-6<0$ 的解集为 $(-1,6)$. 由 $1+2x>3(x-1)$ 得 $x<4$，
$\therefore$ 不等式 $1+2x>3(x-1)$ 的解集为 $(-\infty,4)$，$\therefore$ 原不等式组的解集为 $(-1,4)$.

第3章　函数

第1节　不等式的性质

基础知识巩固

一、选择题

1.B 解析:A中两个函数的对应法则不同;B中两函数定义域和对应法则都相同;C中两函数定义域不同,前者为$\{x|x\in\mathbf{R}\}$,后者为$\{x|x\geqslant 0\}$;D中两函数对应法则不同,后者可化为$y=|x|$,故答案选B.

2.D　3.C　4.B　5.D　6.A

7.C 解析:A为偶函数;B为非奇非偶函数,因为函数定义域为$\{x|x\geqslant 0\}$,不关于原点对称;C为奇函数;D是非奇非偶函数,故选C.

8.A

9.A 解析:因为$0^2+m=1$,所以$m=1$,故选A.

10.C

11.B 解析:只要判断哪个选项为偶函数就行了,A为奇函数;B为偶函数;C为非奇非偶函数;D为非奇非偶函数.

12.C 解析:令$x-1=3$,则$x=4$所以$f(3)=4+1=5$.

二、填空题

13.$\{x|x\neq -5\}$　14.-5 解析:若函数$y=x^2+(b+5)x$是偶函数,则$b+5=0$,所以$b=-5$.　15.0　16.$f(x)=-x^2$或$f(x)=-|x|$(答案不唯一).

三、解答题

17.解:(1)要使$y=\dfrac{\sqrt{2-x}}{x-1}$有意义,必须满足$\begin{cases}2-x\geqslant 0,\\x-1\neq 0,\end{cases}$得$\begin{cases}x\leqslant 2,\\x\neq 1,\end{cases}$所以函数定义域为$\{x|x\leqslant 2且x\neq 1\}$.

(2)要使$y=\log_2(x^2-1)$有意义,必须满足$x^2-1>0$得$x>1$或$x<-1$,所以函数定义域或为$\{x|x>1或x<-1\}$.

18.解:$f(2)=\dfrac{2\times 2^2-4}{2-1}=4$;

$f[f(0)]=f(4)=\dfrac{2\times 4^2-4}{4-1}=\dfrac{28}{3}$.

19.解:$\because f(-2)=a(-2)^3-2b+1=8$,$\therefore 8a+2b=-7$,
$\therefore f(2)=8a+2b+1=-7+1=-6$.

20.解:任取$x_1,x_2\in(0,+\infty)$,且$x_1<x_2$,

则$f(x_1)-f(x_2)=\dfrac{1}{x_1}+3-(\dfrac{1}{x_2}+3)=\dfrac{x_2-x_1}{x_1\cdot x_2}$,

$\because x_1<x_2$　$\therefore x_2-x_1>0$,

又∵$x_1 \cdot x_2>0$ ∴$f(x_1)-f(x_2)>0$ 即 $f(x_1)>f(x_2)$，

∴函数 $f(x)=\frac{1}{x}+3$ 在$(0,+\infty)$上是减函数.

21. 解：函数 $f(x)=x^2+2$ 定义域为 **R**，关于坐标原点对称，

又∵$f(-x)=(-x)^2+2=x^2+2=f(x)$，

∴$f(x)=x^2+2$ 是偶函数.

22. 由题知 $f(-x)-g(-x)=\frac{2}{-x-2}$，

∵$f(x)$是偶函数，$g(x)$是奇函数，

∴$f(x)-g(x)=\frac{2}{-x-2}$①

又∵$f(x)+g(x)=\frac{2}{x-2}$②

由①②联立成方程组可得$\begin{cases} f(x)=\frac{8}{x^2-4}, \\ g(x)=\frac{4x}{x^2-4}. \end{cases}$

能力强化提高

一、选择题

1. D 2. D 3. C 4. D 5. A 6. C

7. A 解析：∵$f(x)$的定义域 $M=(-\infty,2]\cup[3,+\infty)$，
$g(x)$的定义域 $N=[3,+\infty)$ ∴$M\supseteq N$，故选 A.

8. B 解析：∵$f(-2)=(-2)^5+(-2)^3b+(-2)c-8=10$，

∴$-2^5-2^3b-2c=18$，

∴$2^5+2^3b+2c=-18$，∴$f(2)=2^5+2^3b+2c-8=-18-8=-26$，故选 B.

9. B 10. D

二、填空题

11. $(-\infty,-3]$ 12. $f(2)<f(3)<f(-\pi)$ 13. 53

14. $[1,5]$ 解析：由 $2-|3-x|\geqslant 0$ 得$|3-x|\leqslant 2-2\leqslant x+3\leqslant 2$，∴$1\leqslant x\leqslant 5$，
∴函数 y 的定义域为$[1,5]$.

15. -1 解析：令 $x<0$ 则$-x>0$∴$f(-x)\log_3(-x+1)$∴$-f(x)=\log_3(-x+1)$，

∴$f(x)=-\log_3(-x+1)$，∴$f(-2)=-\log_3{}^3=-1$.

16. $f(x)=x^2-2(x\geqslant 2$ 或 $x\leqslant -2)$ 解析：由 $f\left(x+\frac{1}{x}\right)=\left(x+\frac{1}{x}\right)^2-2$，
得 $f(x)=x^2-2$，又∵$x+\frac{1}{x}\geqslant 2$ 或 $x+\frac{1}{x}\leqslant -2$，∴$f(x)=x^2-2$ $(x\geqslant 2$ 或 $x\leqslant -2)$.

三、解答题

17. 解：∵函数 $f(x)$是奇函数，∴$f(-x)=-f(x)$，∴$\frac{2^{-x}-a}{2^{-x}+1}=-\frac{2^x-a}{2^x+1}$，

解得 $a=1$.

18. 解:由$\begin{cases}x^2-1>0,\\x-3\neq0,\\x-2\geqslant0,\end{cases}$得 $x\geqslant2$ 且 $x\neq3$,所以函数的定义域为$[2,3)\cup(3,+\infty)$.

19. 解:任取 $x_1,x_2,\in(-\infty,0)$,且 $x_1<x_2$,

则 $f(x_1)-f(x_2)=1-\frac{1}{x_1}-(1-\frac{1}{x_2})=-\frac{1}{x_1}+\frac{1}{x_2}=\frac{x_1-x_2}{x_1\cdot x_2}$,

$\because x_1<x_2$,$\therefore x_1-x_2<0$,又$\because x_1\cdot x_2>0$,$\therefore f(x_1)-f(x_2)<0$, 即 $f(x_1)<f(x_2)$,

$\therefore$函数 $f(x)=1-\frac{1}{x}$在$(-\infty,0)$上是增函数.

20. 解:$\because$ $f(1-m)+f(m^2-1)<0$,$\therefore f(1-m)<-f(m^2-1)$,

$\because f(x)$是定义域在$(-1,1)$上的奇函数,$\therefore -f(m^2-1)=f(1-m^2)$,

$\therefore f(1-m)<f(1-m^2)$,$\therefore\begin{cases}-1<1-m<1,\\-1<1-m^2<1,\\1-m>1-m^2,\end{cases}$解得:$1<m<\sqrt{2}$.

考试真题体验

一、选择题

1. C 2. B 3. D 4. A 5. A 6. D 7. A 8. C 9. D

二、解答题

10. 解:当 $x<0$ 时,$-x>0$,$\because f(x)$是奇函数,$\therefore f(-x)=-f(x)$,
所以 $f(x)=-f(-x)=-[2(-x)-(-x)^2]=2x+x^2$,故当 $x<0$ 时,$f(x)=2x+x^2$.

第 2 节　函数的实际应用

基础知识巩固

一、选择题

1. B 2. A 3. A

4. B 解析:根据一次函数性质可知:当 $3m+2>0$ 时,$f(x)$在 R 上时增函数,所以 $m>-\frac{2}{3}$,故选 B.

5. B 解析:由对称轴为直线 $x=3$ 可知:$-\frac{-2(2a+1)}{2a}=3$,解得 $a=1$,
所以 $y=x^2-6x+2$,故当$x=2$ 时,$y=2^2-6\times2+2=-6$,故选 B.

6. C 7. A 8. A 9. A

10. C 解析:由 $y=x^2+4x+m$ 得 $y=(x+2)^2-4+m$,当 $x=-2$ 时,y 有最小值为 $m-4$,即 $m-4=2$,所以 $m=6$,故选 C.

11. C 12. D

二、填空题

13. 0 14. -1 15. 5 解析:设降价 x 元,依题知:利润 $y=(35-x)(100+4x)$

$=-4x^2+40x+3500=-4(x-5)^5+3600$，当 $x=5$ 时，y 有最大值 3600 元.

16. $y=-x^2+2x$（答案不唯一）.

三、解答题

17. 解：$y=-2(x-2)^2+11$

(1)函数图像的开口方向向下，对称轴方程：$x=2$，顶点坐标为(2,11)；

(2)函数最大值 $y_{max}=11$；

(3)函数的增区间：$(-\infty,2)$，减区间$[2,+\infty)$.

18. 解：(1)函数定义域为 **R**；

(2)$f(1)=-2\times1+3=1$，$f(0)=0^2-1=-1$，$f(-1)=(-1)^2-1=0$；

(3)图像(略).

19. 解：函数 $y=x^2+(2a+1)x+3$ 在区间$(-\infty,-2]$上是单调递减的，

又∵函数的对称轴方程为 $x=-\dfrac{2a+1}{2\times1}=-\dfrac{2a+1}{2}$，∴$-\dfrac{2a+1}{2}\geqslant-2$，解得 $a\leqslant\dfrac{3}{2}$.

20. 解：(1)当 $0\leqslant x\leqslant100$ 时，$y=\dfrac{13}{20}x$，$x\geqslant100$ 时，$y=\dfrac{4}{5}x-15$；

(2)当 $x=62$ 时，$y=\dfrac{13}{20}\times62=40.3$(元)；

(3)若该用户某月缴纳费 105 元，即$\dfrac{4}{5}x-15=105$，则 $x=150$(度).

21. 解：设二次函数的解析式为 $y=a(x-1)^2+3$，则 $a(3-1)^2+3=-1$，解得 $a=-1$.
所以二次函数的解析式为 $y=-(x-1)^2+3$ 即 $y=-x^2+2x+2$.

22. 解：设每天从报社买进 x 份报纸是每月所获得的利润最大，所获利润为 y，分析题意可以看出，$250\leqslant x\leqslant400$. 故可以列出下表：

	数量(份)	价格/元	金额/元
买进	$30x$	0.20	$6x$
卖出	$20x+10\times250$	0.30	$6x+750$
退回	$10(x-250)$	0.08	$0.8x-200$

则每月获利润

$y=[(6x+750)+(0.8x-200)]-6x=0.8x+550\quad(250\leqslant x\leqslant400)$，

y 在 $x\in[250,400]$上是一次函数，所以 $x=400$ 时，y 取得最大值 870 元.

答：每天从报社买进 400 份报纸时，每月获的利润最大，最大利润为 870 元.

能力强化提高

一、选择题

1. C 2. D

3. D 解析：由题知：对称轴方程为 $x=1$ ∴$-\dfrac{m-1}{2}=1$∴$m=-1$，故选 D.

4. B

5. A 解析：由题知：对称轴方程为 $x=1$，又∵$a=1>0$，∴选 A.

6. A 7. B 8. D 9. B 10. C

二、填空题

11. -5 12. 四

13. $f(x)=x^2-1$ 解析：∵$f(x-1)=x^2-2x=(x-1)^2-1$，∴$f(x)=x^2-1$.

14. $(-3,0)$，$(1,0)$ 15. $\pm\sqrt{3}$

16. $[-2,2]$ 解析：∵二次函数 $f(x)=x^2+kx+1$ 与 x 轴最多有一个交点，∴方程 $x^2+kx+1=0$ 最多有一个实数解，∴$\Delta=k^2-4\leqslant 0$，∴$-2\leqslant k\leqslant 2$.

三、解答题

17. 解：(1)∵$A(-2,0)$，$B(3,0)$，∴$|AB|=5$，又∵C 在 y 轴正半轴，$|AB|=|OC|$，∴C 点坐标为$(0,5)$.

(2)设二次函数解析式为 $y=a(x+2)(x-3)$，将点 $C(0,5)$代入上式得

$5=a(0+2)(0-3)$，解得 $a=-\frac{5}{6}$，所以函数解析式为 $y=-\frac{5}{6}(x+2)(x-3)$，

即 $y=-\frac{5}{6}x^2+\frac{5}{6}x+5$，函数最大值为$\frac{125}{24}$.

18. 解：(1)∵$x=-1$ 时，$f(x)$有最小值，∴$-\frac{2b}{2\times 2}=-1$，∴$b=2$，∴$f(x)=2x^2+4x+c$，

又∵$f(x)$的最小值为-8，∴$c=6$.

(2)∵$f(x)>0$，即 $2x^2+4x-6>0$，∴$x^2+2x-3>0$，

∴$f(x)>0$ 的解集为$(-\infty,-3)\cup(1,+\infty)$.

19. 解：(1)$y=\begin{cases}50x, & 0<x<10,\\ 45x, & 10\leqslant x<20,\\ 40x, & x\geqslant 20.\end{cases}$

(2)当 $x=15$ 时，$y=45\times 15=675$，当 $x=25$ 时，$y=40\times 25=1000$，

所以，购买 15 千克和 25 千克应支付的金额分别为 675 元和 1000 元.

20. 设靠墙的一边长为 xm，另一边长为 ym，则 $x+2y=20$，

即 $y=\frac{20-x}{2}$，菜地面积 $s=x\cdot y=x\cdot\frac{20-x}{2}$，

故 $s=-\frac{1}{2}x^2+10x=-\frac{1}{2}(x-10)^2+50$，当 $x=10$，$y=5$ 时，即长为 10m 宽为 5m 时，菜地的面积最大，最大面积为 50m^2.

考试真题体验

一、选择题

1. A 2. A

二、解答题

3. 解：(2) ∵ $f(x)$ 是定义域在 **R** 上的偶函数，∴ $f(-x)=f(x)$，
当 $x\in(-\infty,-1)$ 时，$-x\in(1,+\infty)$，∴ $f(x)=f(-x)=-x-1$；
当 $x\in[-1,0)$ 时，$-x\in(0,1]$，∴ $f(x)=f(-x)=-(-x)^2+1=-x^2+1$，

$$\therefore f(x)=\begin{cases}-x-1, x\in(-\infty,-1),\\ -x^2+1, x\in[-1,1],\\ x-1, x\in(1,+\infty).\end{cases}$$

(2) 当 $x\in(-\infty,-1)$ 时，$f(x)\geqslant mx-1$ 恒成立 $\Leftrightarrow -x-1\geqslant mx-1$ 恒成立 $\Leftrightarrow (m+1)x\leqslant 0$ 恒成立，

∴ $m\geqslant -1$；当 $x\in[-1,1]$ 时，$f(x)\geqslant mx-1$ 恒成立 $\Leftrightarrow -x^2+1\geqslant mx-1$ 恒成立 $\Leftrightarrow x^2+mx-2\leqslant 0$ 恒成立，∴ $\begin{cases}(-1)^2+m\times(-1)-2\leqslant 0,\\ 1^2+m\times 1-2\leqslant 0,\end{cases}$ 得 $-1\leqslant m\leqslant 1$；

当 $x\in(1,+\infty)$ 时，$f(x)\geqslant mx-1$ 恒成立 $\Leftrightarrow x-1\geqslant mx-1$ 恒成立 $\Leftrightarrow (1-m)x\geqslant 0$ 恒成立，∴ $m\leqslant 1$，

∴ 对任意 $x\in\mathbf{R}$ 时，$f(x)\geqslant mx-1$ 恒成立，就是同时满足上述各种情况 m 的取值范围，故 m 的取值范围是 $[-1,1]$.

4. 解：(1) ∵ $y=x^2+mx-2=(x+\frac{1}{2}m)^2-\frac{1}{4}m^2-2$ 且 y 的最小值为 -3，

∴ $-\frac{1}{4}m^2-2=-3$ 即 $m=\pm 2$；

(2) 当 $m=2$ 时，$y=(x+1)^2-3$，∴ 函数的单调递减增区间是 $[-1,+\infty)$；
当 $m=-2$ 时，$y=(x-1)^2-3$，∴ 函数的单调递减增区间是 $[1,+\infty)$.

5. 解：(1) 由题意得 $\begin{cases}-10^2+10b+c=1800,\\ -20^2+20b+c=3500,\end{cases}$ 解得 $b=200, c=-100$，

∴ $L=-x^2+200x-100$.

(2) 由 (1) 得 $L=-(x-100)^2+9900$，∴ 当 $x=100$ 时，L 有最大值 9900.
即产量是 100 件时，总利润最大，最大利润是 9900 元.

6. 解：(1) 由题意得 $-\frac{-2}{2m}=1$，∴ $m=1$，∵ 抛物线开口向上，对称轴是 $x=1$，

∴ 函数 $f(x)$ 的单调递减增区间是 $(1,+\infty)$.

(2) 由 (1) 得 $f(x)=x^2-2x+3=(x-1)^2+2$，

∵ $f(x)$ 在区间 $[0,1]$ 上单调递减，最大值是 $f(0)=3$；在区间 $[1,3]$ 上单调递增，最大值是 $f(3)=(3-1)^2+2=6$，由于 $f(3)>f(0)$，

∴ 函数 $f(x)$ 在区间 $[0,3]$ 上的最大值是 $f(3)=6$.

7. 解：(1) ∵ 函数 $f(x)$ 的图像经过点 $(0,-3)$，∴ $a-4=-3$，故 $a=1$，
所以函数 $f(x)$ 的解析式是 $f(x)=(x-1)^2-4$，即 $f(x)=x^2-2x-3$；

(2) ∵ $f(x)\leqslant 0$，∴ $(x-1)^2-4\leqslant 0$，即 $(x-1)^2\leqslant 4$，∴ $-2\leqslant x-1\leqslant 2$，$-1\leqslant x\leqslant 3$，故所

求 x 的取值范围是$[-1,3]$.

第 4 章　指数函数与对数函数

第 1 节　指数幂与指数函数

基础知识巩固

一、选择题

1.C　2.D

3.C 解析：$10^{a+2b}=10^a\times(10^b)^2=5\times9=45$，故选 C.

4.D 解析：幂函数 $y=x^{\frac{2}{3}}$ 在$(0,+\infty)$上单调增，$c=(\frac{1}{2})^{\frac{1}{3}}=(\frac{\sqrt{2}}{2})^{\frac{2}{3}}$，$\because \frac{1}{5}<\frac{1}{2}<\frac{\sqrt{2}}{2}$，

$\therefore (\frac{1}{5})^{\frac{2}{3}}<(\frac{1}{2})^{\frac{2}{3}}<(\frac{\sqrt{2}}{2})^{\frac{2}{3}}$ 即 $b<a<c$，故选 D.

5.C　6.B　7.B

8.A 解析：$\because 1-(\frac{1}{2})^x\geqslant0$，$\therefore (\frac{1}{2})^x\leqslant1$，即 $x\geqslant0$，故选 A.

9.A 解析：$\because \frac{1}{4}<2^x<16$，$\therefore 2^{-2}<2^x<2^4$ 即 $-2<x<4$，故选 A.　10.D

二、填空题

11.$(2,5)$　12.$>$

13.解析：$\because 2^x=8^{y+1}=2^{3y+3}$ $\therefore x=3y+3$，

又$\because 9^y=3^{x-9}=3^{2y}$，$\therefore x-9=2y$，$\therefore x=21$，$y=6$ 故 $x+y=27$.

14.$5^{-\frac{2}{3}}$　15.$(3,+\infty)$　16.$(-\infty,\frac{6}{5})$　17.$(-\infty,0]$，$(0,+\infty)$.

三、解答题

18.解：设 $f(x)=a^x$　$(a>0$ 且 $a\neq1)$，$\because$ 图像过$(2,\frac{1}{4})$，

$\therefore f(2)=a^2=\frac{1}{4}$，$a=\frac{1}{2}$或 $a=-\frac{1}{2}$(舍)，$\therefore f(x)=(\frac{1}{2})^x$，

$\therefore f(1)=\frac{1}{2}$，$f(-1)=2$ ，$f(3)=\frac{1}{8}$.

19.解：$2^{x^2-2x+3}<4^{x^2+x-1}$，$2^{x^2-2x+3}<2^{2(x^2+x-1)}$，$x^2-2x+3<2(x^2+x-1)$

$x^2-2x+3<2x^2+2x-2$，$x^2+4x-5>0$，$(x+5)(x-1)>0$

$\therefore x>1$ 或 $x<-5$，即不等式解集为$(-\infty,-5)\cup(1,+\infty)$.

20.解：原式$=(2^4)^{\frac{3}{4}}+[(-2)^5]^{\frac{1}{5}}+(10^{-3})^{\frac{1}{3}}+[(\frac{3}{2})^2]^{\frac{3}{2}}$

$$=2^3+(-2)+10+(\frac{3}{2})^2]^3=8-2+10+\frac{27}{8}=\frac{155}{8}.$$

21. 解：①$a>1$ 时，$f(x)_{\max}=f(1)=a$，$f(x)_{\min}=f(0)=1$，$\therefore a-1=\frac{1}{2}$，

$\therefore a=\frac{3}{2}$；②$0<a<1$ 时，$f(x)_{\max}=f(0)=1$，

$f(x)_{\max}=f(0)$，$\therefore 1-a=\frac{1}{2}$，$a=\frac{1}{2}$，$\therefore a=\frac{1}{2}$ 或 $a=\frac{3}{2}$.

22. 解：定义域为$(-\infty,+\infty)$关于原点对称，$\therefore x\in(-\infty,+\infty)$，

$\therefore -x\in(-\infty,+\infty)$，又$\because f(-x)=\frac{2^{-x}-1}{2^{-x}+1}=\frac{(2^{-x}-1)\cdot 2^x}{(2^{-x}+1)\cdot 2^x}=-f(x)$，

$\therefore f(x)=\frac{2^x-1}{2^x+1}$为奇函数.

能力强化提高

一、选择题

1. C　2. A　3. C　4. D

5. 解析：$f(8)=f(2^3)=2\times 3-1=5$，故选 B.

6. 解析：$\because 2^{x+1}>0$，$\therefore -2^{x+1}<0$，$\therefore 1-2^{x+1}<1$，故选 A.

7. 解析：原式$=|\cos 3-\sin 3|=\sin 3-\cos 3$，故选 B.

8. C　9. C　10. B

二、填空题

11. $(4,+\infty)$　12. $<$，$<$，$>$　13. $(1,-3)$

14. 解析：$\because f(x)=2^{-x^2+2x}$的单调性与 $y=-x^2+2x$ 的单调性相同，

$\therefore f(x)=2^{-x^2+2x}$的单调增区间是$(-\infty,1]$.　15. $(0,1)$　16 $-\frac{3}{2}$

三、解答题

17. 解：$9^x-6\times 3^x-27=0$，$(3^x)^2-6\times 3^x-27=0$，

$(3^x-9)(3^x+3)=0$，$3^x=9$ 或 $3^x=-3$，$x=2$.

18. 解：$\because f(x)=(a^2-2a-2)^x$ 在$(-\infty,+\infty)$上单调递增，

$\therefore a^2-2a-2>1$，$a^2-2a-3>0$，$(a-3)(a+1)>0$，

$\therefore a>3$ 或 $a<-1$.

19. 解：$\because 10^a=2$，$10^b=3$，$\therefore 10^{2a-3b}=\frac{10^{2a}}{10^{3b}}=\frac{(10^a)^2}{(10^b)^3}=\frac{2^2}{3^3}=\frac{4}{27}$.

20. 解：$\because y_1>y_2$，$\therefore a^{x-2}>a^{2x+1}$，$\therefore$ 当 $a>1$ 时，$x-2>2x+1$，$x<-3$；

$\therefore$ 当 $0<a<1$ 时，$x-2<2x+1$，$x>-3$.

考试真题体验

1. A　2. B　3. A　4. B　5. A

第 2 节　三角函数的图像及其性质

基础知识巩固

一、选择题

1. D

2. D 解析：$\log_{\frac{1}{2}}(x-1)\geqslant 0$ 且 $x-1>0$ $\therefore 0<x-1\leqslant 1$ 即 $1<x\leqslant 2$，故选 D.

3. A　4. D　5. A　6. C　7. D

8. A 解析：$\lg a-\lg b=\lg\dfrac{a}{b}=1$，$\therefore\dfrac{a}{b}=10$，故选 A.

9. C

10. C 解析：$\because\log_a a=2\log_a 2a$，$\therefore a=\dfrac{1}{4}$，故选 C.

二、填空题

11. $[5,+\infty)$　12. 3　13. 2　14. $x=-1$

15. 解析：$\log_6 2=\log_6\dfrac{6}{3}=1-\log_6 3=1-0.3869=0.6131$.　16. (1)$>$，(2)$<$

17. $(0,2)$.

三、解答题

18. 解：$\log_2(x^2-x)>\log_2(2x-2)$

$$\begin{cases}x^2-x>2x-2,\\x^2-x>0,\\2x-2>0,\end{cases}$$

$\therefore x>2$.

19. 解：$\lg 108=\lg(3^3\times 2^2)=\lg 3^3+\lg 2^2=3\lg 3+2\lg 2=3b+2a$.

20. 解：$\log[\log_2(\log_2 x)]=0$，$\log_2(\log_2 x)=1$，$\log_2 x=2$，$x=4$.

21. (1)解：要使上式有意义，则 $2x-4>0$，$x>2$，

$\therefore$函数的定义域为$(2,+\infty)$.

(2)解：要使上式有意义，则 $\lg(4x-3)\geqslant 0$，$4x-3\geqslant 1$，$4x\geqslant 4$，$x\geqslant 1$，

$\therefore$函数的定义域为$[1,+\infty)$.

22 解：(1)$\dfrac{1+x}{1-x}>0$，$-1<x<1$，

$\therefore$函数定义域为$(-1,1)$，

$\therefore$对任意 $x\in(-1,1)$，都有 $-x\in(-1,1)$，

又$\because f(-x)=\log_2\dfrac{1-x}{1+x}=\log_2\left(\dfrac{1+x}{1-x}\right)^{-1}=-\log_2\dfrac{1+x}{1-x}=-f(x)$，

$\therefore f(x)$为奇函数.

(2)任意取 $x_1,x_2\in(-1,1)$，且 $x_1<x_2$，

$f(x_1)-f(x_2)=\log_2\dfrac{1+x_1}{1-x_1}-\log_2\dfrac{1+x_2}{1-x_2}=\log_2\dfrac{(1+x_1)(1-x_2)}{(1-x_1)(1+x_2)}$，

$\because -1<x_1<x_2<1$，$\therefore 0<1+x_1<1+x_2 \Rightarrow 0<\frac{1+x_1}{1+x_2}<1$，

$0<1-x_2<1-x_1 \Rightarrow 0<\frac{1-x_2}{1-x_1}<1$，$\therefore \frac{(1+x_1)(1-x_2)}{(1-x_1)(1+x_2)}<1$，

$\therefore \log_2 \frac{(1+x_1)(1-x_2)}{(1-x_1)(1+x_2)}<0$，$\therefore f(x_1)-f(x_2)<0$，即 $f(x_1)<f(x_2)$，

$\therefore f(x)$在$(-1,1)$上是增函数.

能力强化提高

一、选择题

1. D

2. C 解析：$\log_5 m-\log_5 n=\log_5 \frac{m}{n}=2$，$\therefore \frac{m}{n}=5^2=25$，故选 C.

3. C 解析：$\because \log_3(\log_2 x)=1$，$\therefore \log_2 x=3$ 即 $x=8$，$\therefore x^{\frac{1}{2}}=2\sqrt{2}$，故选 C.

4. B 5. B 6. D 7. A 8. C 9. B

10. B 解析：$\because f(0)+f(1)=a$，$\therefore a^0+\log_a 1+a+\log_a 2=a$ 即 $a=\frac{1}{2}$，故选 B.

二、填空题

11. (1) $>$ (2) $>$ (3) $>$ (4) $>$ 12. $(0,\frac{2}{3})\cup(1,+\infty)$ 13. -3 14. 充要

15. 解析：$x+1>0$ 且 $x+1\neq 1$，故 $x\in(-1,0)\cup(0,+\infty)$. 16. $-\frac{5}{2}$

三、解答题

17. 解：$(\lg 2)^2+(\lg 5)^2+\lg 2\lg 25=(\lg 2)^2+(\lg 5)^2+2\lg 2\lg 5=(\lg 2+\lg 5)^2=1$.

18. 解：$\because 2^m=5^n=10$，$\therefore m=\log_2 10$，$n=\log_5 10$，$\therefore \frac{1}{m}=\frac{1}{\log_2 10}=\frac{\lg 2}{\lg 10}=\lg 2$.

同理$\frac{1}{n}=\lg 5$

$\therefore \frac{1}{m}+\frac{1}{n}=\lg 2+\lg 5=\lg(2\times 5)=\lg 10=1$.

19. 解：设平均每年增长率是 p，则 $1024=512(1+p)^5$，$(1+p)^5=2$，$1+p=2^{\frac{1}{5}}$，$p=2^{\frac{1}{5}}-1\approx 14.9\%$.

答：平均每年增长率约为 14.9%.

20. 解：

(1)$a>1$ 时，$x^2-1>2x+2>0$，

$\begin{cases} x^2-1>2x+2 \\ 2x+2>0 \end{cases} \Rightarrow \begin{cases} x>3 \text{ 或 } x<-1 \\ x>-1 \end{cases}$ $\therefore x>3$.

(2)$0<a<1$ 时，$0<x^2-1<2x+2$，

$\begin{cases} x^2-1<2x+2 \\ x^2-1>0 \end{cases} \Rightarrow \begin{cases} -1<x<3 \\ x>1 \text{ 或 } x<-1 \end{cases}$ $\therefore 1<x<3$.

考试真题体验

1. A　2. C　3. A　4. A　5. C　6. 4　7. 2

第5章　三角函数

第1节　三角函数的概念及其计算

基础知识巩固

一、选择题

1. A　2. D　3. B　4. C　5. C　6. B

7. B 解析：此题着重考查象限角的概念及各三角函数值在各象限的符号，①③是错误的，②④是正确的，故答案是B.

8. B　9. C　10. D　11. A

12. D 解析：$\sqrt{1-\sin^2 195^\circ}=\sqrt{\cos^2 195^\circ}=|\cos 195^\circ|=-\cos 195^\circ$.

二、填空题

13. $\{\alpha|\alpha=45^\circ+360^\circ\cdot k,k\in\mathbf{Z}\}$　14. $-\frac{\sqrt{3}}{2}$　15. $-\frac{1}{3}$　16. 60°　17. 二

三、解答题

18. 解：

(1) $\sin 660^\circ=\sin(-60^\circ+720^\circ)=\sin(-60^\circ)=-\sin 60^\circ=-\frac{\sqrt{3}}{2}$；

(2) $\cos(-570^\circ)=\cos 570^\circ=\cos 210^\circ=\cos(180^\circ+30^\circ)=-\cos 30^\circ=-\frac{\sqrt{3}}{2}$；

(3) $\tan\frac{10\pi}{3}=\tan\frac{4\pi}{3}=\tan(\pi+\frac{\pi}{3})=\tan\frac{\pi}{3}=\sqrt{3}$.

19. 解：$\because r=\sqrt{(-8)^2+15^2}=17$，$\therefore \sin\alpha=\frac{15}{17}$，$\cos\alpha=-\frac{8}{17}$，$\therefore \sin\alpha+\cos\alpha=\frac{7}{17}$.

20. 解：$\because 150^\circ=\frac{5\pi}{6}$，$\therefore l=\frac{5\pi}{6}\times 4=\frac{10\pi}{3}$，$\therefore$扇形的周长$=\frac{10\pi}{3}+8(\mathrm{cm})$，$S_{扇形}=\frac{1}{2}\times\frac{10\pi}{3}\times 4=\frac{20\pi}{3}(\mathrm{cm}^2)$.

21. 解：$\because \sin^2\alpha+\cos^2\alpha=1$，$\therefore \cos^2\alpha=1-\sin^2\alpha=1-(-\frac{5}{13})^2=\frac{144}{169}$，$\because \sin\alpha=-\frac{5}{13}<0$，$\therefore \alpha$是第三或第四象限角，当$\alpha$是第三象限角时，$\cos\alpha=-\frac{12}{13}$，$\tan\alpha=\frac{5}{12}$，当$\alpha$是第四象限角时，$\cos\alpha=\frac{12}{13}$，$\tan\alpha=-\frac{5}{12}$.

22. 解：$\because \tan\alpha=\sqrt{2}$，$\therefore \frac{\sin\alpha}{\cos\alpha}=\sqrt{2}$，$\therefore \sin\alpha=\sqrt{2}\cos\alpha$，$\because \sin^2\alpha+\cos^2\alpha=1$，$\therefore 3\cos^2\alpha=1$，

$\therefore \cos^2\alpha=\frac{1}{3}$，$\because \tan\alpha=\sqrt{2}>0$，$\therefore \alpha$ 是第一或第三象限角，当 α 是第一象限角时，$\cos\alpha=\frac{\sqrt{3}}{3}$，$\sin\alpha=\frac{\sqrt{6}}{3}$，当 α 是第三象限角时，$\cos\alpha=-\frac{\sqrt{3}}{3}$，$\sin\alpha=-\frac{\sqrt{6}}{3}$.

能力强化提高

一、选择题

1. C　2. B

3. B 解析：因为 $\cos\alpha<0$ 时有可能角 α 的终边在 x 轴的负半轴上，所以"$\cos\alpha<0$"不能推出"α 是第二或第三象限角"，但是"α 是第二或第三象限角"能推出"$\cos\alpha<0$"，所以答案为 B.

4. D　5. B　6. B　7. A

8. C 解析：因为 $\sin\alpha+\cos\alpha=\frac{2}{3}$，所以 $(\sin\alpha+\cos\alpha)^2=\frac{4}{9}$，即 $1+2\sin\alpha\cos\alpha=\frac{4}{9}$，所以 $\sin\alpha\cos\alpha=-\frac{5}{18}$.

9. B　10. A

二、填空题

11. $\{x\mid x\neq\frac{\pi}{8}+\frac{k\pi}{4},k\in\mathbf{Z}\}$　12. 二或四　13. $\frac{5}{8}$　14. $\frac{1}{3}$　15. $\pm\sqrt{3}$

三、解答题

16. 解：$r=\sqrt{(5a)^2+(12a)^2}=13|a|$，当 $a>0$ 时，$r=13a$，$\sin\alpha=\frac{12}{13}$，$\cos\alpha=\frac{5}{13}$，$\tan\alpha=\frac{12}{5}$，当 $a<0$ 时，$r=-13a$，$\sin\alpha=-\frac{12}{13}$，$\cos\alpha=-\frac{5}{13}$，$\tan\alpha=\frac{12}{5}$.

17. 解：当角 α 的终边落在第一象限时，在其终边上取一点(1,2)，

则 $r=\sqrt{1^2+2^2}=\sqrt{5}$，$\sin\alpha\ \frac{2}{\sqrt{5}}=\frac{2\sqrt{5}}{5}$，$\cos\alpha=\frac{1}{\sqrt{5}}=\frac{\sqrt{5}}{5}$，$\tan\alpha=2$；

当角 α 的终边落在第三象限时，在其终边上取一点（−1，−2），则

$r=\sqrt{(-1)^2+(-2)^2}=\sqrt{5}$，$\sin\alpha\ \frac{-2}{\sqrt{5}}=\frac{-2\sqrt{5}}{5}$，$\cos\alpha=\frac{-1}{\sqrt{5}}=\frac{-\sqrt{5}}{5}$，$\tan\alpha=2$.

18. 解：原式 $=\frac{\sin\alpha\cos\alpha\tan\alpha}{-\cos\alpha(-\tan\alpha)(-\sin\alpha)}=-1$.

19. 解：

(1)原式 $=\frac{2\tan\alpha-3}{\tan\alpha+4}=\frac{2\times3-3}{3+4}=\frac{3}{7}$；

(2)原式 $=\frac{3\sin^2\alpha-2\sin\alpha\cos\alpha}{\sin^2\alpha+\cos^2\alpha}=\frac{3\tan^2\alpha-2\tan\alpha}{\tan^2\alpha+1}=\frac{3\times3^2-2\times3}{3^2+1}=\frac{21}{10}$.

20. 解：$\because \sin\alpha+\cos\alpha=\frac{\sqrt{3}-1}{2}$①，$\therefore (\sin\alpha+\cos\alpha)^2=\left(\frac{\sqrt{3}-1}{2}\right)^2$，即 $1+2\sin\alpha\cos\alpha$

$=1-\frac{\sqrt{3}}{2}$，∴$\sin\alpha\cos\alpha=-\frac{\sqrt{3}}{4}<0$，又∵$\alpha\in(\frac{\pi}{2},\pi)$，

∴$(\sin\alpha-\cos\alpha)^2=1-2\sin\alpha\cos\alpha=1-2\times(-\frac{\sqrt{3}}{4})=\sqrt{\frac{4+\sqrt{3}}{4}}$，

∴$\sin\alpha-\cos\alpha=\frac{\sqrt{3}+1}{2}$②，由①②解得 $\sin\alpha=\frac{\sqrt{3}}{2}$，$\cos\alpha=-\frac{1}{2}$，∴$\tan\alpha=-\sqrt{3}$.

考试真题体验

1. D　2. B

第 2 节　三角函数的图像及其性质

基础知识巩固

一、选择题

1. B　2. A　3. B　4. D　5. C　6. B　7. C　8. A　9. D　10. D　11. B

12. A　解析：由题意得，$T=\frac{2\pi}{\omega}=4\pi$，解得 $\omega=\frac{1}{2}$，故答案为 A.

二、填空题

13. $2+\sqrt{3}$　14. $<$　15. $\frac{2\pi}{3}$　16. $y=\sin(x+\frac{\pi}{4})$

17. $-\frac{\pi}{6}$　解析：∵点$(\frac{\pi}{3},2)$在函数 $y=2\sin(2x+\varnothing)$ 的图像上，∴$2\sin(2\times\frac{\pi}{3}+\varnothing)=2$，∴$\sin(2\times\frac{\pi}{3}+\varnothing)=1$，又∵$\varnothing\in[-\frac{\pi}{2},\frac{\pi}{2}]$，∴$\varnothing=-\frac{\pi}{6}$.

三、解答题

18. 解：略.

19. 解：首先把函数 $y=\sin x$ 的图像向右平移$\frac{\pi}{3}$个单位，得到函数 $y=\sin(x-\frac{\pi}{3})$的图像；再把函数 $y=\sin(x-\frac{\pi}{3})$的图像的横坐标缩短为原来的$\frac{1}{2}$倍，纵坐标不变得到函数 $y=\sin(2x-\frac{\pi}{3})$的图像；最后把函数 $y=\sin(2x-\frac{\pi}{3})$的图像的纵坐标伸长为原来的 3 倍，横坐标不变就得到函数 $y=3\sin(2x-\frac{\pi}{3})$的图像.

20. 解：∵点$(\frac{\pi}{8},3)$在函数 $y=3\sin(\omega x+\frac{\pi}{4})$的图像上，∴$3\sin(\omega\times\frac{\pi}{8}+\frac{\pi}{4})=3$，

$\sin(\omega\times\frac{\pi}{8}+\frac{\pi}{4})=1$，又∵$0<\omega<5$，∴$\omega=2$，

∴$T=\frac{2\pi}{\omega}=\frac{2\pi}{2}=\pi$.

21. 解：因为函数 $y=\sin x$ 在区间$\left[-\frac{\pi}{4},\frac{\pi}{3}\right]$上为增函数，所以当 $x=-\frac{\pi}{4}$时，

$y_{\min}=\sin(-\frac{\pi}{4})=-\frac{\sqrt{2}}{2}$，当 $x=\frac{\pi}{3}$ 时，$y_{\max}=\sin\frac{\pi}{3}=\frac{\sqrt{3}}{2}$，所以函数的值域为 $\left[-\frac{\sqrt{2}}{2},\frac{\sqrt{3}}{2}\right]$.

22. 解：因为 $n>0$，所以根据题意得 $\begin{cases}m+n=3,\\m-n=-1,\end{cases}$，解得 $\begin{cases}m=1,\\n=2,\end{cases}$，所以 $mn=2$.

能力强化提高

一、选择题

1. B　2. D　3. A　4. C　5. D　6. A　7. B　8. D　9. A

10. B　解析：根据题意得 $T=2\times\frac{\pi}{2}=\pi$，$\therefore\omega=\frac{2\pi}{\pi}=2$.　11. A

二、填空题

12. $3\pi,-\frac{\pi}{6}$　13. $(\frac{1}{2},1]$　14. $y=\sin(4x+\frac{\pi}{3})$

15. $-\frac{\sqrt{5}}{5}$　解析：因为函数 $f(x)=\sin x$ 为奇函数，所以 $f(-\alpha)=-f(\alpha)=-\frac{\sqrt{5}}{5}$.

三、解答题

16. 解：$T=\frac{2\pi}{\frac{1}{2}}=4\pi$，当 $\frac{1}{2}x+\frac{\pi}{3}=\frac{\pi}{2}+2k\pi,k\in\mathbf{Z}$，即 $x=\frac{\pi}{3}+4k\pi,k\in\mathbf{Z}$ 时 $y_{\max}=5$，当 $\frac{1}{2}x+\frac{\pi}{3}=-\frac{\pi}{2}+2k\pi,k\in\mathbf{Z}$，即 $x=-\frac{5\pi}{3}+4k\pi,k\in\mathbf{Z}$ 时 $y_{\min}=-5$.

17. 解：由 $-\frac{\pi}{2}+2k\pi\leqslant 3x+\frac{\pi}{4}\leqslant\frac{\pi}{2}+2k\pi,k\in\mathbf{Z}$，

得 $-\frac{\pi}{4}+\frac{2k\pi}{3}\leqslant x\leqslant\frac{\pi}{12}+\frac{2k\pi}{3},k\in\mathbf{Z}$，所以函数的单调递增区间是 $[-\frac{\pi}{4}+\frac{2k\pi}{3},\frac{\pi}{12}+\frac{2k\pi}{3}]$，$k\in\mathbf{Z}$；由 $\frac{\pi}{2}+2k\pi\leqslant 3x+\frac{\pi}{4}\leqslant\frac{3\pi}{2}+2k\pi,k\in\mathbf{Z}$，得 $\frac{\pi}{12}+\frac{2k\pi}{3}\leqslant x\leqslant\frac{5\pi}{12}+\frac{2k\pi}{3},k\in\mathbf{Z}$，

所以函数的单调递减区间是 $[\frac{\pi}{12}+\frac{2k\pi}{3},\frac{5\pi}{12}+\frac{2k\pi}{3}],k\in\mathbf{Z}$.

18. 解：$\because 0\leqslant x\leqslant\frac{\pi}{2}$，$\therefore 0\leqslant 2x\leqslant\pi$，$\therefore -\frac{\pi}{4}\leqslant 2x-\frac{\pi}{4}\leqslant\frac{3\pi}{4}$，$\therefore -\frac{\sqrt{2}}{2}\leqslant\sin(2x-\frac{\pi}{4})\leqslant 1$，

$\therefore -\frac{3\sqrt{2}}{2}\leqslant 3\sin(2x-\frac{\pi}{4})\leqslant 3$，$\therefore$ 函数的值域为 $[-\frac{3\sqrt{2}}{2},3]$.

19. 解：根据题意得 $\sin x-\frac{1}{2}\geqslant 0$，即 $\sin x\geqslant\frac{1}{2}$，所以 $\frac{\pi}{6}+2k\pi\leqslant x\leqslant\frac{5\pi}{6}+2k\pi,k\in Z$，

所以函数的定义域为 $[\frac{\pi}{6}+2k\pi\leqslant x\leqslant\frac{5\pi}{6}+2k\pi],k\in\mathbf{Z}$.

20. 解：$A=\frac{6-(-6)}{2}=6$，$T=4[\frac{\pi}{6}-(-\frac{\pi}{6})]=\frac{4\pi}{3}$，$\therefore\omega=\frac{2\pi}{\frac{4\pi}{3}}=\frac{3}{2}$，$\therefore y=6\sin(\frac{3}{2}x+\varnothing)$，

∵点$(\frac{\pi}{6},6)$在函数图像上,∴$6\sin(\frac{3}{2}\times\frac{\pi}{6}+\varnothing)=6$,∴$\sin(\frac{\pi}{4}+\varnothing)=1$,又∵$-\frac{\pi}{2}<\varnothing<\frac{\pi}{2}$,

∴$\varnothing=\frac{\pi}{4}$,∴$y=6\sin(\frac{3}{2}x+\frac{\pi}{4})$.

考试真题体验

1. A　2. B

第3节　三角公式及其应用

基础知识巩固

一、选择题

1. B　2. A　3. B　4. C　5. D　6. B　7. A

8. C　解析:因为$\sin x+\cos x=\frac{1}{2}$,所以$(\sin x+\cos x)^2=(\frac{1}{2})^2$,$1+2\sin x\cos x=\frac{1}{4}$,所以$\sin 2x=-\frac{3}{4}$,故答案为C.

9. D　解析:$y=\sqrt{3}\sin 2x+\cos 2x=2\sin(2x+\frac{\pi}{6})$,所以$y_{\max}=2$,故答案为D.　10. D

11. C　解析:因为$A:B:C=1:2:3$,所以$A=30°$,$B=60°$,$C=90°$,

所以$a:b:c=\sin A:\sin B:\sin C=\frac{1}{2}:\frac{\sqrt{3}}{2}:1=1:\sqrt{3}:2$,故答案为C.

12. C　13. B

二、填空题

14. 1　15. $-\frac{\sqrt{3}}{3}$　16. $5\sqrt{3}$km　17. 北偏西30°.

三、解答题

18. 解:

∵α、$\beta\in(\frac{\pi}{2},\pi)$,∴$\cos\alpha=-\sqrt{1-\sin^2\alpha}=-\sqrt{1-(\frac{2}{3})^2}=-\frac{\sqrt{5}}{3}$,$\sin\beta=\sqrt{1-\cos^2\beta}$

$=\sqrt{1-(-\frac{1}{4})^2}=\frac{\sqrt{15}}{4}$,

∴$\sin(\alpha-\beta)=\sin\alpha\cos\beta-\cos\alpha\sin\beta=\frac{2}{3}\times(-\frac{1}{4})-(-\frac{\sqrt{5}}{3})\times\frac{\sqrt{15}}{4}=\frac{-2+5\sqrt{3}}{12}$.

19. 解:∵$\sin\alpha+\cos\alpha=\frac{\sqrt{6}}{2}$,∴$(\sin\alpha+\cos\alpha)^2=(\frac{\sqrt{6}}{2})^2$,∴$1+2\sin\alpha\cos\alpha=\frac{3}{2}$,

∴$2\sin\alpha\cos\alpha=\frac{1}{2}$,∴$\sin 2\alpha=\frac{1}{2}$,∵$\alpha\in(0,\frac{\pi}{4})$,∴$2\alpha\in(0,\frac{\pi}{2})$,∴$2\alpha=\frac{\pi}{6}$,$\alpha=\frac{\pi}{12}$.

20. 解:$y=2\sin 2x-2\sqrt{3}\cos 2x=4(\frac{1}{2}\sin 2x-\frac{\sqrt{3}}{2}\cos 2x)=4\sin(2x-\frac{\pi}{3})$.

(1)$T=\frac{2\pi}{2}=\pi$;

(2)当 $2x-\frac{\pi}{3}=\frac{\pi}{2}+2k\pi, k\in\mathbf{Z}$ 时,即 $x=\frac{5\pi}{12}+k\pi, k\in\mathbf{Z}$ 时,$y_{\max}=4$.

21. 解:由正弦定理得,$\frac{a}{\sin A}=\frac{b}{\sin B}$,

$\therefore \sin B=\frac{b\sin A}{a}=\frac{\sqrt{2}\sin 120^\circ}{\sqrt{3}}=\frac{\sqrt{2}}{2}$,$\therefore B=45^\circ$ 或 135°,$\because a>b$,$\therefore A>B$,$\therefore B=45^\circ$,

$\therefore C=180^\circ-45^\circ-120^\circ=15^\circ$,由正弦定理得,

$\frac{b}{\sin B}=\frac{c}{\sin C}$,$c=\frac{b\sin C}{\sin B}=\frac{\sqrt{2}\sin 15^\circ}{\sin 45^\circ}=\frac{\sqrt{2}\times\frac{\sqrt{6}-\sqrt{2}}{4}}{\frac{\sqrt{2}}{2}}=\frac{\sqrt{6}-\sqrt{2}}{2}$.

22. 解:$\angle CAB=60^\circ-45^\circ=15^\circ$,$\angle ACB=45^\circ+75^\circ=120^\circ$,$\angle ABC=180^\circ-15^\circ-120^\circ=45^\circ$,由正弦定理得,

$\frac{BC}{\sin\angle CAB}=\frac{AC}{\sin\angle ABC}$,$\therefore BC=\frac{80\sin 15^\circ}{\sin 45^\circ}=40(\sqrt{3}-1)$(海里).

能力强化提高

一、选择题

1. B　2. A

3. D　解析:因为 $\alpha\in(0,\frac{\pi}{2})$,所以 $\sin\alpha=\sqrt{1-\cos^2\alpha}=\frac{2\sqrt{2}}{3}$,所以 $\tan\alpha=2\sqrt{2}$,所以 $\tan 2\alpha=\frac{2\times 2\sqrt{2}}{1-(2\sqrt{2})^2}=-\frac{4\sqrt{2}}{7}$,所以答案为 D.

4. A　5　B　6. D　7. C　8. B　9. D

10. C　解析:$\because a\cos A=b\cos B$,$\therefore \sin A\cos A=\sin B\cos B$,$\therefore \sin 2A=\sin 2B$,

$\therefore 2A=2B$ 或 $2A+2B=180^\circ$,即 $A=B$ 或 $A+B=90^\circ$,$\therefore$ 三角形为等腰三角形或直角三角形,所以答案为 C.

二、填空题

11. $-\frac{11}{25}$,钝角　12. $\frac{1}{8}$　13. 2　14. $\sqrt{2}$

三、解答题

15. 解:$\because \tan\alpha$ 和 $\tan\beta$ 是方程 $x^2-4x+2=0$ 的两个根,

$\therefore \tan\alpha+\tan\beta=4$,$\tan\alpha\cdot\tan\beta=2$,$\therefore \tan(\alpha+\beta)=\frac{\tan\alpha+\tan\beta}{1-\tan\alpha\tan\beta}=\frac{4}{1-2}=-4$.

16. 解:$\because 0<\alpha<\beta<\frac{\pi}{2}$,$\therefore \sin(\alpha+\beta)=\sqrt{1-\cos^2(\alpha+\beta)}=\frac{3}{5}$,

$\sin(\alpha-\beta)=-\sqrt{1-\cos^2(\alpha-\beta)}=-\frac{15}{17}$,

$\therefore \cos 2\alpha=\cos[(\alpha+\beta)+(\alpha-\beta)]$

$=\cos(\alpha+\beta)\cos(\alpha-\beta)-\sin(\alpha+\beta)\sin(\alpha-\beta)$

$=\frac{4}{5}\times\frac{8}{17}-\frac{3}{5}\times(-\frac{15}{17})=\frac{77}{85}$.

17. 解：$\because \sin\alpha+\cos\beta=1$，$\therefore(\sin\alpha+\cos\beta)^2=1$，

$\therefore\sin^2\alpha+\cos^2\alpha+2\sin\alpha\cos\beta=1$①，$\because\cos\alpha+\sin\beta=\sqrt{2}$，$\therefore(\cos\alpha+\sin\beta)^2=2$，

$\therefore\cos^2\alpha+\sin^2\beta+2\cos\alpha\sin\beta=2$②，

①＋②得，$2+2\sin(\alpha+\beta)=3$，$\therefore\sin(\alpha+\beta)=\frac{1}{2}$.

18. 解：

$y=\sin^2x+2\sin x\cos x+3\cos^2x=\frac{1-\cos 2x}{2}+\sin 2x+3\times\frac{1+\cos 2x}{2}$

$=\sin 2x+\cos 2x+2=\sqrt{2}\sin(2x+\frac{\pi}{4})+2$

(1) $T=\frac{2\pi}{2}=\pi$；

(2) 由 $-\frac{\pi}{2}+2k\pi\leqslant 2x+\frac{\pi}{4}\leqslant\frac{\pi}{2}+2k\pi,k\in\mathbf{Z}$，得 $-\frac{3\pi}{8}+k\pi\leqslant x\leqslant\frac{\pi}{8}+k\pi,k\in\mathbf{Z}$，

所以函数的单调递增区间是 $[-\frac{3\pi}{8}+k\pi,\frac{\pi}{8}+k\pi],k\in\mathbf{Z}$；

(3) 当 $2x+\frac{\pi}{4}=-\frac{\pi}{2}+2k\pi,k\in\mathbf{Z}$ 时，即 $x=-\frac{3\pi}{8}+k\pi,k\in\mathbf{Z}$ 时，$y_{\min}=-\sqrt{2}+2$.

19. 解：

根据题意得 $\frac{1}{2}\times2\sqrt{3}c\sin45^\circ=3+\sqrt{3}$，$\therefore c=\sqrt{6}+\sqrt{2}$，由余弦定理得，$b^2=(2\sqrt{3})^2+(\sqrt{6}+\sqrt{2})^2-2\times2\sqrt{3}\times(\sqrt{6}+\sqrt{2})\cos45^\circ=8$，

$\therefore b=2\sqrt{2}$，由正弦定理得，$\frac{a}{\sin A}=\frac{b}{\sin B}$ $\therefore\sin A=\frac{2\sqrt{3}\sin45^\circ}{2\sqrt{2}}=\frac{\sqrt{3}}{2}$，

$\therefore A=60^\circ$，或 $A=120^\circ$，

$\because a<c$，$\therefore A=60^\circ$，$\therefore C=180^\circ-45^\circ-60^\circ=75^\circ$.

20. 解：$\angle CAB=90^\circ-60^\circ=30^\circ$，$\angle ABC=90^\circ+45^\circ=135^\circ$，$\angle ACB=180^\circ-30^\circ-135^\circ=15^\circ$，

$\because\frac{AB}{\sin\angle ACB}=\frac{AC}{\sin\angle ABC}$，

$\therefore AC=\frac{30\times\sin135^\circ}{\sin15^\circ}=15(1+\sqrt{3})$，$\because15(1+\sqrt{3})>38$，

∴若不改变航向，则此船没有触礁的危险.

考试真题体验

1. C

2. 解：$\because\alpha$ 为钝角，$\therefore\cos\alpha=-\sqrt{1-\sin^2\alpha}=-\sqrt{1-(\frac{3}{5})^2}=-\frac{4}{5}$，$\because\beta$ 为锐角，

$\therefore \sin\beta=\sqrt{1-\cos^2\beta}=\sqrt{1-(\frac{\sqrt{2}}{2})^2}=\frac{\sqrt{2}}{2}$，$\therefore \cos(\alpha-\beta)=\cos\alpha\cos\beta+\sin\alpha\sin\beta$

$=-\frac{4}{5}\times\frac{\sqrt{2}}{2}+\frac{3}{5}\times\frac{\sqrt{2}}{2}=-\frac{\sqrt{2}}{10}$.

3. 解：

(1)$\because T=\pi$，$\therefore \frac{2\pi}{\omega}=\pi$，$\therefore \omega=2$；

(2)由(1)知 $y=2\sin(2x-\frac{\pi}{3})$，当 $2x-\frac{\pi}{3}=\frac{\pi}{2}+2k\pi,k\in\mathbf{Z}$ 时，即 $x=\frac{5\pi}{12}+k\pi,k\in\mathbf{Z}$ 时，$y_{\max}=2$.

4. 解：

(1)由正弦定理得 $\frac{a}{\sin A}=\frac{b}{\sin B}$，$\therefore \sin A=\frac{a\sin B}{b}=\frac{1\times\sin 60^\circ}{\sqrt{3}}=\frac{1}{2}$，

$\therefore A=30^\circ$ 或 $A=150^\circ$，$\because a<b$，$\therefore A<B$，$\therefore A=30^\circ$；

(2)由(1)知 $C=180^\circ-60^\circ-30^\circ=90^\circ$，$\therefore S_{\triangle ABC}=\frac{1}{2}ab=\frac{\sqrt{3}}{2}$.

第 6 章　数列

第 1 节　数列的概念

基础知识巩固

一、选择题

1. C　2. D　3. A　4. C　5. B　6. D　7. D

8. C 解析：令 $22=n^2-n-20$ 且 $n\in\mathbf{N}^*$，解得 $n=1$.　9. C

10. A 解析：根据递推公式 $a_{n+1}=3a_n-2$，$a_1=2$，得 $a_2=3a_1-2=3\times2-2=4$，$a_3=3a_2-2=3\times4-2=10$，$a_4=3a_3-2=3\times10-2=28$.　11. D　12. A

二、填空题

13. $a_n=(-1)^n\cdot\frac{1}{3n}$　14. 18　15. 1,0,−1,0　16. 2,4,8,16,32

三、解答题

17. 解：$a_1=-\frac{1}{3}$，$a_2=\frac{2}{3}$，$a_3=-1$，$a_4=\frac{4}{3}$.

18. 解：(1)$a_n=2$；(2)$a_n=\frac{2n-1}{2n}$；(3)$a_n=3n-6$.

19. 解：令 $4n+3=12$，无正整数解，所以 12 不是数列 $\{4n+3\}$ 中的项；

令 $4n+3=23$，解得 $n=5$，所以 23 是数列 $\{4n+3\}$ 中的第 5 项.

20. 解：根据题意设 $a_n=kn+b$，则 $\begin{cases}5k+b=0,\\10k+b=10,\end{cases}$ 解得 $\begin{cases}k=2,\\b=-10,\end{cases}$

∴数列$\{a_n\}$的通项公式为$a_n=2n-10$.

21. 解：$S_3=9, S_4=17, a_4=S_4-S_3=8$.

22. 解：$a_3\cdot a_4=(3\times3+1)\cdot(2\times4-2)=60$.

23. 解：∵$a_{n+1}=\dfrac{a_n}{2a_n+1}$，∴$a_2=\dfrac{a_1}{2a_1+1}=\dfrac{1}{2\times1+1}=\dfrac{1}{3}$，$a_3=\dfrac{a_2}{2a_2+1}$

$=\dfrac{\frac{1}{3}}{2\times\frac{1}{3}+1}=\dfrac{1}{5}$，$a_4=\dfrac{a_3}{2a_3+1}=\dfrac{\frac{1}{5}}{2\times\frac{1}{5}+1}=\dfrac{1}{7}$.

能力强化提高

一、选择题

1. C　2. A　3. B　4. A

5. B　解析：数列1,3,7,15,31,…可变形为$2-1, 2^2-1, 2^3-1, 2^4-1, 2^5-1$.　6. C

7. D　解析：∵$a_n-a_{n-1}=\dfrac{1}{n(n-1)}=\dfrac{1}{n-1}-\dfrac{1}{n}(n\geqslant2)$，

∴$a_2-a_1=\dfrac{1}{1}-\dfrac{1}{2}, a_3-a_2=\dfrac{1}{2}-\dfrac{1}{3}, a_4-a_3=\dfrac{1}{3}-\dfrac{1}{4},\cdots, a_n-a_{n-1}=\dfrac{1}{n-1}-\dfrac{1}{n}$，

将上述式子相加可得$a_n-a_1=1-\dfrac{1}{n}$，

∴$a_n=2-\dfrac{1}{n}=\dfrac{2n-1}{n}$.

8. A

9. C　解析：经观察发现该数列得规律：从数列得第3项开始每一项都等于前两项之和，故$x=8$.

10. A

二、填空题

11. $a_n=10+\dfrac{1+(-1)^n}{2}$

12. $\dfrac{9}{4}$　解析：由题意可知$a_1=1^2, a_1a_2=2^2$，解得$a_2=4$，$a_1a_2a_3=3^2$，解得$a_3=\dfrac{9}{4}$.

13. 5　14. 7,101.

三、解答题

15. 解：(1)$a_n=\sqrt{n}$，(2)$a_n=n+\dfrac{1}{n+1}$，(3)$a_n=\dfrac{4}{9}(10^n-1)$.

16. 解：(1)根据题意设$a_n=kn+b$，则$\begin{cases}k+b=\dfrac{2}{3},\\ 6k+b=-1,\end{cases}$解得$\begin{cases}k=-\dfrac{1}{3},\\ b=1.\end{cases}$

∴数列$\{a_n\}$的通项公式为$a_n=-\dfrac{1}{3}n+1$；(2)令$-\dfrac{1}{3}n+1=-3$，解得$n=12$，所以-3是数列$\{a_n\}$中的第12项.

17. 解：$\because a_1=\frac{1}{1\times3}=\frac{1}{2}\left(1-\frac{1}{3}\right)$；$a_2=\frac{1}{3\times5}=\frac{1}{2}\left(\frac{1}{3}-\frac{1}{5}\right)$；$a_3=\frac{1}{5\times7}=\frac{1}{2}\left(\frac{1}{5}-\frac{1}{7}\right)$；$\cdots$；$a_n=\frac{1}{2}\left(\frac{1}{2n-1}-\frac{1}{2n+1}\right)$，

$\therefore S_n=a_1+a_2+a_3+\cdots+a_n$

$=\frac{1}{2}\left[\left(1-\frac{1}{3}\right)+\left(\frac{1}{3}-\frac{1}{5}\right)+\left(\frac{1}{5}-\frac{1}{7}\right)+\cdots+\left(\frac{1}{2n-1}-\frac{1}{2n+1}\right)\right]=\frac{n}{2n+1}$.

18. 解：$\because n=1$ 时，$a_1=S_1=\frac{3}{2}(3-1)=3$，当 $n\geqslant2$，$a_n=S_n-S_{n-1}$ $=\frac{3}{2}(3^n-1)-\frac{3}{2}(3^{n-1}-1)=3^n$，且当 $n=1$ 时，$a_1=3^1$，$\therefore a_n=3^n$.

19. 解：$\because S_n=2a_n+1$，$\therefore S_1=2a_1+1$，又$\because a_1=S_1$，解得 $a_1=-1$，$S_2=2a_2+1$，即 $a_1+a_2=2a_2+1$，解得 $a_2=-2$.

20. 解：令$\frac{1}{2}n^2-\frac{13}{2}n+20<0$，解得 $5<n<8$，又$\because n\in \mathbf{N}^*$，$\therefore n=6,7$，即数列中有两项为负数；令 $y=\frac{1}{2}n^2-\frac{13}{2}n+20$，$n\in\mathbf{N}^*$，$n=-\frac{-\frac{13}{2}}{2\times\frac{1}{2}}=\frac{13}{2}$. $\therefore$当 $n=6,7$ 时，$a_6=a_7=-1$ 最小.

考试真题体验

1. 解：(1)$a_n=\frac{1}{n(n+1)}$；(2)$S_n=a_1+a_2+a_3\cdots+a_n=\frac{1}{1\times2}+\frac{1}{2\times3}$ $+\frac{1}{3\times4}+\cdots+\frac{1}{n(n+1)}=\left(1-\frac{1}{2}\right)+\left(\frac{1}{2}-\frac{1}{3}\right)+\left(\frac{1}{3}-\frac{1}{4}\right)+\cdots+\left(\frac{1}{n}-\frac{1}{n+1}\right)$ $=1-\frac{1}{n+1}=\frac{n}{n+1}$；

2. D

第 2 节　等差数列

基础知识巩固

一、选择题

1. D　2. A　3. B　4. A　5. D　6. C　7. A　8. B　9. D　10. B　11. A

12. D 解析：等差数列$\{a_n\}$中，a_1，a_7，a_{13}仍成等差数列，$\therefore 2a_7=a_1-a_{13}$，解得 $a_{13}=21$.

二、填空题

13. 17　14. 15　15. $\frac{17}{10}$　16. $\frac{5}{2}$

三、解答题

17. 解：由题意可知$\begin{cases}a_1+4d=-5,\\a_1+9d=5,\end{cases}$解得$\begin{cases}a_1=-13,\\d=2,\end{cases}$ $\therefore a_n=-13+(n-1)\cdot2$，即 $a_n=2n-15$.

18. 解：$\because a_1=-2\times1+3=1$，$a_{20}=-2\times20+3=-37$，

$\therefore S_{20}=\frac{20[1+(-37)]}{2}=-360.$

19. 证明：

$\because a_m+a_n=[a_1+(m-1)d]+[a_1+(n-1)d]=2a_1+(m+n-2)d;a_p+a_q$
$=[a_1+(p-1)d]+[a_1+(q-1)d]=2a_1+(p+q-2)d,$

又$\because m+n=p+q,\therefore a_m+a_n=a_p+a_q.$

20. 解：由题意可设所求三数分别为 $a-d,a,a+d$，且 $d>0$，

则$\begin{cases}(a-d)+a+(a+d)=15,\\(a-d)\cdot a\cdot(a+d)=45,\end{cases}$解得$\begin{cases}a=5,\\d=4,\end{cases}$所以三数分别为 1,5,9.

21. 解：$\because d=\frac{a_{18}-a_{12}}{18-12}=\frac{-20-(-14)}{6}=-1,a_1=a_{12}-11d=-14-11\times(-1)=-3,$

$\therefore a_n=-3+(n-1)\cdot(-1)$，即 $a_n=-n-2$，令 $-56=-n-2$，

解得 $n=54$，$\therefore -56$ 是数列$\{a_n\}$的第 54 项.

22. 解：100 以内所有能被 3 整除的正整数依次为 3,6,9,…,99 共 33 项，它们构成一个首项为 3 的等差数列，$\therefore S_{33}=\frac{33(3+99)}{2}=1683.$

能力强化提高

一、选择题

1. A　2. A

3. A　解析：$\because m,a,b,2m$ 成等差数列，$\therefore$公差 $d=\frac{2m-m}{4-1}=\frac{m}{3}$，则 $a=m+\frac{m}{3}=\frac{4m}{3}$，

$b=m+2\times\frac{m}{3}=\frac{5m}{3}$，则$\frac{a}{b}=\frac{4}{5}$.

4. C　5. B　6. B　7. D　8. B　9. A　10. A　11. A

12. B　解析：$\because a_3$ 与 a_9 是方程 $x^2+5x-6=0$ 的两根，$\therefore a_3+a_9=-5$，

又$\because S_{11}=\frac{11(a_1+a_{11})}{2}=\frac{11(a_3+a_9)}{2}=\frac{11\times(-5)}{2}=-\frac{55}{2}$.

二、填空题

13. $\frac{37}{50}$　解析：$\frac{a_9}{b_9}=\frac{S_{17}}{T_{17}}=\frac{2\times17+3}{3\times17-1}=\frac{37}{50}$.　14. 115　15. 7　16. 1200

三、解答题

17. 解：$\because$ 在等差数列$\{a_n\}$中，$a_3+a_7=a_2+a_8$，$\therefore\begin{cases}a_3\cdot a_7=-12,\\a_3+a_7=-4,\end{cases}$且 $d>0$，解得

$\begin{cases}a_3=-6,\\a_7=2,\end{cases}$又$\because d=\frac{a_7-a_3}{7-3}=\frac{2-(-6)}{4}=2,a_1=a_3-2d=-6-2\times2=-10,$

$\therefore S_{20}=20\times(-10)+\frac{20\times19}{2}\times2=180.$

18. 解：$\because a_1+a_4+a_7+\cdots+a_{97}=100$　(1)，设 $a_3+a_6+a_9+\cdots+a_{99}=x(2)$，

将(1)－(2)得 $33\cdot 2d=x-100$，且 $d=-2$，解得 $x=-32$，即 $a_3+a_6+a_9+\cdots a_{99}=-32$.

19. 解：∵S_{10}，$S_{20}-S_{10}$，$S_{30}-S_{20}$ 成等差数列，即 10，70，$S_{30}-80$ 成等差数列，
∴$S_{30}-80=70+(70-10)=130$，解得 $S_{30}=210$.

20. 解：∵$a_1=-3\times1+25=22$，∴$S_n=\dfrac{n[22+(-3n+25)]}{2}=\dfrac{-3n^2+47n}{2}$，
又∵$n\in\mathbf{N}^*$，∴当 $n=8$ 时，S_n 最大，且 $S_8=92$.

考试真题体验

1. D　2. C　3. D　4. 5

5. 解：(1)∵$a_{n+1}=\dfrac{a_n}{2a_n+1}$，∴$\dfrac{1}{a_{n+1}}=\dfrac{2a_n+1}{a_n}=2+\dfrac{1}{a_n}$，即 $\dfrac{1}{a_{n+1}}-\dfrac{1}{a_n}=2$，$n\in\mathbf{N}^*$，
∴$\left\{\dfrac{1}{a_n}\right\}$是以 2 为公差的等差数列；

(2)∵$\dfrac{1}{a_1}=1$ 且$\left\{\dfrac{1}{a_n}\right\}$是以 2 为公差的等差数列，

∴$\dfrac{1}{a_n}=\dfrac{1}{a_1}+(n-1)\cdot2=2n-1$，

∴$a_n=\dfrac{1}{2n-1}$，又∵$b_{n+1}-b_n=\dfrac{1}{a_n}$，∴$b_{n+1}-b_n=2n-1$，

则 $b_2-b_1=2\times1-1$，$b_3-b_2=2\times2-1$，…，$b_{n+1}-b_n=2n-1$，将以上 n 个式子两边分别相加可得：$b_{n+1}-b_1=2(1+2+3+\cdots+n)-n=n^2$，

∴$b_n=(n-1)^2+1$.

6. 解：(1)由题意可知$\begin{cases}a_1+d=7,\\a_1+3d=3,\end{cases}$解得$\begin{cases}a_1=9,\\d=-2,\end{cases}$则 $a_n=9+(n-1)\cdot(-2)$，
即 $a_n=-2n+11$；(2)$S_5=5\times9+\dfrac{5\times4}{2}\times(-2)=25$.

第 3 节　等比数列

基础知识巩固

一、选择题

1. B　解析：数列 a,a,a,a 中，当 $a=0$ 时，数列不能构成等差数列.

2. C　3. B　4. B　5. C　6. A

7. D　解析：$\dfrac{a_1+a_2+a_3}{a_4+a_5+a_6}=\dfrac{a_1+a_2+a_3}{(a_1+a_2+a_3)q^3}=\dfrac{1}{2^3}=\dfrac{1}{8}$.

8. B　9. D　10. D　11. C　12. C

二、填空题

13. $\dfrac{341}{3}$　14. $a_n=\dfrac{2^{n-1}}{3}$　15. $\dfrac{129}{16}$　16. -19

三、解答题

17. 证明：∵$a_m\cdot a_n=a_1q^{m-1}\cdot a_1q^{n-1}=a_1{}^2q^{m+n-2}$，

且 $a_r \cdot a_s = a_1 q^{r-1} \cdot a_1 q^{s-1} = a_1{}^2 q^{r+s-2}$，又∵$m+n=r+s$，∴$a_m \cdot a_n = a_r \cdot a_s$.

18.解:(1)∵$q^3=\frac{a_6}{a_3}=\frac{-\frac{1}{4}}{2}=-\frac{1}{8}$，∴$q=-\frac{1}{2}$，

则数列通项为 $a_n=a_3q^{n-3}=2\cdot\left(-\frac{1}{2}\right)^{n-3}$；

(2)∵$q^2=\frac{a_4}{a_2}=\frac{3}{\frac{1}{3}}=9$，∴$q=3$ 或 $q=-3$，则数列通项为 $a_n=a_2q^{n-2}=\frac{1}{3}\cdot 3^{n-2}=3^{n-3}$

或 $a_n=a_2q^{n-2}=\frac{1}{3}\cdot(-3)^{n-2}=\frac{1}{27}(-3)^n$.

19.证明:∵当 $n\in\mathbf{N}^*$ 时，$\log_2 b_n=n$，∴$b_n=2^n$，则$\frac{b_{n+1}}{b_n}=\frac{2^{n+1}}{2^n}=2$ 为常数，∴数列$\{b_n\}$为等比数列.

20.解:$S_n=1+3+3^2+\cdots+3^{n-1}=\frac{1\cdot(1-3^n)}{1-3}=\frac{3^n-1}{2}$.

21.解:∵$a_1+a_2+a_3=6$ ①，$a_2+a_3+a_4=-3$ ②，将$\frac{②}{①}$得 $q=\frac{-3}{6}=-\frac{1}{2}$，代入①式得 $a_1=-24$.

22.解:小王需付银行 13.193953 万元.

能力强化提高

一、选择题

1.B 解析:$a_1\cdot a_2\cdot a_3\cdots a_9=a_5{}^9=(-2)^9=-512$.　2.A

3.B 解析:∵$a_1a_3+2a_2a_5+a_4a_6=25$，∴$a_2{}^2+2a_2a_5+a_5{}^2=25$，即$(a_2+a_5)^2=25$，且各项均为正数，∴$a_2+a_5=5$.

4.C　5.D　6.B　7.C

8.B 解析:若 $b^2=ac$ 成立，a,b,c 未必成等比数列，但是 a,b,c 未必成等比数列，则必有 $b^2=ac$.

9.A　10.D

二、填空题

11.72　12.1016　13.-4　14.± 9.

三、解答题

15.解:(1)当 $x=0$ 时，$S_n=1$；(2)当 $x=1$ 时，$S_n=n$；(3)当 $x\neq 0$ 且 $x\neq 1$ 时，$S_n=\frac{1-x^n}{1-x}$.

16.解:(1)$1\frac{1}{2}+3\frac{1}{4}+5\frac{1}{8}+\cdots+15\frac{1}{2^8}=\left(1+\frac{1}{2}\right)+\left(3+\frac{1}{4}\right)+\left(5+\frac{1}{8}\right)+\cdots$

$+\left(15+\frac{1}{2^8}\right)=(1+3+5+\cdots+15)+\left(\frac{1}{2}+\frac{1}{4}+\frac{1}{8}+\cdots+\frac{1}{2^8}\right)$

$=\dfrac{8(1+15)}{2}+\dfrac{\frac{1}{2}\left[1-\left(\frac{1}{2}\right)^{8}\right]}{1-\frac{1}{2}}=65-\left(\dfrac{1}{2}\right)^{8}$；

(2)$\dfrac{1}{1\times3}+\dfrac{1}{3\times5}+\dfrac{1}{5\times7}+\cdots+\dfrac{1}{25\times27}$

$=\dfrac{1}{2}\left[\left(1-\dfrac{1}{3}\right)+\left(\dfrac{1}{3}-\dfrac{1}{5}\right)+\left(\dfrac{1}{5}-\dfrac{1}{7}\right)+\cdots+\left(\dfrac{1}{25}-\dfrac{1}{27}\right)\right]$

$=\dfrac{1}{2}\left(1-\dfrac{1}{27}\right)=\dfrac{13}{27}$.

17. 解：$a_1+a_3+a_5+\cdots+a_{99}=243$，且 $q=\dfrac{1}{3}$，

又∵$a_2+a_4+a_6+\cdots+a_{100}=(a_1+a_3+a_5+\cdots+a_{99})\cdot q=243\times\dfrac{1}{3}=81$，

则 $S_{100}=(a_1+a_3+a_5+\cdots+a_{99})+(a_2+a_4+a_6+\cdots+a_{100})=243+81=324$.

18. 解：∵$S_n=\dfrac{1}{2^1}+\dfrac{3}{2^2}+\dfrac{5}{2^3}+\dfrac{7}{2^4}+\cdots+\dfrac{2n-3}{2^{n-1}}+\dfrac{2n-1}{2^n}$　　(1)

∴　$2S_n=1+\dfrac{3}{2^1}+\dfrac{5}{2^2}+\dfrac{7}{2^3}+\cdots+\dfrac{2n-3}{2^{n-2}}+\dfrac{2n-1}{2^{n-1}}$　　(2)

利用错位相减法(2)－(1)得：$S_n=1+\left(\dfrac{2}{2^1}+\dfrac{2}{2^2}+\dfrac{2}{2^3}+\cdots+\dfrac{2}{2^{n-1}}\right)-\dfrac{2}{2^n}$

$=1+2\cdot\dfrac{\frac{1}{2}\left[1-\left(\frac{1}{2}\right)^{n-1}\right]}{1-\frac{1}{2}}-\dfrac{2n-1}{2^n}=3-\dfrac{2n+3}{2^n}$.

19. 解：∵$\{a_n\}$是等比数列，∴$S_n,S_{2n}-S_n,S_{3n}-S_{2n}$成等比数列，即 48，12，$S_{3n}-60$ 成等比数列，

∴$12^2=48(S_{3n}-60)$，解得 $S_{3n}=63$.

20. 解：(1)∵$n\in\mathbf{N}^*$，$a_{n+1}=\dfrac{1}{3}a_n+1$，∴$a_{n+1}-\dfrac{3}{2}=\dfrac{1}{3}a_n-\dfrac{1}{2}=\dfrac{1}{3}\left(a_n-\dfrac{3}{2}\right)$，

即$\dfrac{a_{n+1}-\frac{3}{2}}{a_n-\frac{3}{2}}=\dfrac{1}{3}$，∴$\left\{a_n-\dfrac{3}{2}\right\}$是以$\dfrac{1}{3}$为公比的等比数列；

(2)∵$a_1-\dfrac{3}{2}=1-\dfrac{3}{2}=-\dfrac{1}{2}$，又$\left\{a_n-\dfrac{3}{2}\right\}$是以$\dfrac{1}{3}$为公比的等比数列，

∴$a_n-\dfrac{3}{2}=-\dfrac{1}{2}\cdot\left(\dfrac{1}{3}\right)^{n-1}$，则 $a_n=\dfrac{3}{2}-\dfrac{1}{2}\cdot\left(\dfrac{1}{3}\right)^{n-1}$.

考试真题体验

1. B　2. 120

3. 解：(1)∵$n\in\mathbf{N}^*$，$a_{n+1}=\dfrac{2a_n}{a_n+1}$，∴$\dfrac{1}{a_{n+1}}=\dfrac{a_n+1}{2a_n}=\dfrac{1}{2}+\dfrac{1}{2a_n}$，两边同时“－1”，

得$\frac{1}{a_{n+1}}-1=\frac{1}{2a_n}-\frac{1}{2}=\frac{1}{2}\left(\frac{1}{a_n}-1\right)$，即$\frac{\frac{1}{a_{n+1}}-1}{\frac{1}{a_n}-1}=\frac{1}{2}$，

∴数列$\left\{\frac{1}{a_n}-1\right\}$是以$\frac{1}{2}$为公比的等比数列；

(2)∵$\frac{1}{a_1}-1=\frac{1}{2}-1=-\frac{1}{2}$，又∵$\left\{\frac{1}{a_n}-1\right\}$是以$\frac{1}{2}$为公比的等比数列，

∴$\frac{1}{a_n}-1=-\frac{1}{2}\left(\frac{1}{2}\right)^{n-1}=-\left(\frac{1}{2}\right)^n$，∴$\frac{1}{a_n}=1-\left(\frac{1}{2}\right)^n$，解得$a_n=\frac{2^n}{2^n-1}$.

4. 解：(1)$a_n=\frac{1}{n(n+1)}$；

(2)$S_n=a_1+a_2+a_3+\cdots+a_n=\left(1-\frac{1}{2}\right)+\left(\frac{1}{2}-\frac{1}{3}\right)+\left(\frac{1}{3}-\frac{1}{4}\right)+\cdots+\left(\frac{1}{n}-\frac{1}{n+1}\right)$

$=1-\frac{1}{n+1}=\frac{n}{n+1}$.

5. 解：(1)由题意可知$\begin{cases}a_1=2,\\a_1(q+q^2)=12,\end{cases}$且由于各项均为正数则$q>0$，解得

$\begin{cases}a_1=2,\\q=2,\end{cases}$ ∴$a_n=a_1\cdot q^{n-1}=2\cdot 2^{n-1}=2^n$；

(2)$S_n=\frac{2(1-2^n)}{1-2}=2(2^n-1)$.

6. 解：(1)∵$q^3=\frac{a_4}{a_1}=\frac{8}{1}=8$，∴$q=2$，则$a_n=a_1\cdot q^{n-1}=2^{n-1}$；

(2)$S_6=\frac{1\cdot(1-2^6)}{1-2}=31$.

第7章 平面向量

基础知识巩固

一、选择题

1. D 2. D 3. B 4. C 5. D 6. A 7. C 8. C 9. B 10. B 11. A 12. C

二、填空题

13. $2\sqrt{2}$ 14. $\vec{0}$ 15. $3\sqrt{10}$，$\sqrt{58}$ 16. -3 15 17. $-\frac{1}{2}$

18. $\left(-\frac{3}{5},\frac{4}{5}\right)$或$\left(\frac{3}{5},-\frac{4}{5}\right)$；$\left(-\frac{4}{5},-\frac{3}{5}\right)$或$\left(\frac{4}{5},\frac{3}{5}\right)$ 19. $\sqrt{35}$.

三、解答题

20. 解：在△AOB中，$\overrightarrow{AB}=\overrightarrow{OB}-\overrightarrow{OA}=\vec{b}-\vec{a}$，在△$AOD$中，$\overrightarrow{AD}=\overrightarrow{AO}+\overrightarrow{OD}=-\vec{a}-\vec{b}$.

21. 解：$k\vec{a}+\vec{b}=k(1,2)+(-3,2)=(k-3,2k+2)$，

$\vec{a}-3\vec{b}=(1,2)-3(-3,2)=(10,-4)$,

(1)由题意得:$10(k-3)+(-4)(2k+2)=0$,解得:$k=19$.

(2)由题意得:$-4(k-3)-10(2k+2)=0$,解得:$k=-\frac{1}{3}$,平行时它们反向.

22.解:由$\vec{a}/\!/\vec{b}$得$3x=-8$,所以$x=-\frac{8}{3}$,由$\vec{a}\perp\vec{c}$得$6-4y=0$,所以$y=\frac{3}{2}$,

故$\vec{b}=(2,-\frac{8}{3})$,$\vec{c}=(2,\frac{3}{2})$,$\cos<\vec{b},\vec{c}>=\frac{4-4}{|\vec{c}|\cdot|\vec{b}|}=0$,所以$<\vec{b},\vec{c}>=90°$.

能力强化提高

一、选择题

1.B 2.B 3.D

4.A 解析:由原等式变形得$\overrightarrow{AC}-\overrightarrow{AB}=\overrightarrow{AD}$,即$\overrightarrow{BC}=\overrightarrow{AD}$,从而得到四边形为平行四边形.

5.C 6.B 7.B

8.B 解析:在平面内任取一点O,作$\overrightarrow{OA}=\vec{a}$,$\overrightarrow{OB}=\vec{b}$,以$OA$,$OB$为邻边作平行四边形,因为$|\vec{a}|=|\vec{b}|$,所以此平行四边形为菱形,而$\vec{a}+\vec{b}$与$\vec{a}-\vec{b}$是菱形的对角线,所以$\vec{a}+\vec{b}$与$\vec{a}-\vec{b}$垂直.利用作图易知.

9.C 10.A 11.A

12.D 解析:$-|\vec{a}|\cdot|\vec{b}|\leqslant\vec{a}\cdot\vec{b}\leqslant|\vec{a}|\cdot|\vec{b}|$.

二、填空题

13.$\vec{0}$ 14.$(-5,6)$ 15.$(3,5)$ 16.7 17.$2\sqrt{2}$ 18.$\sqrt{19}$

三、解答题

19.解:(1)$\vec{a}\cdot\vec{b}=10$,$\vec{a}+\vec{b}=(7,-1)$,$|\vec{a}+\vec{b}|=\sqrt{7^2+(-1)^2}=5\sqrt{2}$.

(2)$\cos<\vec{a},\vec{b}>=\frac{\vec{a}\cdot\vec{b}}{|\vec{a}|\cdot|\vec{b}|}=\frac{10}{\sqrt{13}\cdot\sqrt{17}}=\frac{10\sqrt{221}}{221}$.

(3)$3\vec{a}-2\vec{b}=3(3,-2)-2(4,1)=(1,-8)$.

(4)$x\vec{a}+3\vec{b}=(3x+12,-2x+3)$,由题意得$1\times(-2x+3)+8(3x+12)=0$,解得$x=-\frac{9}{2}$.

20.解:由$(2\vec{a}-3\vec{b})(2\vec{a}+\vec{b})=61$得:$4|\vec{a}|^2-4\vec{a}\cdot\vec{b}-3|\vec{b}|^2=61$,所以$4\times16-4\vec{a}\cdot\vec{b}-3\times9=61$,即$\vec{a}\cdot\vec{b}=-6$.

(1)$\cos<\vec{a},\vec{b}>=\frac{\vec{a}\cdot\vec{b}}{|\vec{a}|\cdot|\vec{b}|}=\frac{-6}{4\times3}=-\frac{1}{2}$,所以$<\vec{a},\vec{b}>=120°$.

(2)$|\vec{a}+\vec{b}|=\sqrt{(\vec{a}+\vec{b})^2}=\sqrt{|\vec{a}|^2+|\vec{b}|^2+2\vec{a}\cdot\vec{b}}=\sqrt{16+9-12}=\sqrt{13}$.

考试真题体验

1.D 2.C 3.C 4.A 5.60° 6.D 7.$(-1,4)$ 8.B

第 8 章　一面向量

第 1 节　直线和圆

基础知识巩固

一、选择题

1. D　2. B　3. D　4. A　5. A　6. D　7. C　8. C　9. C　10. B　11. B　12. B

二、填空题

13. $3x-y-10=0$　14. $x-y+1=0$　15. $(x-3)^2+(y-10)^2=4$

16. $[-1,\sqrt{2}]$.

三、解答题

17. 解：(1)设过点 A 且与 BC 平行的直线为 l_1，因为 $l_1 /\!/ BC$，故 $k_1=k_{BC}$，又因为 $k_{BC}=-2$，所以$k_1=-2$，由点斜式得 l_1：$y-1=-2(x-6)$，即 l_1：$2x+y-13=0$.

(2)设 BC 边上的高所在直线为 l_2，因为 $l_2 \perp BC$，故 $k_2 \cdot k_{BC}=-1$，又因为 $k_{BC}=-2$，所以 $k_2=\frac{1}{2}$，由点斜式得 l_2：$y-1=\frac{1}{2}(x-6)$，即 l_2：$x-2y-4=0$.

18. 解：(1) $(x-1)^2+(y-2)^2=2$；

(2)设圆的方程为：$(x-3)^2+(y+2)^2=r^2$，将点 $P(-2,1)$ 代入此方程得 $r^2=34$，所以圆的方程为：$(x-3)^2+(y+2)^2=34$；

(3)设圆的方程为：$x^2+y^2+Dx+Ey+F=0$，因为圆过 A、B、C 三点，

则$\begin{cases}(-1)^2+5^2-D+5E+F=0,\\5^2+5^2+5D+5E+F=0,\\6^2+(-2)^2+6D-2E+F=0,\end{cases}$ 解得$\begin{cases}D=-4,\\E=-2,\\F=-20,\end{cases}$

所以所求圆的方程为：$(x-2)^2+(y-1)^2=25$.

19. 设点 A 关于直线 l 的对称点为 $A'(x,y)$，根据物理知识可知点 A'在反射光所在的直线上，因为点 A 与 A'关于直线 l 对称，所以直线 l 是线段 AA'的中垂线，由题意得：

$\begin{cases}2\times\frac{x-2}{2}-\frac{y+4}{2}-7=0,\\\frac{y-4}{x+2}=-\frac{1}{2},\end{cases}$ 得 $\begin{cases}2x-y-22=0,\\x+2y-6=0,\end{cases}$ 解得$\begin{cases}x=10,\\y=-2,\end{cases}$ 即 $A'(10,-2)$，又反射光过点 $B(5,8)$，∴反射光线的斜率 $k=\frac{-2-8}{10-5}=-2$，

∴反射光线所在直线的方程为：$y-8=-2(x-5)$，即：$2x+y-18=0$.

20. 解：法一：(代数法)

联立方程得：$\begin{cases}y=x+b,\\x^2+y^2=2,\end{cases}$ 则 $2x^2+2bx+b^2-2=0(*)$，

$\Delta=(2b)^2-8(b^2-2)=-4(b+2)(b-2)$　∴当 $\Delta>0$，即 $-2<b<2$ 时，方程(＊)有

两个不同的实数解，所以直线 l 与圆相交；当 $\Delta=0$，即 $b=-2$ 或 $b=2$ 时，方程（*）有两个相同的实数解，所以直线 l 与圆相切；

当 $\Delta<0$，即 $b>2$ 或 $b<-2$ 时，方程（*）没有实数解，所以直线 l 与圆相离.

法二：（几何法）

圆 $x^2+y^2=2$ 的圆心为 $(0,0)$，半径 $r=\sqrt{2}$，圆心到直线 l 的距离 $d=\frac{|b|}{\sqrt{2}}$，∴当 $d<r$，即 $-2<b<2$ 时，直线 l 与圆相交；当 $d=r$，即 $b=-2$ 或 $b=2$ 时，直线 l 与圆相切；当 $d>r$，即 $b>2$ 或 $b<-2$ 时，直线 l 与圆相离.

21. 解：(1)由题意得圆心为 $(1,0)$，所求直线的斜率 $k=2$，所以直线 l 的方程为 $y-0=2(x-1)$，即 $l:y=2x-2$.

(2)由题意得直线 l 的斜率为 $\tan 45°=1$，所以 $l:y-2=1\times(x-2)$，即 $l:x-y=0$，圆心 $(1,0)$ 到直线 l 的距离 $d=\frac{\sqrt{2}}{2}$，所以 $|AB|=2\sqrt{r^2-d^2}=2\sqrt{9-\frac{1}{2}}=\sqrt{34}$.

(3)当弦 AB 被点 P 平分时，$l\perp PC$， 因为圆心 $C(1,0)$，$P(2,2)$，所以 $k_{PC}=2$，故 $k=-\frac{1}{2}$，所以直线 l 的方程为：$y-2=-\frac{1}{2}(x-2)$，即 $x+2y-6=0$.

22. 解：设直线 l 的方程为：$y+4=k(x+5)$，分别令 $y=0$，$x=0$，

得 l 在 x 轴，y 轴上的截距为：$a=\frac{-5k+4}{k}$，$b=5k-4$.

由题意得 $\frac{1}{2}ab=\pm5$，∴$ab=\pm10$ ∴$\frac{-5k+4}{k}\cdot(5k-4)=\pm10$，化简得到关于 k 的两个方程：$25k^2-30k+16=0$ 无实数解；或 $25k^2-50k+16=0$，解得：$k_1=\frac{8}{5}$，$k_2=\frac{2}{5}$. 故所求的直线方程为：$8x-5y+20=0$ 或 $2x-5y-10=0$.

能力强化提高

一、选择题

1. D 2. B

3. A 解析：因为 A,B,C 三点共线，所以 $k_{AB}=k_{BC}$，解出 $a=-4$.

4. A 5. B

6. C 解析：因为两直线的交点为 $(1,-3)$，将 $(1,-3)$ 分别代入到两直线方程，求出 m,n.

7. A 解析：很容易判断 P 点在圆内，所以直线 l 必与圆 C 相交.

8. B 9. D 10. C

二、填空题

11. ±1 12. 1

13. $(x+2)^2+\left(y-\frac{3}{2}\right)^2=\frac{5}{4}$ 解析：由圆的方程得 $\left(x-\frac{1}{2}\right)^2+(y+1)^2=\frac{5}{4}$，圆心为 $\left(\frac{1}{2},-1\right)$，求出圆心关于直线 l 的对称点为 $\left(-2,\frac{3}{2}\right)$，而圆关于直线的对称圆的圆心改

变,半径不变,所以对称圆的方程为$(x-\frac{1}{2})^2+(y+1)^2=\frac{5}{4}$.

14. $x-y-3=0$　15. $3x-4y+27=0$ 或 $x=-1$

16. $[4,8]$ 解析:圆心$(2,1)$到直线 l 的距离为 6,圆的半径为 2,所以 $6-2\leqslant d\leqslant 6+2$,即 $4\leqslant d\leqslant 8$.

三、解答题

17. 解:由题意可设圆的方程为 $x^2+(y-b)^2=r^2$,

∵圆经过 A、B 两点,

∴ $\begin{cases}(-1)^2+(4-b)^2=r^2,\\ 3^2+(2-b)^2=r^2,\end{cases}$ 解得$\begin{cases}b=1,\\ r^2=10,\end{cases}$

所以所求圆的方程为 $x^2+(y-1)^2=10$.

18. 解:设所求直线方程为:$y=\frac{3}{4}x+b$,令 $x=0$,$y=b$,令 $y=0$,$x=-\frac{4}{3}b$,

$\therefore |b|+\left|-\frac{4}{3}b\right|+\sqrt{b^2+(-\frac{4}{3}b)^2}=12$,$|b|+\left|\frac{4}{3}b\right|+\frac{5}{3}|b|=12$,

解得:$|b|=3$,$\therefore b=\pm 3$,所求直线方程为:$y=\frac{3}{4}x\pm 3$.

19. 解:(1)由题意得:$D=-2$,$E=-4$,$F=m$,

$D^2+E^2-4F=20-4m>0$,解得:$m<5$.

(2)$\begin{cases}x+2y-4=0,\\ x^2+y^2-2x-4y+m=0,\end{cases}$ 消去 x 得:$5y^2-16y+8+m=0$,

设 $M(x_1,y_1)$,$N(x_2,y_2)$,则 $y_1+y_2=\frac{16}{5}$,$y_1y_2=\frac{8+m}{5}$,

∵$OM\perp ON$,$\therefore x_1x_2+y_1y_2=0$,$\therefore 5y_1y_2-8(y_1+y_2)+16=0$,

$\therefore m=\frac{8}{5}$.

(3)设圆心为(a,b),$a=\frac{x_1+x_2}{2}=\frac{4}{5}$,$b=\frac{y_1+y_1}{2}=\frac{8}{5}$,$r=\frac{4\sqrt{5}}{5}$,圆的方程为:$(x-\frac{4}{5})^2+(y-\frac{8}{5})^2=\frac{16}{5}$.

20. 解:设这样的直线存在,其方程为 $y=x+b$,它与圆 C 的交点设为 $A(x_1,y_1)$、$B(x_2,y_2)$,由$\begin{cases}x^2+y^2-2x+4y-4=0,\\ y=x+b,\end{cases}$ 消去 y 得:

$2x^2+2(b+1)x+b^2+4b-4=0(*)$,　$\therefore\begin{cases}x_1+x_2=-(b+1),\\ x_1\cdot x_2=\frac{b^2+4b-4}{2},\end{cases}$

$\therefore y_1y_2=(x_1+b)(x_2+b)=x_1x_2+b(x_1+x_2)+b^2$,

由 $OA\perp OB$ 得 $x_1x_2+y_1y_2=0$,$\therefore 2x_1x_2+b(x_1+x_2)+b^2=0$,

即 $b^2+4b-4-b(b+1)+b^2=0$,$b^2+3b-4=0$,$\therefore b=1$ 或 $b=-4$.

验证 $b=1$ 或 $b=-4$ 时方程(*)有实根,故存在这样的直线 m,有两条,其方程分别是 $y=x+1$ 或 $y=x-4$.

考试真题体验

1. A　2. $2\sqrt{2}$　3. 相切　4. $(1,-2)$　5. D

第2节　椭圆

基础知识巩固

一、选择题

1. D　2. D　3. B　4. C　5. A　6. B　7. D　8. D　9. A　10. B　11. B　12. B

二、填空题

13. $10,\frac{3}{5},(-3,0),(3,0),(-5,0),(5,0),(0,4),(0,-4)$　14. 7　15. $\frac{\sqrt{3}}{2}$

16. 3 或 $\frac{25}{3}$

三、解答题

17. 解:由焦点坐标知椭圆的焦点在 x 轴上,可设所椭圆方程为:$\frac{x^2}{a^2}+\frac{y^2}{b^2}=1(a>b>0)$,

由题意得:$c=2,\frac{c}{a}=\frac{1}{3}$,$\therefore a=6$,

$\therefore b=\sqrt{a^2-c^2}=4\sqrt{2}$,所以椭圆方程为:$\frac{x^2}{36}+\frac{y^2}{32}=1$,顶点坐标分别为:$(-6,0),(6,0),(0,4\sqrt{2}),(0,-4\sqrt{2})$.

18. 解:由椭圆$\frac{x^2}{9}+\frac{y^2}{4}=1$ 得,焦点在 x 轴上,$c=\sqrt{a^2-b^2}=\sqrt{5}$,所求椭圆方程可设为:$\frac{x^2}{a^2}+\frac{y^2}{b^2}=1(a>b>0)$,其中 $c=\sqrt{5}$,所以 $a^2-b^2=5$,

又因为椭圆过点$(3,-2)$,所以$\frac{9}{a^2}+\frac{4}{b^2}=1$,联立方程组解得:$a^2=15,b^2=10$. 故所求椭圆方程为:$\frac{x^2}{15}+\frac{y^2}{10}=1$.

19. 解:椭圆$\frac{x^2}{4}+\frac{y^2}{16}=1$ 的焦点坐标为$(0,2\sqrt{3}),(0,-2\sqrt{3})$,$e=\frac{\sqrt{3}}{2}$,若所求椭圆的焦点在 x 轴上,则$\begin{cases}b=2\sqrt{3},\\ \frac{c}{a}=\frac{\sqrt{3}}{2},\end{cases}$解得$\begin{cases}a^2=48,\\ b^2=12,\end{cases}$椭圆方程为:$\frac{x^2}{48}+\frac{y^2}{12}=1$;若所求椭圆的焦点在 y 轴上,$\begin{cases}a=2\sqrt{3},\\ \frac{c}{a}=\frac{\sqrt{3}}{2},\end{cases}$解得$\begin{cases}a^2=12,\\ b^2=3,\end{cases}$椭圆方程为:$\frac{x^2}{3}+\frac{y^2}{12}=1$.

20. 解:由题意得当 P 点为椭圆在 y 轴上的顶点时,$\triangle PF_1F_2$ 的面积达最大值,

即$\frac{1}{2}\times 2c\times|OP|=12$，$\frac{1}{2}\times 2\times 4\times|OP|=12$，解得$|OP|=3$，即$b=3$，$\therefore a=\sqrt{b^2+c^2}=5$，

所以椭圆方程为：$\frac{x^2}{25}+\frac{y^2}{9}=1$.

21. 解：设椭圆C的方程为$\frac{x^2}{a^2}+\frac{y^2}{b^2}=1$，由题意$a=3$，$c=2\sqrt{2}$，于是$b=1$. ∴椭圆C的方程为

$\frac{x^2}{9}+y^2=1$. 联立方程组$\begin{cases} y=x+2, \\ \frac{x^2}{9}+y^2=1, \end{cases}$得：$10x^2+36x+27=0$，设直线与椭圆的两个交点为

$A(x_1,y_1)$，$B(x_2,y_2)$，则$x_1+x_2=-\frac{18}{5}$，由于$y_1=x_1+2$，$y_2=x_2+2$，所以$y_1+y_2=x_1+$

x_2+4，即$y_1+y_2=\frac{2}{5}$，故线段AB的中点坐标为$(-\frac{9}{5},\frac{1}{5})$.

22. 解：由题意得此直线的斜率一定存在，设直线方程为：$y-1=k(x-2)$，
代入椭圆方程并整理，得$(4k^2+1)x^2-8(2k^2-k)x+4(2k-1)^2-16=0$.

设直线与椭圆的交点为$A(x_1,y_1)$，$B(x_2,y_2)$，于是$x_1+x_2=\frac{8(2k^2-k)}{4k^2+1}$.

又M为AB的中点，$\therefore \frac{x_1+x_2}{2}=\frac{4(2k^2-k)}{4k^2+1}=2$，解得$k=-\frac{1}{2}$，故所求直线的方程为

$x+2y-4=0$.

能力强化提高

一、选择题

1. A　2. D　3. D　4. D　5. B

6. A　解析：由题意得$2a=10$，$2c=8$，$|PF_1|+|PF_2|=10$，所以$|PF_1|^2+|PF_2|^2+2|PF_1||PF_2|=100$，而$|PF_1|^2+|PF_2|^2=|F_1F_2|^2=64$，解得$|PF_1||PF_2|=18$，

所以$S_{\triangle F_1PF_2}=\frac{1}{2}|PF_1||PF_2|=9$.

7. B

8. A　解析：由于$0<\alpha<\frac{\pi}{4}$，所以$\frac{\sqrt{2}}{2}<\cos\alpha<1$，$0<\sin\alpha<\frac{\sqrt{2}}{2}$，故选A.

9. A　10. B

二、填空题

11. $4\sqrt{3}$　12. 24　解析：由题意得，$a=4$，$b=3$，所以四边形的面积为$2\times\frac{1}{2}\times 2a\times b=24$.

13. $\sqrt{3}x-2y-4-\sqrt{3}=0$　14. $\frac{x^2}{13}+\frac{y^2}{4}=1$或$\frac{x^2}{9}+\frac{y^2}{13}=1$　15. $\frac{\sqrt{3}}{2}$.

三、解答题

16. 解：(1)当$A(2,0)$为长轴端点时，$a=2$，$b=1$，椭圆的标准方程为：$\frac{x^2}{4}+y^2=1$；

(2)当$A(2,0)$为短轴端点时,$b=2,a=4$,椭圆的标准方程为:$\frac{x^2}{4}+\frac{y^2}{16}=1$.

17.解:依题意可设椭圆方程为$\frac{x^2}{a^2}+y^2=1$,则右焦点坐标为$(\sqrt{a^2-1},0)$,由题意得$\frac{|\sqrt{a^2-1}+2\sqrt{2}|}{\sqrt{2}}=3$,解得$a^2=3$,故所求椭圆的方程为$\frac{x^2}{3}+y^2=1$.

18.解:椭圆的右焦点为$(2\sqrt{2},0)$,直线的斜率$k=\tan\frac{\pi}{6}=\frac{\sqrt{3}}{3}$,由题意可设直线$MN$的方程为:$y=\frac{\sqrt{3}}{3}(x-2\sqrt{2})$,与椭圆方程联立,消去$y$得:$4x^2-12\sqrt{2}x+15=0$,

设$M(x_1,y_1)$,$N(x_2,y_2)$,由韦达定理得:

$x_1+x_2=3\sqrt{2}$,$x_1x_2=\frac{15}{4}$,

则$|MN|=\sqrt{1+k^2}|x_1-x_2|=\sqrt{1+k^2}\cdot\sqrt{(x_1+x_2)^2-4x_1x_2}=2$.

19.解:(1)设$P(x_1,y_1)$,$Q(x_2,y_2)$,由$OP\perp OQ\Leftrightarrow x_1x_2+y_1y_2=0(1)\because y_1=1-x_1$,$y_2=1-x_2$,代入(1)式得$2x_1x_2-(x_1+x_2)+1=0$ (2),将$y=1-x$代入$\frac{x^2}{a^2}+\frac{y^2}{b^2}=1$得$(a^2+b^2)x^2-2a^2x+a^2(1-b^2)=0$,

$\therefore x_1+x_2=\frac{2a^2}{a^2+b^2}$,$x_1x_2=\frac{a^2(1-b^2)}{a^2+b^2}$,代入(2)化简得$\frac{1}{a^2}+\frac{1}{b^2}=2$.

(2)$\because e^2=\frac{c^2}{a^2}=1-\frac{b^2}{a^2}\therefore\frac{1}{3}\leqslant1-\frac{b^2}{a^2}\leqslant\frac{1}{2}\Rightarrow\frac{1}{2}\leqslant\frac{b^2}{a^2}\leqslant\frac{2}{3}$,

又由(1)知$\frac{1}{a^2}+\frac{1}{b^2}=2$,即$b^2=\frac{a^2}{2a^2-1}$,$\therefore$长轴$2a\in[\sqrt{5},\sqrt{6}]$.

20.解:(1)由已知可得点$A(-6,0)$,$F(0,4)$,设点$P(x,y)$,则

$\overrightarrow{AP}=(x+6,y)$,$\overrightarrow{FP}=(x-4,y)$,由已知可得$\begin{cases}\frac{x^2}{36}+\frac{y^2}{20}=1,\\(x+6)(x-4)+y^2=0.\end{cases}$

则$2x^2+9x-18=0$,解得$x=\frac{3}{2}$或$x=-6$,由于$y>0$,只能$x=\frac{3}{2}$,于是$y=\frac{5\sqrt{3}}{2}$.

$\therefore$点P的坐标是$(\frac{3}{2},\frac{5\sqrt{3}}{2})$.

(2)直线AP的方程是$x-\sqrt{3}y+6=0$,设点$M(m,0)$,则M到直线AP的距离是$\frac{|m+6|}{2}$.于是$\frac{|m+6|}{2}=|m-6|$,又$-6\leqslant m\leqslant6$,解得$m=2$.椭圆上的点(x,y)到点M的距离d,$d^2=(x-2)^2+y^2=x-4x^2+4+20-\frac{5}{9}x^2=\frac{4}{9}(x-\frac{9}{2})^2+15$,由于$-6\leqslant m\leqslant6$,

$\therefore$当$x=\frac{9}{2}$时,d取得最小值$\sqrt{15}$.

考试真题体验

1. 解:(1)$F(1,0)$,$M(\sqrt{2},0)$,得:$c=1$,$a=\sqrt{2}$,$b=1$,故椭圆的方程为:$\frac{x^2}{2}+y^2=1$.

(2)设 $C(m,n)$,则 $A(m,-n)$. 由 $F(1,0)$,$P(2,0)$可知:直线 FC 的方程为:$(m-1)y=n(x-1)$,直线 PA 的方程为:$(2-m)y=n(x-2)$,那么直线 PA 与直线 FC 的交点 $B(x,y)$为:$\begin{cases}(m-1)y=n(x-1)\\(2-m)y=n(x-2)\end{cases}$ 得 $x=\frac{3m-4}{2m-3}$,$y=\frac{n}{2m-3}$,即 $B\left(\frac{3m-4}{2m-3},\frac{n}{2m-3}\right)$,

由 $C(m,n)$在椭圆$\frac{x^2}{2}+y^2=1$ 上,得 $m^2+2n^2=2$,将 $B\left(\frac{3m-4}{2m-3},\frac{n}{2m-3}\right)$代入椭圆方程 $x^2+2y^2=2$,左边得:$\frac{(3m-4)^2}{(2m-3)^2}+\frac{2n^2}{(2m-3)^2}=\frac{2\,(2m-3)^2}{(2m-3)^2}=2=$右边,所以 B 点在椭圆 $\frac{x^2}{2}+y^2=1$ 上,即直线 BC 经过焦点 F.

2. 解:(1)由题意得 $a=\sqrt{2}$,$c=1$,所以 $b=1$,故椭圆 C 的标准方程为:$\frac{x^2}{2}+y^2=1$.

(2)由(1)得椭圆方程变形为 $x^2+2y^2=2$,因为 $A(x_1,y_1)$,$B(x_2,y_2)$是椭圆 C 上的任意两点,则:$\begin{cases}{x_1}^2+2{y_1}^2=2,\\{x_2}^2+2{y_2}^2=2,\end{cases}$两式相减得$(x_1+x_2)(x_1-x_2)+2(y_1+y_2)(y_1-y_2)=0$,变形为:$(x_1+x_2)(x_2-x_1)=-2(y_1+y_2)(y_2-y_1)$ (*)而 $k_1=\frac{y_2-y_1}{x_2-x_1}$,$k_2=\frac{y_0}{x_0}=\frac{\frac{y_1+y_2}{2}}{\frac{x_1+x_2}{2}}=\frac{y_1+y_2}{x_1+x_2}$,则 $k_1\cdot k_2=\frac{(y_1+y_2)(y_2-y_1)}{(x_1+x_2)(x_2-x_1)}$,将(*)代入化简得 $k_1\cdot k_2=-\frac{1}{2}$.

第 3 节　双曲线

基础知识巩固

一、选择题

1. B　2. A　3. B　4. C　5. B　6. A　7. B　8. B　9. D　10. D　11. B　12. A

二、填空题

13. $\frac{x^2}{39}-\frac{y^2}{25}=1$ 或$\frac{y^2}{39}-\frac{x^2}{25}=1$　14. $-\frac{25}{3}$　15. $5x-4y+3=0$　16. -4

三、解答题

17. 解:由题意得 $a^2=9$,$b^2=16$,$c^2=25$,所以实轴顶点坐标为$(0,3)$,$(0,-3)$;虚轴顶点坐标为$(-4,0)$,$(4,0)$;焦点坐标为$(0,5)$,$(0,-5)$;渐近线方程为 $y=\pm\frac{3}{4}x$.

18. 解:在椭圆中,焦点坐标为$(\pm\sqrt{10},0)$,$\therefore c=\sqrt{10}$,又 $e=\frac{c}{a}=\frac{\sqrt{10}}{a}$.

$\therefore\frac{\sqrt{10}}{a}=\frac{\sqrt{5}}{2}$,$\therefore a^2=8$,$b^2=2$,$\therefore$双曲线方程为$\frac{x^2}{8}-\frac{y^2}{2}=1$.

19. 解：设所求双曲线为：$\frac{x^2}{4}-y^2=k$，将点(1,3)代入得：$k=\frac{1}{4}-9=-\frac{35}{4}$. 所以双曲线方程为：$\frac{x^2}{4}-y^2=-\frac{35}{4}$，即$\frac{4y^2}{35}-\frac{x^2}{35}=1$.

20. 解：∵ 点 $P(a,b)$到 $y=x$ 的距离为$\sqrt{2}$，故$\frac{|a-b|}{\sqrt{2}}=\sqrt{2}$，

∴$a-b=\pm 2$，又∵点 P 在双曲线左支上，故 $a-b<0$，∴$a-b=-2$.

又∵$a^2-b^2=1$，即$(a+b)(a-b)=1$.　∴ $a+b=-\frac{1}{2}$.

21. 解：假设存在，设直线 l：$y=x+b$，代入双曲线方程得 $x^2+6bx+3b^2+6=0$，因为直线与双曲线有两个不同的交点，所以 $\Delta=(6b)^2-4\times1\times(3b^2+6)>0$，解得：$b>1$ 或 $b<-1$，设 l 与双曲线交于$A(x_1,y_1)$，$B(x_2,y_2)$，则 $x_1+x_2=-6b$，$x_1x_2=3b^2+6$，$|AB|=\sqrt{1+k^2}\cdot\sqrt{(x_1+x_2)^2-4x_1x_2}=\sqrt{2}\cdot\sqrt{24b^2-24}=2$，解得 $b=\pm1$，不满足 $b>1$ 或 $b<-1$，所以同时满足以上两个条件的直线方程不存在.

22. 解：由双曲线方程可知 $2a=4,2b=2,2c=2\sqrt{5}$.

∴$|F_1F_2|^2=20$，由双曲线定义知$||PF_1|-|PF_2||=4$，

则$|PF_1|^2+|PF_2|^2-2|PF_1|\cdot|PF_2|=16$，　由余弦定理得：

$|F_1F_2|^2=|PF_1|^2+|PF_2|^2-2|PF_1|\cdot|PF_2|\cdot\cos 60°=|PF_1|^2+|PF_2|^2-|PF_1|\cdot|PF_2|=20$

∴$|PF_1|\cdot|PF_2|=4$，∴$S_{\triangle F_1PF_2}=\frac{1}{2}|PF_1|\cdot|PF_2|\cdot\sin 60°=\sqrt{3}$.

能力强化提高

一、选择题

1. A　2. B　3. C

4. D 解析：由已知得 $a^2=4,b^2=k$，$1<\frac{c}{a}<2$，所以 $1<\frac{\sqrt{a^2+b^2}}{a}<2$，

即 $1<\sqrt{\frac{a^2+b^2}{a^2}}<2$，将 $a^2=4,b^2=k$ 代入此不等式解得 $k\in(0,12)$.

5. D　6. A　7. A　8. C　9. A　10. C

二、填空题

11. $\frac{y^2}{12}-\frac{x^2}{24}=1$　12. $\frac{13}{5}$或$\frac{13}{12}$　13. $-\frac{1}{4}$　14. $4\sqrt{6}$　15. ①②④

三、解答题

16. 解：由已知得 $c=5$，设双曲线方程为$\frac{x^2}{a^2}-\frac{y^2}{b^2}=1$，

则$\begin{cases}\frac{b}{a}=\frac{4}{3},\\ a^2+b^2=25,\end{cases}$　解得$\begin{cases}a^2=9,\\ b^2=16,\end{cases}$故所求双曲线方程为$\frac{x^2}{9}-\frac{y^2}{16}=1$.

17. 解：由于椭圆焦点为 $F(0,\pm4)$，离心率为 $e=\frac{4}{5}$，所以双曲线的焦点为 $F(0,\pm4)$，离心率为 2，从而 $c=4,a=2,b=2\sqrt{3}$. 所以双曲线方程为：$\frac{y^2}{4}-\frac{x^2}{12}=1$.

18. 解：设双曲线方程为 $x^2-4y^2=\lambda$，联立方程组得：$\begin{cases}x^2-4y^2=\lambda,\\x-y-3=0,\end{cases}$ 消去 y 得，$3x^2-24x+(36+\lambda)=0(*)$，设直线被双曲线截得的弦为 AB，且 $A(x_1,y_1),B(x_2,y_2)$，那么：$\begin{cases}x_1+x_2=8,\\x_1x_2=\frac{36+\lambda}{3},\end{cases}$ $|AB|=\sqrt{1+k^2}\cdot\sqrt{(x_1+x_2)^2-4x_1x_2}=\sqrt{\frac{8(12-\lambda)}{3}}=\frac{8\sqrt{3}}{3}$，

解得：$\lambda=4$，将 $\lambda=4$ 代入方程$(*)$得 $3x^2-24x+40=0$，其中 $\Delta=96>0$，所以 $\lambda=4$，所求双曲线方程是：$\frac{x^2}{4}-y^2=1$.

19. 解：以直线 AB 为 x 轴，线段 AB 的垂直平分线为 y 轴，建立直角坐标系，则 $A(3,0)$，$B(-3,0)$，因为 $|PB|-|PA|=4\times1<6$，$\therefore a=2,b=\sqrt{5},c=3$，$P$ 是双曲线$\frac{x^2}{4}-\frac{y^2}{5}=1$ 右支上的一点$\because P$ 在 A 的东偏北60°方向，$\therefore k_{AP}=\tan60^\circ=\sqrt{3}$，$\therefore$线段 AP 所在的直线方程为 $y=\sqrt{3}(x-3)$，

联立方程组$\begin{cases}\frac{x^2}{4}-\frac{y^2}{5}=1,\\y=\sqrt{3}(x-3),\\x>0,\\y>0,\end{cases}$ 解得$\begin{cases}x=8,\\y=5\sqrt{3},\end{cases}$

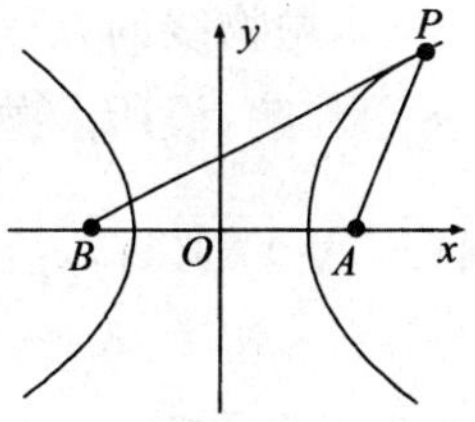

第 19 题图

即 P 点的坐标为$(8,5\sqrt{3})$，

$\therefore A$、P 两地的距离为 $|AP|=\sqrt{(3-8)^2+(0-5\sqrt{3})^2}=10(\text{km})$.

20. 设直线 l 存在，设 $P(x_1,x_2)$、$Q(x_2,y_2)$，则$\begin{cases}x_1^2=\frac{y_1^2}{2}=1,\quad(1)\\x_2^2-\frac{y_2^2}{2}=1,\quad(2)\end{cases}$

$(1)-(2)$得$(x_1-x_2)(x_1+x_2)=\frac{1}{2}(y_1-y_2)(y_1+y_2)(3)$，因为 $A(1,1)$为线段 PQ 的中点所以$\begin{cases}x_1+x_2=2,\quad(4)\\y_1+y_2=2,\quad(5)\end{cases}$将(4)、(5)代入(3)得 $x_1-x_2=\frac{1}{2}(y_1-y_2)$，若 $x_1\neq x_2$，则直线 l 的斜率 $k=\frac{y_1-y_2}{x_1-x_2}=2$，所以符合题设条件的直线 l 存在，其方程为 $2x-y-1=0$，

再由$\begin{cases}y=2x-1,\\x^2-\frac{y^2}{2}=1,\end{cases}$得 $2x^2-4x+3=0$，$\Delta=-8<0$，说明所求直线不存在.

考试真题体验

1. B 2. A 3. C

第4节 抛物线

基础知识巩固

一、选择题

1. B 2. B 3. D 4. D 5. B 6. C 7. B 8. B 9. A 10. C 11. A 12. C

二、填空题

13. $y^2=-8x$ 14. $x^2=8y$ 15. -1 16. $(1,\pm 2\sqrt{2})$

三、解答题

17. 解：由抛物线的方程得 $x^2=-\frac{1}{8}y$，$p=\frac{1}{16}$，所以焦点为 $(0,-\frac{1}{32})$；顶点为 $(0,0)$；离心率 $e=1$；准线方程为 $y=\frac{1}{32}$.

18. 解：由题意可设方程为 $x^2=2py(p>0)$，准线方程为 $y=-\frac{p}{2}$，

$\therefore m-(-\frac{p}{2})=5$，又$\because 9=2mp \therefore \frac{9}{2p}+\frac{p}{2}=5$，得 $p=1$ 或 $p=9$.

$\therefore$抛物线的方程为 $x^2=2y$ 或 $x^2=18y$.

19. 解：设所求抛物线方程为 $y^2=ax(a\neq 0)$，直线与抛物线的两个交点分别为 $A(x_1,y_1)$，$B(x_2,y_2)$，联立方程组 $\begin{cases} y^2=ax, \\ y=2x+1, \end{cases}$ 消去 y 得：$4x^2+(4-a)x+1=0$，

则 $x_1+x_2=\frac{a-4}{4}$，$x_1x_2=\frac{1}{4}$，代入弦长公式

$|AB|=\sqrt{1+k^2}\,|x_1-x_2|=\sqrt{1+k^2}\cdot\sqrt{(x_1+x_2)^2-4x_1x_2}$

得：$\sqrt{1+2^2}\sqrt{\left(\frac{a-4}{4}\right)^2-4\times\frac{1}{4}}=\sqrt{15}$，解得 $a=12$ 或 $a=-4$，所以抛物线方程为 $y^2=12x$ 或 $y^2=-4x$.

20. 解：由 $y^2=-4x$ 得 $p=2$，焦点 $(-1,0)$，直线 AB 的斜率 $k=\tan 120°=-\sqrt{3}$，所以直线 AB：$y=-\sqrt{3}(x+1)$，由 $\begin{cases} y^2=-4x, \\ y=-\sqrt{3}(x+1), \end{cases}$ 得 $3x^2+10x+3=0$，

易求得 $|AB|=\frac{16}{3}$，O 点到直线 AB 的距离 $d=\frac{\sqrt{3}}{2}$，

$\therefore S_{\triangle OAB}=\frac{1}{2}|AB|\times d=\frac{4}{3}\sqrt{3}$.

21. 解：联立方程组 $\begin{cases} kx-y+1=0, \\ y^2=4x, \end{cases}$ 可得 $k^2x^2+2(k-2)x+1=0$，

当 $k=0$ 时，方程有唯一解，直线 $y=1$ 与抛物线只有一个交点；

当 $k\neq0$ 时，$\Delta=4(k-2)^2-4k^2=16(1-k)$；

当 $\Delta>0$，即 $16(1-k)>0$，$k<1$ 时，直线与抛物线有两个交点；

当 $\Delta=0$，即 $16(1-k)=0$，$k=1$ 时，直线与抛物线相切，有一个交点；

当 $\Delta<0$，即 $16(1-k)<0$，$k>1$ 时，直线与抛物线相离，无交点.

综上所述：(1)当 $\{k|k<1,且\ k\neq0\}$ 时，直线与抛物线有两个交点；

(2)当 $k\in\{0,1\}$ 时，直线与抛物线只有一个交点；

(3)当 $\{k|k>1\}$ 时，直线与抛物线无交点.

22.解：如图建立直角坐标系，设桥拱抛物线方程为 $x^2=-2py$ $(p>0)$，由题意可知，$B(4,-5)$ 在抛物线上，所以 $p=1.6$，

得 $x^2=-3.2y$，当船面两侧和抛物线接触时，船不能通航，设此时船面宽为 AA'，则 $A(2,y_A)$，由 $2^2=-3.2y_A$ 得 $y_A=-\frac{5}{4}$，又知船面露出水面上部分高为 0.75m，所以 $h=|y_A|+0.75=2(\text{m})$.

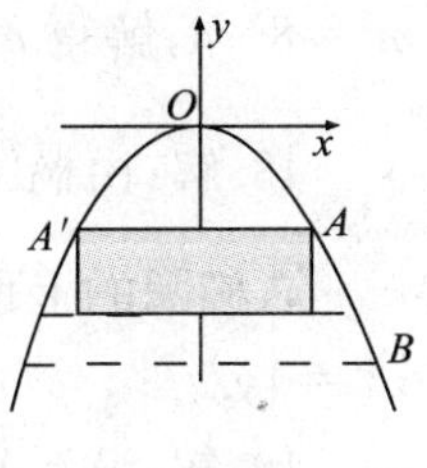

第 22 题图

能力强化提高

一、选择题

1.A 2.B 3.D 4.C

5.C 解析：联立直线与抛物线方程，消去 y 得：$k^2x^2-(4k+8)x+4=0$，

设 $A(x_1,y_1)$，$B(x_2,y_2)$，则 $x_1+x_2=\frac{4k+8}{k^2}$，$\therefore\frac{4k+8}{k^2}=4$，解得 $k=2$ 或 $k=-1$ 经检验，

当 $k=-1$ 时，$x^2-4x+4=0$，$\Delta=0$，直线与抛物线只有一个交点，所以 $k=2$.

6.A

7.D 解析：抛物线的焦点为(1,0)，设直线 AB 的方程为：$y=k(x-1)$，联立直线和抛物线方程得：$k^2x^2-(2k^2+4)x+k^2=0$，$\therefore x_1x_2=1$，因为 $x=\frac{1}{4}y^2$，所以 $x_1=\frac{1}{4}y_1{}^2x_2=\frac{1}{4}y_2{}^2$，故 $y_1y_2=-4$，而 $\overrightarrow{OA}\cdot\overrightarrow{OB}=x_1x_2+y_1y_2=-3$.

8.B 9.A 10.B

二、填空题

11. $y^2=8x$ 或 $y^2=-8x$ 12. $(0,\frac{a}{16})$ 13. ±4 14. 2 15. $(1,\pm\sqrt{6})$ 解析：设 $M(x_0,y_0)$，则 $|MA|=\sqrt{(x_0-4)^2+y_0{}^2}=\sqrt{x_0{}^2-8x_0+16+6x_0}=\sqrt{(x_0-1)^2+15}$.

当 $x_0=1$ 时，$y_0=\pm\sqrt{6}$，$|MA|$ 取最小值 $\sqrt{15}$，此时 $M(1,\pm\sqrt{6})$.

三、解答题

16.解：抛物线过第二象限内的点 $A(-3,2)$，应考虑开口向上及向左两种情形.

(1)若开口向左，设抛物线方程为 $y^2=-2px$，因为抛物线过点 $A(-3,2)$，

$\therefore 4=-2p(-3)$ 即 $2p=\frac{4}{3}$，则抛物线方程为 $y^2=-\frac{4}{3}x$.

(2)若开口向上，设其方程为 $x^2=2py$，因为抛物线过点 $A(-3,2)$，

$\therefore(-3)^2=2p\cdot 2$，即 $2p=\frac{9}{2}$，故得抛物线方程为 $x^2=\frac{9}{2}y$.

综上所述，抛物线的方程为 $y^2=-\frac{4}{3}x$ 或 $x^2=\frac{9}{2}y$.

17. 解：(1)由题意可知其准线方程为 $x=-\frac{p}{2}$，$A(4,m)$到焦点的距离等于点 A 到其准线的距离，$\therefore 4+\frac{p}{2}=6$，$p=4$，所以抛物线方程为 $y^2=8x$，将 $A(4,m)$代入此方程得：$m^2=8\times 4$，解得 $m=\pm 4\sqrt{2}$.

18. 解：由椭圆的方程得：$a=2$，$c=\sqrt{4-b^2}$，$\therefore e=\frac{c}{a}=\frac{\sqrt{4-b^2}}{2}=\frac{\sqrt{3}}{2}$，解得 $b^2=1$，

∴椭圆的上顶点为(0,1)，即抛物线的焦点为(0,1)，$\therefore p=2$，故所求抛物线方程为 $x^2=4y$.

19. 解：设$\triangle AOB$ 为抛物线的内接直角三角形，直角顶点为 O，AO 边的方程是 $y=2x$，则 OB 边方程为 $y=-\frac{1}{2}x$，联立方程组$\begin{cases}y=2x,\\y^2=2px,\end{cases}$

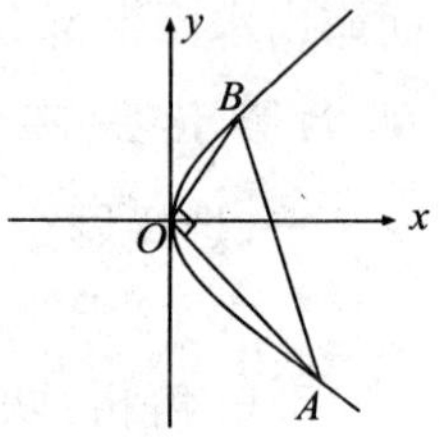

第 19 题图

解得 $A(\frac{p}{2},p)$，联立方程组$\begin{cases}y=-\frac{1}{2}x,\\y^2=2px,\end{cases}$ 解得$B(8p,-4p)$，因为$|AB|=5\sqrt{3}$，所以$\sqrt{(p+4p)^2+(\frac{p}{2}-8p)^2}=5\sqrt{3}$，

$\because$ $p>0$，解得 $p=\frac{2\sqrt{39}}{13}$，

$\therefore$ 所求的抛物线方程为 $y^2=\frac{2\sqrt{39}}{13}x$.

20. 解：(1)由题意可知直线 l 经过(2,0)，(0，−1)，所以可设直线 l 的方程为：$y=kx-1$，将点(2,0)代入得：$k=\frac{1}{2}$，所以 l：$x-2y-2=0$. 由 $y^2=\frac{1}{4}x$ 得焦点 $F(\frac{1}{16},0)$，

$\therefore$ F 到 l 的距离 $d=\frac{\left|\frac{1}{16}-2\right|}{\sqrt{1^2+2^2}}=\frac{31\sqrt{5}}{80}$.

(2)解方程组$\begin{cases}y^2=\frac{1}{4}x,\\x-2y-2=0,\end{cases}$ 得$\begin{cases}x=1,\\y=-\frac{1}{2},\end{cases}$ 或$\begin{cases}x=4,\\y=1.\end{cases}$

$\therefore$ $A(1,-\frac{1}{2})$，$B(4,1)$， 即$|AB|=\sqrt{(4-1)^2+(1+\frac{1}{2})^2}=\frac{3}{2}\sqrt{5}$，

$\therefore$ $S_{\triangle ABF}=\frac{1}{2}|AB|\cdot d=\frac{1}{2}\times\frac{3}{2}\sqrt{5}\times\frac{31}{80}\sqrt{5}=\frac{93}{64}$.

考试真题体验

1. 解：(1) ∵点 $A(4,4)$ 在抛物线 $y^2=2px(p>0)$ 上，∴$16=8p$，即 $p=2$，故抛物线的方程为：$y^2=4x$.

(2)设直线 AM 的方程为：$y-4=k(x-4)$，则直线 AN 的方程为：

$y-4=-k(x-4)$，设 $M(x_1,y_1)$、$N(x_2,y_2)$. 由 $\begin{cases} y-4=k(x-4), \\ y^2=2px, \end{cases}$ 消去 x 并整理得：

$ky^2-4y+16-16k=0$，由题意知：4 和 y_1 是此方程的两个根，

由韦达定理得：$4+y_1=\frac{4}{k}$，∴$y_1=\frac{4}{k}-4$，同理得 $y_2=-\frac{4}{k}-4$，

$$k_{MN}=\frac{y_2-y_1}{x_2-x_1}=\frac{y_2-y_1}{\frac{{y_2}^2}{4}-\frac{{y_1}^2}{4}}=\frac{4(y_2-y_1)}{{y_2}^2-{y_1}^2}=\frac{4}{y_2+y_1}=\frac{4}{\frac{4}{k}-4-\frac{4}{k}-4}=-\frac{1}{2},$$

∴直线 MN 的斜率为定值，此定值为 $-\frac{1}{2}$.

2. (1)由题意得 $\frac{p}{2}=\frac{3}{2}$，所以 $p=3$，即抛物线方程为：$y^2=-6x$.

(2)由题意可设 $A\left(-\frac{3}{2},y_1\right)$，$B\left(-\frac{3}{2},y_2\right)$，将 $x=-\frac{3}{2}$ 代入 $y^2=-6x$ 得 $y^2=9$，

解得 $y_1=-3$，$y_2=3$，∴$|AB|=2\times3=6$，

∴$S_{\triangle OAB}=\frac{1}{2}|AB|\cdot|OF|=\frac{1}{2}\times6\times\frac{3}{2}=\frac{9}{2}$.

第 9 章　立体几何

第 1 节　直线与平面

基础知识巩固

一、选择题

1. D

2. C 解析：根据平面性质 2 可以判断该选择题的 A 选项错误；对于 B 选项我们采用反例法进行说明：空间四边形；根据平面性质 3 的三条推论可以判定 D 选项错误，所以答案为 C.

3. C　4. D　5. C

6. B 解析：在做此选择题时一定要注意两条直线的夹角为 $\left[0,\frac{\pi}{2}\right]$，而异面直线的夹角不可能为 0°.

7. C　8. A　9. D　10. A

11. D 解析：做此选择题时关键是区别初中所学的“在平面上，过直线外一点作已知直线的垂线有且仅有一条”.

12. C

二、填空题

13. 相交、平行、异面　14. 相等或互补　15. $5\sqrt{2}$cm　16. 8

三、解答题

17. 解：(1)、(2)、(4)是异面；(3)、(6)是平行；(5)是相交.

18. 证明：在三角形 ABC 中 E、F 分别为的边 AB、BC 上的中点，

$\therefore EF$ 是$\triangle ABC$ 的中位线，$\therefore EF/\!/AC$ 且 $EF=\frac{1}{2}AC$，同理 $HG/\!/AC$ 且 $HG=\frac{1}{2}AC$，

$\therefore EF/\!/GH$ 且 $EF=GH$，$\therefore$ 四边形 $EFGH$ 是平行四边形.

19. 证明：连接 B_1D_1 交 A_1C_1 与 O_1，连接 BO_1.

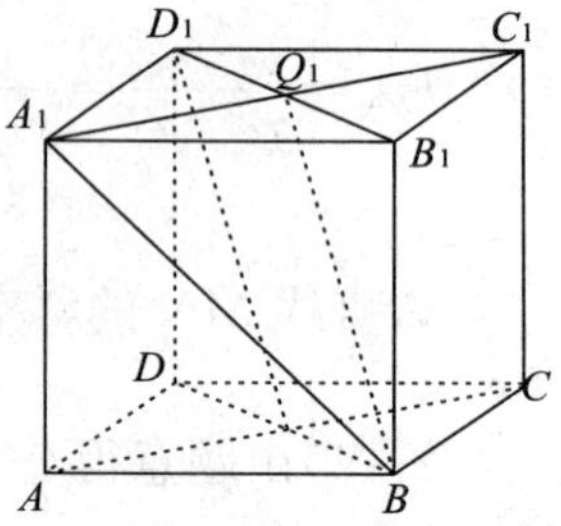

第 19 题图

由正方体性质可知：$BD/\!/B_1D_1$，$BD=B_1D_1$，且 O，O_1 分别是 BD，B_1D_1 的中点

$\therefore OB/\!/B_1D_1$，$OB=O_1D_1$，

$\therefore$ 四边形 OBO_1D_1 是平行四边形，

$\therefore BO_1/\!/D_1O$，又$\because \begin{cases} BO_1\subseteq 平面\ A_1BC_1, \\ D_1O\not\subset 平面\ A_1BC_1, \end{cases}$

$\therefore D_1O/\!/$平面 A_1BC_1.

20. 解：$\because DA\perp$平面 BCD.

$\therefore DA\perp BC$，又$\because AB\perp BC$，$DA\cap AB=B$，$\therefore BC\perp$平面 ABD，

$\therefore BC\perp DB$，$\therefore \angle ABD$ 即为二面角 $D-BC-A$ 的平面角，在直角$\triangle ABC$ 中 $AC=5$，$BC=4$，$\angle ABC=90°$，$\therefore AB=\sqrt{AC^2-BC^2}=3$，同理在 Rt$\triangle BCD$ 中，$BD=\sqrt{DC^2-BC^2}=4$，

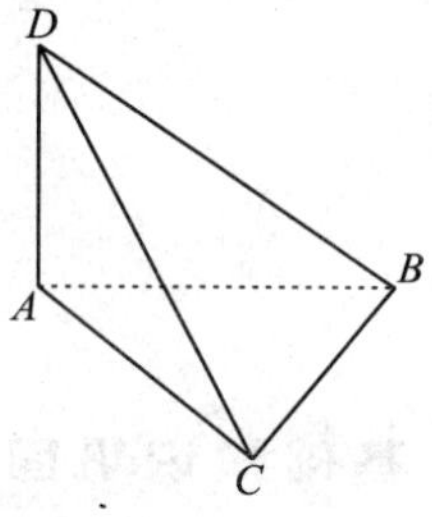

第 20 题图

$\therefore \cos\angle ABD=\frac{AB}{BD}=\frac{3}{4}$，即二面角 $D-BC-A$ 的余弦值为$\frac{3}{4}$.

21. 证明：连接 AE，$\because E$ 是正三棱锥 $A-BCD$ 的底边 BC 的中点，

$\therefore DE\perp BC$，$AE\perp BC$，又$\because DE\cap AE=E$，$\therefore BC\perp$平面 ADE，

$\therefore BC\perp AF$，又 $AF\perp DE$，$DE\cap BC=E$，$\therefore AF\perp$平面 BCD.

22. 解：$\because EA\perp AB$，$EA\perp AD$ 且 $AB\cap AD=A$，$\therefore EA\perp$平面 $ABCD$，

$\therefore EA\perp AC$，在 Rt$\triangle ABE$ 中，$EA=3$，$AB=CD=4$，所以，$EB=\sqrt{AE^2+AB^2}=5$，同理可得 $ED=3\sqrt{2}$，$AC=5$，$EC=\sqrt{34}$.

能力强化提高

一、选择题

1. A　解析：两条直线没有交点包含两种情况，一种是平行，一种是异面.

2. D　3. B

4. C　解析：在正方体 $ABCD-A_1B_1C_1D_1$ 中，找到异面直线 AA_1 到 BC 的公垂线段，则 BC 的长即为两条异面直线的距离.

5. C 解析：如图设长方体的长、宽、高分别为 x、y、z，体对角线长为 d. 则有：$\begin{cases} a^2=x^2+y^2, \\ b^2=y^2+z^2, \\ c^2=x^2+z^2, \\ d^2=x^2+y^2+z^2, \end{cases}$ 所以 $d^2=\dfrac{a^2+b^2+c^2}{2}$，

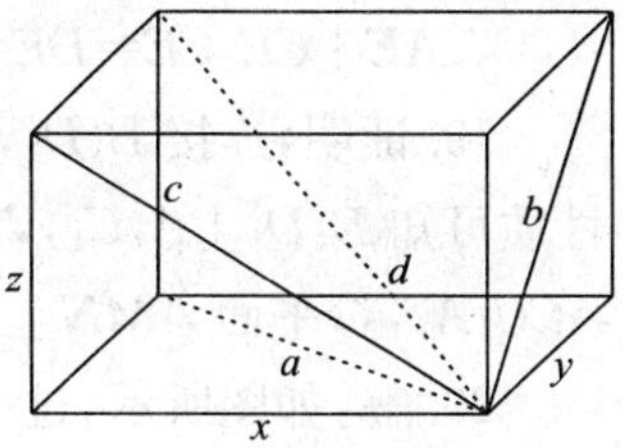

第 5 题图

所以 $d=\dfrac{\sqrt{2}}{2}\sqrt{a^2+b^2+c^2}$.

6. B　7. B　8. B　9. B　10. A

二、填空题

11. $\dfrac{\sqrt{13}}{2}$　12. $60°$　13. $[0°,180°]$ $[0°,90°]$　14. 平行或直线在平面内

三、解答题

15. (1)证明：在三角形 ABC 中，E、F 分别为的边 AB、BC 上的中点，

$\therefore EF$ 是 $\triangle ABC$ 的中位线，$\therefore EF /\!/ AC, EF=\dfrac{1}{2}AC$，同理 $HG /\!/ AC$，$HG=\dfrac{1}{2}AC$，

$\therefore EF /\!/ HG$ 且 $EF=HG$，$\therefore$ 四边形 $EFGH$ 平行四边形，$\because HE /\!/ BD, HE=\dfrac{1}{2}BD$，

$AC=BD$，$\therefore EF=HE$，$\therefore$四边形 $EFGH$ 是菱形.

(2)添加条件 $AC\perp BD$.

证明：由(1)可知 $EF\perp HE$，$\therefore$四边形 $EFGH$ 是正方形.

16. 证明：连接 AD，取 AD 的中点 G，连接 FG、EG，$\therefore EG /\!/ BD, BD /\!/ \alpha$，$\therefore EG /\!/ \alpha$，同理 $GF /\!/ \alpha$，$\therefore$平面 $EFG /\!/ \alpha$，又$\because EF\subseteq$平面 EFG，$\therefore EF /\!/ \alpha$.

17. 证明：

$\left.\begin{array}{l} \angle C=90°\Rightarrow BC\perp AC \\ DA\perp \text{平面 } ABC\Rightarrow DA\perp BC \\ DA\cap AC=A \end{array}\right\}\Rightarrow BC\perp \text{平面 } DAC$

$\left.\begin{array}{l} \Rightarrow BC\perp AN \\ AN\perp DC \\ BC\cap DC=C \end{array}\right\}\Rightarrow AN\perp \text{平面 } BCD$

$\left.\begin{array}{l} \Rightarrow AN\perp BD \\ AM\perp DB \\ AN\cap AM=A \end{array}\right\}\Rightarrow BD\perp \text{平面 } ANM\Rightarrow MN\perp DB.$

18. 解：过 D 作 $DE /\!/ AB$ 且 $DE=AB$，连接 AE、CE 所以四边形 $AEDB$ 是正方形，$\because CD\perp BD, DE\perp BD, CD\cap DE=D$，$\therefore BD\perp$ 平面 CDE $\angle CDE=60°$，$BD\perp CE$，$\because DE=AB=CD\therefore \triangle CDE$ 是等边三角形，

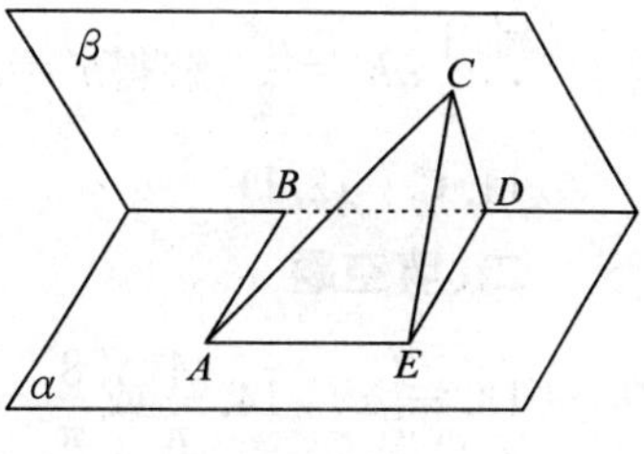

第 18 题图

$\therefore AE\perp CE, CE=DE=AE$，$\therefore\triangle AEC$ 是等腰直角三角形，$\therefore AE=6\sqrt{2}$，即 $BD=6\sqrt{2}$.

19. 证明：连接 B_1D_1，$\because M$、N 分别是 A_1B_1、A_1D_1 的中点，$\therefore MN\parallel B_1D_1$，有正方体性质可知 $B_1D_1\perp A_1C_1$，$\therefore MN\perp A_1C_1$，又 $\because MN\perp AA_1$，$A_1C_1\cap AA_1=A_1$，$\therefore MN\perp$ 平面 ACC_1A_1，$\therefore$ 平面 $AMN\perp$ 平面 ACC_1A_1.

20. 解：如图所示，过 F 作 $FH\perp$ 平面 $ABCD$，垂足为 H，连接 GH，则小车离开地面的垂直高度即为 FH，在 $\mathrm{Rt}\triangle EFG$ 中，$\angle EFG=60°$，$EF=1000\sqrt{3}(\mathrm{m})$，$\therefore FG=EF\times\sin 60°=1500(\mathrm{m})$，又在 $\mathrm{Rt}\triangle FGH$ 中，$\angle FGH=45°$，$\therefore FH=FG\times\sin 45°=750\sqrt{2}(\mathrm{m})$，即小车离开地面的垂直高度为 $750\sqrt{2}\mathrm{m}$.

考试真题体验

1. B　2. C　3. A

4. (1)、(2)、(3)　5. 60°

6. 证明：

(1) $\because E$、F 分别是线段 DB、BC 的中点，$\therefore EF$ 是三角形 BCD 的中位线，$\therefore EF\parallel DC$，又 $EF\not\subset$ 平面 DCC_1D_1，$DC\subseteq$ 平面 DCC_1D_1，$\therefore EF\parallel$ 平面 DCC_1D_1；

(2) 由正方体性质可知 $CC_1\perp$ 平面 $ABCD$，$\therefore CC_1\perp EF$，由(1)可知 $EF\perp BC$ 且 $CC_1\cap BC=C$，$\therefore EF\perp$ 平面 BCC_1B_1.

第 2 节　柱、锥、球及其简单组合体

基础知识巩固

一、选择题

1. A　2. C　3. A　4. B　5. D　6. A

7. B 解析：由 $\alpha=120°=\frac{2\pi}{3}$，$r=3$ 得扇形弧长 $l=|\alpha|r=\frac{2\pi}{3}\times 3=2\pi$. 设围成的圆锥底面半径为 r'，高为 h，则由 $2\pi r'=2\pi$ 得 $r'=1$. 所以 $h=\sqrt{r^2-r'^2}=\sqrt{3^2-1^2}=2\sqrt{2}$，故该圆锥的体积为：$V=\frac{1}{3}S_{底}h=\frac{1}{3}\cdot\pi\cdot 1^2\cdot 2\sqrt{2}=\frac{2\sqrt{2}}{3}\pi$.

8. A 解析：由题意知，正方体对角线即为求的直径. 正方体的棱长为 a，则 $3a^2=(2R)^2$，$\therefore a=\frac{2\sqrt{3}}{3}R$，$\therefore$ 正方体的体积 $V=a^3=\left(\frac{2\sqrt{3}}{3}R\right)^3=\frac{8\sqrt{3}}{9}R^3$.　9. B

10. C 解析：设正四棱锥的底面边长为 a，斜高为 h'，则 $S_{底}=a^2$，$\therefore S_{侧}=2a^2$，$\therefore\frac{1}{2}ah'=\frac{a^2}{2}$，解得 $h'=a$，从而知底面与侧面形成的二面角为60°.

11. C　12. D

二、填空题

13. $\frac{\sqrt{2}}{24}a^3$　14. $\frac{4}{\pi}$ 或 $\frac{8}{\pi}$　15. $\frac{8}{3}\pi$　16. 1∶27

三、解答题

17.解:由已知可设这三条棱长分别为 $2a$cm,$3a$cm,$5a$cm. ∵长方体的全面积为 1240cm^2,∴$2(2a\times3a+2a\times5a+3a\times5a)=1240$,∴$a=2\sqrt{5}$,∴三条棱的长分别为 $4\sqrt{5}$cm ,$6\sqrt{5}$cm,$10\sqrt{5}$cm,∴长方体的体积为 $V=1200\sqrt{5}$cm.

18.解:如图,在正四棱锥 $S-ABCD$ 中,作 $SO\perp$底面 $ABCD$,则 O 为底面的中心,$\angle SBO$ 为侧棱与底面所成的角,∴$\angle SBO=60°$,又 $SB=2\sqrt{3}$,∴$OB=\sqrt{3}$,$SO=3$,

∴$BD=2OB=2\sqrt{3}$,又∵$AB^2+AD^2=BD^2$,∴$2AB^2=(2\sqrt{3})^2$,∴$AB=\sqrt{6}$,

∴$V_{正四棱锥}=\frac{1}{3}\cdot AB^2\cdot SO=\frac{1}{3}(\sqrt{6})^2\cdot3=6$.

19.解:设截面为 $ABCD$,在底面⊙O 内作 $OE\perp AB$,则 $OE\perp$截面 $ABCD$,∴$OE=12$,在 $\text{Rt}\triangle OAB$ 中,$OA=20$,$OE=12$,∴$AE=\sqrt{OA^2-OE^2}=\sqrt{20^2-12^2}=16$,∴$AB=2AE=32$,∴$S_{截面}=AB\cdot AD=32\times25=800(\text{cm}^2)$.

20.解:设圆锥的轴截面为 SAB,球心为点 O,SC 为圆锥的高,D 为球与圆锥的切点,则 $SD=\sqrt{6^2-2^2}=4\sqrt{2}$,由$\frac{SD}{SC}=\frac{OD}{BC}$得 $BC=2\sqrt{2}$,$SB=6\sqrt{2}$,所以圆锥的全面积为

$S_{全}=S_{侧}+S_{底}=\pi\cdot2\sqrt{2}\cdot6\sqrt{2}+\pi\cdot(2\sqrt{2})^2=32\pi(\text{cm}^2)$,

体积为 $V=\frac{1}{3}S_{底}\ h=\frac{1}{3}\cdot\pi\cdot(2\sqrt{2})^2\cdot8=\frac{64}{3}\pi(\text{cm}^3)$.

21.解:如图,设点 O 为球心,点 O' 为截面圆圆心,R 为求的半径,r 为截面圆的半径,则 OO' 的长为球心到截面的距离.由已知得 $\pi r^2=36\pi$,所以 $r=6$,故 $OO'=\sqrt{R^2-r^2}$ $=\sqrt{10^2-6^2}=8(\text{cm})$,即球心到截面的距离为 8cm.

22.(1)解:在正方体 $ABCD-A_1B_1C_1D_1$ 中,∵$DD_1\perp$平面 $ABCD$,∴DD_1 为三棱锥 D_1-ADC 的高,又∵正方体的棱长为 a,∴$\triangle ADC$ 的面积为 $S_{\triangle ADC}=\frac{1}{2}a^2$,∴三棱锥 D_1-ADC的体积为 $V=\frac{1}{3}\times\frac{1}{2}a^2\times a=\frac{1}{6}a^3$;

(2)证明:在正方体 $ABCD-A_1B_1C_1D_1$ 中,∵$DD_1\perp$平面 $ABCD$,$AC\subseteq$平面 $ABCD$,∴$DD_1\perp AC$,又∵$AC\perp BD$,$DD_1\cap BD=D$,∴$AC\perp$平面 D_1DBB_1.

能力强化提高

一、选择题

1.D 2.B 3.B 4.C

5.D 解:设等边三角形边长为 a,则等边三角形的高为$\frac{\sqrt{3}}{2}a$,由$\frac{\sqrt{3}}{2}a=2\sqrt{3}$得 $a=4$,所以圆锥的母线 l 为 4,底面半径 r 为 2,故 $S_{圆锥侧}=\pi rl=8\pi(\text{cm}^2)$.

6.B 7.C 8.C 9.D 10.B

二、填空题

11. $\frac{\sqrt{3}}{2}\pi a^3$　12. $2\sqrt{2}$　13. $12\sqrt{21}$　14. $\frac{\sqrt{3}}{3}\pi$

三、解答题

15. 解：设 O 为菱形的中心. ∵ $BD\perp OA$，$BD\perp OC$，且 $AO\cap OC=0$，
∴ $BD\perp$ 平面 AOC，则 $\angle AOC$ 为二面角 $A-BD-C$ 的平面角，即 $\angle AOC=60°$，
又 $\angle BCD=60°$，$BC=a$，∴ $OA=OC=\frac{\sqrt{3}}{2}a$，在 $\triangle AOC$ 中，∴ $AC=\frac{\sqrt{3}}{2}a$.

16. 解：设正四棱锥的底面边长为 a，高为 h，则 $\begin{cases}2a^2+h^2=9,\\4ah+2a^2=16,\end{cases}\Rightarrow$

$\begin{cases}a_1=\frac{4}{3},\\h_1=\frac{7}{3},\end{cases}$ 或 $\begin{cases}a_2=2,\\h_2=1,\end{cases}$ 所以正四棱柱的体积为：$V_1=\left(\frac{4}{3}\right)^2\cdot\frac{7}{3}=\frac{112}{27}(\text{cm}^3)$；

$V_2=2^2\cdot 1=4(\text{cm}^3)$.

17. 解：容易证明四边形 $BCEF$ 为等腰梯形，设点 O 为底面 $ABCD$ 的中心，M 为 AD 的中点，P 为 BC 中点，连接 MP，

则 $MP\perp AD$，且 MP 过点 O，连接 SM，交 EF 于 N，则 N 为 EF 的中点，连接 NP，则 $NP\perp EF$，又∵平面 $BCEF\perp$ 平面 SAD，∴ $NP\perp$ 平面 SAD，∴ $NP\perp SM$，又 $MP\perp AD$，$SM\perp AD$，∴ $\triangle SMP$ 为等边三角形，∴ $PN=\frac{\sqrt{3}}{2}a$，∵ $EF=\frac{1}{2}AD=\frac{1}{2}a$，

∴ $S_{截面BCEF}=\frac{1}{2}(EF+BC)\cdot NP=\frac{1}{2}\left(a+\frac{a}{2}\right)\cdot\frac{\sqrt{3}}{2}a=\frac{3\sqrt{3}}{8}a^2$.

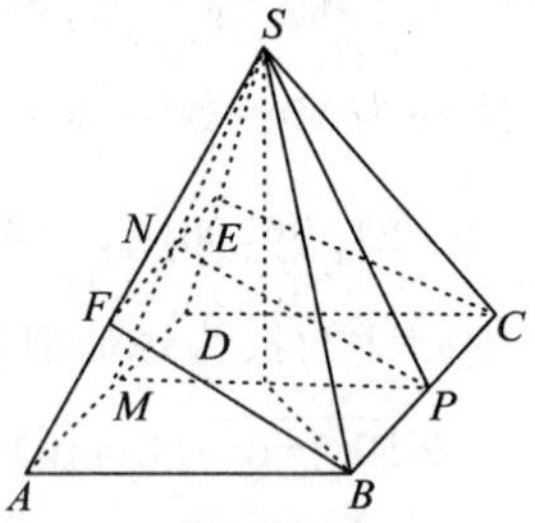

第 17 题图

18. 解：设圆锥的底面半径为 r，母线为 l，则 $2\pi r=\pi l$，∴ $l=2r$.
∵ $r^2+12^2=l^2$，∴ $r^2+12^2=(2r)^2$，∴ $r=4\sqrt{3}(\text{cm})$，∴ $1=8\sqrt{3}(\text{cm})$，∴圆锥的侧面积为：$S_{侧}=\pi rl=96\pi(\text{cm}^2)$.

19. 解：设球的半径为 R，截面 $\odot O_1$ 的半径为 r_1，截面 $\odot O_2$ 的半径为 r_2，由已知得 $\pi r_1{}^2=9\pi$，$\pi r_2{}^2=25\pi$，∴ $r_1=3$，$r_2=5$. ∵ $O_1O_2=2$，∴ $(OO_2+2)^2+9=R^2$，$OO_2{}^2+25=R^2$，解得 $R=\sqrt{34}$. ∴ $S_{球}=4\pi R^2=4\pi\cdot(\sqrt{34})^2=136\pi(\text{cm}^2)$；

$V_{球}=\frac{4}{3}\pi R^3=\frac{4}{3}\pi(\sqrt{34})^3=\frac{136\sqrt{34}}{3}\pi(\text{cm}^2)$.

20. 解：如图，$OO_1\perp O_1A$，$OO_1=O_1B$，∴ $\angle AO_1B=150°=\frac{5}{3}\pi$，又 $\angle ONO_1=\angle MON=30°$，∴ $OO_1=\frac{1}{2}R$，∴ $O_1A=\sqrt{R^2-OO_1{}^2}=\sqrt{R^2-\left(\frac{1}{2}R\right)^2}=\frac{\sqrt{3}}{2}R$，

∴ $\overset{\frown}{AB}$ 弧的长度为 $l=\frac{5}{6}\pi\cdot\frac{\sqrt{3}}{2}R=\frac{5\sqrt{3}}{12}\pi\cdot 6370\approx 14444(\text{km})$.

考试真题体验

1.(1)解：在正方体 $ABCD-A_1B_1C_1D_1$ 中，$\because D_1D\perp AD, D_1D\perp DC$，$\therefore DD_1\perp$ 平面 $ABCD$，$\therefore DD_1$ 是三棱锥 D_1-ADC 的高，$\because$ 正方体的棱长为 1，$\therefore S_{\triangle ADC}=\frac{1}{2}$，$\therefore$ 三棱锥 D_1-ADC 的体积为：$V=\frac{1}{3}S_{\triangle ADC}\cdot DD_1=\frac{1}{3}\times\frac{1}{2}\times 1=\frac{1}{6}$；(2)证明：$\because DD_1\perp$ 平面 $ABCD$，$\therefore DD_1\perp AC$，又 $AC\perp BD$，且 $DD_1\cap BD=D$，$\therefore AC\perp$ 平面 D_1DBB_1.

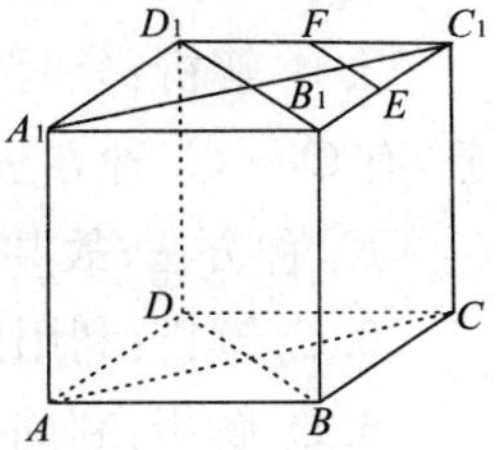

第 3 题图

2. 证明：(1)在四面体 $S-ABC$ 中，$\because E$、F 分别为 AC、BC 的中点，$\therefore EA\parallel AB$，又 $\because AB\subseteq$ 平面 SAB，$EF\not\subset$ 平面 SAB，$\therefore EF\parallel$ 平面 SAB；(2)$\because AB=AC, SB=SC$，且 F 为 BC 中点，$\therefore AF\perp BC, SF\perp BC$，又 $\because AF\cap SF=F$，$\therefore BC\perp$ 平面 SFA，$\therefore BC\perp SA$.

3. 证明：(1)在正方体 $ABCD-A_1B_1C_1D_1$ 中，$\because DD_1\parallel BB_1$，且 $DD_1=BB_1$，$\therefore$ 四边形 D_1DBB_1 为平行四边形，$\therefore D_1B_1\parallel DB$，

又 $\because E, F$ 分别是 B_1C_1, D_1C_1 的中点的中点，$\therefore EF\parallel D_1B_1$，$\therefore EF\parallel DB$；(2)$\because$ 四边形 $ABCD$ 是正方形，$\therefore DB\perp AC$，又 $AA_1\perp$ 平面 $ABCD$，$\therefore AA_1\perp DB$，$\because AC\cap AA_1=A$，$\therefore BD\perp$ 面 ACC_1A_1.

第 10 章　排列组合与二项式定律

基础知识巩固

一、选择题

1. C　2. B　3. C　4. D　5. B　6. C　7. C　8. A　9. D　10. C

二、填空题

11. 112　12. 703　13. 18　14. 6 或 8　15. -20　16. $-\frac{5}{2}$

三、解答题

17. 解：(1)6+5(种)；(2)6×5(种).

18. 解：(1)$C_{17}^4=238$；(2)$C_{17}^2\cdot C_3^2=408$；(3)$C_{20}^4-C_3^3C_{17}^1=4828$.

19. 解：$C_{13}^3-C_8^3=230$.

20. 解：(1)$C_4^2\cdot C_4^2\cdot P_4^4=864$；(2)$C_4^2\cdot C_4^1\cdot C_3^1\cdot P_3^3=432$；(3)同理 432.

21. 解：(1)$C_5^1+C_5^2=C_6^2=15$；

(2)$C_8^0+C_8^1+C_8^2+C_8^3+\cdots+C_8^8=C_8^0 1^8 1^0+C_8^1 1^7 1^1+C_8^2 1^6 1^2+C^{8}3_{8}1^{5}1^{3}+\cdots+C_8^8 1^0 1^8=(1+1)^8=256$；(3)$C_{100}^{98}=C_{100}^2=4950$；

(4)$\frac{P_8^5+P_8^4}{P_9^6-P_9^5}=\frac{\frac{8!}{3!}+\frac{8!}{4!}}{\frac{9!}{3!}-\frac{9!}{4!}}=\frac{8!\ 4!\ \left(\frac{1}{3!}+\frac{1}{4!}\right)}{9!\ 4!\ \left(\frac{1}{3!}-\frac{1}{4!}\right)}=\frac{4+1}{9(4-1)}=\frac{5}{27}$.

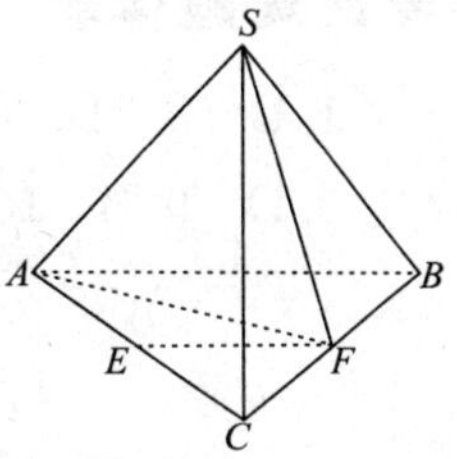

第 2 题图

22. 解：$(x+2)^5=C_5^0x^5 2^0+C_5^1x^4 2^1+C_5^2x^3 2^2+C_5^3x^2 2^3+C_5^4x^1 2^4+$

$C_5^5x^0 2^5=x^5+10x^4$

$+40x^3+80x^2+80x+32$；二项式系数和为 $C_5^0+C_5^1+C_5^2+C_5^3+C_5^4+C_5^5=2^5=32$；各项系数和为 $(1+2)^5$，即 243.

能力强化提高

一、选择题

1.B 2.B 3.C

4.B 解析：分两类完成，第一类：第一个学生完成两项任务，第二个学生完成一项任务，有 $C_3^2\cdot C_1^1$ 种方法；第二类：第一个学生完成一项任务，第二个学生完成两项任务，有 $C_3^1\cdot C_2^2$ 种方法；故共有 $C_3^2\cdot C_1^1+C_3^1\cdot C_2^2=6$ 种方法.

5.C 解析：利用捆绑法.

6.D 解析：利用插空法.

7.A 解析：先选一人放在甲乙之间进行捆绑，再跟其他元素排列，最后考虑甲乙间顺序，共有 $C_4^1\cdot P_4^4\cdot 2=192$ 种方法.

8.B 9.C 10.A

二、填空题

11.30 12.8 13.18 14.6

三、解答题

15.解：末位若为 0，共有 P_5^3 个；末位若不为 0，首位也不能为 0，共有 $P_2^1\cdot P_4^1\cdot P_4^2$ 个，则没有重复数字的四位偶数共有：$P_5^3+P_2^1\cdot P_4^1\cdot P_4^2=156$ 个.

16.解：(1)$P_4^4\cdot P_3^3=144$；(2)$P_3^3\cdot P_4^3=144$；(3)$2P_3^3\cdot P_3^3=72$.

17.解：$P_3^3\cdot P_3^3=36$.

18.解：(1)$P_3^1\cdot P_5^5=360$；(2)$2P_3^1\cdot P_2^1\cdot P_4^4\cdot =288$.

19.解：(1)$a_0+a_1+a_2+\cdots+a_8=(1+2)^8=3^8=6561$；

(2)$(1+2)^8=a_0+a_1+a_2+a_3+\cdots+a_8$，

$(1-2)^8=a_0-a_1+a_2-a_3+\cdots+a_8$，

将上述两式相加得：$2(a_0+a_2+a_4+\cdots+a_8)=3^8+(-1)^8=6562$，

则 $a_0+a_2+a_4+\cdots+a_8=3281$.

20.解：由题意可知，$C_n^3=7C_n^1$，即 $\frac{n(n-1)(n-2)}{3\times 2}=7n$，又 $n\in\mathbf{N}^*$，解得，$n=8$.

考试真题体验

1.B 2.24 3.45 4.30 5.28 6.24 7.10

8.D 9.B 10.D 11.C 12.C 13.C

第 11 章　概率与统计

基础知识巩固

一、选择题

1. A　2. C　3. B　4. D　5. B

6. D 解析：$\bar{x}=\frac{1}{3}(4+5+6)=5$，$s=\sqrt{\frac{1}{2}[(4-5)^2+(5-5)^2+(6-5)^2]}=1$.

7. D　8. D　9. D　10. C　11. B　12. C

二、填空题

13. 抽取的 50 个零件的长度，50

14. $\frac{1}{10}$ 解析：$p=\frac{p_2^2p_3^3}{p_5^5}=\frac{2\times3\times2\times1}{5\times4\times3\times2\times1}=\frac{1}{10}$.　15. 0.5

16. $\frac{2}{7}$ 解析：$p=\frac{C_4^2}{C_7^2}=\frac{2}{7}$.

17. 0.0729

三、解答题

18. 解：应该采取分层抽样的方法进行抽样，具体步骤是：

第一步，确定抽取比例 $k=\frac{40}{200}=\frac{1}{5}$；第二步，按照抽取比例分别从副处级以上干部中抽 4 人，从一般干部中抽 28 人，从工人中抽 8 人；第三步，将抽取的 40 人组成样本.

19. 解：设 A={甲同学算对这道题}，B={乙同学算对这道题}

(1)设 C={甲乙两人都算对}，

则 $P(C)=P(AB)=P(A)P(B)=0.8\times0.9=0.72$；

(2)设 D={甲乙两人至少有一人算对}，

则 $P(D)=1-P(\overline{AB})=1-P(\overline{A})P(\overline{B})=1-0.2\times0.1=0.98$.

20. 解：把一枚硬币连续掷 3 次共有如下 8 种结果：(正，正，正)、(正，正，反)、(正，反，正)、(反，正，正)、(反，反，正)、(反，正，反)、(正，反，反)、(反，反，反).

(1)设 A={3 次都正面朝上}，则 $P(A)=\frac{1}{8}$；

(2)设 B={1 次正面朝上，2 次反面朝上}，则 $P(B)=\frac{3}{8}$；

(3)设 C={至少有 1 次正面朝上}，则 $P(C)=1-P(\overline{C})=1-\frac{1}{8}=\frac{7}{8}$.

21. 解：

(1)设 A={任意取出 2 球，是 1 个红球 1 个白球}，则 $P(A)=\frac{C_5^1C_4^1}{C_9^2}=\frac{5}{9}$；

(2)设 B={任意取出 2 球，2 个球的颜色相同}，则 $P(B)=\frac{C_5^2+C_4^2}{C_9^2}=\frac{4}{9}$.

22. 解：

(1)设 A=｛恰有 4 次击中目标｝，则 $P(A)=C_5^4 0.8^4\times 0.2\approx 0.41$；

(2)设 B=｛至少有 4 次击中目标｝，

则 $P(B)=C_5^4 0.8^4\times 0.2+C_5^5 0.8^5\approx 0.74$.

能力强化提高

一、选择题

1. D　2. C　3. A　4. C　5. D

6. C　解析：$p=\frac{C_6^1C_4^1}{C_{10}^2}=\frac{24}{45}=\frac{8}{15}$.

7. D　8. A　9. B.　10. A

二、填空题

11. 13，4　12. 4000　13. 0.98，0.1　14. $\frac{1}{10}$　15. $\frac{2}{3}$

三、解答题

16. 解：$\bar{x}_甲=\frac{2+0+3+2+6}{5}=2.6$，$\bar{x}_乙=\frac{0+5+3+5+0}{5}=2.6$，

$s_甲=\sqrt{\frac{1}{4}[(2-2.6)^2+(0-2.6)^2+(3-2.6)^2+(2-2.6)^2+(6-2.6)^2]}=\sqrt{4.8}$，

$s_乙=\sqrt{\frac{1}{4}[(0-2.6)^2+(5-2.6)^2+(3-2.6)^2+(5-2.6)^2+(0-2.6)^2]}=\sqrt{19.26}$，

因为$\bar{x}_甲=\bar{x}_乙$，所以甲乙两位同学的平均水平相同，但 $s_甲<s_乙$，所以甲同学更稳定，故总体上说甲同学的投篮水平更高一些.

17. 解：$\bar{x}_甲=\frac{132\times1+133\times0+134\times1+135\times5+136\times2+137\times1}{10}=135$，

$\bar{x}_乙=\frac{132\times0+133\times1+134\times4+135\times1+136\times2+137\times2}{10}=135$，

$s_甲=\sqrt{\frac{1}{9}[(132-135)^2+(134-135)^2+\cdots+(137-135)^2]}=\sqrt{\frac{16}{9}}$，

$s_乙=\sqrt{\frac{1}{9}[(133-135)^2+4(134-135)^2+\cdots+2(137-135)^2]}=\sqrt{2}$，

因为$\bar{x}_甲=\bar{x}_乙$，所以甲乙两班同学的平均水平相同，但 $s_甲<s_乙$，所以甲班同学更稳定，故总体上说甲班同学的输入汉字水平更高一些.

18. 解：所有基本事件如下：(红，红)、(红，白 1)、(红，白 2)、(白 1，红)、(白 2，红)、(白 1，白 1)、(白 1，白 2)、(白 2，白 1)、(白 2，白 2)，共 9 个.

(1)设 A=｛取出的两个球都是白球｝，则 $P(A)=\frac{4}{9}$；

(2)设 B={取出的两球中至少有一是白球},则 $P(B)=\frac{8}{9}$.

19. 解:(1)设 A={不放回的抽取 2 张卡片,抽到的卡片上的数字都是奇数},则$P(A)=\frac{C_3^2}{C_5^2}=\frac{3}{10}$;

(2)设 B={先抽 1 张卡片,然后放回去从中再抽 1 张卡片,求抽到的 2 张卡片上的数字之和是偶数},则 $P(B)=\frac{3\times3+2\times2}{5\times5}=\frac{13}{25}$.

20. 解:(1)0.75,0.8,0.75,0.78,0.70,0.75;

(2)0.75;

(3)设 A={投球 4 次,恰好投进 3 次},则 $P(A)=C_4^3\left(\frac{3}{4}\right)^3\times\frac{1}{4}=\frac{27}{64}$.

考试真题体验

1. 解:(1)设 A={从袋中任意抽取一个球,求取出的球是红球},则 $P(A)=\frac{1}{2}$;

(2)设 B={从袋中一次任意抽取两个球,求取出的球都是白球},则 $P(B)=\frac{1}{6}$.

2. 解:(1)设 A={两人都会做该题},则 $P(A)=0.4\times0.3=0.12$;

(2)设 B={该题能被解出},则 $P(B)=1-P(\overline{B})=1-0.6\times0.7=0.58$.

3. 解:(1)设 A={第一次掷出 5 点},则 $P(A)=\frac{6}{36}=\frac{1}{6}$;

(2)设 B={求两次出现点数之和为 6},则 $P(B)=\frac{5}{36}$.

第 12 章　算法与程序框图

基础知识巩固

一、选择题

1. C　2. D　3. C　4. B

5. C　解析:算法可以用自然语言、图形等多种方式表示,而且同一问题可以有多种算法,但结果是一样的,故只有 C 是正确的.

6. C　7. C　8. D　9. D　10. A　11. D　12. A

13. C　解析:$S=a^2-b^2=1008^2-1007^2=(1008+1007)(1008-1007)=2015\times1=2015$.

14. B

二、填空题

15. 指明流程进行的方向　16. 顺序结构　17. 交换 x 和 y 的值　18. $y=x-1$

三、解答题

19. 解：

算法：

第一步：开始；

第二步：输入三边 a,b,c 的长度；

第三步：计算 $m=\dfrac{b^2+c^2-a^2}{2bc}$；

第四步：输出 m；

第五步：结束.

程序框图：

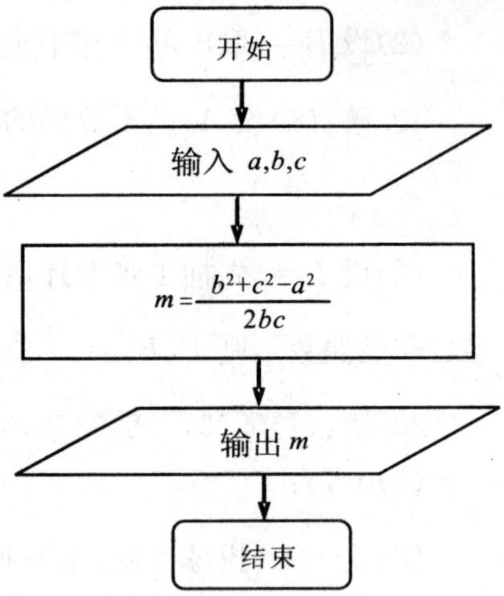

第 19 题图

20. 解：

算法：

第一步：开始；

第二步：输入通话时间 x；

第三步：判断 $x>3$ 是否成立，

若是则 $y=0.8+0.2(x-3)$；

否则 $y=0.8$；

第四步：输出 y；

第五步：结束.

程序框图：

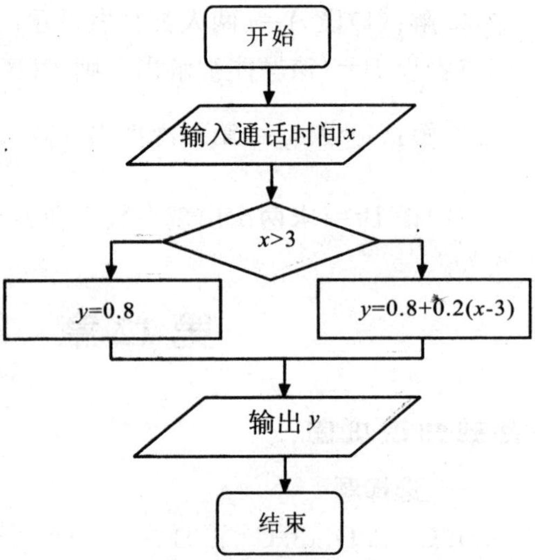

第 20 题图

21. 解：

算法：　　　　　　　　　　　　程序框图：

第一步：开始；

第二步：令 $S=0,i=1$；

第三步：$S=S+i$；

第四步：判断 $i\geqslant 2015$ 是否成立，若是则进行第六步；若否则进行第五步；

第五步：令 $i=i+2$，返回到第三步；

第六步：输出 S；

第七步：结束.

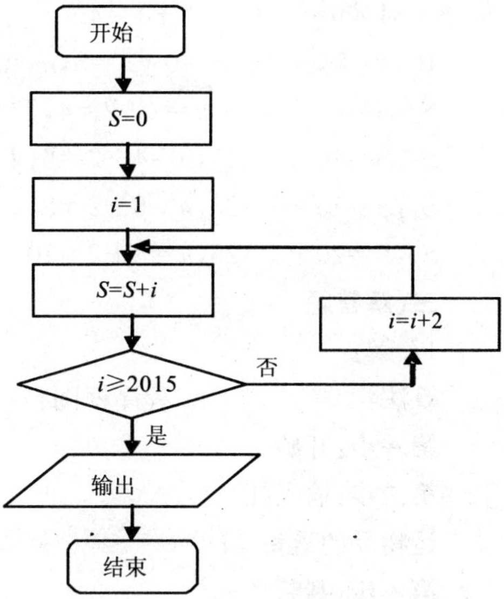

第 21 题图

22. 解：

算法：　　　　　　　　　　　　程序框图：

第一步：开始；

第二步：令 $S=1,i=1$；

第三步：计算 $S=S\times i$；

第四步：判断 $i\geqslant 2015$ 是否成立，若是则输出 S 结束算法；若否则进行第五步；

第五步：令 $i=i+2$，返回到第三步；

第六步：输出 S；

第七步：结束.

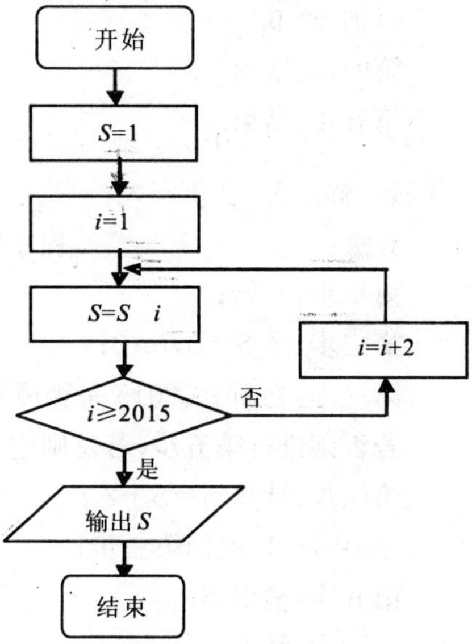

第 22 题图

能力强化提高

一、选择题

1. A　2. B

3. B　解析：判断框有一个入口，两个出口，但条件结构只有一个入口和一个出口，而且判断框中的条件写法并不唯一，故答案为 B.

4. C　5. D　6. B　7. D　8. D　9. B　10. C　11. D　12. A

二、填空题

13. 11　14. $a\geqslant 0$（或 $a>0$）

15. 729　解析：S_1：$S=1\times 9=9,a=1+1=2$；S_2：$S=9\times 9=81,a=2+1=3$；

S_3:$S=81\times9=729$,$a=3+1=4$.

16. 30 解析:S_1:$S=0+5=5$,$n=0+2=2$,$T=0+2=2$;

S_2:$S=5+5=10$,$n=2+2=4$,$T=2+4=6$;

S_3:$S=10+5=15$,$n=4+2=6$,$T=6+6=12$;

S_4:$S=15+5=20$,$n=6+2=8$,$T=12+8=20$;

S_5:$S=20+5=25$,$n=8+2=10$,$T=20+10=30$.

三、解答题

17. 解:

算法:　　　　程序框图:

第一步:开始;

第二步:输入托运物品的重量 x;

第三步:判断 $x>50$ 是否成立,若是则 $y=50\times0.53+(x-50)\times0.85$,否则 $y=0.53x$;

第四步:输出 y;

第五步:结束.

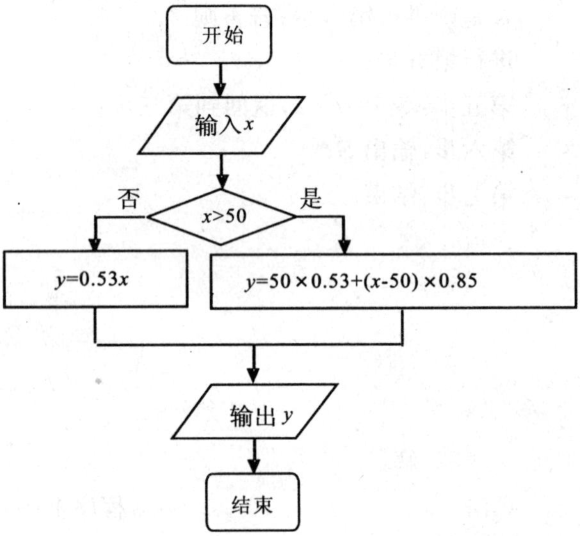

第 17 题图

18. 解:

算法:　　　　程序框图:

第一步:开始;

第二步:令 $S=0$,$i=0$;

第三步:判断 $i\leqslant2015$ 是否成立,若否则进行第五步;若是则进行第四步;

第四步:计算 $S=S+2^i$;令 $i=i+1$,返回第三步;

第五步:输出 S;

第七步:结束.

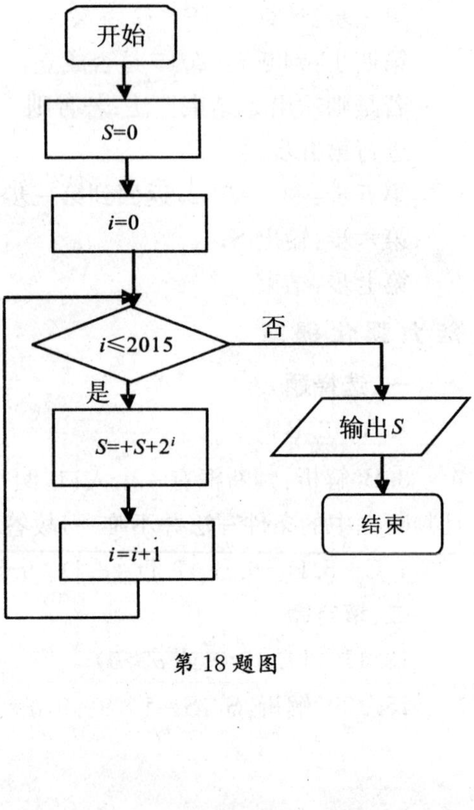

第 18 题图

19. 解：

算法：

第一步：开始；

第二步：令 $S=1, i=1$；

第三步：计算 $S=S\times i$；

第四步：判断 $S\geqslant 2015$ 是否成立，若是则进行第六步；若否则进行第五步；

第五步：令 $i=i+1$，返回到第三步；

第六步：输出 i；

第七步：结束.

程序框图：

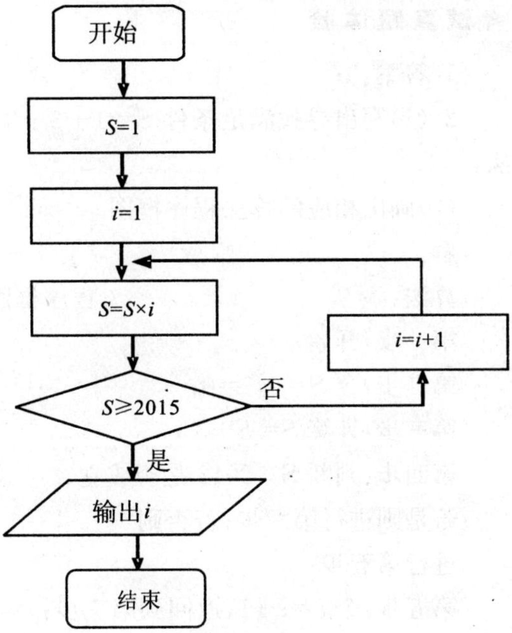

第 19 题图

20.

解：

算法：

第一步：开始；

第二步：令 $S=0, i=1$；

第三步：$S=S+\frac{i}{i+1}$；

第四步：判断 $i\geqslant 20$ 是否成立，若是则进行第六步；若否则进行第五步；

第五步：令 $i=i+1$，返回到第三步；

第六步：输出 S；

第七步：结束.

程序框图：

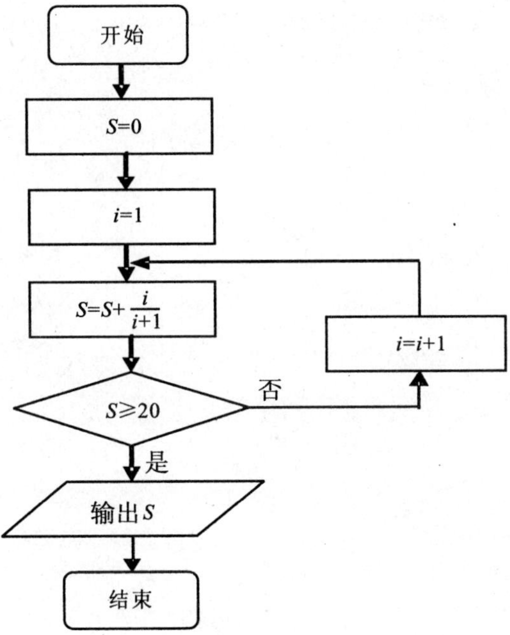

第 20 题图

考试真题体验

1. 答案：3；

2. (1)写出寻找满足条件 $S=1+3+3^2+3^3+\cdots+3^{n-1}>2012$ 的最小正整数 n 的算法；

(2)画出相应的算法程序框图.

解：

算法：

第一步：开始；

第二步：令 $S=0,i=0$；

第三步：计算 $S=S+3^i$；

第四步：判断 $S>2012$ 是否成立，若是则进行第六步；若否则进行第五步；

第五步：令 $i=i+1$，返回到第三步；

第六步：输出 i；

第七步：结束.

程序框图：

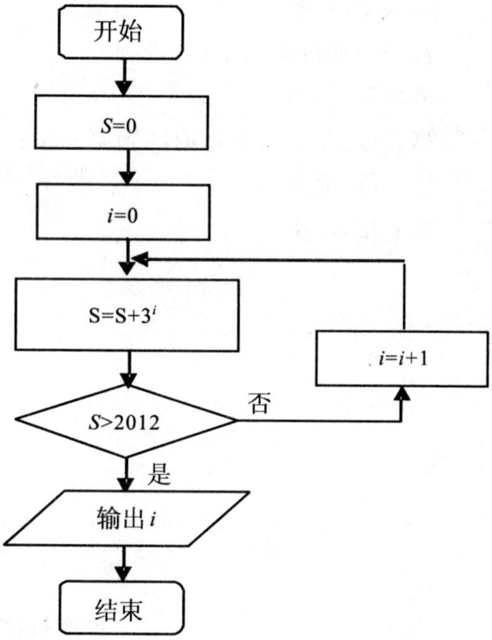

第 2 题图

21世纪高职系列教材
SHIJI GAOZHI XILIE JIAOCAI

计算机公共基础

主编 / 齐祥玲　副主编 / 韩卫民

哈尔滨工程大学出版社

内容简介

本书共九章,主要内容包括计算机基础知识、中文 Windows 2000、中文 Word 2000、中文 Excel 2000、中文 PowerPoint 2000、中文 FrontPage 2000、网络基础与 Internet 应用、常用工具软件、计算机安全等。配有习题解答和相关的附录。本书各章内容基本独立,教学中可根据实际情况进行选择。另外《计算机公共基础实训指导》是本书的配套教材。

本书可作为应用型本科、高职高专和成人高校各专业计算机应用基础课程的教材或教学参考书,也可供准备参加全国高等学校计算机考试(辽宁考区)一级考试人员或计算机初学者自学使用。

图书在版编目(CIP)数据

计算机公共基础/齐祥玲主编.—哈尔滨:哈尔滨工程大学出版社,2007.7

ISBN 978-7-81073-969-6

Ⅰ.计… Ⅱ.齐… Ⅲ.电子计算机-基础知识 Ⅳ.TP

中国版本图书馆 CIP 数据核字(2007)第 104664 号

出版发行 哈尔滨工程大学出版社
社 址 哈尔滨市南岗区东大直街 124 号
邮政编码 150001
发行电话 0451-82519328
传 真 0451-82519699
经 销 新华书店
印 刷 黑龙江省地质测绘印制中心印刷厂
开 本 787mm×1 092mm 1/16
印 张 14.25
字 数 310 千字
版 次 2007 年 7 月第 1 版
印 次 2009 年 7 月第 2 次印刷
定 价 24.00 元
http://press.hrbeu.edu.cn
E-mail:heupress@hrbeu.edu.cn

21世纪高职系列教材编委会

前言

随着计算机应用深入到社会的各个领域，计算机在人们工作、学习和生活的各个方面正发挥着越来越重要的作用。操作使用计算机已经成为社会各行各业劳动者必备的工作技能。计算机应用的基础知识已经成为现代社会人们必修的基本文化课程，已经得到社会各界的普遍认同。

为了适应计算机应用的迅速发展和学校教学的需要，我们编写了这本《计算机公共基础》。本书根据全国高等学校计算机考试（辽宁考区）一级考试大纲和全国高等学校计算机考试（辽宁考区）二级（计算机基础部分）考试大纲要求编写。

本书共九章，第一章介绍了电子计算机的发展、分类、特点、应用及性能指标，介绍了计算机系统的基本组成、计算机中信息的表示及数制转换，计算机的基本操作等；第二章介绍了 Windows 2000 的特点、基本操作、文件和文件夹的管理、控制面板及附件的使用；第三章介绍了 Word 2000 的功能及特点、文档的创建与编辑、表格处理、图文处理等内容；第四章介绍了中文 Excel 2000 的基本概念、基本功能和经常使用到的操作方法，包括工作簿的创建、工作表的基本编辑方法、工作表的格式设置、工作表中函数和表达式的应用等；第五章介绍了 PowerPoint 2000 的窗口界面；使用 PowerPoint 创建、打开和保存幻灯片；在幻灯片中插入多媒体对象，对幻灯片中的文本、图片、表格进行编辑，设置放映方式等；第六章介绍了 FrontPage 界面、各种视图的概念、创建站点、制作简单的网页、添加网页、使用文本和列表、绘制表格、插入图形、建立框架网页、创建超链接、设计动态网页、使用表单网页的发布站点等；第七章介绍了计算机网络的概念和发展、计算机网络的功能、计算机网络的分类和体系结构，介绍了 Internet 的基础知识、Windows 2000 中网络功能的应用、IE 浏览器以及 Internet 的应用；第八章介绍了用户在日常工作、生活中最实用、最流行的工具软件，包括压缩软件、网络工具软件、媒体工具软件、翻译软件、图像软件等；第九章介绍了计算机病毒防治的基本知识及如何保证计算机的安全。本书各章内容基本独立，可根据教学中的实际情况进行选择。

本书由渤海船舶职业学院的齐祥玲任主编，哈尔滨医科大学的韩卫民任副主编。其中第一章至第三章由齐祥玲编写；第四章由刘丽编写；第五章和第六章由谷照燕编写；第七章由贺丽苹编写；第八章由马蓉平编写；第九章由韩卫民编写。

由于作者水平和经验有限，书中难免有不当之处，欢迎广大同行和读者批评指正。

编　者

2007年6月

目录

第一章　计算机基础知识

主要内容　本章介绍了电子计算机的发展、分类、特点、应用及性能指标，计算机系统的基本组成；计算机中信息的表示及数制转换，计算机的基本操作等。

重点掌握　计算机的基本组成及软、硬件的基本概念；计算机中数据的表示、数据的存储单位，字符、汉字及编码；不同进制之间的转换；中文输入法的安装、选用和汉字输入。

第一节　电子计算机概述

一、电子计算机的诞生和发展

人类所使用的计算工具是随着生产的发展和社会的进步，经历了从简单到复杂、从低级到高级的发展过程。计算工具相继出现了如算盘、计算尺、手摇机械计算机、电动机械计算机等。1946 年，世界上第一台电子数字计算机 ENIAC 在美国诞生。这台计算机共用了 18 000多个电子管，占地 170 平方米，总质量 30 吨，耗电 140 千瓦，运算速度达到每秒5 000 次。它是科学技术发展史上一次具有重大意义的创举，标志着人类社会进入了计算机时代。

人类第一台具有内部存储程序功能的计算机 EDVAC 是根据冯·诺依曼的构想制造成功的，并于 1952 年正式投入运行。事实上，实现内部存储程序式的世界第一台电子计算机是英国剑桥大学的威尔克斯（M.V.Wilkes）根据冯·诺依曼的设计思想领导设计的 EDVAC，于 1949 年 5 月制成并投入运行。冯·诺依曼提出的内存储程序的思想和规定的计算机硬件的基本结构，沿袭至今。程序存储工作原理也被称为冯·诺依曼原理。因此常把发展到今天的整个四代计算机习惯地统称为“冯氏计算机”或“冯·诺依曼式计算机”。

电子计算机的发展，主要是根据计算机所采用逻辑元件的发展分成 4 个阶段。

第一代为电子管计算机时代（从 1946 年到 20 世纪 50 年代末期）。采用电子管作为逻辑元件，软件方面确定了程序设计概念，出现了高级语言的雏形。其特点是体积大、耗能高、速度慢（一般每秒数千次至数万次）、容量小、价格昂贵。它主要用于军事和科学计算。

第二代为晶体管计算机时代（从 20 世纪 50 年代中期到 20 世纪 60 年代末期）。采用晶体管为逻辑元件。软件方面出现了一系列高级程序设计语言，并提出了操作系统的概念。计算机设计出现了系列化的思想。应用范围也从军事与尖端技术方面延伸到气象、工程设计、数据处理以及其他科学研究领域。

第三代为中、小规模集成电路计算机时代（从 20 世纪 60 年代中期到 20 世纪 70 年代初期）。采用中、小规模集成电路（IC）作为逻辑元件。软件方面出现了操作系统以及结构化、模块化程序设计方法。软硬件都向通用化、系列化、标准化的方向发展。

第四代为大规模和超大规模集成电路计算机时代（从 20 世纪 70 年代初期至今）。采用 VLSID（超大规模集成电路）和 ULSID（极大规模集成电路），中央处理器（CPU）高度集成化是这一代计算机的主要特征。

新一代电子计算机正在开发中，主要趋向是向智能化方向发展，它的应用和普及将使人类计算技术和自动控制技术进入一个更新的时代。

二、现代计算机的发展趋向

现代计算机的发展趋向表现为两个方面，一是向巨（型化）、微（型化）、多（媒体化）、网（络化）和智（能化）五种趋向发展；二是朝着非冯·诺依曼结构模式发展。

1.五种趋向

(1)巨型化　是指高速、大存储容量和功能强的超大型计算机。现在运算速度高达每秒数万亿次。美国还在开发每秒1 000万亿次运算的超级计算机。

(2)微型化　当前微型机的标志是运算器和控制器集成在一起，今后将逐步发展到对存储器、通道处理机、高速运算部件、图形卡、声卡的集成，进一步将系统软件固化，达到整个微型机系统的集成。

(3)多媒体化　多媒体是指“以数字技术为核心的图像、声音，与计算机、通信等融为一体的信息环境”。多媒体技术的目标是使人们利用计算机以更自然的方式交换信息。

(4)网络化　计算机网络是现代通信技术与计算机技术结合的产物。从单机走向联网，是计算机应用发展的必然结果。

(5)智能化　智能化是让计算机模拟人的感觉、行为、思维过程的机理，使它具备视觉、听觉、语言、行为、思维、逻辑推理、学习、证明等能力，形成智能型、超智能型计算机。

2.发展非冯·诺依曼结构模式

从第一台电子计算机诞生到现在，各种类型计算机都以存储程序方式进行工作，仍然属于冯·诺依曼型计算机。随着计算机应用领域的开拓更新，冯·诺依曼型的工作方式已不能满足需要，所以提出了制造非冯·诺依曼式计算机的想法。自20世纪60年代开始从两个大方向努力，一是创建新的程序设计语言，即所谓的“非冯·诺依曼语言”；二是从计算机元件方面，比如提出与人脑神经网络相类似的新型超大规模集成电路的设想，即“分子芯片”。

在20世纪80年代初，人们提出了生物芯片构想，着手研究由蛋白质分子或传导化合物元件组成的生物计算机。研制中的生物计算机存储能力巨大，处理速度极快，能量消耗极微，并且具有模拟部分人脑的能力。

与此同时，人们也开始研制光计算机和量子计算机。光计算机是用光子代替电子传递信息。由于光的速度是3×10^8米/秒，是电子的300多倍，所以理论上光计算机运算速度比目前的电子计算机高出300倍。1984年5月，欧洲研制出世界上第一台光计算机。量子计算机是由美国阿贡国家实验室提出来的，基于量子力学的基本原理，利用质子、电子等亚原子微粒的某些特性(从一个能态到另一个能态转变中，出现类似数学上的二进制。在实验上已经证明了量子逻辑门的存在)，从而在理论上可以进行运算。

第一代至第四代电子计算机代表了它的过去和现在，从新一代光和量子计算机身上则可以展望到计算机的未来。虽然目前光计算机和量子计算机都还远没有到实用阶段。到目前为止，人们也还只是搭建出以人脑神经系统处理信息的原理为基础设计的非冯·诺依曼式计算机的模型。但有理由相信，就像查尔斯·巴贝奇100多年前的分析机模型和图灵60年前的“图灵机”都先后变成现实一样，今日还在研制中的非冯·诺依曼型计算机，将来也必将成为现实。

三、电子计算机的分类、特点及其应用

计算机的分类有许多方法，按照计算机的用途可分为通用计算机和专用计算机；按照计

算机的总体规模和运算速度，可分为巨型机、大型机、小型机、工作站和微型计算机。电子计算机特点如下。

1.记忆能力强

在计算机中有容量很大的存储装置，它不仅可以长久性地存储大量的文字、图形、图像、声音等信息资料，还可以存储指挥计算机工作的程序。

2.计算精度高、逻辑判断准确

它具有高精度控制及高速操作任务的能力，也具有可靠的判断能力，以实现计算机工作的自动化，从而保证计算机控制的判断可靠、反应迅速、控制灵敏。

3.高速的处理能力

它具有神奇的运算速度，其速度已达到每秒几十亿次乃至上百亿次。例如为了将圆周率π的近似值计算到707位，数学家为此要花十几年的时间，而如果用现代的计算机来计算，可能瞬间就能完成，同时可达到小数点后200万位。

4.能自动完成各种操作

计算机是由内部控制和操作的，只要将事先编好的应用程序输入计算机，计算机就能自动按照程序规定的步骤完成预定的处理任务。

由于计算机具有高速、自动的处理能力及存储大量信息的能力，还具有很强的推理和判断功能，因此计算机已经广泛应用于各个领域，几乎遍及社会的各个方面，并且仍然呈上升和扩展趋势。目前，计算机的应用可概括为以下几个方面。

1.科学计算

由于计算机具有很高的运算速度和精度，使得过去用手工无法完成的计算现在在很短的时间内就能完成。利用计算机进行数值计算，可以节省大量时间、人力和物力。

2.过程检测与控制

微机在工业控制方面的应用大大促进了自动化技术的提高。利用计算机进行控制，可以节省劳动力，减轻劳动强度，提高劳动生产效率；并且还可以节省生产原料，减少能源消耗，降低生产成本。

3.信息管理

信息管理是目前计算机应用最广泛的一个领域。所谓信息管理，是指利用计算机加工、管理和操作任何形式的数据资料，如企业管理、物资管理、报表统计、账目计算、信息情报检索等。

4.计算机辅助系统

计算机辅助系统是指将计算机用于计算机辅助设计(CAD)、计算机辅助制造(CAM)、计算机辅助测试(CAT)、计算机辅助教学(CAI)等方面。

5.人工智能

人工智能(Artificial Intelligence)也称智能模拟。这是将人脑进行的演绎推理的思维过程、规则和采取的策略、技巧等编制成程序，并在计算机中存储一些公理和规则，然后让计算机去自动进行求解。当前人工智能在语音识别、模式识别方面取得了一些可喜的成绩。

四、计算机系统的几个指标

1.字长

在计算机中，一般用若干二进制位表示一个数或一条指令。前者称为数据字，后者称为指令字。中央处理器内每个字包含的位数叫字长。字长的长短直接影响计算机的功能强弱、精度高低、速度快慢。一般来说，大型计算机的字长为48位~128位，中型计算机的字长为32位，小型计算机的字长为16位~32位，微型计算机的字长为8位~32位。

2.内存容量

计算机内随机存储器RAM的大小称为内存容量。计算机内存容量有8 MB,16 MB,32 MB,64 MB,128 MB,256 MB,512 MB,1 GB,甚至更高。一般而言，计算机的内存容量越大，计算机在同一时间内处理信息量就越多，计算机的运行速度也就越快。

3.主频

计算机中央处理器每条指令的执行都是通过若干步微操作完成的。这些微操作是按时钟周期的节拍动作的。时钟周期的微秒数反映出计算机的运算速度。有时也用时钟周期的倒数，时钟频率(兆赫)来表示，时钟频率也叫主频。主频越高(时钟周期越短)，计算机的运算速度也就越快。微型计算机的时钟周期通常是0.1 μs~3 μs。例如一般微机的CPU主频为1 GHz、1.8 GHz、2.0 GHz、2.4 GHz和3.0 GHz等，甚至更高。

4.运算速度

计算机的运算速度是衡量计算机性能的一项主要指标，它取决于指令执行时间。运算速度的计算方法多种多样，目前常用单位时间内执行多少条指令来表示。而计算机执行各种指令所需时间不同。因此，常根据在一些典型题目计算中各种指令执行的频度以及每种指令的执行时间折算出计算机的等效速度。

5.数据传输率

指计算机主机与外部设备交换数据的速度。一般来讲，传输率高的计算机可以配置高速的外部设备。

6.兼容性

计算机的兼容性是指运行各种操作系统、系统软件及应用软件包和在其他类型机器上开发程序的可能性。

7.软件配置

主要看所配置的操作系统是否先进，必要软件是否配备，系统软件、应用软件是否丰富。

第二节 计算机系统的基本组成

一个完整的计算机系统是由硬件系统和软件系统两大部分组成的，如图1-1所示。

硬件系统是构成计算机系统的各种物质实体的总称。例如集成电路芯片、印刷电路板、内外存储器、输入输出设备、电源等均属于硬件，是计算机系统的物质基础。

软件系统是指计算机系统可以运行的全部程序的总称。其作用是发挥和扩大计算机的功能。通过这些软件，能使计算机有效地为人类工作、服务。

一、计算机的硬件系统

计算机硬件由运算器、控制器、存储器、输入设备和输出设备五大部件组成，其结构如图1-2所示。

(一)中央处理器(CPU)

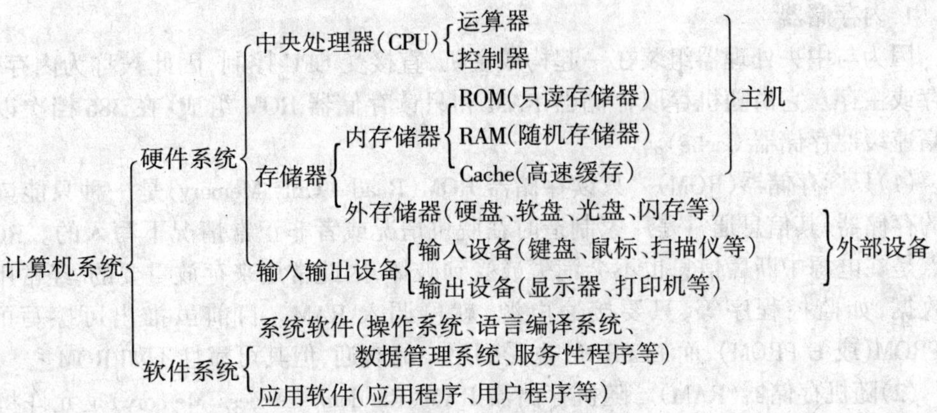

图 1-1 计算机系统的组成

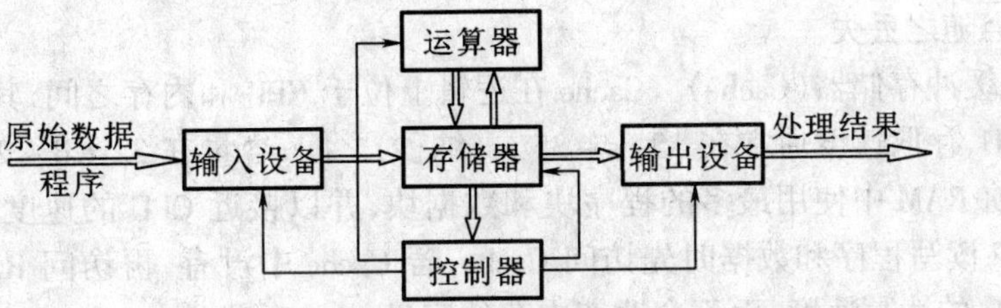

图 1-2 计算机硬件系统

⟹ 数据信息流向　　→ 控制信息流向

运算器和控制器一起组成了中央处理器，即 CPU(Central Processing Unit)，也叫中央处理单元。

1.运算器

运算器是计算机的核心部件。它由累加器、暂存器、算术/逻辑运算部件 ALU(Arithmetic and Logical Unit)、程序状态字寄存器及通用寄存器组成，是对信息或数据进行加工和处理的部件。运算器负责计算机中的各类算术运算，如加、减、乘、除四则运算；逻辑运算，如与、或、非、比较等；还能进行代码的传送、移位等操作。

2.控制器

控制器担负着对程序的每一条指令进行分析、判断，发出各种控制信号，使计算机的有关设备实现协调工作的任务，它是整个计算机的指挥中心。

(二)存储器

计算机在处理数据的过程中，或在处理数据之后把程序和数据存储起来的装置叫存储器，故它是具有记忆功能的部件。存储器的容量反映计算机记忆信息的能力，它常以字节为单位。一个字节为 8 个二进制位，即 1 byte = 8 bit。存储器的容量一般都比较大，习惯上用 2^n 表示。2^{10} 字节即 1 024 个字节，记为 KB，称为千字节(Kilobytes)。2^{20} 字节，记为 MB(Megabytes)，读作兆字节。2^{30}字节，记为 GB(Gigabytes)，读作吉字节。

存储器分为内存储器和外存储器。内存储器一般采用半导体材料，存取信息的速度快，并可随机存入或取出信息，但不便长期保存；外存储器一般采用磁性材料，如磁盘、磁带等，容量较大，但速度较慢，可以成批存入或取出信息并可以长期保存。

1.内存储器

因为与中央处理器组装在一起构成主机，直接受CPU控制，因此被称为内存储器，简称内存或主存。它由随机存取存储器RAM和只读存储器ROM组成（在386档次以上微机还有高速缓冲存储器Cache）。

（1）只读存储器（ROM） 只读存储器ROM（Read－Only Memory）是一种只能读出不能写入的存储器，其信息通常是厂家制造时在脱机情况或者非正常情况下写入的。ROM的最大特点是在电源中断后信息也不会消失或受到破坏，因此常用来存放重要的、经常用到的程序和数据，如监控程序等，只要接通电源，就可调入RAM。目前虽推出可擦写的EPROM、EEPROM（或E^2PROM），而EEPROM也受到用户的欢迎，但其可靠性不如ROM。

（2）随机存储器（RAM） 随机存储器RAM（Random－Access Memory）是允许将资料写入或读出的存储器，它是内存的主体。RAM主要用于存放当前运行的程序及数据。RAM的大小称为内存容量。由于信息是通过电信号写入这种存储器的，因此在计算机断电后，RAM中的信息就会随之丢失。

（3）高速缓冲存储器（Cache） Cache在逻辑上位于CPU和内存之间，其运算速度高于内存而低于CPU，存取速度通常在15 ns～35 ns（纳秒）之间，容量在32 KB～2 MB之间。Cache的内容是当前RAM中使用最多的程序块和数据块，并以接近CPU的速度向CPU提供程序和数据。CPU读写程序和数据时先访问Cache，若Cache中没有，再访问RAM。增加Cache，只是提高CPU的读写速度，而不会改变内存的容量。

2.外存储器

外部存储器又称为辅助存储器。外部存储器的容量一般都比较大，而且还可移动，便于不同计算机之间进行信息交流。在微型计算机中，常用的外部存储器有软盘存储器、硬盘存储器、移动存储器、光盘存储器等。

（三）输入输出设备

1.输入设备

输入设备是计算机接收外部信息的部件。最常用的输入设备是键盘、鼠标和扫描仪等，通过它们可以向计算机输入要处理的数据和要使用的程序。

（1）键盘 键盘是计算机的主要输入设备，是实现人机对话的重要工具。通过它可以输入程序、数据、操作命令，也可以对计算机进行控制。

（2）鼠标 鼠标也是主要的输入设备之一，其主要功能是在图形界面下用于移动显示器上的光标并通过菜单或按钮向主机发出各种操作命令，但不能直接输入字符和数据。

鼠标的类型、型号很多，按结构可分为机电式和光电式两大类。机电式鼠标内有一滚动球，在普通桌面上移动即可使用。光电式鼠标器有一个光电探测器，需要在反光板上移动才能使用。

2.输出设备

输出设备是指负责将主机计算和处理后的结果以用户可以识别的形式（如数字、字符、语音、图形、图像、动画等）记录、显示或打印出来的设备。目前常用的输出设备有显示器、打印机、投影仪、绘图仪和音响等。

二、计算机的软件系统

软件是计算机系统的重要组成部分。所谓软件，是指能指挥计算机工作的程序与程序运行时所需要的数据，以及与这些程序和数据有关的文字说明和图表资料。计算机的软件系统可以分为系统软件和应用软件两大类。

(一)系统软件

系统软件是指管理、监控和维护计算机资源(包括硬件和软件)的软件。具有代表性的系统软件有操作系统、各种程序设计语言的编译系统以及数据库管理系统等。

(二)应用软件

应用软件指除了系统软件以外的所有软件，它是专门为解决某个应用领域内的具体问题而编制的软件(或实用程序)。计算机的应用几乎已渗透到了各个领域，所以应用程序也是多种多样的。目前在计算机上常见的应用软件有如下几类：

1.各种信息管理软件；

2.办公自动化系统；

3.各种文字处理软件；

4.各种辅助设计软件以及辅助教学软件；

5.各种软件包，如数值计算程序库、图形软件包等。

三、程序设计语言

人用计算机解决问题时，必须用某种语言和计算机进行交流。具体地说，就是利用某种计算机语言提供的命令来编制程序，并把程序存储在计算机的存储器中，然后在这个程序的控制下运行计算机，达到解决问题的目的。

用于编写计算机可执行程序的语言称为程序设计语言。程序设计语言按其发展的先后可分为机器语言、汇编语言和高级语言。

(一)机器语言

能被计算机直接理解和执行的指令称为机器指令，它在形式上是由“0”和“1”构成的一串二进制代码，每种计算机都有自己的一套机器指令。机器指令的集合就是机器语言。

机器语言与人所习惯的语言，如自然语言、数学语言等差别很大，它是最低层的计算机语言。计算机能够直接识别机器语言编写的程序，使用机器语言执行速度快，占用内存空间小，但是由于机器语言是由二进制形式的指令代码构成的，因此难学、难记、难读、难懂、难用、难调试，容易出错，而且程序的直观性较差，也不容易移植。

(二)汇编语言

汇编语言是用易于人们记忆的符号(助记符)书写，与机器指令基本上一一对应，并遵循一定语法规则的符号语言。用汇编语言编写的程序称为汇编语言程序(源程序)。把汇编语言程序翻译成机器语言程序的过程称为汇编过程，完成汇编过程的程序称为汇编程序，而汇编产生的结果是机器语言程序(目标程序)。汇编语言程序变为可执行程序的过程如下：

$$\text{汇编语言程序(源程序)}\xrightarrow{\text{汇编程序}}\text{目标程序}\xrightarrow{\text{连接}}\text{可执行程序}$$

汇编语言也是一种面向机器的语言，即不同机器的指令可能不同，通用性和移植性较差，但比机器语言易读、易改。机器语言和汇编语言都是面向机器的语言，一般叫做低级语言。

(三)高级语言

为了克服低级语言的缺点,出现了“高级程序设计语言”,这是一种类似于“数学表达式”(如 Y=5*COS(A)+1)、接近自然语言(如英文)、又能为机器所接受的程序设计语言。高级语言具有学习容易、使用方便、通用性强、移植性好等特点,便于各类人员学习和应用。

用高级语言编写的程序(称为源程序),不能被机器直接识别,都要通过翻译程序转换成机器语言程序(称为目标程序)后,计算机才能执行。翻译处理程序有以下两种方式。

1.解释方式

逐条翻译和逐句执行高级语言程序的语句。

2.编译方式

将高级语言程序编译成某一种中间语言或机器语言程序,一般叫做目标程序。目标程序代码经连接后形成可执行程序。

每种高级语言都要有自己的解释或编译程序,互相不能代替。

计算机高级语言已有上百种之多,得到广泛应用的有十几种,并且几乎每一种高级语言都有其最适用的领域。现在比较流行的语言如表 1-1 所示。

表 1-1　各种高级语言对照

名　　称	主　要　用　途
PASCAL	最早出现的结构化语言,适用于教学
C	适于编写系统软件的新型语言,近年来推广迅速
C++	在 C 语言基础上发展起来的面向对象的高级语言
Visual Foxpro	可视化的、面向对象的数据库应用程序开发语言
Visual Basic	基于 BASIC 的可视化的、面向对象的高级语言
Delphi	在 PASCAL 语言基础上发展起来的可视化的、面向对象的高级语言
Visual C++	基于 C++ 的可视化的、面向对象的高级语言

第三节　数制转换与字符编码

在数学上和日常生活中,通常使用十进制数,也有其他的进制,如一年等于 12 个月,为十二进制;一小时等于 60 分钟,为六十进制。在计算机中的数都是用二进制来表示的。这是因为二进制数只需要两个数字符号 0 和 1,在电路中可以用两种不同的稳定状态——低电平(0)和高电平(1)来表示,其运算电路的实现比较简单,另外二进制的表示和运算规则也简单。

一、数制的概念

数码　用不同的符号表示数值,这些符号就称为数码。如十进制数的数码是 0,1,2,…,9。

基数　数码的个数。如十进制中,数码为 0,1,2,3,…,9 十个数码,即其基数为 10。

数位　数位是指数码在一个数中所处的位置。

位权　或称权，用基数的乘幂形式表示，代表每个数位的计数单位。例如十进制数，它的权为 10^n，它的十位的权为 10^1，个位的权为 10^0，小数点后第一位的权为 10^{-1}。

规则　逢基数进一或借一为基数。例如十进制数中，逢十进一，借一为十。

数制　用一组固定的数码和一套统一的规则表示数值的方法叫做数制（Number System，也称计数制）。

二、任意 r 进制

（一）十进制

数码　0,1,2,3,4,5,6,7,8,9

基数　10

位权　10^n

规则　逢十进一，借一为十

对于任意包含 n 位整数 m 位小数的十进制数 N，可以表示为

$$N = \pm k_{n-1}k_{n-2}\cdots k_0.k_{-1}\cdots k_{-m}$$

把进制数按权展开的式子称为按权展开式。十进制数 N 的按权展开式为

$N = \pm k_{n-1}10^{n-1} + k_{n-2}10^{n-2} + \cdots + k_0 10^0 + k_{-1}10^{-1} + \cdots + k_{-m}10^{-m}$（其中 m、n 均为正整数）

例如 $(379.52)_{10} = 3\times10^2 + 7\times10^1 + 9\times10^0 + 5\times10^{-1} + 2\times10^{-2}$

（二）二进制

数码　0,1

基数　2

位权　2^n

规则　逢二进一，借一为二

二进制数的按权展开式如下

$$(1101.01)_2 = 1\times2^3 + 1\times2^2 + 0\times2^1 + 1\times2^0 + 0\times2^{-1} + 1\times2^{-2}$$

（三）八进制

数码　0,1,2,3,4,5,6,7

基数　8

位权　8^n

规则　逢八进一，借一为八

八进制数的按权展开式如下

$$(25.4)_8 = 2\times8^1 + 5\times8^0 + 4\times8^{-1}$$

（四）十六进制

数码　0,1,2,3,4,5,6,7,8,9,A,B,C,D,E,F

基数　16

位权　16^n

规则　逢十六进一，借一为十六

十六进制数的按权展开式如下

$$(2FD.C8)_{16} = 2\times16^2 + F\times16^1 + D\times16^0 + C\times16^{-1} + 8\times16^{-2}$$

(五)任意 r 进制

数码　$0,1,2,\cdots,r-1$

基数　r

位权　r^n

规则　逢 r 进一，借一为 r

设 N 是一个 r 进制数，$N_r=(\pm k_{n-1}k_{n-2}\cdots k_0.k_{-1}\cdots k_{-m})_r$，$N_r$ 的按权展开式为

$$N_r=k_{n-1}r^{n-1}+k_{n-2}r^{n-2}+\cdots+k_0r^0+k_{-1}r^{-1}+\cdots+k_{-m}r^{-m}\quad(m,n\text{ 为正整数})$$

(六)几点说明

1.为了区别各个进制数，可以给这些数字加上括号和下标，标明是几进制数，例如 $(1101)_2$，$(101)_2$ 表示二进制数；$(101)_{10}$，$(456)_{10}$ 表示十进制数；$(456)_8$，$(127)_8$ 表示八进制数；$(127)_{16}$，$(2FA)_{16}$ 表示十六进制数。

2.在计算机里，通常用数字后面跟一个英文字母表示该数的数制。

(1)十进制数一般用 D(Decimal)，例如 456D。

(2)二进制数用 B(Binary)，例如 1011B。

(3)八进制数用 O(Octal)，例如 127O。

(4)十六进制数用 H(Hexadecimal)，例如 2FAH。

3.十进制、二进制、八进制、十六进制数之间的对照关系见表 1－2。

表 1－2　十进制、二进制、八进制、十六进制数之间的对照关系

十进制	二进制	八进制	十六进制	十进制	二进制	八进制	十六进制
0	0	0	0	9	1001	11	9
1	01	1	1	10	1010	12	A
2	10	2	2	11	1011	13	B
3	11	3	3	12	1100	14	C
4	100	4	4	13	1101	15	D
5	101	5	5	14	1110	16	E
6	110	6	6	15	1111	17	F
7	111	7	7	16	10000	20	10
8	1000	10	8	17	10001	21	11

三、十进制数与任意 r 进制数之间的转换

(一)十进制数转换成任意 r 进制数

1.十进制数与任意 r 进制数的转换规则

十进制数转换成任意 r 进制数要分整数部分和小数部分来转换。

(1)将十进制整数转换为任意 r 进制数的规则　该十进制整数除以 r，并记录余数，然后继续用所得的商除以 r，并记录余数，如此反复下去一直到商数为零，将所得余数反序排列，就得到该十进制数的任意 r 进制表示形式。这种转换的方法叫做“除基倒取余法”。

(2)将十进制小数转换为任意 r 进制数的规则　将十进制小数乘以 r，把积的整数部分记录下来，再将积的小数部分继续乘以 r，如此下去，直到小数部分为零或 r 进制小数部分达到精度要求。这种方法叫做“乘基取整法”。

2.实例

(1)十进制数转换成二进制数

$(397.8125)_{10}=(110001101.1101)_2$

整数部分转换过程如下

除数	商	取余数
2	397	
2	198	1
2	99	0
2	49	1
2	24	1
2	12	0
2	6	0
2	3	0
2	1	1
	0	1

↑ 从下到上依次排列

小数部分转换过程如下

计算	取整数部分
$0.8125\times2=1.6250$	1
$0.625\times2=1.250$	1
$0.25\times2=0.50$	0
$0.5\times2=1.0$	1

↓ 从上到下依次排列

(2)十进制数转换成八进制数

$(397.8125)_{10}=(615.64)_8$

整数部分转换过程如下

除数	商	取余数
8	397	
8	49	5
8	6	1
	0	6

↑ 从下到上依次排列

小数部分转换过程如下

0.8125	取整数部分		从上到下依次排列 ↓
× 8			
6.5000	……………………	6	
0.5			
× 8			
4.0	……………………	4	

(3)十进制数转换成十六进制数

$(397.8125)_{10} = (18D.D)_8$

整数部分转换过程如下

16 | 397	取余数		从下到上依次排列 ↑
16 | 24	……………………	D	
16 | 1	……………………	8	
0	……………………	1	

小数部分转换过程如下

0.8125	取整数部分		从上到下依次排列 ↓
× 16			
13.0000	……………………	D	

(二)任意 r 进制数转换成十进制数

将任意 r 进制数转换成十进制数的规则　先把该 r 进制数按权展开,形成多项式,并计算出其多项式的和。

例如把二进制数$(110001101.1101)_2$ 转换成十进制数

$$(110001101.1101)_2 = 1\times2^8+1\times2^7+0\times2^6+0\times2^5+0\times2^4+1\times2^3+1\times2^2+0\times2^1+1\times2^0+1\times2^{-1}+1\times2^{-2}+0\times2^{-3}+1\times2^{-4} = (397.8125)_{10}$$

把八进制数$(615.64)_8$ 转换成十进制数

$$(615.64)_8 = 6\times8^2+1\times8^1+5\times8^0+6\times8^{-1}+4\times8^{-2} = (397.8125)_{10}$$

把十六进制数$(18D.D)_{16}$转换成十进制数

$$(18D.D)_{16} = 1\times16^2+8\times16^1+13\times16^0+13\times16^{-1} = (397.8125)_{10}$$

四、二进制数、八进制数及十六进制数之间的转换

(一)二进制数与八进制数之间的转换

由于三位二进制数相当于一位八进制数($2^3=8$),因此要将二进制数转换成八进制数,只需以小数点为界,向左或向右每三位二进制数用一位八进制数取代,如果二进制数不足三位,可用零补足之;反之,八进制数转换成二进制数,是上述方法的逆过程,即以小数点为界,向左或向右每一位八进制数用三位二进制数取代,去掉无效 0 即可。

例如将二进制数$(10010111.01100101)_2$ 转换成八进制数

补位						补位
010 ←	010 ←	111 ←	·	→ 011	→ 001	→ 010
2	2	7		3	1	2

即$(10010111.01100101)_2 = (227.312)_8$

将八进制数$(456.312)_8$转换成二进制数

4	5	6	·	3	1	2
↓	↓	↓		↓	↓	↓
100	101	110		011	001	010
						去掉

即$(456.312)_8 = (100101110.01100101)_2$

（二）二进制数与十六进制数之间的转换

由于四位二进制数相当于一位十六进制数（$2^4 = 16$），因此要将二进制数转换成十六进制数，只需以小数点为界，向左或向右每四位二进制数用一位十六进制数取代，如果二进制数不足四位，可用零补足之；反之，十六进制数转换成二进制数，是上述方法的逆过程，即以小数点为界，向左或向右每一位十六进制数用四位二进制数取代，去掉无效0即可。

例如将二进制数$(100101110.011001011)_2$转换成十六进制数

补位						补位
0001 ←	0010 ←	1110 ←	·	→ 0110	→ 0101	→ 1000
1	2	E		6	5	8

即$(100101110.011001011)_2 = (12E.658)_{16}$

将十六进制数$(12E.65)_{16}$转换成二进制数

1	2	E	·	6	5
↓	↓	↓		↓	↓
0001	0010	1110		0110	0101
去掉					

即$(12E.65)_{16} = (100101110.01100101)_2$

五、二进制的算术运算和逻辑运算

逻辑是指条件与结论之间的关系，因此逻辑运算是指对因果关系进行分析的一种运算，运算结果并不表示数值大小，而是表示逻辑概念成立还是不成立。

计算机中的逻辑关系是一种二值逻辑。二值逻辑很容易用二进制的“0”或“1”表示，例如“真”与“假”、“是”与“否”、“成立”与“不成立”等。若干位二进制数组成的逻辑数据，位与位之间无“权”的内在联系。对两个逻辑数据进行运算时，各位之间相互独立，运算是按位进行的，不存在算术运算的进位与借位，运算结果也是逻辑数据。

（一）三种基本的逻辑关系

在逻辑代数中有三种基本的逻辑关系:与、或、非。其他复杂的逻辑关系均可由这三种基本逻辑关系组合而成。

1."与"逻辑

当且仅当所有条件都满足时,结论才成立,这种因果关系称为"与"逻辑。用来表示和推演"与"逻辑关系的运算称为"与"运算,常用·、∧、∩或 AND 等运算符表示,两个逻辑变量 a、b 进行"与"运算,在数学上可记为 F = a AND b,F 是 a、b 的逻辑函数。"与"运算规则如表 1-3所示。对于 F = a AND b,由"与"运算规则知:当且仅当 a = 1,b = 1 时,才有 F = 1,否则 F = 0。

2."或"逻辑

只要其中有一个条件满足时,结论就成立,这种因果关系称"或"逻辑。"或"运算常用 +、∨、∪或 OR 等运算符表示,"或"运算规则如表 1-4 所示。

3."非"逻辑

"非"逻辑实现逻辑否定,即进行"求反"运算,常在逻辑变量上面加一横线表示。例如,A 的"非"写成 $\bar{A}$。非运算规则如表 1-5 所示。

表 1-3 AND 运算

a	b	a AND b
1	1	1
1	0	0
0	1	0
0	0	0

表 1-4 OR 运算

a	b	a OR b
1	1	1
1	0	1
0	1	1
0	0	0

表 1-5 NOT 运算

a	NOT a
1	0
0	1

例如:X = 10111001,Y = 11110011,求 X OR Y,X AND Y,NOT X。

解 X OR Y = 11111011 X AND Y = 10110001 NOT X = 01000110

```
     10111001             10111001
OR)  11110011      AND)   11110011      NOT)  10111001
     --------             --------            --------
     11111011             10110001            01000110
```

六、数据单位与字符编码

(一)计算机中的数据单位

计算机中用到的信息单位主要有位、字节、字等。

1.位(Bit)是计算机存储设备中最小的信息容量单位,用 0 或 1 二进制数位表示,如二进制数 10010101 是由 8 个位组成的。位常用 b 表示。

2.字节(Byte)是计算机的最小存储单元,用 B 表示。微型机中由 8 个二进制位组成一个字节,如 8 位二进制数 10010101 构成一个字节。一个字节可存放一个半角英文字符的编码(如 ASCII)码。两个字节可存放一个汉字编码。

3.字(Word)是计算机信息交换、加工、存储的基本单元。通常将组成一个字的位数叫该字的字长,用于表示数据或信息的长度,如一台计算机的字长为 32 位,则表示该机的一个字由 4 个字节组成。不同级别计算机的字长是不同的。

（二）字符编码

1.英文字符编码

在计算机中不仅是数字，所有数据都是用二进制数表示的。长期以来，存在各种字符编码，难于统一，为此美国国家标准局提出了一套编码方案，它叫做 ASCII 码（American Standard Code for Information Interchange，即美国信息交换标准代码）。ASCII 码表见附录一。它收录了 128 个基本字符，其中包括了数字 0～9，英文大小写字母，一些运算符号如 +、-、*、/和一些常用符号如$、%、# 等。每一个字符用一个 8 位二进制数表示，如二进制的 01000001 表示英文大写字母 A，二进制的 00110001 表示数字字符 1 等。为了便于记忆，常将这些字符编码以十进制形式表示。

请注意，在 ASCII 编码中所列的前三十二个编码和最后一个编码所表示的字符，都是计算机信息传送、加工过程中使用的一些控制字符，在屏幕上是看不出来的，打印机上也打不出来。

2.汉字编码

用计算机处理汉字时，必须先将汉字代码化，即对汉字进行编码。由于汉字种类繁多，编码比英文困难，而且在一个汉字处理系统中，输入、内部存储和处理、输出等各部分对汉字代码的要求不尽相同，使用的代码也不同，因此在处理汉字时，需要进行一系列的汉字代码转换。

1981 年，我国制定了“中华人民共和国国家标准信息交换汉字编码”，代号为 GB2312－80。这种编码称为国标码，是所有汉字编码都必须遵循的一个共同标准，共收录了汉字和图形符号7 445个，其中一级汉字3 755个、二级汉字3 008个、非汉字字符 682 个。

GB2312－80 规定，所有的国标汉字与符号组成一个 94×94 的矩阵。在此矩阵中，每行称为一个“区”，每列称为一个“位”，因此，这个矩阵实际上组成了一个有 94 个区（区号从 01 到 94），每个区内有 94 个位（位号从 01 到 94）的汉字字符集。一个汉字所在的区号与位号简单地组合在一起就构成了该汉字一种外码——“区位码”，它用高低两个字节表示，高字节表示汉字所在的区号，低字节表示汉字所在的位号。如汉字“啊”在 GB2312－80 中所在的位置是第 16 区的第 1 位，则它的区位码就是 1601，用十六进制数表示就是 1001H。汉字的区位码是唯一的。在一个汉字的区码和位码上分别加十六进制数 20H，即构成该汉字的国标码。

汉字编码分为内码和外码。内码是计算机系统存储、处理汉字信息时所用的代码。汉字的输入码要转成内码才能在计算机内存储和处理，一个内码占两字符。汉字国标码的高、低字节的取值范围在 33～126 之间，每个字节最高位都是 0，正好和 ASCII 码相冲突，故不能作为机内码使用。国标码经过变换之后才能作为机内码使用，机内码与国标码之间的变换关系如下

内码高字节 = 国标码高字节 + 80H

内码低字节 = 国标码低字节 + 80H

外码是指输入码及打印码、显示码等，用于人与计算机进行汉字输入/输出时所用的代码。就输入码来说，国内外有几百种编码方案，常用的有区位码、拼音码、五笔字型码、自然码等。

第四节 计算机的基本操作

一、计算机的启动与关闭方法

(一)计算机的启动方法

启动计算机通常有三种方法,即冷启动、热启动和RESET方式。

1.冷启动

冷启动又称硬启动,这种方式是在计算机系统在尚未加电的情况下,打开各个部件的电源开关的启动方法。打开电源开关的顺序是,先打开显示器、打印机等外部设备的电源开关,最后接通主机的电源。这是因为主机是计算机系统中价格最昂贵的部分,最后开主机是为了避免在接通外设电源的瞬间,强大的电流对主机内部器件的冲击,以保护主机延长其使用寿命。

2.热启动

热启动也称为软启动。当计算机系统发生死机时,应采用这种方式重新启动计算机。方法是左手按住Ctrl键和Alt键,右手按住Del键,三个键一起按下,然后再放开。在这种方式下,计算机不对系统的硬件进行检查,可以节省启动时间。

3.RESET方式

某些种类计算机上有一个复位键,称RESET键。死机发生时,如果用热启动方法不能奏效,应该按下RESET键重新启动计算机。这种方式除了不必重新加电外,启动过程和冷启动完全相同。

如果按下RESET键仍然不能启动计算机,只能关闭主机的电源,然后再重新打开电源开关。请注意关闭电源后,要等几分钟后再打开电源。

(二)计算机的关闭方法

计算机的关闭顺序和启动顺序相反,即先关闭主机电源,再关闭其他外部设备的电源。如果主机电源自动关闭,则不必再按主机的电源开关。

二、计算机键盘的操作知识

键盘是计算机的标准输入设备。常用的键盘有101个键或104个键。根据不同键字使用的频率和方便操作的原则,键盘划分为4个功能区:主键盘区、功能键区、控制键区和小键盘区,如图1-3所示。

图1-3 键盘分区图

1.主键盘区

在键盘左下部,由字母键、数字键和控制键组成。字母键26个(A~Z),数字键10个(0~9),符号键32个(!、@、$、#、%等)。这些键中有些键与键盘上的键字是一一对应的,称为单字符键,但有些键上印有两个符号,称为双字符键。按下双字符键输入下档字符,同时按下Shift(换档键)和双字符键输入上档字符。主键盘区中的一些特殊键具有特殊的功能,如表1-6所示。

2.功能键区

包括 F1 ~ F12 和 Esc 键,它们在不同的应用软件中具有不同的功能定义,例如 Esc 键通常定义为“退出”、“结束”、“返回”之类的功能。

3.控制键区

控制键区共有 13 个键。↑、↓、←、→键控制光标上下左右移动。其他 9 个键供编辑操作使用。表 1 – 7 说明了部分控制键及其功能。

表 1 – 6 主键盘区特殊键及其功能

键 名	功 能
Caps Lock	大小写控制转换键
Tab	表格键,跳到下一个制表位
Backspace	退格键,删除光标左边的一个字符
Enter	回车键,常用于执行命令、确认操作
Space	空格键,空一个字符位置
Ctrl	组合键,常与其他键组合使用
Shift	换档键,用于输入上档字符,也用于组合键
Alt	组合键,常与其他键组合使用

表 1 – 7 部分控制键及其功能

键 名	功 能	键 名	功 能
Insert	插入/改写状态转换键	Page Down	后翻一页
Delete	删除键	Print Screen	屏幕页
End	移动光标至行尾	Scroll Lock	锁定屏幕
Home	移动光标至行首	Pause	暂停屏幕显示
Page Up	前翻一页		

4.小键盘区

键盘最右边是小键盘区,共有 17 个键。Num Lock 是数字锁定键,按下该键时指示灯亮,可以使用右边小键盘区的数字键输入数字。再按一下该键,指示灯灭,这时小键盘区的数字键可以作为控制键使用。

三、输入法的安装与启动

使用计算机进行汉字处理,首先要学会一种汉字输入方法。目前常见的输入法有智能 ABC 输入法、微软全拼输入法、五笔字型输入法等。

在中文 Windows 2000 下,只要选择“开始→设置→控制面版→键盘→输入法区域设置→添加→选择输入法→确定”即可添加所需的输入法。如果不是系统自带的输入法,下载安装后进行添加即可。

对于已存在的输入法如何使用呢?首先要选择输入法,用鼠标单击屏幕右下角“任务栏”中的输入法图标“En”,会弹出一个输入法菜单。单击其中的某一项,即可选中一种输入法。如果选中的是中文输入法(如智能 ABC),就可以输入汉字了。或者按“Ctrl + Shift”键也可以实现各种输入法的选择。在选择完中文输入法后,如果想进行中英文切换,可按“Ctrl + 空格”键来实现。

四、五笔字型输入法

五笔字型输入法主要以汉字的部首(即部分笔画)为基本输入单位,以汉字的书写习惯为输入顺序,主要优点就是每个汉字的平均码长为2.6键,重码少,基本上不用选择字,任何一个汉字或词组最多击4个字母。五笔字型输入汉字是速度最快、应用范围最广泛的一种汉字输入法。

(一)字根键盘

"五笔"把汉字看成由5个基本笔画组成,即横(提)、竖、撇、捺(点)、折,分别以1,2,3,4,5作为代号。若干笔画交叉连接而形成的相对不变的结构称为"字根",是组字的基本单位。从大量的字根中优选出130个使用频率相对较高的字根,作为基本字根。

把130个基本字根安排在英文键盘上,就形成了字根键盘。为便于记忆,编写了字符助记歌,见附录二。在字根键盘上,将25个键位(英文字母键Z键除外)分为5个区,每个区又分成5个位,即横区(1区):GFDSA(依次记为11,12,13,14,15);竖区(2区):HJKLM(依次记为21,22,23,24,25);撇区(3区):TREWQ(依次记为31,32,33,34,35);捺区(4区):YUIOP(依次记为41,42,43,44,45);折区(5区):NBVCX(依次记为51,52,53,54,55)。"Z"是万能码,代替任意不确定字母。

(二)五笔汉字拆分原则

在汉字组成中,可以将字根间的关系归纳为四种类型,即单、散、连、交。

1.单

基本字根本身就单独成为一个汉字,如"口"、"木"、"山"、"又"、"寸"等。

2.散

指构成汉字的基本字根之间可以保持一定的距离,如"吕"、"足"、"困"、"识"、"汉"、"照"等。

3.连

指组成汉字的字根之间是连接的。在五笔字型中规定以一个单笔画与一个字根构成的汉字,一律视为"连"的结构,如"丿"下连"目"成为"自"。

连的另一种情况是"带点结构"。例如"勺"、"术"、"太"、"主"等字,规定一个基本字根之前或之后的孤立点,一律视为是与基本字根相连的。

4.交

是指几个基本字根交叉套叠之后构成的汉字,如"申"是由"日"、"丨"组合而成的,"里"是由"日"、"土"组合而成的。

根据构成汉字的字根之间的位置关系,把汉字分为三种字型:左右型、上下型、杂合型,代号为1,2,3。

把汉字拆成字根要按照书写顺序拆分,单结构的汉字,本身是字根;散结构的汉字,拆分也比较容易;对于连、交及混合结构的汉字,在拆成字根时要遵循以下四个原则:取大优先,兼顾直观,能散不连,能连不交。

(1)取大优先　即把汉字拆分成尽可能大的基本字根,使字根数目最少。所谓最大字根是指如果增加一个笔画,便不能成为基本字根。例如"员"第一种拆法为口、冂、人;第二种拆法为口、贝。

在上面的拆法中,因为第二种拆法字根个数最少,且是最大的字根,所以"员"字只能按第二种拆法拆分。

(2)兼顾直观　是为了照顾汉字字根的完整性。例如“固”第一种拆法为冂、古、一；第二种拆法为口、古。

在上面拆法中，第一种拆法是按书写顺序拆成的，但这样破坏了汉字构造的直观性，故只能按第二种拆法拆分。

(3)能散不连　一个汉字可以看作是几个基本字根的散的关系，就不要认为是连的关系。例如“百”第一种拆法为丆、日；第二种拆法为一、白。

在上面的拆法中，第二种拆法是两个字根成相连的关系，所以只能按第一种拆法拆分，能散不连。

(4)能连不交　一个汉字能按连的关系拆分，就不要按交的关系拆分。例如“天”第一种拆法为一、大；第二种拆法为二、人。

在上面的拆法中，第二种情况是两个字根成相交的关系，所以只能按第一种拆法拆分，能连不交。

总之，拆分应当兼顾几个方面的要求。一般来说，应当保证每次拆出最大的基本字根，在拆出字根数目相同时，“散”比“连”优先；“连”比“交”优先。

(三)汉字基本输入法

1.键名汉字输入

键名是指各键位左上角的黑体字根，它们是组字频度较高，而形体上又有一定代表性的字根，它们中绝大多数本身就是汉字，只要把它们所在键连击四次就可以了。比如 G 上的字根：王龶一五戋，则 G 上的键名字就是“王”，王的全码就是 GGGG。共有二十五个键名字(二十四个字和一个偏旁)。

2.成字字根汉字输入

在每个键位上，除了一个键名字根外，还有数量不等的几种其他字根，它们中间的一部分其本身也是一个汉字，称之为成字字根。

成字字根输入公式：键名代码 + 首笔代码 + 次笔代码 + 末笔代码。

如果该字根只有两笔画，则以空格键结束。例如：

由　M(由)H(丨)N(乙)G(一)或 25 21 51 11

十　F(十)G(一)H(丨) + 空格或 12 11 21 + 空格

除了输出成字字根汉字外，有时也要输出 5 种单笔画“一”、“丨”、“丿”、“丶”、“乙”，其输入方法为击原码之后，再击两次 24(L)键。5 种单笔画的编码为：一(GGLL)、丨(HHLL)、丿(TTLL)、丶(YYLL)、乙(NNLL)。

3.单字输入

单字是指除键名汉字和成字字根汉字之外的汉字，如果一个字可以取够四个字根，就全部用字根键入，即：第一个字根 + 第二个字根 + 第三个字根 + 最末字根(等于或大于 4 个字根)。例如输：L(车)W(人)G(一)J(刂)，键：Q(钅)V(彐)F(二)P(廴)。

在不足四个字根的情况下，要在最后追加末笔字型识别码。末笔字型识别码是按照字的最后一笔(是最后一个笔画，不是最后一个字根)和它的结构确定的，具体的识别码见表 1-8。

表 1-8　五笔字型末笔识别码

末笔＼字型	左右型 1	上下型 2	杂合型 3
横(提)1	11G	12F	13D
竖 2	21H	22J	23K
撇 3	31T	32R	33E
捺(点)4	41Y	42U	43I
折 5	51N	52B	53V

例如驭:C(马)C(又)Y(丶),汉:I(氵)C(又)Y(丶)。

对于末笔识别的几点说明:

(1)有包围型汉字中的末笔,规定取被包围的那一部分笔画结构的末笔,例如国,其末笔应取"丶",识别码为43(I);远,其末笔应取"乙",识别码为53(V);

(2)对于字根"刀、九、力、匕",虽然只有两笔,但一般人的笔顺却常有不同,为了保持一致和照顾直观,规定凡是这四种字根当作最末字根而又需要识别时,一律用它们向右下角伸得最长最远的笔画"折"来识别,如仇:34 54 51(识别码 N),化:34 55 51(识别码 N);

(3)"找"、"戋"等字的"末笔",按照"从上到下"的原则,一律规定撇"丿"为其"末笔",例如找:33 15 31(识别码 T),戋:11 11 11 31(识别码 T)。

(四)简码

为了提高输入速度,在五笔字型编码方案中设计了简码。它是只取常用汉字前边的一个、两个或三个字根编码,再加一个空格键完成的。简码汉字共分三级。

1.一级简码

一级简码即高频字码。在五笔字型编码方案中,根据每个键位上的字根形态特征,在11~55共25个键位上,每个键安排一个最为常用的高频汉字,这类字只要击键一次再加击一次空格键即可输入。这些高频字及编码如下:

一	11(G)	地	12(F)	在	13(D)	要	14(S)	工	15(A)
上	21(H)	是	22(J)	中	23(K)	国	24(L)	同	25(M)
和	31(T)	的	32(R)	有	33(E)	人	34(W)	我	35(Q)
主	41(Y)	产	42(V)	不	43(I)	为	44(O)	这	45(P)
民	51(N)	了	52(B)	发	53(V)	以	54(C)	经	55(X)

2.二级简码

二级简码由单字全码的前两个字根代码组成。25个键位代码,按其两码组合共计有25×25=625个。二级简码汉字输入是键入前两个字根代码,再按空格键。

3.三级简码

三级简码由单字的前三个字根组成,只要一个汉字的前三个字根在整个编码体系中是唯一的,一般都选作三级简码,三级简码的汉字有4 400个,要输入这些汉字,只要依次键入前三个字根,再加空格键即可输入。

(五)词汇编码

五笔字型除了输入汉字单字以外,还可以按词语输入。无论多长的词语,编码一律为等长四码，单字和词语可以混合输入。编码规则分为四种情况。

1.两字词

分别取两个字的单字全码中的前两个字根代码，共四码组成，例如：

机器：木几口口(SMKK)　　汉字：氵又宀子(ICPB)

2.三字词

前两个字各取其第一个字根代码，最后一个字取其前两个字根代码，共为四码，例如：

计算机：言竹木几(YTSM)　　操作员：扌亻口贝(RWKM)

3.四字词

每字各取其第一个字根代码，共为四码，例如：

汉字编码：氵宀纟石(IPXD)　　光明日报：小日日扌(IJJR)

4.多字词

按“一、二、三、末”的规则，取第一、二、三及最末一个字的第一个字根代码，共为四码，例如：

中国共产党：口囗艹氵(KLAI)　　中华人民共和国：口人人囗(KWWL)

习　题

一、选择题

1.世界上发明的第一台电子数字计算机是________。

A.ENIAC　　B.EDVAC　　C.EDSAC　　D.UNIVAC

2.1 GB 等于________。

A.1 000 字节　　B.1 024 字节

C.1 024×1 024 字节　　D.1 024×1 024×1 024 字节

3.一个字节的二进制位数为________。

A.2　　B.4　　C.8　　D.16

4.一个完整的计算机系统包括________。

A.计算机及其外部设备　　B.主机、键盘、显示器

C.系统软件与应用软件　　D.硬件系统与软件系统

5.下列设备中，属于输入设备的是________。

A.扫描仪　　B.显示器　　C.打印机　　D.绘图仪

6.CPU 包括________。

A.内存和控制器　　B.控制器和运算器

C.高速缓存和运算器　　D.控制器、运算器和内存

7.内存容量的单位是________。

A.字节　　B.字长　　C.字　　D.二进制位

8.在计算机内部，一切信息存取、处理和传送的形式是________。

A.ASCII 码　　B.区位码　　C.二进制　　D.十六进制

9.所谓热启动是指________。

A.计算机发热时应重新启动　　B.不断电状态下的重新启动

C.重新由硬盘启动　　D.计算机的自动启动

10. Backspace 键的功能是________。

A. 表格键　　B. 退格键　　C. 空格键　　D. 回车键

11. 微机在工作中，由于某种原因突然死机，重新启动后则计算机中________将全部消失。

A. ROM 和 RAM 中的信息　　B. ROM 中的信息

C. 硬盘中的信息　　D. RAM 中的信息

12. 计算机能直接执行的程序是________。

A. 源程序　　B. 机器语言程序　　C. 高级语言程序　　D. 汇编语言程序

二、简答题

1. 把下列十进制数转化成二进制数、八进制数和十六进制数。

(1)32　　(2)79　　(3)194　　(4)314

2. 把下列二进制数、八进制数和十六进制数转化成十进制数。

(1)101001B　　(2)101110B　　(3)76O　　(4)143O　　(5)FAH　　(6)2B6H

3. 完成下列计算：X = 100101001B　Y = 10011010B，求：

(1)X OR Y　　(2)X AND Y　　(3)NOT X

4. 用五笔字型输入法写出下列字、词的输入编码。

上　同　要　主　我　五　式　连　满　病毒　硬盘　打印

姓名　普通　计算机　辅导　附加

第二章 中文 Windows 2000

主要内容 介绍了 Windows 2000 的特点、Windows 2000 的基本操作、文件和文件夹的管理、控制面板及附件的使用。

重点掌握 Windows 2000 的桌面、图标、窗口等的操作，文件和文件夹的创建、移动、删除、复制、更名等操作。

第一节 Windows 2000 概述

一、Windows 2000 的特点

（一）操作系统简介

操作系统（Operating System，简称 OS）是有效管理和控制计算机系统中的各种资源、协调计算机各部件的工作、合理组织计算机的工作流程、提供友好的用户介面、方便用户使用计算机系统的一种系统软件。操作系统是计算机软件系统中最重要、最基本的系统软件，可以看成是计算机硬件的第一级扩充。操作系统负责管理计算机全部资源。操作系统的主要功能包括 CPU 管理、存储管理、设备管理、文件管理、作业管理。

目前流行的操作系统主要有 DOS，Windows，UNIX，Linux。DOS 是 Disk Operating System（磁盘操作系统）的简称，它是一种单用户、单任务的操作系统；Windows 操作系统是一种单用户、多任务操作系统；UNIX 和 Linux 都是多用户、多任务的操作系统。

（二）Windows 2000 简介

Windows 2000 以 Windows NT 为基础开发，同时继承了 Windows 95/98 的优点。Windows 2000 既具有 Windows NT 的稳定、安全和强大的网络特性，又有 Windows 95/98 的易用性和广泛的设备兼容性，并在此基础上发展了许多新的特性和功能。

Windows 2000 主要分两大类，专业版（Windows 2000 Professional）和服务器版（Windows 2000 Server）。其中服务器版分为 Windows 2000 Server，Windows 2000 Advanced Server 和 Windows 2000 Datacenter Server。本章以 Windows 2000 Professional 为例进行介绍。

Windows 2000 Professional 是一个非常稳定、易用、有良好兼容性的操作系统，它具有以下特点：

1.提供友好的界面；

2.支持多屏幕显示；

3.提供方便、安全的网络管理；

4.具有强大的设备管理功能；

5.与 Internet 的集成。

二、Windows 2000 的安装

Windows 2000 系统的安装有三种方式，一种是通过光驱中的 Windows 2000 安装盘启动

系统进行安装;一种是在 Windows 9x 系统下直接安装;还有一种是在 DOS 系统下直接安装。

从 Windows 2000 安装盘启动系统,即进入 Windows 2000 Setup 界面,装载之后,进入 Windows 2000 Professional 安装程序界面,按提示进行设置和选择,操作完毕后,开始复制安装文件并重新启动计算机。在重新启动后的界面中,按下回车键则开始安装 Windows 2000,进入安装程序窗口,根据向导提示进行操作,即可完成 Windows 2000 系统的安装。

在 Windows 9x 系统下直接安装,是在启动 Windows 9x 系统后,在光驱中放入 Windows2000 安装盘,系统会自动运行 Windows 2000 安装程序,步骤与上述方法基本一致。

在 DOS 方式下安装 Windows 2000 系统,首先需要运行 smartdrv.exe 命令,这个命令是加快磁盘读取速度的命令,如果不执行该命令,Windows 2000 在 DOS 下的安装过程将非常缓慢。然后放入光盘,进入安装光盘目录,运行 winnt.exe 安装程序,即可按步骤进行安装。

三、Windows 2000 的启动与关闭

启动 Windows 2000 的含义是把 Windows 2000 的基本部分从磁盘装入内存(常驻内存),并把整个系统交给 Windows 2000 控制和管理。

在计算机系统中安装 Windows 2000 后,每次开机即自动启动 Windows 2000,启动时系统自动进行硬件检测,然后启动系统。启动计算机后,将出现“登陆到 Windows”对话框,输入正确的用户名和密码后,用户就可以进入 Windows 2000 操作系统。

使用计算机后,应正常关闭系统,以保证系统的安全和稳定。操作方法:在“开始”菜单中选择“关机”选项,或按 Alt + F4 键,弹出“关闭 Windows”对话框,在“关闭 Windows”对话框的“希望计算机做什么?”下拉列表框中,选择“关机”,单击“确定”按钮。

第二节　Windows 2000 基本操作

一、键盘和鼠标的使用

(一)鼠标的操作

1.鼠标的基本操作

(1)指向　移动鼠标,使光标指向某一具体对象。

(2)单击　光标指向某一对象,快速按下并松开鼠标按键。一般单击指左按键,若单击右键,通常可弹出相应的快捷菜单。

(3)双击　连续两次快速按动鼠标左键。

(4)三击　连续三次快速按动鼠标左键。

(5)拖动　先把鼠标指针指向要拖动的对象,按下鼠标按键(左或右)并移动鼠标,将对象拖动到目标位置后松开按键。

本书中有关鼠标的击键操作,凡不加说明都是指单击左键。实际上,同一种操作在不同的应用环境下有不同的作用。

2.鼠标指针

启动 Windows 2000 后,屏幕上出现一个空心的箭头,称为鼠标指针。鼠标指针随鼠标的移动而移动,其形状随鼠标位置和要进行的操作而改变。指针形状不同,含义也不同,表 2-1 列出常见鼠标指针的形状及其含义。

表 2-1 常见鼠标指针的形状及其含义

指 针 形 状	含 义
空心箭头	标准选择,表示系统处于就绪状态
沙漏	表示系统正在忙,用户应该等待系统完成有关工作后,再进行其他操作
空心箭头和沙漏	表示系统正在后台操作
双向箭头	正指向窗口边界或四角,拖动鼠标可改变窗口垂直、水平大小,或对角线调整
十字形的四向箭头	可移动窗口等对象
I形指针	文字选择,表明指针当前位置,拖动时可选择文本块
箭头和问号	帮助选择
笔形	手写
圆圈	不可用
向上箭头	其他选择

(二)键盘的操作

键盘是最基本的一种输入设备,可实现多种数据的输入。在 Windows 2000 中,可用键盘完成很多操作,尤其是快捷键,可以方便地执行一些常用命令,从而减少了从菜单中选择相应命令的麻烦。在 Windows 2000 中,凡是鼠标控制的操作,一般也能用键盘实现。有些控制键需要两、三个键组合而成。为了便于说明,用"+"表示组合。Windows 常用快捷键如表 2-2 所示。

表 2-2 Windows 常用快捷键

快 捷 键	功 能 说 明
Ctrl + Esc	打开"开始"菜单
Ctrl + Shift	切换输入法
Ctrl + Space	切换中英文输入状态
Ctrl + .(句号键)	中英文标点
Ctrl + C	复制选定的对象
Ctrl + X	剪切选定的对象
Ctrl + V	粘贴
Ctrl + S	保存当前文档

表 2-2(续)

快捷键	功能说明
Ctrl + P	打印当前文档
Ctrl + F4	关闭活动文档
Alt + F4	关闭应用程序
Alt + Esc	切换应用程序
Alt + Tab	切换应用程序
Alt + Space	打开当前程序窗口的控制菜单
Alt + -(连字符)	打开当前文档窗口的控制菜单
Alt + 菜单名右侧带下划线的字母	打开下拉菜单
Shift + Space	切换全角/半角
Shift + Del	不经过回收站而直接、彻底地删除选定的对象(如文件、文件夹、快捷图标等)
F1	启动帮助

二、Windows 2000 的桌面

启动 Windows 2000 后,首先看到的桌面如图 2-1 所示。Windows 2000 的所有操作都可以从桌面开始。桌面就像办公桌一样非常直观,是运行各类程序、对系统进行各种管理的屏幕区域。

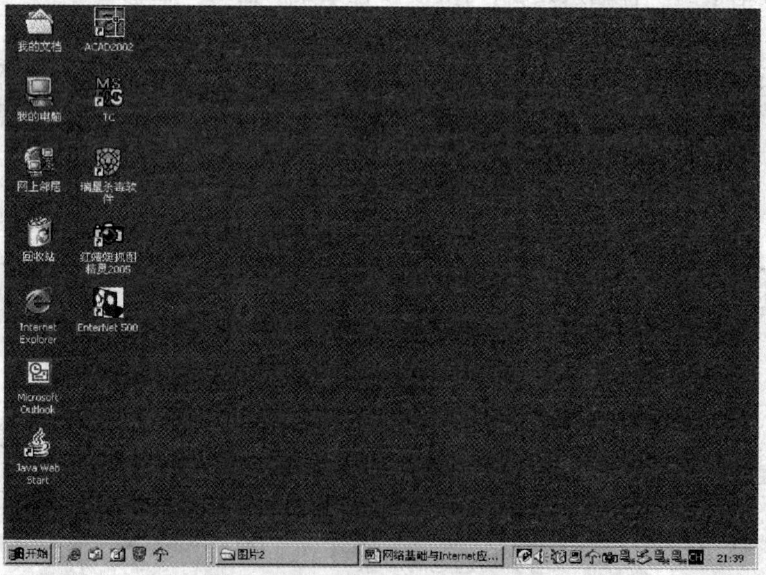

图 2-1 Windows 2000 的桌面

(一)桌面图标

桌面上显示一系列图标,每个图标代表一个工作对象,如文件夹或某个应用程序。这些

图标与安装时选择的组件有关，一般包括“我的电脑”、“回收站”、“我的文档”、“网上邻居”、“Internet Explorer”等图标，双击这些图标可直接启动程序。

1.我的电脑

包含用户计算机内置资源的各种对象，如软盘驱动器、硬盘驱动器、CD-ROM 驱动器和控制面板等。

2.我的文档

用于管理用户自己的文件。

3.网上邻居

对网络进行浏览。

4.Internet Explorer

启动 Internet Explorer 浏览器。

5.回收站

用于存放被删除的文件和恢复误删除的文件。

(二)任务栏

任务栏位于屏幕底部，如图2-2所示。最左端是“开始”菜单按钮，右边是若干个用竖线分隔的子任务栏，包括“快速启动”工具栏、应用程序按钮分布区域、通知区域等。

图2-2 任务栏

1.“开始”菜单

启动计算机程序的起点，可以快速启动程序、查找文件，设置系统和获得帮助。单击“开始”菜单按钮，可以打开“开始”菜单，Windows 2000 的许多操作都可以从“开始”按钮启动。

2.“快速启动”工具栏

放置用户频繁使用的程序图标，单击这些图标可启动相应的应用程序，如“Internet Explorer 浏览器”、“显示桌面”等图标。

3.应用程序按钮分布区域

同时打开多个应用程序时，显示各应用程序的按钮，用鼠标单击任意一个按钮可以将该按钮所代表的应用程序作为当前显示的窗口(即活动窗口)。利用该区域可以实现应用程序的快速切换。

4.通知区域

位于任务栏的最右边，显示系统启动后自动执行的任务，如“声音”按钮、“输入法”按钮及“时间”按钮等，单击这些按钮可

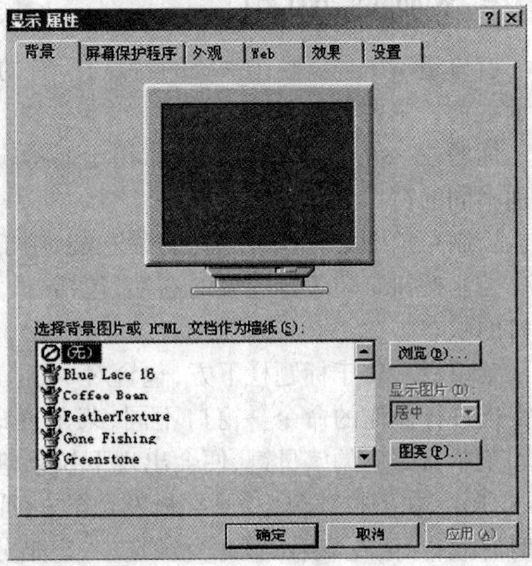

图2-3 “显示属性”对话

分别进行声音特性的修改、输入法的转换、时间属性的设置。

（三）桌面操作

1.桌面属性的设置

在桌面空白处单击鼠标右键，弹出快捷菜单，从中选择“属性”选项，弹出“显示属性”对话框，如图2－3所示。此对话框中包括“背景”、“屏幕保护程序”、“外观”、“Web”、“效果”、“设置”六个选项卡，可以对桌面进行各种风格设置。

2.图标操作

（1）建立快捷方式　快捷方式是一种特殊类型的文件，它与某个对象相连，是指向这个对象的指针。快捷方式一般都是在桌面上建立一个图标，以后就可以直接通过双击图标来运行应用程序。创建快捷方式的方法：

①在桌面空白处单击鼠标右键，在弹出的快捷菜单中选择“新建→快捷方式”选项，弹出“创建快捷方式”对话框；

②在“请键入项目的位置”文本框中输入快捷方式要执行的程序名或文档名，单击“下一步”按钮；

③单击“完成”按钮，系统在桌面上创建程序或文件的快捷方式图标。

（2）图标排列

第一种，用鼠标将图标拖动到目的位置。

第二种，若要将桌面上所有图标重新排列，在桌面空白处单击鼠标右键，在弹出的快捷菜单中选择“排列图标”选项，出现级联菜单，选择需要的方式即可重新排列图标。该菜单选项中包括五个子菜单项：按名称、按大小、按类型、按修改时间和自动排列。

3.任务栏设置

在任务栏空白处单击鼠标右键，弹出快捷菜单，选择“属性”，弹出“任务栏和开始菜单属性”对话框，在“常规”选项卡中可以设置任务栏风格；在“高级”选项卡中，可以自定义开始菜单，增加或删除开始菜单上的项目，还可以清除“开始菜单”上的最近访问过的文档。

用鼠标左键单击任务栏空白处以及对任务栏进行拖动，可以改变任务栏的大小和位置。

三、Windows 2000 窗口

窗口是 Windows 操作系统的特点，所有的应用程序都是在窗口中打开的，窗口如图2－4所示。窗口主要包括以下元素。

标题栏　位于窗口的最上部，用于显示应用程序名、驱动器名、文件夹名或文档名，以便识别不同的窗口。

控制菜单图标　在标题栏的最左端，用于控制窗口的操作。

控制按钮　位于标题栏的右端，包括“最大化/还原”、“最小化”和“关闭”按钮，用于改变窗口的状态。

菜单栏　位于标题栏下方，包含对本窗口进行操作的命令，以及对正在运行的应用程序或文档进行操作的命令。窗口不同，菜单栏命令也不相同。单击菜单命令或同时按下 Alt 键和菜单命令后的字母键，便会出现下拉菜单，单击需要的命令项便执行相应的命令。如图2－5所示，在下拉菜单中，通常最左边的一列中带有标记“√”，表示该命令是个开关命令，此时有效；标记“●”表示该命令被选中，它是分组菜单中的单选标记；中间一列是命令项，其中灰显的表示在当前情况下该命令项没有被激活，不能使用，命令项后带“...”表示单击此

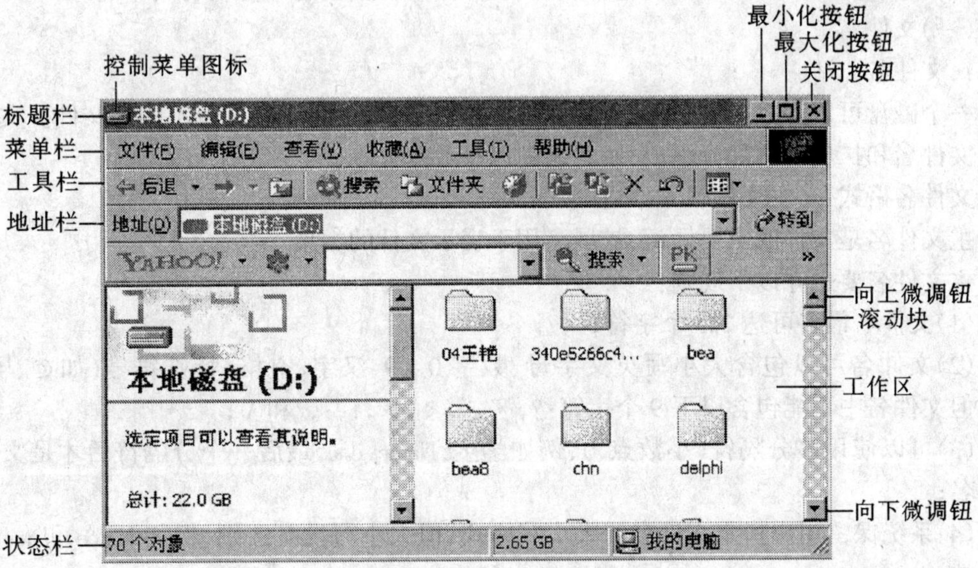

图 2-4 Windows 2000 窗口

命令项可以弹出对话框；最右边的一列中，带向右的黑色箭头，表示该命令项后有下一级联菜单；带组合键表示该组合键是相应命令项的键盘快捷键。

工具栏　一般放在菜单栏下方。它包括一些常用的功能按钮，如复制、剪切等。

地址栏　一种特殊的工具栏。在地址栏输入文件夹路径，单击旁边的“转到”按钮，将打开该文件夹；若在地址栏输入网址，系统将自动启动 IE 并打开网页。

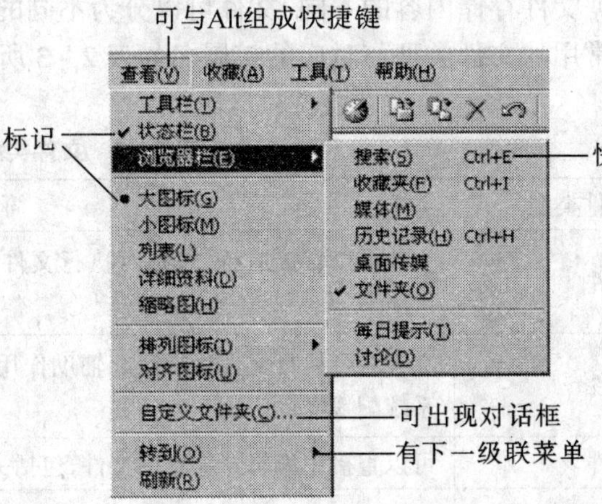

图 2-5 Windows 2000 窗口中的下拉菜单

工作区　窗口的内部区域，用于显示窗口内容。

状态栏　位于窗口的最底部，用于显示窗口的当前状态及用户当前操作等信息。

滚动条　当窗口显示内容较多时，可拖动滚动条显示窗口外的内容。

第三节　文件和文件夹的管理

一、文件及文件夹

文件是按一定格式存储在外存储器上的信息集合，是计算机在外存储器中信息的最小单位。用户编辑的文章、信件，绘制的图形等，都以文件的形式存入磁盘中，应用程序也以文件的形式存储。文件的基本属性包括文件名、大小、类型、创建和修改时间等。

(一)文件

1. 文件名

一个磁盘可以存放多个文件,每个文件必须取一个名字,以便区分不同的文件。文件名由主文件名和扩展名两部分组成,两者之间以小数点分隔。

文件名格式:<主文件名>.<扩展名>

主文件名是文件的主要标记,扩展名用于表示文件的类型。

主文件名要遵守以下规则:

(1)文件名最多可达255个字符;

(2)文件名可以包含大小写英文字母、数字0~9、汉字、空格、特殊符号(如@、#、%等),但文件名中不能包含以下9个字符:?,*,",<,>,|,:,/和\;

(3)可以使用多分隔符(小数点.),例如学生.Name.doc,最后一个分隔符后才是文件的扩展名;

(4)系统保留用户指定文件名的大小写格式,但大小写没有区别,例如Name和name是等价的;

(5)扩展名由0~3个字符组成,常见的有.com,.exe,.txt,.doc和.jpg等。

2. 文件类型

根据文件存储内容的不同,文件可以分为不同的类型。文件类型不同时,图标及描述也不同。常用的文件类型与对应的扩展名如表2-3所示。

表2-3 文件类型

文件类型	简介
程序文件	文件可以直接运行,包括可执行文件(.exe)、系统命令文件(.com)、批处理文件(.bat)
支持文件	文件在可执行文件运行时起辅助作用,不能直接运行,包括动态链接文件(.dll)、系统配置文件(.sys)
文本文件	可以直接用编辑器编辑的文件,包括文档文件(.doc)、文本文件(.txt)
多媒体文件	文件是以数字形式存储的视频或音频信息,包括.wav文件、.mid文件、.avi文件等
图像文件	文件由图像处理程序生成和编辑,包括.bmp文件、.jpg文件和.tif文件等

3. 文件名通配符

查找或显示文件名时,可以用通配符"*"和"?"。其中,"*"代表从该位置开始的任意个任意字符;"?"代表一个任意字符。例如dk?.doc表示主文件名由3个字符组成,最后一个为任意字符;dk*.doc表示主文件名前两个字符是dk的所有文件名。

(二)文件夹

1. 文件夹的结构

磁盘中可以存入很多文件,为了便于管理,可以把文件存放在不同的文件夹中,就像人们把不同类型的文件资料用不同文件夹来分类整理和保存一样。文件夹是文件和子文件夹的集合，即文件夹中可以包含文件或下属文件夹。同样，子文件夹也可以包含文件和下属文件夹。因此，Windows 2000 的文件组织结构是分层次的，即树形结构。

文件夹的命名规则与文件名相同，习惯上文件夹名中不采用扩展名。

2.文件的路径

文件在磁盘中的位置称为文件的路径。

一个完整的路径包括盘符（驱动器号），后面是找到该文件顺序经过的全部文件夹。盘符后用符号"："隔开，文件夹之间用"\"隔开。例如图 2－6 中，文件 n1.doc 的路径是 C：\X2\Y1\n1.doc。

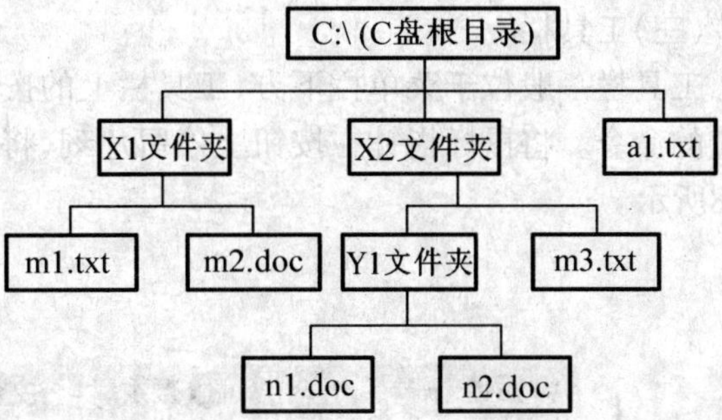

图 2－6　文件及文件夹

3.当前文件夹

当前文件夹即当前所在的文件夹。处理当前文件夹下的文件时，可以不指定文件位置。

二、资源管理器

Windows 2000 资源管理器的主要功能是管理计算机的资源，几乎所有涉及文件系统的操作，都可以通过资源管理器实现。

（一）启动资源管理器

1.在"开始"菜单中选择"程序→附件→Windows 2000 资源管理器"。

2.右击"开始"按钮或"我的电脑"图标，从弹出的快捷菜单中选择"资源管理器"选项。

3.右击任意驱动器或文件夹图标，在弹出的快捷菜单中选择"资源管理器"选项。

4.在打开的文件夹中，单击"工具栏"上的"文件夹"按钮，也可启动或关闭"资源管理器"。

（二）资源管理器窗口

资源管理器启动后，进入资源管理器窗口，如图 2－7 所示。

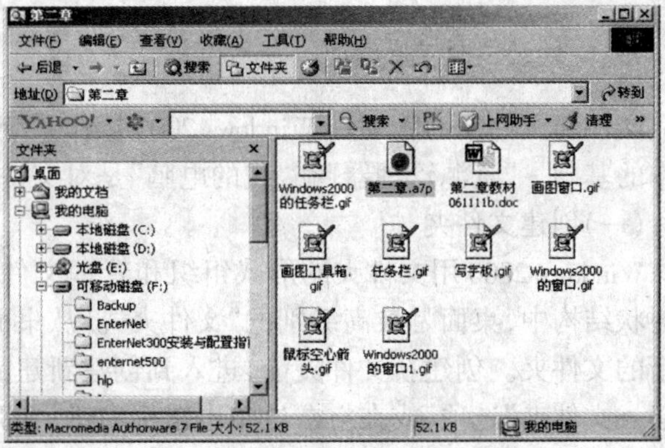

图 2－7　资源管理器窗口

资源管理器窗口分为两个区域，左窗格和右窗格。左窗格中有一棵文件树，显示计算机资源的结构组织，最上方是"桌面"的图标，计算机所有的资源都组织在这个图标下，例如"我的电脑"、"我的文档"、"Internet Explorer"、"网上邻居"和"回收站"等。右窗格中显示左窗格中选定的对象所包含的内容。可以通过查看右窗格中的图标来判断哪一个文件夹是打开的。

文件夹前面的小方框有以下三种情况：

1.无小方框　没有下一级文件夹。

2.包含"＋"的小方框　该文件夹包含附加的文件夹，但是该文件夹是折叠的。

3.包含"－"的小方框　该文件夹中的下一级文件夹内容可见。

两个窗格之间用分隔条分隔，移动分隔条可以改变两个窗格的大小。将鼠标指针指向分隔条处，鼠标指针变为双向箭头，拖动鼠标可以改变分隔条的位置。

在左窗格目录树中选定一个文件夹，无论该文件夹是否已展开，右窗格显示该文件夹的所有内容，包括子文件夹。在左窗格中单击某个文件夹，即可打开该文件夹。

(三)工具栏

工具栏一般位于菜单栏下方，工具栏上的按钮代表常用的命令，并且在菜单中可以找到相应的命令。将鼠标指针在按钮上停留片刻，将显示该按钮的简短说明，即工具提示，如图2－8所示。

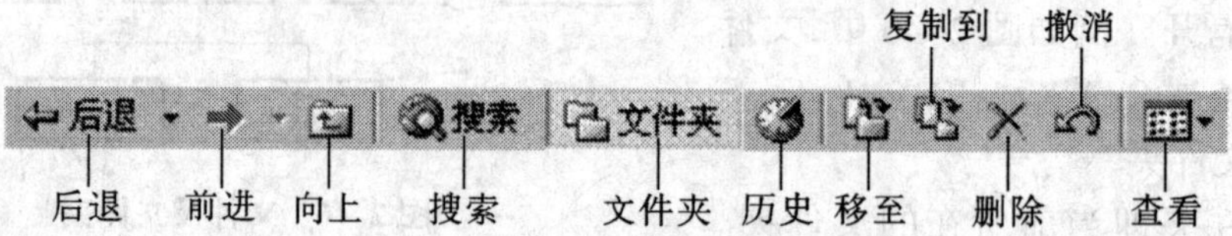

图2－8 资源管理器窗口工具栏

工具栏中还有一些没有显示的按钮，如果需要可在工具栏空白处单击右键，在出现的菜单中选择“自定义”进行工具栏按钮的添加或删除。

若工具栏处于“隐藏”状态，可在菜单栏上选择“查看→工具栏→标准按钮”选项，则工具栏重新显示出来。

(四)地址栏

“地址栏”位于工具栏下方，用于显示当前窗口内容所处的位置，可以是本机位置，也可以是 Internet 上的某个网址。光标在地址栏上时也可以输入一个路径或网址，按回车键后，该位置的内容出现在资源管理器右窗格中。如果输入的路径是文件或应用程序，按回车键后将自动打开该文件或启动应用程序。

在菜单栏上选择“查看→工具栏→地址栏”选项，可以设置是否显示“地址栏”。

三、文件及文件夹的操作

文件和文件夹的管理是 Windows 2000 操作系统中的基本操作，也是进行其他应用程序操作的基础。“资源管理器”和“我的电脑”是对文件和文件夹进行管理的工具。

(一)创建文件夹

Windows 2000 用文件夹的形式组织和管理文件，并采用树状结构组织各类资源。在整个树状结构中，桌面是最高级别的“文件夹”。从桌面开始的各级文件夹中，根据需要可以添加新的文件夹。创建新文件夹前，进入到创建新建文件夹的位置。在菜单栏上选择“文件→新建→文件夹”选项，或在空白处单击鼠标右键，在弹出的快捷菜单中选择“新建→文件夹”选项。在“新建文件夹”框中键入新文件夹名，单击“确认”按钮。

(二)重命名文件或文件夹

1.菜单法

在“我的电脑”或“资源管理器”中，选定文件或文件夹后，在菜单栏上选择“文件→重命名”选项，选定的文件或文件夹周围出现一个方框(重命名框)，在其中键入新名称后按 Enter 键，或用鼠标在其他地方单击确认。

2.快捷菜单法

用鼠标右击要改名的文件夹或文件，在弹出的快捷菜单中选择"重命名"选项，进行重命名。

3.鼠标法

先单击要重命名的文件或文件夹，稍作停顿后，再单击该文件或文件夹名，进行重命名。

4.快捷键法

先单击要重命名的文件或文件夹，然后按 F2 键，进行重命名。

(三)打开文件或文件夹

1.打开文件夹

在资源管理器左窗格中单击文件夹图标，或在右窗格中双击文件夹图标，可打开文件夹，右窗格中显示被打开文件夹的内容。

2.打开文件

方法一　在"我的电脑"窗口或"资源管理器"右窗格中双击文件图标，可启动应用程序或打开文档文件。

方法二　选定要打开的文件后，在菜单栏上选择"文件→打开"选项，可启动应用程序或打开文档文件。

方法三　右键单击要打开的文件，在弹出的快捷菜单中选择"打开"选项。

(四)选择文件或文件夹

1.选取单个文件或文件夹

用鼠标单击要选择的文件或文件夹。

2.选取多个连续排列的文件或文件夹

鼠标操作方法　先单击要选取的第一个文件或文件夹，然后按住 Shift 键同时单击要选取的最后一个文件或文件夹。

键盘操作方法　移动光标到要选取的第一个文件或文件夹上，按住 Shift 键不放，用方向键移动光标到最后一个文件或文件夹上。

3.选取多个不连续的文件或文件夹

先选取第一个(或第一段连续的)文件或文件夹，然后按住 Ctrl 键，逐个单击其他需要选择的文件或文件夹。

4.选取矩形区域的文件和文件夹

在图标排列方式下，将鼠标指针向矩形区域的一个角(如"左上角")，向矩形的对角线方向(左上角的对角线方向为右下角)拖动鼠标形成矩形方框，该矩形方框内的所有对象均被选中。

5.选取所有文件和文件夹

键盘法　按 Ctrl + A 快捷键。

菜单法　在菜单栏上选择"编辑→全部选定"选项。

6.反向选取

若一批文件或文件夹中只有极少数对象落选，有两种操作方法：

(1)先选中少数几个对象，再在菜单栏上选择"编辑→反向选择"选项；

(2)按 Ctrl + A 键选中所有对象，再按住 Ctrl 键逐个单击不要选中的文件。

(五)移动文件或文件夹

把选定的文件或文件夹从某个磁盘或文件夹中移动到另一个磁盘或文件夹上，原来位置中不再包含被移走的文件或文件夹。

1.用菜单操作

(1)选定要移动的文件或文件夹。

(2)在菜单栏上选择“编辑→剪切”选项,或右击选中的文件或文件夹,在弹出的快捷菜单中选择“剪切”选项。

(3)选定目标盘或文件夹。

(4)在菜单栏上选择“编辑→粘贴”选项,或右击目标盘或文件夹图标,在弹出的快捷菜单中选择“粘贴”选项,完成移动。

2.用鼠标操作

选定要移动的文件或文件夹。用鼠标将选中的文件或文件夹拖动到目标盘或文件夹图标上。释放鼠标,完成移动操作。

3.用快捷键操作

选定要移动的文件或文件夹,按 Ctrl + X 键。单击目标盘或文件夹,按 Ctrl + V 键,完成移动。

(六)复制文件或文件夹

在指定磁盘和文件夹中产生一个与选定文件或文件夹完全相同的副本。复制操作完成后,源文件或文件夹仍保留在原位置,同时在目标磁盘或文件夹中多了一个副本。

1.用菜单操作

(1)选定要复制的文件或文件夹。

(2)在菜单栏上选择“编辑→复制”选项,或右击选中的文件或文件夹,在弹出的快捷菜单中选择“复制”选项。

(3)选定目标盘或文件夹。

(4)在菜单栏上选择“编辑→粘贴”选项,或右击目标盘或文件夹,在弹出的快捷菜单中选择“粘贴”选项,完成复制。

2.用鼠标左键拖动操作

在资源管理器中选定要复制的文件或文件夹。按下 Ctrl 键同时用鼠标左键拖动选中的文件或文件夹到目标盘和文件夹。释放鼠标和 Ctrl 键,完成复制。

3.用鼠标右键拖动操作

在资源管理器中选定要复制的文件或文件夹。用鼠标右键拖动选中的文件和文件夹到目标盘或文件夹。释放鼠标右键,在弹出的快捷菜单中选择“复制到当前位置”选项。

4.用快捷键操作

选定要移动的文件或文件夹。按 Ctrl + C 键,单击目标盘或文件夹。按 Ctrl + V 键,完成复制。

5.用“发送”命令

如果要把文件或文件夹复制到软盘,选定对象后,在菜单栏上选择“文件→发送到→3.5 英寸软盘”选项,或在快捷键菜单中选择“发送到→3.5 英寸软盘”选项。

(七)删除文件或文件夹

无用的文件或文件夹应及时删除,以释放被占用的存储空间。具体的删除方法如下。

1.菜单法

选定要删除的文件或文件夹,在菜单栏上选择“文件→删除”选项。

2.快捷菜单法

用鼠标右击待删除文件或文件夹，在弹出的快捷菜单中选择“删除”。

3.键盘法

选定待删除文件或文件夹后，按 Del 键。

4.鼠标拖动法

用鼠标拖动待删除文件或文件夹到桌面上的回收站。执行删除操作后，弹出确认删除操作的对话框。如果确认要删除，单击“是”按钮，文件或文件夹被删除；否则单击“否”按钮，放弃删除操作。

删除文件夹的操作将删除该文件夹包含的所有内容，从本地硬盘上删除的文件或文件夹被放在回收站中，在被真正删除或清空回收站前将一直保存在其中。

5.回收站的使用

双击“回收站”图标可打开“回收站”窗口。“回收站”中的文件或文件夹可以真正删除，也可以恢复到原来的位置。

若要彻底删除“回收站”中的全部文件或文件夹，可在菜单栏上选择“文件→清空回收站”选项，或单击窗口中的“清空回收站”按钮；若要彻底删除某些项目，选定指定项目后，在菜单栏上选择“文件→删除”选项，或在快捷菜单中选择“删除”选项；若要还原回收站中的某些项目，选定这些项目后，在菜单栏上选择“文件→还原”选项，或在快捷菜单中选择“还原”选项。

删除文件或文件夹时，若同时按住 Shift 键，文件或文件夹将被彻底删除，不再保存到回收站。此外，软盘中被删除的文件不放入“回收站”。

(八)查找文件或文件夹

查找一个文件或文件夹时，可在“资源管理器”工具栏中单击“搜索”按钮，资源管理器的左窗格变为搜索窗口；也可在任务栏上选择“开始→搜索→文件或文件夹”选项打开资源管理器搜索窗口。此时可根据单一条件或组合条件搜索文件或文件夹，输入搜索条件后，单击“立即搜索”按钮，则搜索结果显示在右窗格中。

第四节　控制面板

控制面板是 Windows 的一个重要系统文件夹，其中包含许多独立的工具或称程序项，可以用于管理用户账户，调整系统的环境参数默认值和各种属性，对设备进行设置与管理，添加新的硬件和软件等。打开控制面板的方法有两种，单击“开始”菜单中的“设置→控制面板”项及从“我的电脑”或“资源管理器”窗口中选择“控制面板”。

图 2-9　控制面板窗口

控制面板窗口如图 2-9 所示。

鼠标设置　在“控制面板”中，双击“鼠标”选项，在“鼠标键”选项卡中，可以对鼠标键配置(左右手习惯)、双击速度等进行设置；在“指针”选项卡中可以对指针方案进行设置;在"移动"选项卡中,可以对指针移动速度、加速等进行设置。

键盘设置　在"控制面板"中,双击"键盘设置"选项,在"速度"选项卡中可以对字符重复、光标闪烁频率进行设置;在"输入法区域设置"选项卡中,可以添加/删除输入法、设置热键等。

添加/删除程序　在"控制面板"中,双击"添加/删除程序"选项,进入"添加/删除程序"窗口,此窗口中有"更改或删除程序"、"添加新程序"、"添加/删除 Windows 组件"、"设定程序访问和默认值"按钮,用户可根据需要选择相应按钮,按照提示进行操作。

时间和日期　在"控制面板"中,双击"时间和日期"选项,可以对系统时间的时区进行选择,同时可以设置具体的日期和时间。

第五节　附　　件

一、写字板与记事本

写字板是一个文字处理程序,可以用于建立和打印文档。写字板提供文档编辑和格式化、剪切、复制和粘贴文本和图片的功能,但写字板的功能不如专业文字处理软件 Microsoft Word 或 WPS。写字板能创建的文档格式有 RTF 文档、文本文档等;能打开进行编辑的文档格式有 Word 文档、RTF 文档、文本文档以及早期 Windows 中的书写器文档(.wri 文档)。

单击"开始→程序→附件→写字板"命令,即可启动写字板,"写字板"的窗口如图2-10所示。

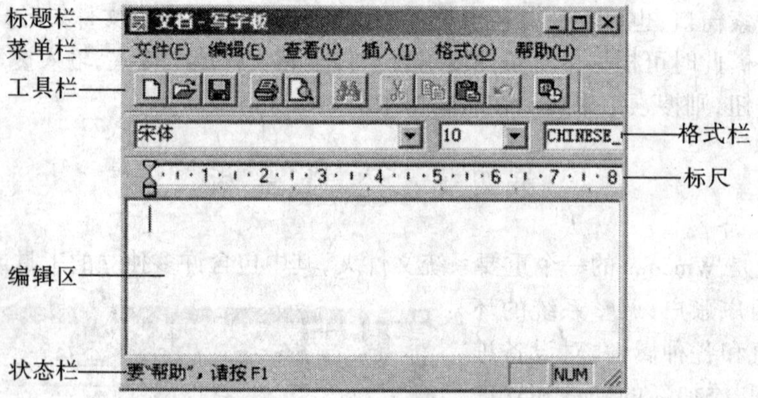

图2-10　"写字板"的窗口

2.记事本

记事本是一个小巧的编辑纯文本文件(以.txt 为扩展名)的编辑器。纯文本文件只包括最基本的 ASCII 码,不包含任何格式。与写字板和 Word 相比,记事本只有简单的格式处理能力,只能编辑文字和数字,不能进行复杂的排版(如字符和段落格式化),也不能插入图片。但是记事本运行速度快,占用空间小,在某些场合如临时编辑源程序、查看和编写文本文字时,用记事本打开和操作的速度很快,编辑的文本可以在任何编辑或浏览环境中查看,是一个非常实用的应用程序。在"开始"菜单中单击"程序→附件→记事本"选项,打开"记事本"

窗口。在“记事本”窗口输入时,无论一段文本有多长,都在同一行显示。在菜单栏上选择“格式→自动换行”选项,可以使文本以当前窗口的宽度自动换行。

记事本的其他功能和操作方法与写字板、Word 等文字处理软件相似,在此从略。

二、画图

“画图”是 Windows 2000“附件”中的一个图像处理应用程序,可以建立、编辑、打印各种图形,可以将设计好的图像插入到其他应用程序的文档中,也可将其他应用程序中的图形复制、粘贴到“画图”窗口中进行编辑。

在“开始”菜单中单击“程序→附件→画图”选项,可打开“画图”窗口,如图 2-11 所示。

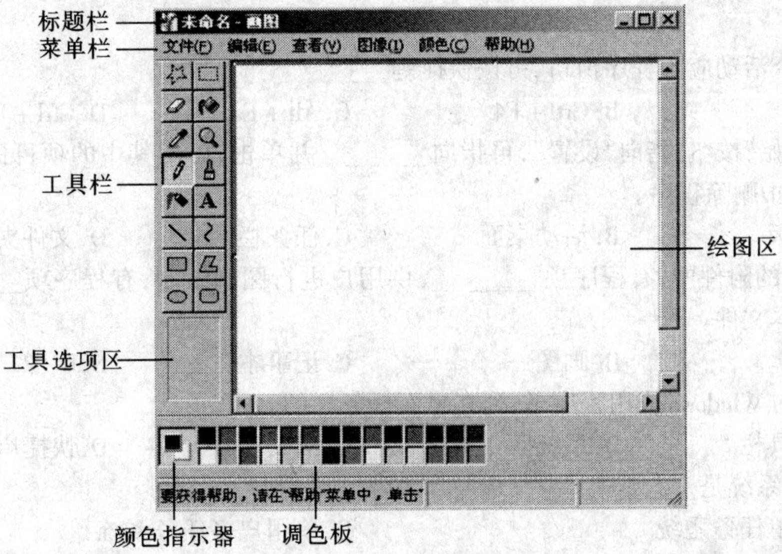

图 2-11 “画图”窗口的基本组成

“画图”窗口的工具箱中包括了以下 16 种作图工具,分别用 16 种图标表示。它们的功能与有关操作如图 2-12 所示。

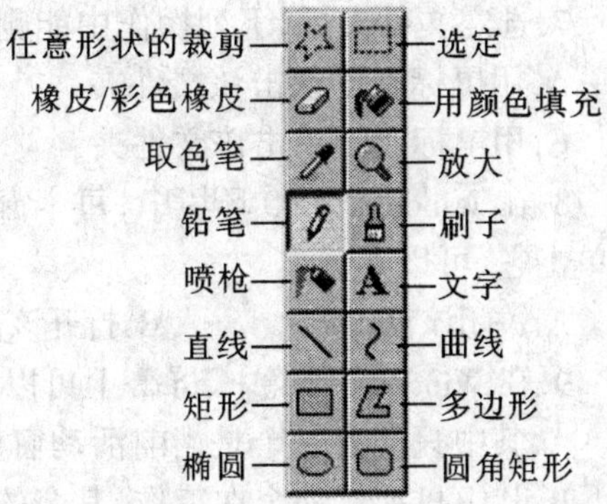

图 2-12 “画图”窗口工具箱中的图标及功能

三、“命令提示符”状态

Windows 为用户提供了 DOS 操作系统环境,以便在 Windows 操作系统出现故障时使用。

在“开始”菜单中,单击“程序→附件→命令提示符”,弹出“命令提示符”窗口,在 DOS 状态提示符后,键入需要并可以执行的 DOS 命令,即可执行相应的 DOS 操作。

单击窗口中的“关闭”按钮,或在 DOS 的提示符下键入 EXIT 命令,按回车键,可退出“命令提示符”状态。

四、系统工具

在“开始”菜单中，单击“程序→附件→系统工具”，在弹出的快捷菜单中有备份、磁盘清理、磁盘碎片整理程序等。其中备份存档数据以防止意外丢失；磁盘清理可以清除磁盘上不需要的文件；磁盘碎片整理程序是用于整理磁盘卷的碎片以使计算机运行得更快更有效。另外还有一些其他选项，可以对系统进行相关操作。

习　题

一、选择题

1.关闭一个活动应用程序窗口，可按快捷键________。

A. Alt + F4　　B. Crtl + F4　　C. Alt + Esc　　D. Ctrl + Esc

2.单击“开始”按钮，指向“设置”，再指向________并单击，可用其中的项目进一步调整系统装置或添加/删除程序。

A.控制面板　　B.活动桌面　　C.任务栏　　D.文件夹选项

3.Windows 的附件中，有程序项________，供用户进行图画绘制；有程序项________，供用户编辑纯文本文件。

A.写字板　　B.画图　　C.记事本　　D.映像

4.运行中的 Windows 应用程序名，列在桌面任务栏的________。

A.地址工具栏　　B.系统区　　C.活动任务区　　D.快捷启动工具栏

5.Windows 系统是________。

A.单用户单任务系统　　B.单用户多任务系统

C.多用户多任务系统　　D.多用户单任务系统

6.Windows 的“桌面”是指________。

A.整个屏幕　　B.活动窗口　　C.某个窗口　　D.全部窗口

7.选定文件夹后，下列操作中能删除该文件夹的是________。

A.用鼠标左键双击该文件夹　　B.在“文件”菜单中选择“删除”命令

C.用鼠标左键单击该文件夹　　D.在“编辑”菜单中选择“清除”命令

8.在 Windows 2000 环境中，每个窗口的“标题栏”右边都有一个标有短横线的方块，用鼠标单击它，可以________。

A.关闭该窗口　　B.打开该窗口　　C.把该窗口最小化　　D.把该窗口最大化

9.在 Windows 环境中，屏幕上可以同时打开若干个窗口，但是________。

A.其中只能有一个是当前活动窗口，它的标题栏颜色与其他的不同

B.其中只能有一个在工作，其余的都不能工作

C.它们都不能工作，只有其余都关闭、留下一个才能工作

D.它们都不能工作，只有其余都最小化之后、留下一个窗口才能工作

10.以下文件中，________是合法的 Windows 2000 文件。

A. A/B \ C.txt　　B. ABC * .txt　　C. ABC.ABC.txt　　D. ABC??.txt

二、操作题

1.在E盘根目录下建立两个文件夹,一个命名为A,一个命名为B;在文件夹A中建立三个文件,一个是文本文档,命名为a1.txt;一个是Microsoft Word文档,命名为a2.doc;一个是文本文档,命名为a3.txt。

2.把文件夹A中的文件a1.txt复制到文件夹B中,且重命名为b1.txt;把文件夹A中的文件a2.doc剪切到文件夹B中;删除文件夹A中的文件a3.txt。

3.查找E盘中以a为开头字母、文件名只有2个字符的所有文件。

第三章　中文 Word 2000

主要内容　本章介绍了 Word 2000 的功能及特点、Word 2000 文档的创建与编辑、表格处理、图文处理等内容。

重点掌握　Word 2000 文档的创建与编辑、字符格式的设置、段落格式和页面格式的编排。

第一节　Word 2000 概述

Word 2000 是 Microsoft 公司开发出来的文字处理软件，是 Office 2000 组件（Excel、PowerPoint 等）之一。它可以帮助我们写信函、报告、论文。使用它编辑、排版文档，能满足各种文档编排打印需求和“所见即所得”的排版功能，产生具有如同书籍、杂志、报刊的排版效果。它还可以处理各种表格与图片，并具有与 Windows 类似的图形操作界面，简单易学，是目前个人计算机上使用相当普遍的文字处理软件。

一、Word 2000 的功能及特点

（一）友好的用户界面

Word 2000 提供了非常友好的用户界面，同时它具有一个突出的特点——所见即所得。

（二）强大的制表功能

灵活而实用的表格生成和编辑功能，丰富了文章的编排。表格的编辑（列宽与行高调整、内容的复制移动、增加删除表格等）自如，表格中可以随意插图，可以完成数学计算和逻辑计算，并能利用表格数据自动生成各种统计图表。

（三）标准化的模板与样式

用户可以使用系统原有的或自定义的模板和格式化样式来进行文档编辑。这样一来，不但可以减轻劳动强度，还可使文档具有很好的一致性，更具有特色。

（四）预示效果的打印预览

使用文档的打印预览，既可减少很多盲目的编辑工作，又可大大节省文档处理的开支。

（五）方便的自动功能

Word 提供了自动检查拼写和语法、自动更正、自动统计、自动建立文档结构、自动编写摘要等功能。

（六）丰富的帮助系统

Word 2000 还提供了内容丰富的帮助系统。在操作过程中如果出现什么问题，可以随时查看相关的帮助信息。“Office 助手”更是一个活泼可爱的好帮手，具有一定的“智商”，能够跟踪用户的操作，非常及时地给出当前用户最需要的帮助，让用户带着轻松愉快的心情进行工作。

（七）良好的兼容性

Word 2000 的兼容性很高，它可以接受多种格式的文本文件，也可以以其他格式的文本

文件存储，能阅读和处理多种文件格式，可以编辑邮件、信封、备忘录、报告等多种文档。此外，Word 2000 还提供了宏命令、超文本链接、Web 工具、多语言支持等一系列强大的功能和工具。

二、Word 2000 的安装

Word 2000 的安装是在 Office 2000 的安装过程中进行的。在安装 Office 2000 中文版时，要求操作系统 Windows 95 及其以后版本，处理器 Pentium 100 以上或其他兼容的 CPU，内存 32 MB 或更多的内存，硬盘空间 146 MB 以上。其安装步骤如下。

1.将光盘放入光盘驱动器；

2.一般情况下安装程序将自动启动。如果安装程序未启动，可打开“我的电脑”窗口，在光盘中找到 Setup.exe 安装程序并双击它；

3.按照屏幕提示操作，并根据实际情况选择合适的安装类型即可；

4.安装完成后，重新启动计算机就可以使用 Office 2000 了。

三、Word 2000 的启动、退出及窗口简介

(一)Word 2000 的启动

1.单击“开始→程序→Microsoft Word”，即可启动 Word。

2.双击任何一个文件夹中 Word 文档的图标，系统会自动启动 Word 应用程序。

3.如果桌面存在 Word 快捷方式图标，可以双击图标启动 Word。

(二)Word 2000 的窗口简介

Word 2000 的窗口主要包括标题栏、菜单栏、工具栏、标尺、工作区、滚动条等，如图3－1所示。

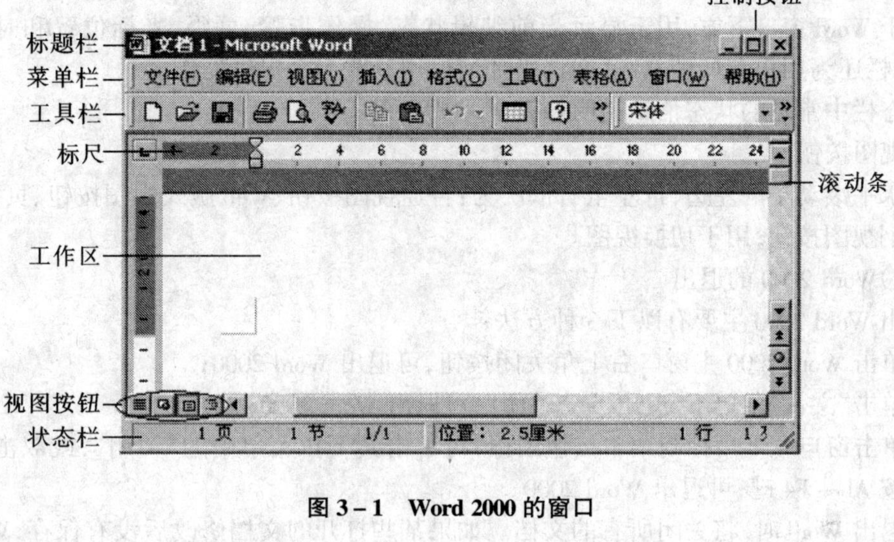

图 3－1 Word 2000 的窗口

1.标题栏

显示当前应用程序名(Microsoft Word)和当前所处理文档的文件名。

2.菜单栏

位于标题栏之下,共有九个菜单项,每一个菜单项都包含了一组菜单选项,菜单栏中的所有菜单项及其选项代表了 Word 2000 的全部操作。

3.工具栏

由一系列按钮组成。启动 Word 2000 后,一般情况下工作窗口中将显示两行工具栏,第一行为常用工具栏,包括了一些常用的操作命令,各按钮的名称如图 3-2 所示;第二行为“格式”工具栏,包括了格式化文本、排版等操作命令。

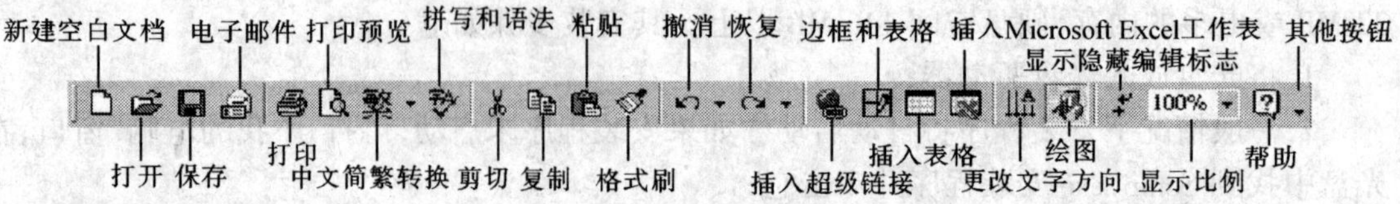

图 3-2 Word 2000 常用工具栏

4.标尺

用标尺可以查看正文的宽度,也可以利用标尺设置页边距、段落缩进以及制表符的位置。

5.工作区

指标尺以下的区域,又称“文本区”,工作区中显示当前编辑的文本。工作区中闪烁的“|”称为插入点,指示当前编辑的位置以及文字、图形、表格的插入位置。

6.滚动条

利用鼠标移动文档的工具,位于文档窗口右边缘(垂直滚动条)和底边缘(水平滚动条),滚动条中的滚动块显示了用户在当前文档中的纵、横位置。

7.状态栏

位于 Word 窗口下方,用于显示当前编辑状态、操作步骤、页码、光标位置和时间等;另外,状态栏还为用户在处理 Word 文档中如何使用某些命令提供操作提示。

状态栏中常见的状态信息说明如表 3-1 所示。

8.视图按钮

在水平滚动条的左边,自左至右依次为:普通视图按钮、Web 版式视图按钮、页面视图按钮和大纲视图按钮,用于切换视图。

(三)Word 2000 的退出

退出 Word 2000 主要有以下 3 种方法:

1.单击 Word 2000 主窗口右上角关闭按钮,可退出 Word 2000;

2.单击“文件”菜单下“退出”或“关闭”,可退出 Word 2000;

3.单击窗口左上角控制菜单按钮图标,再单击其下拉菜单中的“关闭”,或双击该图标,或直接按 Alt + F4 键,可退出 Word 2000。

当退出 Word 时,将关闭所有的文档。如果某些打开的文档修改后没有保存,Word 将询问用户在退出之前是否要保存这些文档。选择“是”按钮,表示保存;选择“否”按钮,表示放弃保存;选择“取消”按钮,则放弃保存文档的操作,继续工作。

表 3-1　状态栏的常见信息说明

状态信息	说　　明
1 页	插入点在第 1 页
1 节	插入点在第 1 节
1/3	插入点所在页的页码是 1/文档的总页数是 3
位置:2.5 厘米	上页边界到插入点之间的距离为 2.5 厘米
2 行	插入点在当前页第 2 行
9 列	左页边距到插入点之间的字符数(含空格和制表符)
录制	双击“录制”可打开或关闭宏记录器。当录制器处于关闭状态时,“录制”显示为暗色
修订	双击“修订”可打开或关闭修订标记功能。当未处于修订标记状态时,“修订”显示为暗色
扩展	双击“扩展”可打开或关闭扩展选定范围模式。当选定模式处于关闭状态时,“扩展”显示为暗色
改写	双击“改写”可进行“改写”和“插入”两种编辑状态的切换。当处于插入编辑状态时,“改写”显示为暗色
语言	显示光标所在位置的文字所属的语种
拼写和语法状态	如果 Word 正在查错的过程中,屏幕上将出现一支动画笔。如果找到了错误,显示“×”,双击此图标可以修改错误

第二节　Word 2000 文档的创建与编辑

一、文档的创建、打开、保存与关闭

(一)文档的建立

Word 2000 启动后,系统自动建立一个文件名为“文档 1.doc”的空文档,用户可以在文本区输入文字,然后存入磁盘,建立一个新文档。用户可按以下操作步骤建立新文档:

1.在菜单栏上选择“文件→新建”选项,弹出“新建”对话框;

2.在“常用”选项卡中选择“空白文档”图标,选择“文档”单选项;

3.单击“确定”按钮。

此外,在常用工具栏中单击“新建”按钮,也可以建立一个新文档。

(二)文档的打开

如果需要查看或编辑已经建立并保存的文档,可以使用“打开”命令。“打开一个文档”是指把磁盘上对应的文件调入内存,并显示在工作区中。打开 Word 文档的方法很多,下面介绍 Word 2000 中常用的三种打开文档的方法。

1.直接打开 Word 文档

双击某个 Word 2000 文档的图标即可自动打开该文档。

2.使用“打开” 命令打开文档

单击文件菜单中“文件→打开”命令,或单击工具栏中的“打开”按钮,则弹出“打开”对话框,如图 3-3 所示。在“查找范围”下拉框中选择文档所在的位置,然后选中要打开的文档,

单击“打开”按钮。

3.打开最近使用过的文档

单击“文件”菜单，在“文件”下拉菜单中已列出最近打开过的文档，单击要打开的文档即可。

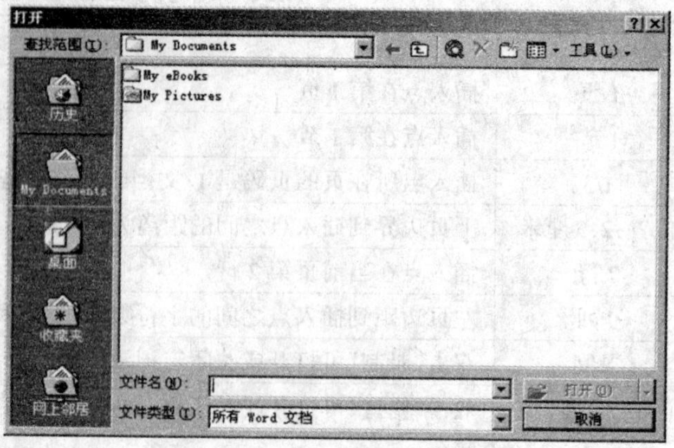

图 3-3 “打开”对话框

(三)文档的保存

1.保存新建文档

Word 为新建文档起的临时文件名为“文档 1”(“文档 2”、“文档 3”等等)，保存时需要重新指定正式的文件名。保存此类文档有以下两种方法。

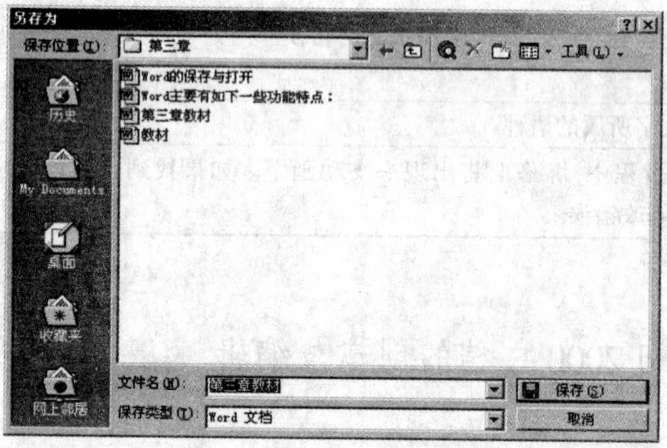

图 3-4 “另存为”对话框

(1)单击菜单栏“文件→保存”命令，将会弹出“另存为”对话框，如图 3-4 所示。

(2)单击工具栏中的“保存”按钮，也会弹出“另存为”对话框。

在以上两种情况出现的“另存为”对话框中，在其“保存位置”列表框中选择文档保存的位置(驱动器、路径)，在“文件名”列表框中选择或输入新建文档的文件名(注意其扩展名，若不指明扩展名，则在保存类型中要选择所保存文件的类型)。

2.以原文件名保存编辑后的文档

对磁盘上已有的旧文档进行编辑后，在菜单上选择“文件→保存”命令，或单击工具栏中的“保存”按钮，该文档直接以原名保存。

3.以新文件名保存编辑后的文档

对磁盘上已有的旧文档进行编辑后，若需要以不同的文件名或文件类型保存，或将编辑后的文档存放到新的位置，可在菜单栏上选择“文件→另存为”命令，在弹出的“另存为”对话框中设置相应的选项，方法与保存新建文档相同。

4.自动保存

为防止意外情况发生时丢失对文档所作的编辑，Word 提供定时自动保存文档的功能，设置“自动保存”功能的方法如下。

单击菜单栏上“工具→选项”命令，在“选项”对话框“保存”选项卡中选中“自动保存时间间隔”复选框(默认为选中状态)，表示使用“自动保存”功能。在复选框后的微调控制项中设置自动保存的时间间隔，单击“确定”按钮。

(四)文档的关闭

关闭文档的方法与 Word 2000 的退出方法相同。

二、文档视图

(一)视图方式

Word 2000 中文版提供了四种适应不同文档处理和显示需要的视图方式：页面视图、普通视图、Web 版式和大纲视图。它们各有自己的特点：页面视图适用于用户在实际的页面中进行页面设置和安排文档对象；普通视图适用于用户专心录入文本；Web 版式是专门为用户制作 Web 页面设计的；而大纲视图则适用于查看和调整文档的整个篇章结构。

(二)切换视图

可以通过菜单栏中的“视图”下拉菜单选择用于显示文档的视图方式，也可以通过水平滚动条左边的四个视图方式按钮快速切换文档的视图方式。

(三)其他视图工具

除了上面已介绍的几种视图方式之外，Word 还提供了其他一些能够有效地提高编辑效率的视图工具。

1.使用文档结构图

单击菜单上“视图→文档结构图”，显示文档结构图。文档结构图将大纲视图的优点和其他视图的优点结合起来。

2.显示和隐藏文档网格

在编辑文本时，可以通过单击菜单上“视图→文档网格” 命令来显示和隐藏文档网格。

3.拆分文档窗口

有时需要在两个文档之间来回切换进行拷贝、查看等操作，这时就可以先打开这两个文档，然后单击菜单上“窗口→全部重排”命令，两个文档窗口即可平均地分布在 Word 的主窗口中，这时就可以很方便地在两个文档之间进行操作了。

如果需要在同一个文档的不同位置之间来回切换，就可以通过单击菜单上“窗口→拆分窗口”命令将该文档窗口拆分成两个子窗口。实际上这两个子窗口只是将文档的不同部分独立地显示，并没有被拆分。若想取消拆分，则单击菜单上“窗口→取消拆分”命令即可。

4.全屏显示

单击菜单上“视图→全屏显示”命令，将 Word 2000 中文版传统的视图框架和各种工具栏、状态栏关掉。如果用户想再切换回原来的 Word 2000 中文版视图窗口，可以单击“全屏显示”工具栏中的“关闭全屏显示”命令。

5.控制显示比例

单击菜单上“视图→显示比例”命令，在“显示比例”对话框中进行设置。用户还可以在常用工具栏中“显示比例 100% ▾”框中设置文档的显示比例。

三、文档编辑

(一)文本的输入

1.文字和字母的输入

Word 2000 支持多种汉字输入法，选择其中任意一种输入法，即可进行中文文字和字符的输入。如果输入英文字母则需切换到英文输入方式。输入时，文本将在每一行的最右端自动换行。如果要结束一个段落，按回车键即可。

2.符号与特殊符号的输入

在 Word 2000 中，可以输入像括号“(”，“)”和积分符号“∫”之类的符号。输入符号的操作步骤如下：

(1)选择菜单项“插入→符号”，出现如图 3－5 所示的“符号”对话框；

(2)选择“符号”选项卡，在“字体”和“子集”的下拉列表框中分别按要求进行选择；

(3)单击要输入的符号，再单击“插入”按钮，便将该符号输入到插入点所在位置，此时“取消”按钮将变成“关闭”按钮；

重复步骤(2)和(3)可以输入多个符号；

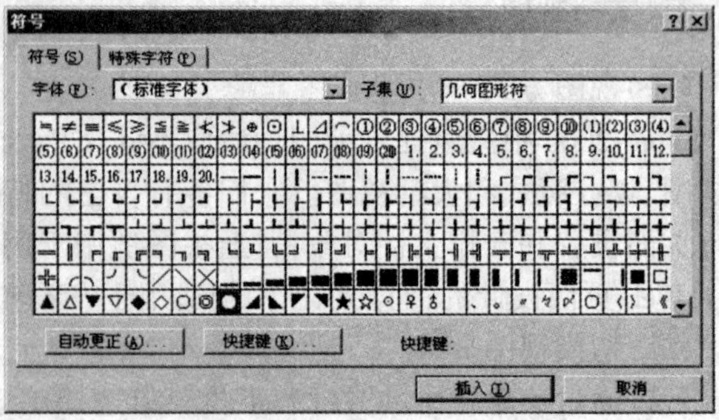

图 3－5 “符号”对话框

(4)单击“关闭”按钮，便将符号对话框关闭，结束输入符号的操作。此外，利用“符号”对话框中“快捷键”按钮，可以给常用的符号指定快捷键，按快捷键便可快速输入符号。

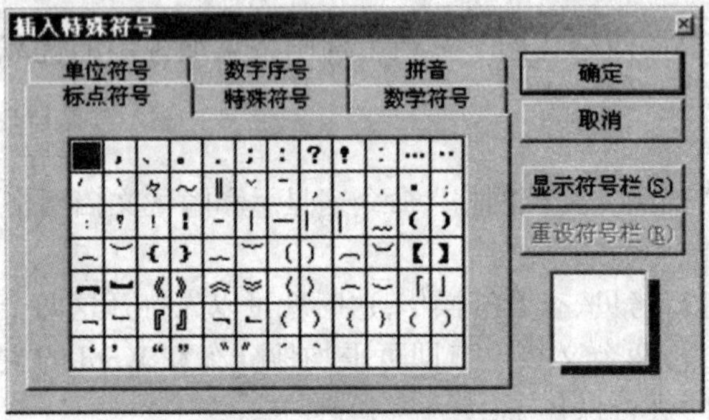

图 3－6 “插入特殊符号”对话

输入特殊字符的方法是：选择菜单项“插入→特殊符号”命令，出现图 3－6 所示的对话框；选择不同的标签，即可在相应的选项卡中找到所需的特殊符号。

除此之外，通过“符号栏”可以输入标点符号和特殊符号。操作方法是：选择菜单项“视图→工具栏→符号栏”使“符号栏”显示在屏幕上；单击“符号栏”中的某个符号按钮，便将该符号输入到插入点位置。

3.文本的插入

文本的插入、选定、删除、替换、移动和复制均涉及到光标的定位。一旦学会了光标定位，文本的插入就非常简单。将光标定位到需要插入字符的位置上，然后输入字符，输入的字符就会出现在光标前面。Word 支持传统的键盘定位方法，同时又支持鼠标自由定位光标。

用键盘定位，可以利用 Word 2000 提供的快捷键进行操作。具体快捷键的功能见表 3－2。

用鼠标定位光标时，在屏幕所见的范围内可以用鼠标直接指向定位位置；在屏幕不可见的范围内可以通过垂直和水平滚动条进行移动和翻页操作，然后用鼠标直接指向定位位置。

在 Word 文档的输入过程中，有时也需用到已存在的文件，这时只需单击菜单“插入→文件”，在“插入文件”对话框中选中所需文件，单击“插入”按钮即可将文件的内容插入到文档中。

(二)文本的选定

选定文本可以用键盘，也可以用鼠标。与光标的定位类似，用键盘选定文本比较机械，而用鼠标选定文本则较随意。

用键盘选定文本的操作及其作用如表 3－3 所示。

表 3－2　用于定位的快捷键

按　键	作　　用
←	把插入点左移一个字符或汉字
→	把插入点右移一个字符或汉字
↑	把插入点上移一行
↓	把插入点下移一行
Home	把插入点移到当前行的开始处
End	把插入点移到当前行的末尾处
PgUp	把插入点上移一屏
PgDn	把插入点下移一屏
Ctrl + Home	把插入点移到文档开始处
Ctrl + End	把插入点移到文档末尾处
Ctrl + PgUp	移到上一页开始处
Ctrl + PgDn	移到下一页开始处
Ctrl + ←	左移一个单词
Ctrl + →	右移一个单词
Ctrl + ↑	上移一段
Ctrl + ↓	下移一段
Alt + Ctrl + PgUp	移到窗口顶端
Alt + Ctrl + PgDn	移到窗口末尾

表 3－3　用键盘选定文本

键盘上的按键	完成的操作
Shift + →	光标右移选取一个字符
Shift + ←	光标左移选取一个字符
Shift + ↑	光标上移一行，选取由当前位置至上一行相应位置的字符
Shift + ↓	光标下移一行，选取由当前位置至下一行相应位置的字符
Shift + Ctrl + ↑	光标上移至段首，选取由当前位置至本段段首的字符
Shift + Ctrl + ↓	光标下移至段尾，选取由当前位置至本段段尾的字符
Shift + PgUp	光标上移一屏，选取由当前位置至上一屏相应位置的字符
Shift + PgDn	光标下移一屏，选取由当前位置至下一屏相应位置的字符
Shift + Home	光标左移到当前行首，选取由当前位置至行首的字符
Shift + End	光标右移到当前行尾，选取由当前位置至行尾的字符
Shift + Ctrl + Home	光标前移到文档开头，选取由当前位置至文档开头的字符
Shift + Ctrl + End	光标后移到文档末尾，选取由当前位置至文档末尾的字符
Ctrl + A	选取整个文档

用鼠标选定文本比用键盘选定文本更自由，常用的方法是将鼠标从要选取的文本的起始位置拖至终止位置。用鼠标选定文本的其他方法如表 3－4 所示。

表 3－4　用鼠标选定文本

选取文本的要求	所要进行的操作
选取一个英文单词	将鼠标指针指向所要选取的单词上，双击鼠标
选取一个整句(以句号为结束标志)	按住 Ctrl 键，将鼠标指针指向所要选取的句子上，单击鼠标
选取一整行	将鼠标指针指向该行左边，当鼠标指针变为↗时，单击鼠标
选取数行	将鼠标指针指向起始行左边，当鼠标指针变为↗时，单击鼠标并拖动鼠标指针至终止行

表 3-4(续)

选取文本的要求	所要进行的操作
选取一个段落	将鼠标指针指向该段落左边,当鼠标指针变为↗时,双击鼠标
选取数段落	将鼠标指针指向起始段落左边,当鼠标指针变为↗时,双击鼠标,并拖动鼠标指针至终止段落
选取整个文档	按住 Ctrl 键,将鼠标指针指向任意行的左边,当鼠标指针变为↗时,单击鼠标
	单击"编辑(E)"菜单中的"全选(L)"选项
	将鼠标指针指向任意行的左边,当鼠标指针变为↗时,三击鼠标左键。

(三)复制、粘贴与剪切

剪贴板是内存中的一块区域。所有被复制或剪切的内容都将自动保留在剪贴板上,直到关闭了计算机上的所有运行程序。剪贴板最多可容纳 12 项内容。当用户试图复制第 13 项内容时,将会出现一条信息,询问是否放弃剪贴板上的第一项内容并将新内容添加到剪贴板的尾部。

复制操作要首先选定复制的内容,然后通过在编辑菜单中选择"复制"命令或用快捷键 Ctrl + C 或 Ctrl Ins,也可用鼠标直接单击常用工具栏中的"复制"按钮实现复制操作。将选定的文本复制到剪贴板中。

剪切操作与复制操作一样,要先选定剪切的内容,然后通过在编辑菜单中选择"剪切"命令或用快捷键 Ctrl + X 或 Shift + Del,也可用鼠标直接单击常用工具栏中的"剪切"按钮来实现剪切操作。将选定的文本剪切到剪贴板中。

粘贴操作是把剪贴板中的内容粘贴到光标所在位置。粘贴操作可以通过在编辑菜单中选择"粘贴"命令或用快捷键 Ctrl + V 或 Shift + Ins,也可用鼠标直接单击常用工具栏中的"粘贴"按钮来实现粘贴操作。

利用剪切、复制和粘贴功能和利用鼠标拖放功能可以很容易地实现文本的移动和复制。

1.文本的移动

在文本的编辑过程中,常常会对文本的前后顺序进行调整。这就涉及到一段文字甚至几段、几十段文字从文档中的一个位置移到另一个位置的操作,即文本的移动。移动文本通常分为以下四个步骤:

(1)文本的选定　选定需要移动的文本。

(2)剪切操作　将选定的文本"剪切"掉,放入剪贴板中。

(3)光标的定位　将光标定位到需要插入该段文本的位置。

(4)粘贴操作　粘贴剪贴板中的文本。

此外,Word 提供了用鼠标快速移动文本的方法,即选定需要移动的文本后,将鼠标指针指向所选取的文本,当鼠标指针变为空心箭头时,按下鼠标左键。此时箭头左方出现一条竖虚线,箭柄处有一个虚方框。然后拖动鼠标,直到竖虚线定位到需要插入所选定文本的位置,松开鼠标左键,于是所选定的文本就移动到了这个新位置。

2.文本的复制

文本的复制与移动相同之处是，也要将选定的文本从文档中的一个位置移动到另一个位置；不同的是，复制完文本后，原处仍保留被复制的文本。复制文本通常也分为文本的选定、复制操作、光标的定位、粘贴操作四个步骤。

同样，Word提供了用鼠标快速复制文本的方法，即选定需要移动的文本后，将鼠标指针指向所选取的文本，当鼠标指针变为空心箭头时，按住Ctrl键不放，并按下鼠标左键。此时箭头左方出现一条竖虚线，箭柄处有一个虚方框，虚方框上有一个加号"+"。仍按住Ctrl键，并拖动鼠标，直到竖虚线定位到需要插入所选定文本的位置，松开鼠标左键，于是所选定的文本就复制到了这个新位置。

(四)文本的修改

1.删除

(1)删除插入点左右的文本　按Backspace键一次，删除插入点左边的一个字符或汉字，插入点及其后边的内容向前移动一个字符或汉字位置。按Delete键一次，删除插入点右边的一个字符或汉字，插入点不动，其后面内容向前移动一个字符或汉字位置。

(2)删除选定的文本

①按Delete键或Backspace键。

②选择菜单项"编辑→清除"。

③选择菜单项"编辑→剪切"，或单击常用工具栏中的"剪切"按钮，便将被选定的文本移入剪贴板，并从原位置删除。

用这三种方法也可以删除选定的公式、图形或其他对象。

2.撤消与恢复

在进行键入、删除和改写文本等操作时，中文Word 2000会自动记录下最新的击键和刚执行过的命令。这种存储功能使得恢复某次编辑操作成为可能。单击常用工具栏中的"撤消"按钮，则会撤消上一步的操作；如按下"撤消"按钮右边的下拉箭头，则可选择"撤消"内容，进行撤消。单击常用工具栏中的"恢复"按钮，则会恢复刚撤消的操作；如按下"恢复"按钮右边的下拉箭头，则可选择"恢复"内容，进行恢复。

3.查找与替换

利用"编辑"菜单中的"查找"与"替换"命令可以在文本中进行查找或替换操作。

(1)查找

①在"编辑"菜单中单击"查找"命令，显示"查找和替换"对话框。

②在"查找内容"列表框中输入需要查找的内容后，每单击一次"查找下一处"，在文档中就显示找到的内容。直到单击"取消"按钮，或查找结束为止。如果查找结束，则显示消息框，单击"确定"按钮后结束。

(2)替换

①在"编辑"菜单中单击"替换"命令，或在"查找和替换"对话框中单击"替换"标签。

②在"查找和替换"对话框的"查找内容"列表框中输入要替换掉的内容，在"替换为"列表框中输入新的内容。

③单击"全部替换"按钮，即开始进行替换。如果希望一个一个应答后才替换，则单击"替换"按钮。

全部替换完后，显示一个消息框，单击"确定"按钮后结束。

在查找与替换对话框中，单击"高级"按钮，可以对查找或替换的内容进行更精确的匹配,例如可以对搜索范围、区分大小写、格式、特殊字符等进行设置。

(五)自动更正、字数统计与拼写检查

在 Word 中,还提供了自动更正、字数统计、拼写检查功能。

自动更正是在为错误的单词或缩写建立一个自动更正词条之后,能对错误的单词进行自动更正。建立自动更正词条的操作步骤:选择菜单项"工具→自动更正",在"替换"文本框中输入错误单词或短语的缩写形式,在"替换为"文本框中输入正确的单词或短语的全称,单击"添加",再单击"确定"。

字数统计可以自动统计文档中的字数、字符数、段落数及行数,操作方法是:选中文本,选择菜单项"工具→字数统计",即可显示统计内容。

Word 2000 可以对英文和中文进行拼写和语法检查。检查到有错误的单词或中文时,就会用红色波浪线标出拼写错误,用绿色波浪线标出语法错误。选择菜单项"工具→选项",在选项对话框中,选择"拼写和语法"标签,选中"键入时检查拼写"和"键入时检查语法",就能够在输入时自动进行拼写和语法检查。若在输入过程中没有设置自动检查拼写和语法的功能,可用手动方式进行拼写和语法检查,选择菜单项"工具→拼写和语法",或单击常用工具栏中的"拼写和语法"按钮,便从插入点所在位置检查。

四、文档的格式编排

为了使文档格式美观、重点突出、阅读方便,可以对文档进行格式编排。如何从丰富多彩的文档编排格式中选择较好的式样,取决于文档的用途和要求,以及作者的喜好和审美观。下面从基本的文档编排入手介绍如何编排简单的 Word 文档。

(一)页面设置

文档给人的第一印象是它的整体布局,这离不开页面设置。页面设置包括页边距、纸型、纸张来源、版式、文档网格等设置。通过单击菜单"文件→页面设置",即可进入"页面设置"对话框对页面进行有关设置,如图 3-7 所示。

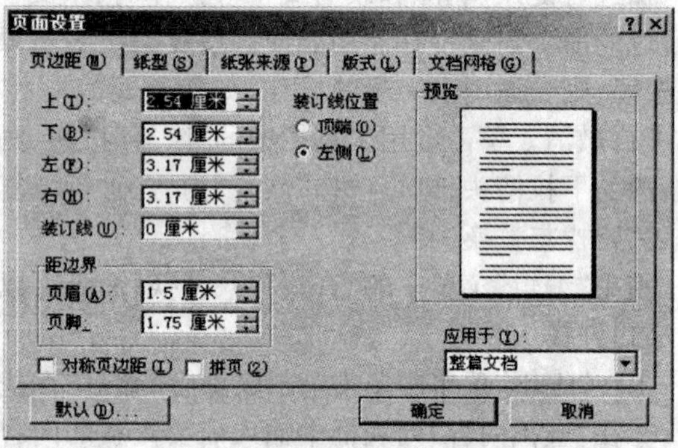

图 3-7 "页面设置"对话框

1.纸型的设置

单击页面设置对话框中"纸型"选项卡,在"纸型"列表框中可以选择合格纸张的大小规格,也可以在宽度、高度文本框中键入或选择用户自定义纸张的大小。通过选择"纵向"或"横向"单选按钮可以选择页面打印方向。

2.页边距设置

单击页面设置对话框中的"页边距"选项卡,在"上"、"下"、"左"、"右"文本框中可以分别键入或选择上页边距、下页边距、左页边距和右页边距。当文档需要页眉、页脚时还可以键入或选择页眉、页脚与纸张边界的距离。当文档需要装订时,可以设置装订线的位置。单击"确定",完成设置。

3.版式设置

单击页面设置对话框中的"版式"选项卡。版式设置主要是根据对页眉页脚的不同要求，来形成不同的版式。在“页眉和页脚”复选框下，根据需要选中“奇偶页不同”或“首页不同”复选框。其中“起始位置”选项表示该版面设置的作用范围。单击“行号”按钮，会弹出行号对话框，可以为文章添加行号，设置起始行号和行号间隔以及编号方式等属性。单击“边框”按钮会弹出“边框和底纹”对话框，用户可以通过它来设置文本的边框和底纹。

4.文档网格

单击页面设置对话框中的“文档网格”选项卡。在该对话框中可以设置每页的行数和每行的字符数等参数，还可以设置文字排列的格式和文字字体等。

(二)字体设置

在一个文档中，不同地方出现的文本可能会选择不同的字体，如标题与正文应不同，不同级别的标题之间也应不同等。对文本字体的设置，首先要选中需要进行字体设置的文本，然后再对其进行设置。

单击菜单中“格式→字体”，出现如图3－8所示的“字体”对话框，包括字体、字符间距、文字效果三个选项卡，下面分别予以介绍。

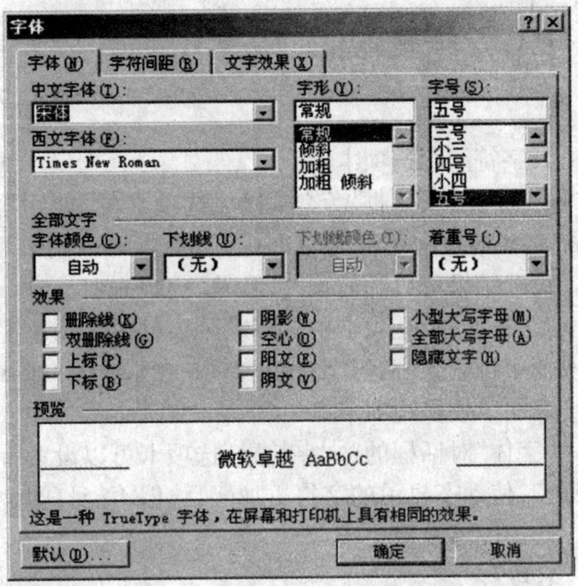

图3－8 字体对话框

1.字体选项卡

字体选项卡中可以完成字体、字形、字号、字体颜色的设置，还可以完成下标、阴影等文字效果设置。

字体作为一个术语，指的是具有相同外观和设计的一组字符和符号。Word 2000中文版自带的常用中文字体有楷体、宋体、黑体等，英文字体有“Times New Roman”、“Arial”等。用户也可以根据自己的需要添加其他字体。

字号是指字符的大小，其表示方法有两种：一种是中文表示方法，例如“一号”、“二号”等，字号越小则其所对应的字符就越大；另一种是数字表示方法，其单位为“磅”，例如“5磅”、“10磅”等，数字越大则其所对应的字符就越大。这两种字号之间存在着一定的转换关系。字号与磅的对应关系如表3－5所示。

表3－5 字号与磅的对应关系

中文字号	对应的字体大小/磅	中文字号	对应的字体大小/磅
八号	5	小三	15
七号	5.5	三号	16
小六	6.5	小二	20
六号	7.5	二号	22
小五	9	小一	24
五号	10.5	一号	26
小四	12	小初	36
四号	14	初号	42

字形，就是指字符的显示方式，一般可以分为常规、加粗、倾斜、加粗倾斜四种。

在字体选项卡对话框中，可以通过中文字体和西文字体下拉列表框进行字体选择；在字形和字号列表框中可以进行字形和字号的选择；可以在字体颜色、下划线、着重号下拉列表框中进行选择设置；还可以在效果复选框中选择设置相应的效果。

还可以用格式工具栏中相应的按钮直接进行设置。单击菜单“视图→工具→格式”，即可显示“格式”工具栏，各按钮名称如图 3－9 所示。

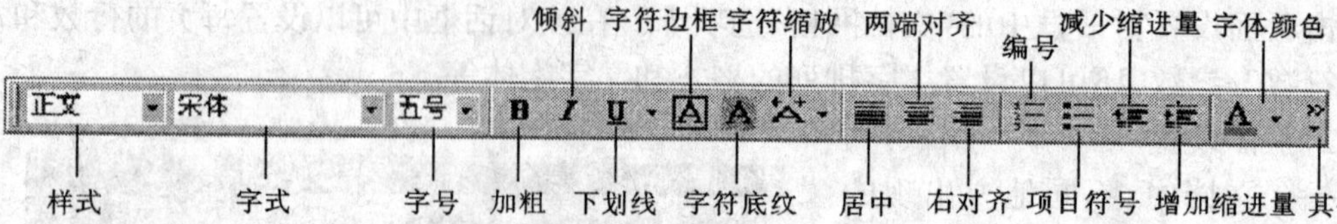

图 3－9 “格式”工具栏

2.字符间距选项卡

在“字体”对话框“字符间距”选项卡的“间距”及“位置”列表框中作相应选择，可以对 Word 默认的标准字符间距进行调整，也可以调整字符在所在行中相对于基准线的高低位置。设置结果可以随时通过“预览”窗口查看。

“字符间距”选项卡的“缩放”列表框可以调整字符缩放的大小。字符缩放和改变字号都能改变字符的大小，但字符缩放只是在水平方向的缩放，而字号是对于整个字符而言的。

3.文字效果选项卡

“字体”对话框的“文字效果”选项卡可以设置字符的动态效果。这样有助于对文档的屏幕阅读，使动态显示的字符更加醒目，但不能打印。

(三)段落设置

1.段落

在完成了对字符的修饰之后，就可以开始对段落进行各种格式化操作了。段落是指两个回车键之间的文本，它可以是简单的文本字符，或者是一个图表甚至一个空行。用回车表示一个段落的结束。在每个段落后面有一个“↵”形状的段落标记，它表示一个段落的结束。

与其他格式设置一样，用户可以先录入文本，再设置段落格式；也可以先设置段落格式，再录入文本，这时所设置的段落格式只对设置后录入的段落有效。如果要对已录入的某一段落设置格式，只要把插入点定位在该段落内的任意位置，即可进行操作；如果对多个段落设置格式，则应先选择被设置的所有段落。

对于段落的格式设置，单击菜单“格式→段落”，弹出“段落”对话框(图 3－10)，段落格式的大部分设置都可以在这个对话框中完成。

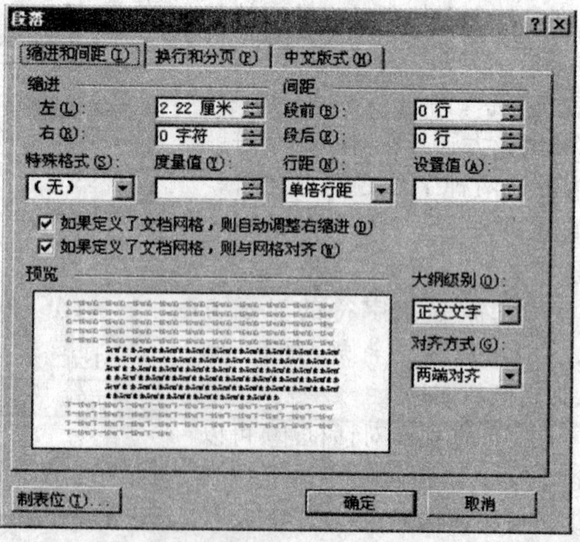

图 3－10 “段落”对话框

(1)缩进和间距选项卡　缩进和间距选项卡可以对段落左右缩进的多少、首行格式、行距、段前段后的间距、对齐方式和制表位进行设置。

①段落缩进　段落缩进是指段落各行相对于左右页边距的位置。Word 提供了四种缩进方式:

首行缩进　段落首行的左边界相对于页面左边界向右缩进一段距离,其余行的左边界不变。

悬挂缩进　段落首行的左边界不变,其余各行的左边界相对于页面左边界向右缩进一段距离。

左缩进　整个段落的左边界向右缩进一段距离。

右缩进　整个段落的右边界相对于页面的右边界向左缩进一段距离。

②间距　段落的间距包括段前间距、段后间距和段内行间距。在设置时,只有"行距"框中选择了"最小值"、"固定值"或"多倍行距"时,右边"设置值"框中的数字才有效。

③段落对齐　段落的对齐方式有左对齐、右对齐、居中对齐、两端对齐、分散对齐五种方式。

段落对齐方式的设置的具体操作就是在"对齐方式"列表框中进行选择。也可以单击"格式"工具栏中对应的快捷按钮进行设置。快捷按钮如图 3－11 所示。

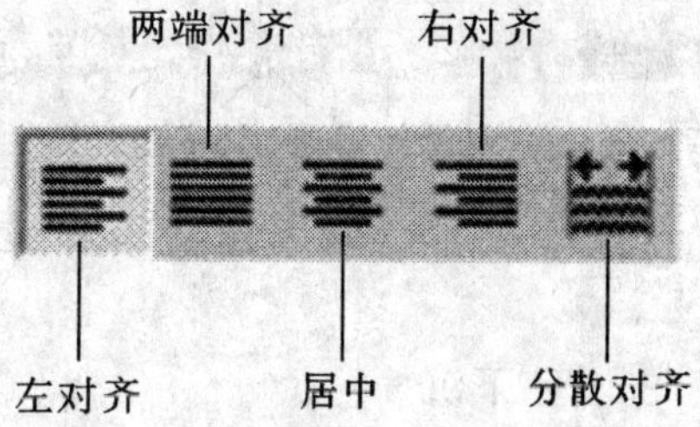

图 3－11　"格式"工具栏中的对齐按钮

④制表位　由于段落对齐方式的存在,字符之间的空格不再等宽,因此靠空格不能实现严格的对齐。制表位正是 Word 提供的用于段中对齐的工具,以弥补空格对齐的不足。设置制表位,实际上是在标尺的不同地方设置垂直方向对齐的参考点,设置制表位后,可以用 Tab 键将任何字符或图片在垂直方向快速对齐。在段落对话框中单击"制表位"按钮,进入制表位的设置窗口。制表位的设置包括制表位的位置、制表位的对齐方式和制表位的前导符三个方面的设置。

在"制表位"对话框中,在"制表位位置"文本框中输入数值,单击"设置"按钮,即可设置制表位;选定要删除的制表位,单击"清除"按钮,可对选定的制表位进行删除。

在设置制表位时,可用鼠标进行操作:单击标尺最左端的"制表符类型"按钮,可以选择所需要的制表符类型。在设置制表位之前,必须先选定制表符的类型,然后在指定的位置设置制表位。若要调整制表位的位置,可用鼠标拖动标尺上的制表位;如果按下 Alt 键的同时拖动制表位,标尺上会出现制表位的位置尺寸,这时可以精确设置制表位的位置。若要删除制表位,则将制表位从标尺上拖曳到文档窗口中,然后松开鼠标左键即可。

(2)换行和分页选项卡　换行和分页选项卡包括孤行控制、段中不分页、与下段同页和段前分页 4 种选项。用户可根据实际需要进行选择设置。

①孤行控制　禁止段落的首行出现在上一页的最后一行和段落的最后一行出现在下页行首。

②段中不分页　禁止在段落内使用分页符,使该段落在任何时候都不会跨页。

③与下段同页　禁止在该段及其下一段之间使用分页符,使该段与下一段始终在同一页中。

④段前分页　在段落前插入一个分页符,使该段总在一页的开始。

(3)中文版式　在中文版式的选项卡中,“换行”选项下,可选中“按中文习惯控制首尾字符”、“允许标点溢出边界”复选框;在“字符间距”选项下,可选中“自动调整中文与数字的间距”、“自动调整中文与西文的间距”。在“文字对齐方式”选项下,可选择合适的对齐方式。

2.标尺

在段落格式的编排中,设置段落的缩进、对齐、距离等,经常要用到标尺。选择菜单中的“视图→标尺”命令,则标尺显示在屏幕上,标尺的刻度是以厘米标识的,标尺上有四个标记,如图3-12所示。利用它们可以准确设置段落的格式,每个标记的作用如下。

(1)首行缩进　使光标所在段落的第一行向右缩进。

(2)左缩进　使光标所在段落的整体从左边界向右缩进。

(3)右缩进　使光标所在段落的整体从右边界向左缩进。

(4)悬挂缩进　使光标所在段落除第一行外,其他行按向左或向右的拖动方向缩进。

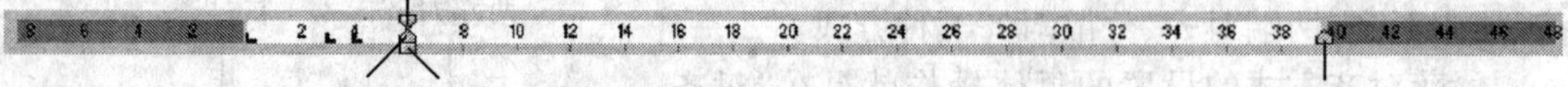

图3-12　标　尺

3.首字下沉

在报刊杂志等出版物中,经常可以看到在文章开头一段的第一个字采用首字下沉的编排格式以吸引读者。设置首字下沉可按以下步骤操作:

(1)选定需要首字下沉的段落集合或将插入光标移到要设置首字下沉的段落中的任何一个位置;

(2)单击菜单“格式→首字下沉”命令,这时会弹出“首字下沉”对话框;在这个对话框里,可以设置首字下沉的位置、字体、下沉的行数以及下沉后字与段落正文之间的距离;

(3)选定后单击“确定”即可。

4.分栏

在报纸和杂志中经常用到分栏,以便于阅读。

为文档页面设置分栏的步骤是选定要分栏的文本,或将光标置于要分栏的文本前;单击菜单“格式→分栏”命令;在分栏对话框中设置分栏的栏数、栏宽和栏间距,以及是否添加栏的分隔线等属性;最后在应用范围框中选择分栏设置的应用范围;单击“确定”按钮,即可完成分栏设置。

5.项目符号及编号

在制作和组织文档信息时,经常要用到项目符号及编号,以构成多层次的文档结构,这样可以使文章层次分明、容易阅读。

选定要编制项目符号的文本,或将光标置于要添加项目符号的段落中的任意一个位置,单击菜单“格式→项目符号及编号”命令,打开项目符号和编号对话框,通过“项目符号和编号”对话框可以给文本添加项目符号、进行编号或者添加多级符号。在“项目符号和编号”对话框的项目符号选项下,已经预先定义了七套项目符号,如果需要自己进行定义可单击“自定义”按钮,在“自定义项目符号列表”对话框中设置,选定后单击“确定”即可。

对项目进行编号及设置多级符号与添加项目符号基本一样。有兴趣的同学可以自己尝试做一做。

(四)边框与底纹

在编辑一篇 Word 文档时,可以对选中的内容(包括字符串、段落、图形等)设置边框和底纹,且可直接给文档加页面边框。

选择所要加边框的文字或图形,单击"格式→边框和底纹"命令,则显示出如图 3-13 所示的"边框和底纹"对话框。在该对话框中,可以对文档内容和图形的"线型"、"颜色"、"宽度"、"应用范围"进行相应的设置。如果在"应用范围"框中选择"文字",则只给所选择的文字添加边框和底纹,如果选择"段落",则给整个段落添加边框和底纹。

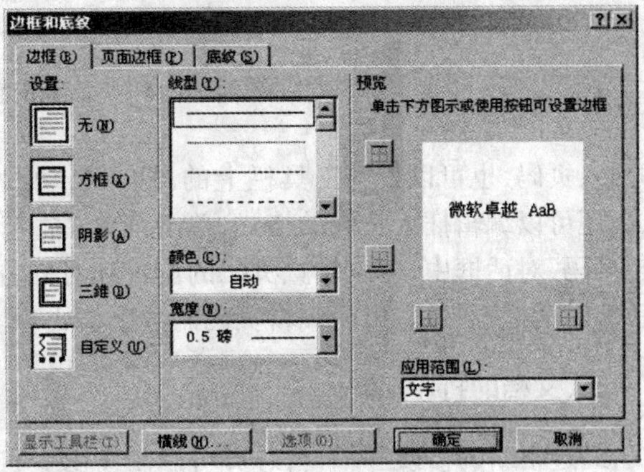

图 3-13 "边框和底纹"对话框

单击"底纹"选项,可以在"填充"、"图案"、"应用范围"中设置底纹的颜色和灰度、样式和颜色、选择文本的范围。

单击"页面边框"选项卡,可以对整篇文档进行设置。它比"边框" 多了一个"艺术型"框。

根据自己的需要进行设置后,单击"确定"完成操作。

(五)页眉与页脚

页眉和页脚是指每页顶端或底部的特定内容,例如文档标题、部门名称、日期、作者名以及页码等。在页面视图下,正文编辑区内的文字是黑色的,而页眉、页脚编辑区的文字是灰色的。

1.创建页眉页脚

单击菜单"视图→页眉和页脚"命令,或者直接用鼠标指向已存在的页眉或者页脚,并双击左键,就可以从正文编辑区切换到页眉、页脚编辑区。此时正文编辑区内的文字变成灰色,而页眉、页脚编辑区的文字则变成黑色,并且在屏幕中出现了一个"页眉和页脚"工具栏,如图 3-14 所示。

2.创建奇偶页不同的页眉页脚

还可以在"页面设置"对话框中创建奇偶页不同的页眉和页脚。单击"页眉和页脚"工具栏中的"页面设置" 按钮,会弹出"页面设置"对话框。确认"页眉和页脚"中的"奇偶页不同"复选框。这时 Word 将对奇数页和偶数页的页眉页脚分别处理。

3.设置首页页眉页脚

同样确认"页眉和页脚"中的"首页不同"复选框就可以创建单独的首页页眉页脚。这时系统将对首页的页眉和页脚单独处理。

4.插入页码

在"页眉页脚"工具栏上有"插入页码"快捷按钮,单击它可以在光标所定位的页眉或页

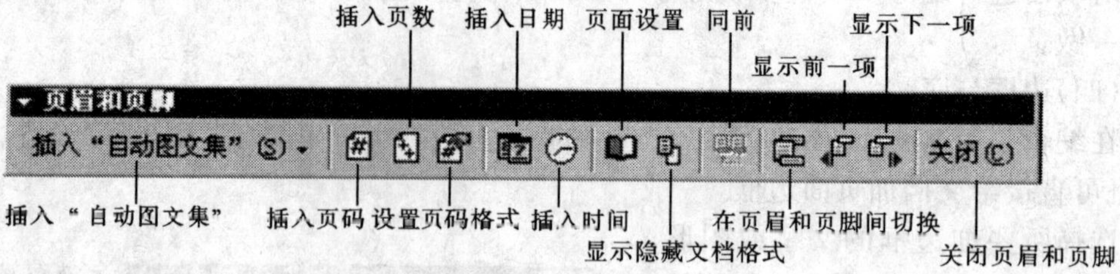

图 3－14 “页眉和页脚”工具栏

脚插入页码，也可以打开工具栏上的“插入自动图文集”下拉列表，选择不同格式的页码插入。还可以编辑插入页码的格式，单击菜单“插入→页码”命令，这时将弹出“页码”对话框。在“页码”对话框中，可以设置页码的位置和对齐方式。另外单击“格式”按钮，会弹出“页码格式”对话框，通过它可以编辑页码的数字格式，是否包含章节号以及页码起始方式等属性。

五、文档的打印

经过不断的修改和编辑，总算可以制作出令自己满意的文本了。现在还有最后一道工序没有完成，那就是把文档打印出来。因为不经过打印，文本始终只能在计算机上阅读。只有拿到白纸黑字的文本，才便于携带、传阅和供上级审批。

(一)打印预览

Word 2000 中文版有一个非常好的特点就是“所见即所得”，文本在屏幕上的显示效果和打印效果完全相同。这一点对于文档的修改、修饰和美化的意义非常大，利用这个特点就可以在屏幕上预览文本打印后的效果，以决定是否还需要修改和修饰。那么，怎样才能进入到打印预览窗口呢？可按以下步骤进行。

单击菜单“文件→打印预览”命令，或直接单击常用工具栏上的打印预览命令按钮“”，即可在打印预览窗口中看到文档的实际打印效果。如果所打印的文档不止一页时，可以单击滚动条上下拖动进行查看。打印预览工具栏上各命令按钮的功能作用如图 3－15 所示。

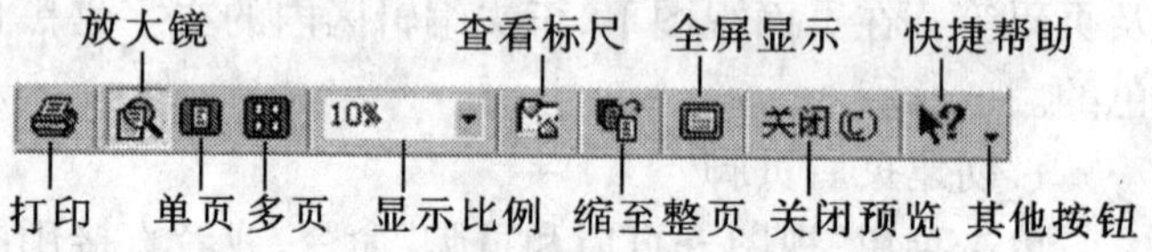

图 3－15 “打印”预览工具栏

(二)打印设置

经打印预览后，如对文档打印效果满意，就可以打印文档了。打印文档时需要进一步设定打印输出参数，具体步骤为单击菜单“文件→打印”命令，进入打印对话框，可以对打印机、页面范围、打印文件份数、打印内容等参数进行设置。单击“选项”按钮，在弹出的选项对话框中可以设置打印选项、打印文档的附加信息、双面打印等。单击“属性”按钮，在属性对话框中，可以对页面设置、质量、完成选项卡中的参数进行相应设置。

单击常用工具栏上的打印命令按钮“”可不进行参数设置，直接打印输出。

第三节 表格处理

表格是一种简洁有效地将一组相关的数据组织在一起的文档信息组织方式。它具有清晰直观、信息量大的特点，在人事管理、财务管理、科学研究和商业领域的文档和报表中有着广泛的应用。

一、创建表格

(一)自动制表

1.将插入点移至要建立表格的位置上。

2.选择菜单“表格→插入→表格”，出现“插入表格”对话框。

3.在“行数”和“列数”文本框中输入或选择表格的行数和列数。

4.在“固定列宽”文本框中可选择“自动”，也可输入列宽数据。如果选择“自动”，Word 2000将根据纸张的左右页边距建立相等列宽的表格。

在“插入表格”对话框中，如果单击“自动套用格式”按钮，出现“表格自动套用格式”对话框，其中列出Word 2000提供的多种表格格式，从“格式”列表框中选择一种，在预览框中可看到选择的表格效果。

5.单击“确定”按钮，生成指定的表格框架。

建立了表格框架后，便可以向表格中输入数据了。要向某一单元格输入数据，首先将光标移到该单元格。

另外可直接单击常用工具栏上的“插入表格”按钮，在表格图框中拖动鼠标，选定表格的行数和列数，释放鼠标后，即可在指定位置生成表格框架。

(二)手动绘制表格

手动制表的操作步骤是将插入点移至要建立表格的位置上，单击菜单“表格→绘制表格”命令或单击常用工具栏上的“绘制表格”按钮，将弹出“表格和边框”工具栏，此时鼠标指针在文本窗口会显示铅笔形状，在需要插入表格的位置按下鼠标左键向右下方拖动鼠标，直到适当位置后再放开，这时就可以得到一个表格的外框，用户可以继续根据自己的需要绘制其他表格线。“表格和边框”工具栏功能齐全，使用方便，如图3-16所示。

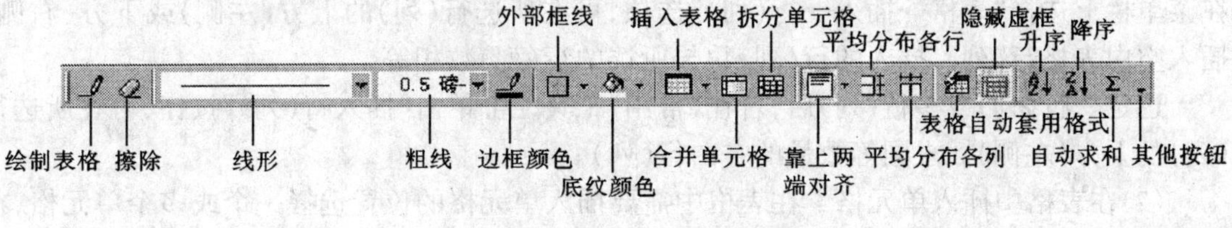

图3-16 “表格和边框”对话框

二、编辑表格

(一)表格中移动插入点

在表格中输入文字和数据时，必须使插入点在表格的各个单元内移动。可以用鼠标指向某个单元格，然后再按下鼠标左键将插入点移动到该单元格中，也可以使用键盘在表格中移动插入点。除了熟悉的上下左右方向键以外，Word 2000 中文版中还规定了一些使插入点在表格中快速移动的组合按键。

Tab　将插入点移动到下一个(右边)单元格。若插入点已经在该行的最后一格，则移动到下一行的第一格。若插入点已在最后一行的最后一格，按此键将会在表格的最后再增加一行。

Shift + Tab　插入点将移动到上一个单元格。若插入点已经在该行的第一格，则移动到上一行的最后一格。

Alt + Home　插入点移到本行的第一个单元格。

Alt + End　插入点移到本行的最后一个单元格。

Alt + Page Up　插入点移到本列的第一个单元格。

Alt + Page Down　插入点移到本列的最后一个单元格。

(二)行、列表格的选定

单击菜单"表格→选定"，可进行单元格、行、列甚至整个表格的选定。用户还可以直接用鼠标或键盘选定表格。在 Word 2000 中文版中，行、列和单元格的选定方法与选定文本的方法相似，而且还多了几种额外的快捷方法：单击表格左上角的符号，即可全部选中整个表格；当鼠标位于表格左(上)边框线偏外一点的位置时，鼠标会变成一个向右(向下)的空心(黑色加粗)箭头，此时单击左键即可选中这一行(列)，按住左键并拖动鼠标可选中多行(列)；当鼠标位于表格内各个单元格左边框附近时，鼠标会变成一个斜向右上方的黑色加粗箭头，此时单击左键即可选中这一单元格。

(三)输入和删除表格内容

在表格中可以输入各种文本、数据或图形，甚至还可以嵌套表格。基本的编辑方法与在文档中一样，也有删除、剪切、复制、粘贴等操作。当表格项目的内容到达单元格的行尾时，Word 会自动换行；当表格项目的内容占满整个单元格时，Word 会改变表格这一行的高度。清除表格行或列中的内容，可以选择相应的行或列后按 Del 键，或在菜单栏上选择"编辑→清除"选项。

(四)插入、删除行、列和单元格

1.表格中的插入操作

(1)在表格中插入行(列)　在表格中需要插入行(列)的位置选择一行(列)或多行(列)，在菜单栏上选择"表格→插入→行(列)"选项，可在所选行(列)的上方(左侧)或下方(右侧)插入空白表格行(列)，插入的行(列)数与所选的行(列)数相等。

选定一行(列)或多行(列)后，若在"常用"工具栏上单击"插入行(列)"按钮，可在所选行(列)的上方(左侧)插入同等数量的空白行(列)。

(2)在表格中插入单元格　在表格中需要插入单元格的位置选择一个或多个单元格，在菜单栏选择"表格→插入→单元格"选项，在对话框中选择符合要求的选项，单击"确定"按钮。

2.表格中的删除操作

(1)删除表格中的行或列　先选择要删除的行或列，然后选择以下操作之一：在菜单栏上选择"表格→删除行(或"列")"选项；或在菜单栏上选择"编辑→剪切"选项；或在"常用"工具栏上单击"剪切"按钮。

(2)删除单元格　先选定需要删除的单元格,在菜单栏上选择"表格→删除→单元格"选项,在对话框中选择符合要求的选项,单击"确定"按钮。

(3)删除表格　把光标放在需要删除的表格中任意位置,在菜单栏上选择"表格→删除→表格"选项。选定整个表格,在"常用"工具栏上单击"剪切"按钮,也可删除表格。

(五)单元格及表格的拆分与合并

1.合并单元格

选定欲合并的单元格,在菜单栏上选择"表格→合并单元格"选项,或在"表格和边框"工具栏上单击"合并单元格"按钮。合并单元格时,系统把合并前各单元格中的内容转换为合并后单元格中的段落。

2.拆分单元格

将插入点置于要拆分的单元格中;在菜单栏上选择"表格→拆分单元格"选项,或在"表格和边框"工具栏上单击"拆分单元格"按钮;在弹出的对话框中输入单元格拆分的列数和行数,单击"确定"按钮。如果拆分前单元格中只有一个段落标记,拆分后原单元格中的内容保留在第一个单元格中;若拆分前单元格中有多个段落,拆分后的单元格中平均分配这些段落。

3.拆分合并表格

把插入点移到将要作为新表格的第一行中,在菜单栏上选择"表格→拆分表格"选项,可把表格在插入点处拆为上下两部分,两个表格之间是一个段落标记。若删除该段落标记,则撤消拆分操作,两个表格又合并为一个。

(六)调整行高与列宽

1."表格属性"调整

单击菜单"表格→表格属性",弹出表格属性对话框。在对话框中的"行"、"列"选项卡中用户可以精确设置行高和列宽。

2.自动调整

单击菜单"表格→自动调整",弹出一个级联菜单,选择相应选项对表格进行调整。也可以单击"表格与边框"工具栏上"插入表格"列表按钮选择选项进行调整,或单击"平均分布各列"按钮或"平均分布各行"按钮进行调整。

3.利用鼠标拖动设置

将鼠标指针移到标尺上"移动表格行列"标记处,或将鼠标指针移到行列边框上,鼠标指针变为双向箭头形状时按下鼠标左键;当显示一条点划线时,向上、下或左、右拖动鼠标,即可方便地改变行高或列宽。

(七)绘制斜线表头

Word 2000 中文版新增了在各种表格左上角的单元格设置斜线表头的功能。选定表格或将光标置于表格中,单击菜单"表格→绘制斜线表头"命令,即可在"插入斜线表头"对话框中设置各种表头的样式和表头行、列标题。

三、表格与文本的转换

Word 提供将文本转换为表格的功能。为使转换的结果符合要求,文本中应设置正确的分隔符,以便转换时将文本依次放入不同的单元格中。这些分隔符可以是段落标记(↵)、制表符(→)、英文逗号(,)、空格符或由用户指定的其他符号。其中制表符和空格符是分别按 Tab 键和空格键产生的。单击“常用”工具栏上的“显示/隐藏”按钮,可显示或隐藏上述非打印字符。

将文本转换为表格的方法:删除文本范围内的分页符,选取要转换为表格的文本;在菜单栏上选择“表格→转换→文字转换成表格”选项,弹出“将文字转换成表格”对话框;设置列数、列宽和文本分隔符,或对表格设置预定义格式;单击“确定”按钮。

如果在对话框中选择制表符、逗号、空格或其他符号作分隔符,系统按指定符号创建表格的列,按文本中的段落标记创建表格的行。除了被选择的分隔符和段落标记外,其余符号都将被当作文本放在单元格中。如果选择段落标记作分隔符,生成表格的默认列数为 1,则其余符号都被当作文本;若在“列数”框中选择“1”以外的数,生成的表格除第 1 列外,其余都将是空列。

同样,如果要将一个表格转换为文本,应先选定该表格,然后在菜单栏上选择“表格→转换→将表格转换为文字”选项,在“将表格转换为文字”对话框中选择分隔符即可。

四、表格数据计算和排序

(一)表格数据计算

Word 2000 中文版虽然是文字处理软件,但也提供了计算表格中数据的功能。它可以对表格中的数据进行加、减、乘、除、求和、求最大最小值、求平均值等运算。

在计算时规定表格中的列用英文大写字母 A,B,C,D…表示,行用阿拉伯数字 1,2,3,4…表示,单元格即可表示为 A1,B1,B2 等。

表格计算中公式表达式的一般形式为

= 函数名(参数 1,参数 2,参数 3,参数 4…)

其中,用逗号分隔的参数表示单个参数,例如参数 1、参数 2;用冒号分隔表示范围,例如参数 3:参数 4 表示范围是从参数 3 到参数 4。注意公式中的等号、括号、逗号、冒号等符号必须使用英文符号,否则系统将提示出错。

操作实例 用公式求出表 3-6 中的平均分。

操作步骤 把光标插入到表的单元格 F2 中,单击菜单“表格→公式”,在弹出的对话框中的“粘贴函数”列表框中选择 AVERAGE,或在“公式”文本框中输入“=AVERAGE( )”,然后在公式的括号中输入“B2:E2”,单击“确定”,F2 中就显示出平均分。用同样的方式求出其他平均分。

表 3-6 成 绩 表

科目 成绩 姓名	数学	语文	英语	计算机	平均分
陈明	80	79	93	90	
王平	76	92	85	91	
李丽	93	69	80	89	
赵丹	76	87	87	90	
孙红	87	90	90	78	

(二)表格排序

在 Word 2000 中文版中,可以对表格项目内容按设定的方式和规则进行排序。在“排序”对话框中,用户可以设置三个优先级不同的排序项目以及它们各自的排序类型和方向(递增或递减)。

操作实例 把“平均分”降序作为一级排序依据,把“计算机”升序作为二级排序依据,对表 3-6 进行排序。

操作步骤　把光标插入到表格任意位置，单击菜单“表格→排序”，在弹出的“排序文字”对话框中，在“排序依据”下拉列表框中选择“平均分”，并选中“递增”；在接着的“然后依据”下拉列表框中选择“计算机”，并选中“递减”，单击“确定”，完成排序。

五、图表生成

虽然数据表格有简洁、清晰的特点，但是当数据量太大时，人们则往往很难从数据表中迅速地抓住数据所反映的规律或要点，而图表则比表格中罗列的数据更加生动和易于理解，因此在生产、办公、商业和科研领域，人们常常利用图表反映生产进度、人事资料、产品销售情况、实验数据统计等统计信息。

在 Word 2000 中生成图表的具体操作是选中要生成图表的表格，单击菜单“插入→对象”，选择“新建”选项卡，在“对象类型”列表框中单击“Microsoft Graph 2000 图表”，再单击“确定”，系统将自动运行图表生成程序，并根据所选择的表格生成缺省图表类型为直方图的图表，同时打开该图表的数据表，用户可在此基础上选择其他图表类型、修改数据格式或修饰图表，完成图表的修改工作后，单击刚刚插入图表的应用程序的文档窗口，可退出图表程序，返回文本处理窗口，生成的图表就插入到表格的下方。

第四节　图 文 处 理

在 Word 2000 中文版中，可以通过多种途径在 Word 文档中插入、绘制各种图像，建立图文并茂的文档。

一、绘制图形

(一)绘图工具

Word 2000 提供了专用的绘图工具，用户在页面视图模式(Web 模式)下，可以直接在页面上作图。单击菜单“视图→工具栏→绘图”命令，或单击“常用”工具栏上的“绘图”快捷按钮，即可弹出“绘图”工具栏。“绘图”工具栏上主要按钮功能如图 3－17 所示。

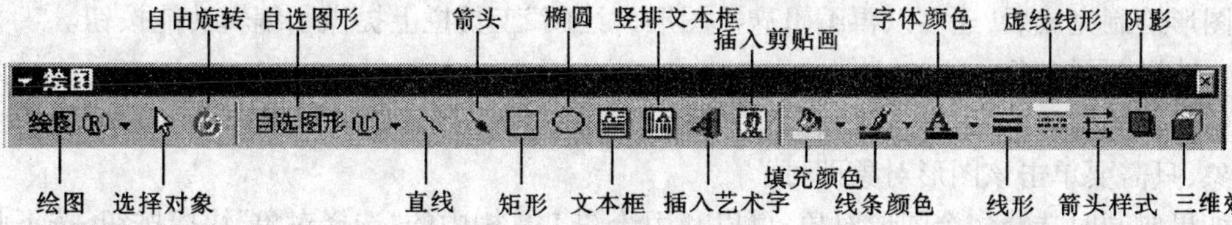

图 3－17　“绘图”工具栏

(二)绘制图形

1.绘制简单图形

利用“绘图”工具栏上的直线、箭头、矩形、椭圆快捷按钮可以绘制相应的直线、箭头、矩形、椭圆。这些按钮的使用方法基本相同，其绘图步骤具体如下。

选择所需的工具，将鼠标指针移动到绘图区，鼠标指针变成一个十字形状，然后按住鼠标左键不放沿对角线进行拖动，便会从出发位置自动生成所画图形。达到目的位置后，再释放鼠标左键，即生成相应的图形。

在上面的绘制过程中，需要说明的有以下几点：

(1)若在绘制直线时按住“Shift”键，则直线的角度在水平，垂直，30°，45°，60°这几种方向情况下进行变化；

(2)如果在绘制矩形时，按住“Shift”键，则绘出的图形是正方形；

(3)如果在绘制椭圆时，按住“Shift”键，则绘出的图形是正圆。

通过“绘图”工具栏上的“线条颜色”、“线宽”和“线型”快捷按钮，则可以分别设置被选择图形的线条颜色 、线宽和线型。

2.绘制自选图形

当要绘制比较复杂的图形时，使用上面这些绘图工具既麻烦又费事。Word 2000 提供了平时常用的图形模型。

绘制自选图形的操作步骤是：单击绘图工具栏上的“自选图形”命令按钮，弹出下拉菜单，再单击相应的自选图形。然后再将鼠标指针移动到工作区按住左键进行拖动，画出相应的自选图形。

Word 2000 提供了线条、基本形状、箭头总汇、流程图、星与旗帜、标注、其他自选图形七大类自选图形。

3.插入文本框

文本框是文档中包含图形、表格、文字等任何文本的局部文档，它打破了规则排版的局限。通过改变文本框的大小、文本框与周围文字的关系以及文本框的位置等，可以将文本框固定在页面上任何位置，甚至在页边距外，以满足复杂的版面要求。

单击“插入→文本框”命令，选择横排或竖排，或直接单击“绘图”工具栏上的“横排”或“竖排”按钮，鼠标指针变成一个十字形状，再将鼠标指针移动到工作区按住左键进行拖动，画出相应的文本框。文本框中的文本编辑除了不能再在其中插入文本框以外，可以使用一般文档编辑的所有方法。单击菜单“格式→文本框”命令，弹出设置文本格式对话框，通过该对话框可以对文本框的格式进行设置。

(三)图形编辑

图形绘制完成后，还可以再编辑这些图形，“绘图”工具栏上提供了编辑功能按钮。

1.选择图形对象

编辑图形对象前必须先选择它。一般使用鼠标选择图形，如果需要选择一个单独的图形对象，只需要单击该图形对象即可。

如果要同时选择多个图形对象，可以利用绘图工具栏中的“选择对象”快捷按钮，按下此按钮后，鼠标指针将变成一个斜向左上角的白色箭头，这时就可以选择图形了，从要选择图形对象外围的左上角开始，单击并拖动一个虚框将所要选择的对象全部包围起来，松开鼠标左键，此时之前被虚框包围的所有图形对象就被全部选中。也可以按住 Shift 键再单击要选择的各个图形。

当图形对象被选择后，在对象周围将出现一些白色的小方框，称之为对象句柄。当鼠标落在这些对象句柄上时，就会变为一个小双箭头形状，表示此时可以按箭头所指的方向拖动鼠标以改变图形的大小。当鼠标落在图形对象的边框附近时，鼠标将变成十字形状，表明此时可以通过拖动鼠标移动该图形。

2.旋转和翻转图形对象

绘图工具栏提供了对所选择图形进行旋转和翻转的操作功能。

选择图形对象,单击“绘图”工具栏中的“自由旋转”快捷按钮之后，在被选择的图形对象的四周出现四个绿色的圆点(对象旋转句柄),拖动这些句柄即可使图形绕着图形的中点进行任意角度的旋转。

单击“绘图”工具栏中“绘图菜单→旋转或翻转”命令,出现旋转和翻转图形菜单,用户可根据需要进行选择操作。

3.组合图形对象

Word 2000 允许用户将几个独立的对象组合成一个对象进行处理,这样在某些场合会更利于编辑操作,如图形的移动或整体按比例缩放等。同时它还允许用户将组合在一起的图形对象再重新取消组合,还原成原来的多个独立对象。

选定操作对象,单击“绘图”工具栏中“绘图菜单”中的“组合”或“取消组合”命令即可;或单击鼠标右键,在出现的菜单中“组合”选项下进行具体操作。

4.修饰图形

(1)在图形中添加标注　添加一个标注非常简单,单击“绘图”工具栏上的“自选图形→标注”,在“标注”面板上选定某种样式的标注后,先用鼠标单击图形中需要标注的位置,然后拖动鼠标定义标注框的大小,松开鼠标左键,此时就会出现一个内容为空的标注框,就可以在标注中输入文字或者插入图片图形,其操作与文本框一样。标注的对象特征句柄就是标注点,拖动它可以移动标注点。

(2)设置阴影、三维效果　设置阴影可以增加图形的立体感。设置三维效果可以方便地将平面图形转换成立体图形。“绘图”工具栏中的“阴影”快捷按钮、“三维效果”快捷按钮可设置各种不同的效果。

(3)图形对象的风格　Word 图形对象的风格主要是指构成图形的线条粗细、线型、颜色属性以及图形的填充色等。菜单“格式→自选图形”或“绘图”工具栏中的“填充颜色 ”、“线条颜色 ”、“字体颜色 ”快捷按钮,可以完成对图形对象的风格设置。

二、图片处理

在 Word 2000 文档内容编辑中,如果要对图片进行设置,首先要插入图片。图片来自两处,一是来自 Word 应用程序软件本身所提供的图片剪辑库;二是来自计算机中的一些图片文件。

插入剪贴画操作步骤:单击“插入→图片→剪贴画”,弹出“插入剪贴画窗口”,在图片选项卡中,单击所需图片类型以选择所需图片,单击“插入”按钮,即可将所要的图片插入到文档中光标所在处。

插入图片文件与插入剪贴画的操作几乎一样,只是在插入图片文件时,需要到计算机资源中寻找所需的图片文件。

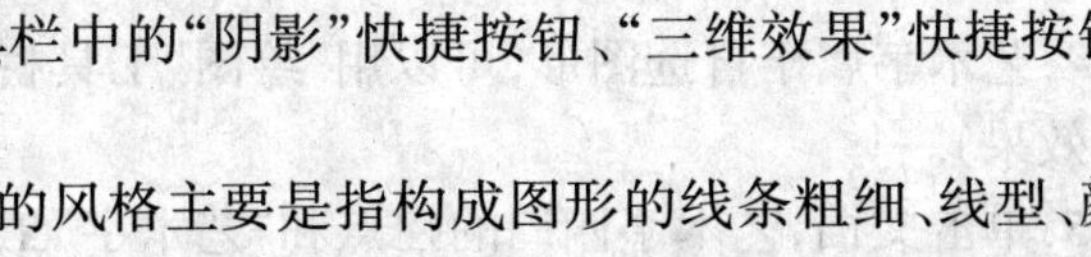

图 3-18　“图片”工具栏

当图片插入到文档中时,同时也显示出图片的工具栏,其工具栏中各个按钮的功能如图 3 – 18 所示。在工具栏中可以对图片的亮度、透明度进行设置，可以裁剪图片，还可以对图片的格式、文字环绕方式等进行设置。

三、插入艺术字

在 Word 2000 中，艺术字也是一种自选图形，因此在文档中插入艺术字和对艺术字进行编辑的操作具有编辑自选图形的许多特点，并且兼有文字编辑的内容。在文档中插入艺术字的操作方法如下。

1.在菜单栏上选择“插入→图片→艺术字”选项(或在“绘图”工具栏上单击“插入艺术字”按钮)，弹出“‘艺术字’库”对话框。

2.选择一种样式，单击“确定”按钮，打开“编辑‘艺术字’文字”对话框。

3.在“文字”框中输入要插入的文字，然后为文字设置字体、字号和字型，再单击“确定”按钮；文档将按照所选样式和内容在光标处显示艺术字，同时打开“艺术字”工具栏，如图 3 – 19 所示。可用“艺术字”工具栏上的按钮把艺术字修饰成满足要求的样式。

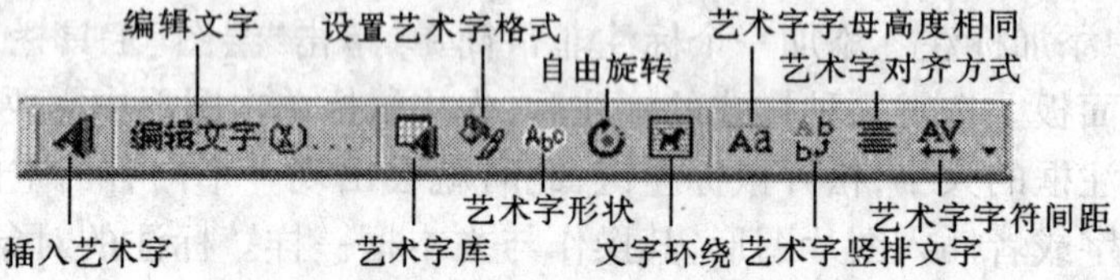

图 3 – 19 “艺术字”对话框

4.艺术字属于自选图形，可以用“绘图”工具栏改变艺术字的颜色、线型及三维效果(或阴影效果)。

5.单击文档，艺术字四周的控点和“艺术字”工具栏消失，完成插入艺术字的操作。

若需要再次编辑艺术字，只需单击艺术字，使之四周出现空点，同时自动打开“艺术字”工具栏。

第五节 Word 2000 的其他功能

一、模板与样式

在编排文档时，如果在整个文档输入完成后，再对一段一段的文字进行字体设置，并对一个一个的段落进行段落设置，将是一件十分繁琐的工作，而且不易保持前后统一。特别是当文档非常大时，其工作量更显突出。这就要求实现文档的自动排版。

要实现自动排版，主要是依靠样式和模板，也就是说，样式和模板是系统实现自动排版的范本。其中样式的建立离不开字体设置和段落设置，而模板的建立又离不开文档的建立。

(一)样式

样式是一组存储起来的格式指令。它规定的是一个段落的总体格式，包括段落中的字体格式、段落格式以及后续段落的格式等。应用样式的方法有以下两种。

1.在开始一个段落时，先应用所需要的样式。

2.在一个段落编辑完成后，选中该段落，然后应用相应的样式。

在菜单"格式→样式"选项下,可以实现对选定的段落应用样式。用格式工具栏中"样式"列表框 正文 ,可以快速实现对选定的段落应用样式。

(二)模板

其实从模板这个词的字面意义上,用户就可以很容易理解它的功能。文档模板是一种特殊的文档,它包含有某一类文档所共有的初始信息,如简历模板就包含有填写简历的表格、简历的页脚等简历文档所特有的一些格式、对象甚至操作命令。当给某个文档套用某种模板时,或者在新建或打开基于某种模板的文档时,该模板的这些内容就会自动地添加到文档中。可以说,在文档中引用模板就相当于让 Word 2000 中文版自动地将这个模板中所包含的信息快速添加到文档中,这样就可以大大提高文档的编辑效率。应用模板的具体操作步骤如下。

单击菜单"文件→新建"命令,弹出新建对话框。每个标签的模板类型中都提供了提前设计好的模板,用户可利用这些模板快速创建文档。选择标签后,再选择相应的模板,单击"确定"按钮,所选的模板就应用到新的文档中。

二、自动图文集

自动图文集是 Word 2000 中文版为方便输入各种常用的文本、表格和图形对象而准备的图文集合,通过引用自动图文集中的词条可快速在文档中添加一些常用的文本、表格和图形。自动图文集使用起来非常方便,而且用户还可以定义自己的自动图文集内容。

三、邮件合并与宏

(一)邮件合并

利用"邮件合并"功能可以合并文档,最常用的场合是建立具有各种不同风格的套用信函、信封和邮件标签。

创建套用信函、信封和邮件标签必须合并主文档和数据源。主文档包括文本和其他内容。这些内容在套用信函、信封或邮件标签的各个版本中都是相同的,用户可以用已有的文档(信函、信封或邮件标签)作为主文档,也可以创建新的主文档。数据源包括所合并文档的各个版本之间互不相同的信息,如收件人的姓名、地址等,用户可以打开已有的数据源,也可用 Word、Excel 或 Access 创建新的数据源。

完成邮件合并的步骤可以分为三步:一是建立主文档;二是建立或打开数据源;三是合并主文档与数据源。

操作实例 制作下述内容的套用信函

为表 3-7 中考生发一份录取通知书,录取通知书格式如下:

录取通知书

×××同学:

你被渤海船舶职业学院×××系×××专业正式录取,请于 06 年 09 月 01 日到 03 日持本录取通知书到校报到。

渤海船舶职业学院

06 年 08 月 01 日

分析 套用信函要先建立两个文档,一个是主文档,用于存放对所有文件都相同的内容,在本例中即录取通知书的内容;另一个是数据源文档,用于存放信函中的变动文本内容,本例中即表中内容。

表 3-7 学生信息表

姓名	系别	专业
陈明	一系	一专业
王平	二系	一专业
李丽	三系	二专业
赵丹	六系	一专业
孙红	六系	二专业

1.创建主文档

(1)打开空文档。单击菜单"工具→邮件合并"命令,弹出"邮件合并帮助器"对话框。

(2)单击对话框中的"创建"按钮,并在下拉菜单中选择"套用信函"命令,在随之出现的信息框中,单击"活动窗口"按钮,即把当前窗口中的文档(已创建的或准备创建的文档)作为创建套用信函的主文档,返回"邮件合并帮助器"对话框时,"创建"按钮下显示将要执行的合并类型(套用信函)和主文档名(文档 1 或文档 2…)。

(3)单击"主文档"下的"编辑"按钮,并在下拉列表中选择"套用信函:文档 1",返回文档窗口,文档窗口中出现"邮件合并"工具栏,如图 3-20 所示。

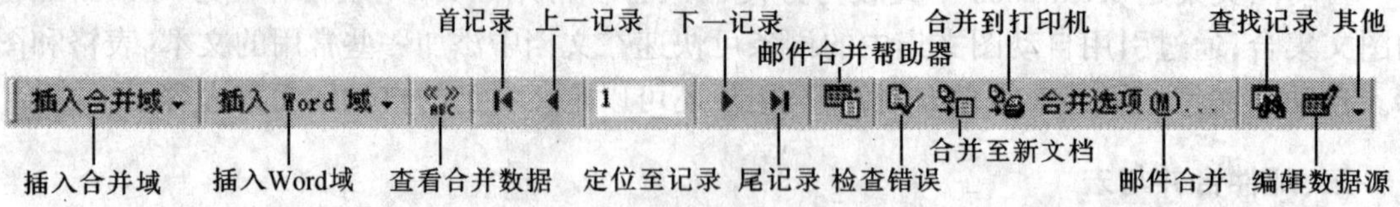

图 3-20 "邮件合并"工具栏

(4)在文档窗口中输入主文档。

2.创建一个数据源

(1)单击菜单"工具→邮件合并"命令(或在"邮件合并"工具栏上单击"邮件合并"按钮),弹出"邮件合并帮助器"对话框。

(2)单击"邮件合并帮助器"对话框中数据源下的"获取数据"按钮,并在弹出的下拉菜单中选取"建立数据源"命令。打开"创建数据源"对话框。

(3)在"创建数据源"对话框的"域名行中的域名"列表框中把不需要的域名删除,添加本例中的姓名、系别、专业域名,然后单击"确定"按钮。在弹出"另存为"对话框中输入新文档名"录取人员名单",单击"保存"按钮。

(4)单击"编辑数据源"按钮,弹出"数据表单"对话框,在其中输入五条记录。单击"确定"按钮,返回主文档。

3.进一步完成主文档

要使数据源中的数据能插入到主文档的指定位置,应先将"合并域"插入主文档。插入合并域的方法:将插入点定位在主文档中需要插入合并域的位置,在"邮件合并"工具栏上单击"插入合并域"按钮,然后选择域名。

4.合并主文档与数据源

单击"邮件合并"工具栏中的"合并选项…"按钮,打开"合并"对话框,在"合并到"下拉选项中选择"新建文档"并单击"合并"按钮即可。

(二)宏

如果需要在 Word 中反复进行某项工作,可以利用“宏”来自动完成这项工作。“宏”是一系列组合在一起的 Word 命令和指令,它们形成了一个命令,以实现任务执行的自动化。可以创建并执行宏,以替代人工进行的一系列费时而单调的重复性 Word 操作,自动完成所需任务。

要想使用宏,必须先录制宏。宏录制好了之后就可以运行宏了。

操作实例 录制宏,内容为在文档中创建一个 4 行 3 列的表格,并在表格第一行中输入 1,2,3,然后运行宏。

1.单击菜单“工具→宏→录制新宏”命令。打开“录制宏”对话框。

2.在对话框中“宏名”下的文本框中输入宏名为“表格”,单击“确定”按钮,此时屏幕上会出现停止录制宏按钮。

3.单击菜单“表格→插入→表格”命令,插入 4 行 3 列的一个表格,并在表格第一行中填写序号 1,2,3。

4.单击“停止录制宏”按钮。

5.将光标移到文档插入表格处,单击菜单“工具→宏→宏”命令,打开“宏”对话框。

6.在对话框中“宏名”下的文本框中输入要运行的宏名“表格”,单击“运行”按钮。

习　题

一、选择题

1.Microsoft Word 是专门用于处理________的软件。

A.文字　　B.表格　　C.图片　　D.软件工具

2.Word 2000 中用于设置对齐方式的按钮位于________工具栏上。

A.格式　　B.常用　　C.符号栏　　D.绘图

3.如果要将选定的文字复制到其他位置,可以在按住________键的同时,拖动文字至目标位置。

A.Shift　　B.Tab　　C.Ctrl　　D.Alt

4.退出 Word 2000 的快捷键是________。

A.Ctrl + F4　　B.Shift + F4　　C.Tab + F4　　D.Alt + F4

5.要为文档添加页眉和页脚,则执行________菜单中的“页眉和页脚”命令。

A.编辑　　B.视图　　C.插入　　D.工具

6.要想将插入点移到文档的开头,应按________组合键。

A.Ctrl + Home　　B.Ctrl + End

C.Ctrl + Page Up　　D.Ctrl + Page Down

7.利用鼠标选定整个段落的操作方法是________该段落。

A.单击　　B.双击　　C.三击　　D.同时单击鼠标左右键

8.假如当前打开了多个 Word 文档,要在各个文档之间进行切换,应按________________组合键。

A.Ctrl + Shift　　B.Ctrl + Tab　　C.Alt + Tab　　D.Shift + Tab

9.如果要插入表格,可单击工具栏上的________按钮,

A. 　　B. 　　C. 　　D. 

10.复制文本的快捷键是________。

A.Ctrl + A　　B.Ctrl + C　　C.Ctrl + S　　D.Ctrl + V

11.粘贴文本的快捷键是________。

A.Ctrl + A　　B.Ctrl + C　　C.Ctrl + S　　D.Ctrl + V

12.下面几项中________项是向右选定一个字符的快捷键。

A.Shift + ←　　B.Shift + End　　C.Shift + →　　D.Ctrl + Shift + →

13.下面几项中________不是页面设置中的一项。

A.页边距设置　　B.缩进方式设置　　C.纸张设置　　D.版式设置

14.在 Word 2000 中,________不属于设置段落的格式。

A.对齐方式　　B.字体设置　　C.间距设置　　D.缩进设置

15.Word 文档使用的缺省扩展名为________。

A..txt　　B..doc　　C..wps　　D..xls

16.下列操作中,不能启动 Word 的是________。

A.在“我的电脑”或“资源管理器”窗口中双击一个扩展名为.doc 的文件

B.在系统菜单中单击“运行”命令项并在其对话框中指定一个扩展名为.doc 的文件后单击“确定”按钮

C.在系统菜单中单击“程序”命令项并在其下属的程序名列表中单击“Microsoft Word”

D.在系统菜单中单击“文档”命令项并在其下属的文档清单中单击任意一个文档名

17.结束 Word 的工作,不能采用的方法是________。

A.用鼠标左键双击窗口左上角的小图标

B.用鼠标左键单击“文件”菜单中的“退出”命令

C.用鼠标左键单击窗口右上角一个标有短横线的按钮

D.用鼠标左键单击窗口右上角一个标有“×”的按钮

18.打开一个 Word 文档通常是指________。

A.为指定文件开设一个空的文档窗口

B.把文档的内容从内存中读入,并显示出来

C.把文档的内容从磁盘调入内存,并显示出来

D.显示并打印出指定文档的内容

19.在文档窗口中显示被编辑文档的同时,能显示页码、页眉、页脚的显示方式是________。

A.普通方式　　B.大纲方式　　C.页面方式　　D.联机版式方式

20.在“资源管理器”窗口中双击一个扩展名为.doc 的文件,将________。

A.在屏幕上显示该文件的内容　　B.在打印机上打印该文件的内容

C.打开“写字板”程序窗口,编辑该文件　　D.打开 Word 程序窗口,编辑文件

21.创建一个新文档后,这个新文档____________。

A.没有文件名　　B.让用户通过对话框指定文件名

C.自动命名为“文档 1”、“文档 2”等　　D.自动命名为“WORD”

二、操作题

1.建立一个Word文档,文档名为“春”,并在文档中录入下列内容。录入后对文本按如下要求进行设置。

(1)文档页面设置成“A4纸张”,页边距上、下、左、右都为3.5 cm。

(2)把标题“春”设置成一号字,并加粗、居中。

(3)把第一段设为“无特殊格式”,第一个字“盼”设为首字下沉2行。

(4)把第三段的文字加上着重号,底纹的图案样式20%。

(5)把第四段设为1.5倍行距,文字效果设置成礼花绽放。

(6)插入页眉“朱自清·春”,居中。

(7)把全文中的“树”替换为黑体字、小四号字字体。

(8)插入艺术字“春天的脚步近了”,华文行楷、36号字、斜体、倾斜角度、紧密型环绕。

(9)插入文本框,添加文字“春”,并设置四周环绕、三维样式11。

春

盼望着,盼望着,东风来了,春天脚步近了。

一切都像刚睡醒的样子,欣欣然张开了眼。山朗润起来了,水涨起来了,太阳的脸红起来了。

小草偷偷地从土里钻出来,嫩嫩的,绿绿的。园子里,田野里,瞧去一大片一大片满是的。坐着,躺着,打两个滚,踢几脚球,赛几趟跑,捉几回迷藏。风轻悄悄的,草软绵绵的。

桃树、杏树、梨树,你不让我,我不让你,都开满了花赶趟儿。红的像火,粉的像霞,白的像雪。花里带着甜味儿;闭了眼,树上仿佛已经满是桃儿、杏儿、梨儿。花下成千成百的蜜蜂嗡嗡地闹着,大小的蝴蝶飞来飞去。野花遍地是:杂样儿,有名字的,没名字的,散在草丛里像眼睛,像星星,还眨呀眨的。

2.创建一张名为“课程表”的表格,要求如下。

(1)表格外边框:双线条0.75磅;里边框:单线条,0.5磅。

(2)文字“课程表”居中,华文彩云,二号。

(3)表中文字居中,宋体,五号。

课 程 表

课程 星期 / 节次	星期一	星期二	星期三	星期四	星期五
1、2节	数学	语文	英语	数学	英语
3、4节	化学	物理	化学	语文	物理
午休					
5、6节	英语	数学	数学	物理	化学
7、8节	自习	自习	自习	自习	劳动

第四章 中文 Excel 2000

主要内容 介绍了中文 Excel 2000 的基本概念、基本功能和经常使用到的操作方法，包括工作簿的创建、工作表的基本编辑方法、工作表的格式设置、工作表中函数和表达式的应用等。

重点掌握 工作表的编辑方法、公式和函数。

第一节 Excel 2000 的介绍

Excel 2000 具有强大的计算能力，能方便地制作表格、图表，能与外界交换数据，还具备数据库的部分功能，如排序、检索和分类汇总等。

一、Excel 2000 的启动与退出

(一)启动 Excel

1. 如果桌面上有快捷图标，则双击该图标，即可启动 Excel 2000。

2. 如果桌面上没有快捷图标，则单击“开始→程序→Microsoft Excel”菜单项，即可启动 Excel 2000，如图 4－1 所示。

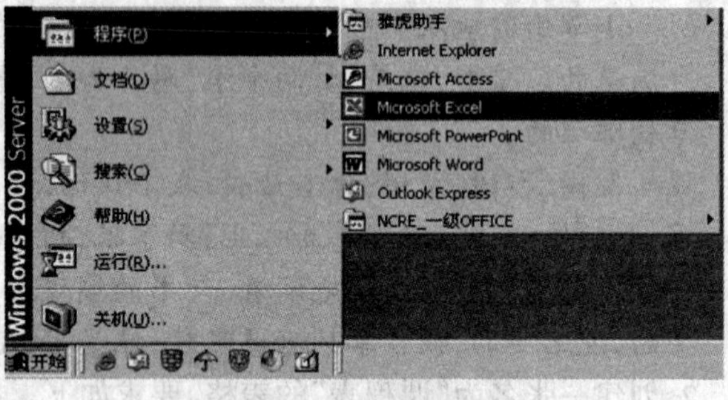

图 4－1 开始菜单启动

(二)退出 Excel

1. 单击 Excel 2000 界面右上角的“关闭”按钮×。

2. 当 Excel 2000 工作窗口处于激活状态时，按下 Alt + F4 键，即可退出。

3. 在 Excel 2000 工作窗口的菜单栏中点击“文件→退出”菜单项，即可退出。

二、Excel 2000 工作界面的组成

刚刚启动的 Excel 2000 工作界面由标题栏、菜单栏、工具栏和工作区等几个部分组成，如图 4－2 所示。

(一) 标题栏

标题栏显示当前工作的应用程序(Microsoft Excel)和当前的工作簿(Book1.xls)，其中 .xls 是 Excel 文件的扩展名。

(二)菜单栏

菜单栏提供了 Excel 2000 几乎全部的操作命令，它包括文件、编辑、视图、插入、格式、工具、数据、窗口和帮助共九组菜单。

(三) 工具栏

图 4－2　Excel 2000 界面

工具栏提供 Excel 2000 的常用操作命令，它主要有常用工具栏、格式工具栏、图表工具栏、绘图工具栏和数据透视表工具栏等，这些工具栏可以设置成显示或隐藏。系统默认设置是显示常用工具栏和格式工具栏。如图 4－3 所示给出了“常用”工具栏的按钮名称。

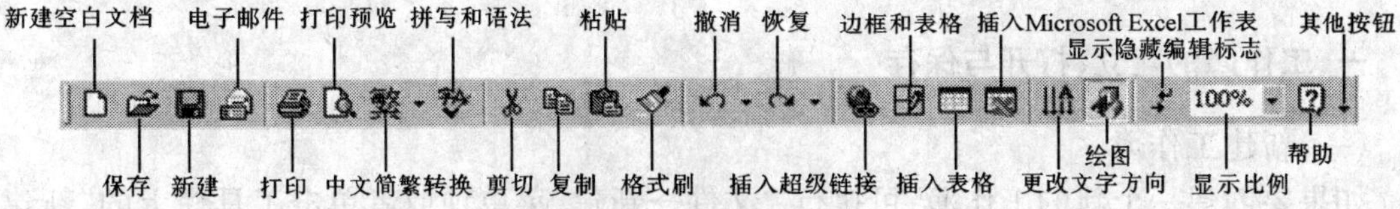

图 4－3　“常用”工具栏

(四) 编辑栏

编辑栏可以显示出当前单元格内容所对应的公式，用鼠标单击公式栏可以编辑修改公式。如果该内容不是通过公式计算获得的，则只显示内容本身。

(五) 状态栏

状态栏位于屏幕底部，显示当前 Excel 操作状态信息。

(六) 滚动条

可以使工作表在窗口中左右、上下滚动，以便看到工作表的全貌。

(七) 工作表区

1.工作簿

工作簿即 Excel 2000 中的一个文件，由一组工作表组成，类似一个帐本，工作表相当于这个帐本中的一页。通常一个工作簿中默认为含 3 个工作表，它们分别以“Sheet1”，“Sheet2”，“Sheet3”命名。用户可以根据需要增加或者减少工作表。一个工作簿内最多可以有 255 个工作表。

2.工作表

一张表格称为一个工作表，界面中的空白就是工作表的一部分。每个工作表都是由行和列组成的一个二维表格，列标题用字母 A，B，…，Z，AA，AB，…，IV 表示，共 256 列；行标题用数字 1,2,…,65536 表示,共 65536 行,这样一个工作表就有 256 × 65536 个由行和列组成的单元格。

3.单元格

工作表区的每一格称为一个单元格,它是 Excel 表格存储信息的基本单位,其中可以包含数字、文本、日期和货币等各种信息。活动单元格是用户正在进行操作的单元格,边框为黑粗框。

4.单元格地址

单元格地址又称单元格坐标,由列号和行号值来命名,例如 A1 表示的是第 A 列第一行的单元格地址。

由于一个工作簿文件可能会有多个工作表,为了区分不同工作表的单元格,可以在地址前面增加工作表名称。例如 Sheet1 ! A1 就表示了该单元格是“Sheet1”中的“A1”单元格。“!”是工作表名与单元格的分隔符。

5.单元格区域

单元格区域是由多个单元格组成的区域,表示方法为“起始单元格地址:结束单元格地址”,例如 A1:B2,表示包含 A1,A2,B1,B2 四个单元格的区域。

第二节 工作簿与工作表的建立与管理

一、工作簿的建立、打开与保存

(一)新建工作簿

如果要创建一个新的工作簿,可执行“文件→新建”菜单项或者单击工具栏上的“新建”按钮,打开如图 4-4 所示的“新建”对话框,在“常用”选项卡中选择“工作簿”图标,然后单击“确定”按钮可以创建一个空白工作簿。

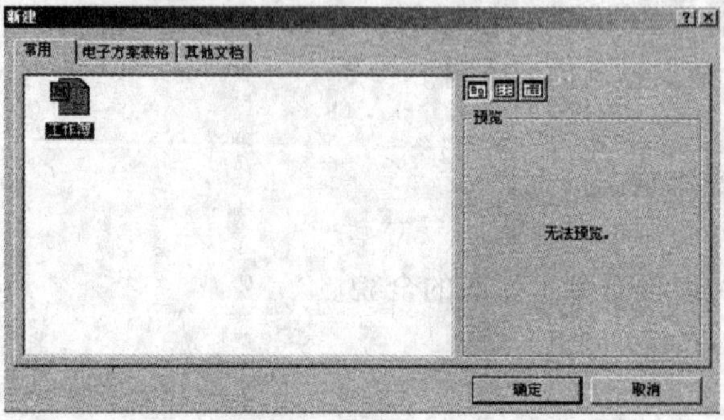

图 4-4 新建工作簿

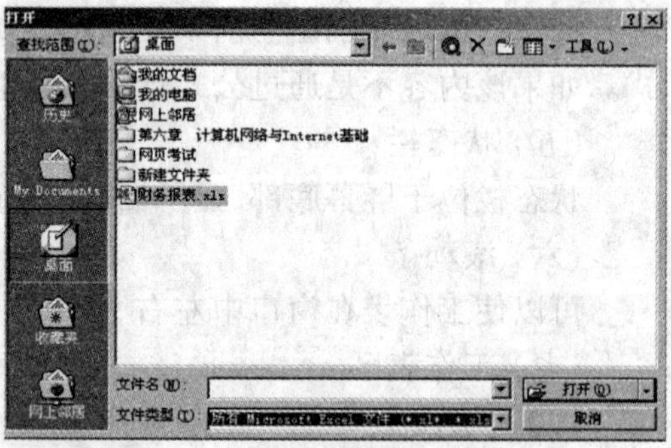

图 4-5 打开工作簿

(二)打开工作簿

如果需要打开已经存在的文件,则执行“文件→打开”菜单项或者单击“常用”工具栏中的“打开”按钮,打开如图 4-5 所示的“打开”对话框。从“查找范围”下拉列表框中选择文件所在的驱动器和文件夹,再从“文件类型”下拉列表框中选择“Microsoft Excel 文件”选项。这时,所选文件夹中的全体工作簿文件会出现在对话框中,单击要打开的工作簿文件名,然后单击“打开”按钮即可。

(三)保存工作簿

当一个工作簿文件完成建立、编辑后,就可以将文件保存起来。保存 Excel 文件有两种方法。

1.在编辑中可以随时按下“常用”工具栏的“保存文件”按钮保存当前工作簿。

2.通过执行“文件→保存”菜单项,完成保存文件工作。

(四)关闭文件

单击工作簿窗口右上角的“关闭”按钮,可以关闭当前工作簿。如果已对工作簿进行修改但还未存盘,则系统会询问用户是否存盘,如图4-6所示。

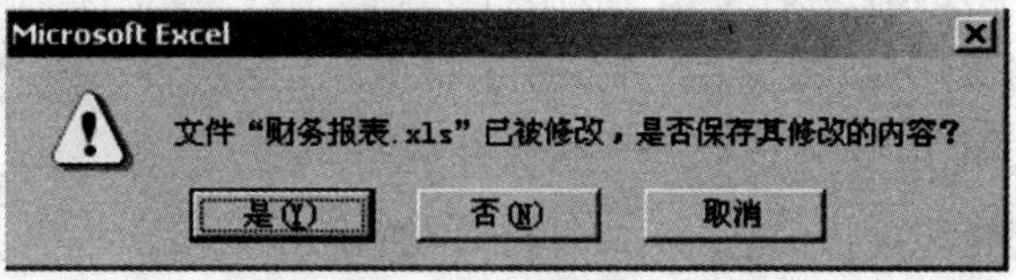

图 4-6 关闭工作簿

二、工作表的建立与编辑

(一)选取单元格

在进行表格处理时,选取单元格是最基本的操作,下面介绍几种选取单元格的操作方法。

1.选取一个单元格,用鼠标直接单击该单元格或按光标移动键即可选取这个单元格。

2.选取一组相邻的单元格,即在起始单元格按下鼠标左键,拖动覆盖这一组单元格即可。也可以先单击起始单元格,然后按下 Shift 键单击区域的末尾单元格。

3.选取多个不连续的区域,先选取一个区域,再按住 Ctrl 键选取其他区域。

4.选取整行和整列,单击相应的行号和列号即可选取整行和整列。

5.选取相邻的行或列,用鼠标拖动行号或列号。

6.选取不相邻的行或列,按住 Ctrl 键单击多个行号或列号。

7.选取整个表格,按 Ctrl + A 组合键。

(二)向工作表中输入数据

1.在一个单元格中输入数据时,首先要单击该单元格选中它。本例从 A1 单元格开始输入。选择一种输入法,然后单击 A1 单元格,使其成为活动单元格。在单元格内输入工作表的标题“财务软件价格”,然后按 Enter 键确认。

2.拖动鼠标使 A1 ~ F1 成为一个区域,单击工具栏上的“合并与居中”按钮,将 A1 ~ F1 单元格合并为一个单元格,以容纳一个长标题。

3.从 A2 单元格起,分别输入“编号”、“项目”、“单用户”、“两个工作站”等项目。

4.将鼠标指针移动到列号栏上的列与列交界处时,指针会变成形状,按住鼠标左键拖动,调整到合适的宽度时,向表格中输入其他数据。输入后的结果如图 4-7 所示。

(三)工作表的编辑

编辑单元格就是对其进行删除、插入、合并等操作。下面介绍编辑单元格的操作方法。

1.修改单元格数据

双击单元格或选定单元格后,单击编辑栏(或直接按 F2 功能键)。

2.复制和移动单元格内容

(1)复制单元格　先选定要复制的单元格区域,单击“常用”工具栏中的“复制”按钮,然后选定目标单元格,单击“常用”工具栏中的“粘贴”按钮即可将内容复制到目标位置上。

(2)移动单元格　先选定要移动的单元格区域,单击“常用”工具栏上的“剪切”按钮,然后选定目标单元格,单击“常用”工具栏上的“粘贴”按钮即可将内容移动到目标位置上。

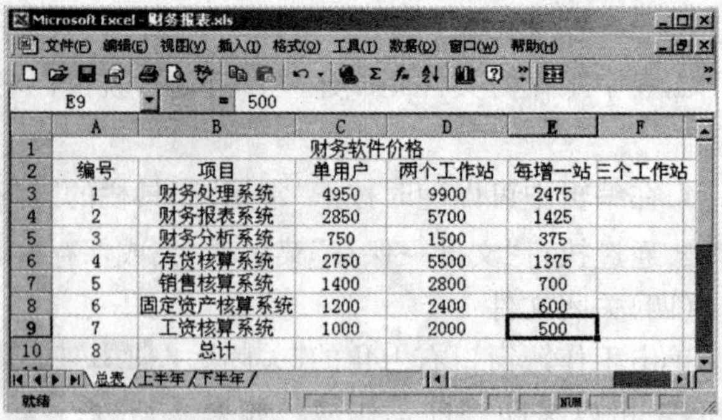

图 4－7　基本数据输入后的结果

3.插入单元格/行/列

(1)插入单元格　先选定要插入单元格的位置 E3,然后单击“插入→单元格”菜单项,屏幕上会弹出如图 4－8 所示的“插入”对话框。在对话框中进行选择,然后单击“确定”按钮,即可在选定位置上插入空白单元格。

(2)插入行　先用鼠标选中要插入位置的行号或该行中某个单元格,然后单击“插入→行”菜单项,就可以插入一空行,已有的行向下依次移一行。

(3)插入列　先用鼠标选定要插入位置的列标或该列中某个单元格,然后单击“插入→列”菜单项,就可以插入一空列,已有的列向右依次移一列。

4.删除单元格/行/列

(1)删除单元格　先选定要删除的单元格,然后单击“编辑→删除”菜单项,屏幕会弹出如图 4－9 所示的“删除”对话框。在“删除”对话框中进行选择,然后单击“确定”按钮即可删除选定单元格。

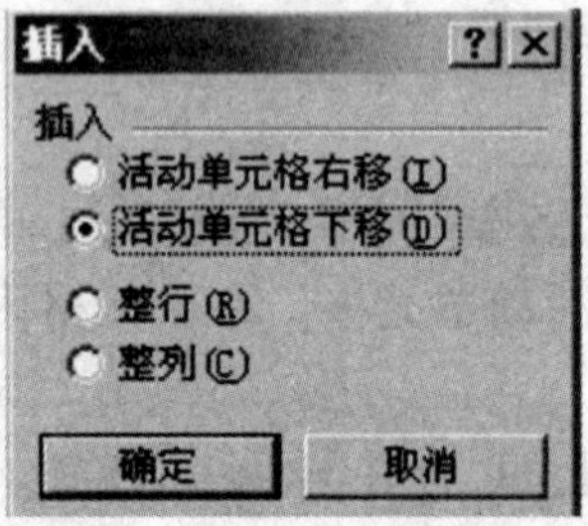

图 4－8　“插入”对话框

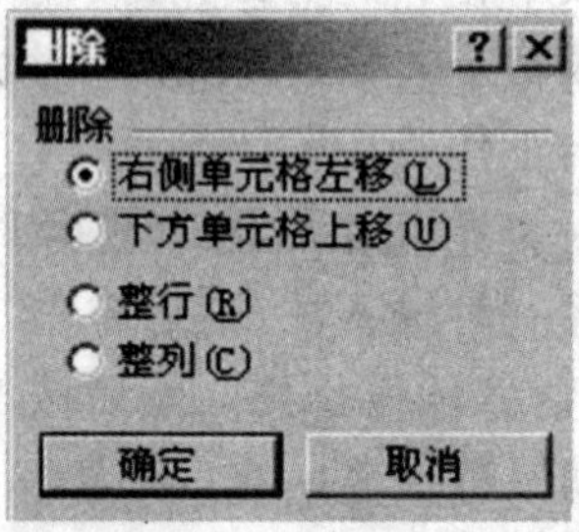

图 4－9　“删除”对话框

(2)删除行　单击需要删除的行号,执行“编辑→删除”菜单项,则删除此行,它下方的内容向上移动一行。

(3)删除列　单击需要删除的列标,执行“编辑→删除”菜单项,则删除此列,它右边的内容向左移动一列。

如果选定的是多行或多列,则执行“编辑→删除”菜单项,删除多行或多列。

5.合并单元格

选中要合并的单元格区域,然后单击“常用”工具栏上的“合并与居中”按钮或者单击鼠标右键，弹出快捷菜单如图4－10所示，选择“设置单元格格式”，选择“对齐”选项卡进行设置，如图4－11所示。

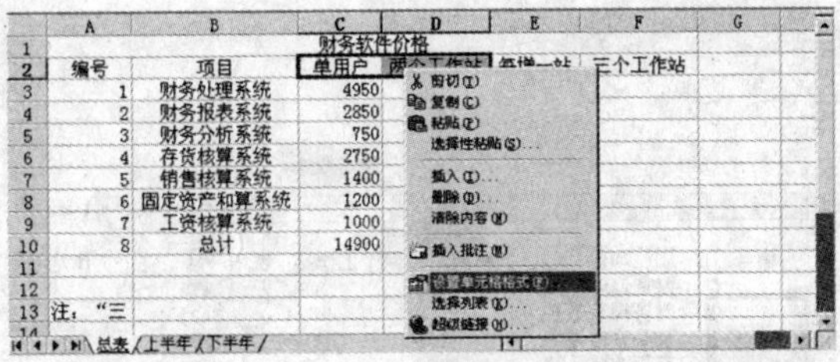

图 4－10　点击鼠标右键弹出快捷菜单

6. 查找和替换数据

(1)查找数据　数据查找功能，可以使用户迅速找到并定位数据位置。单击“编辑→查找和替换”菜单项，屏幕上会弹出图4－12所示的“查找和替换”对话框。在“查找和替换”对话框中“查找内容”处的文本框中输入查找内容“编号”，然后单击“查找下一步”按钮即可执行查找功能。如果单击“替换”选项卡，便可以直接进入替换界面，如图4－13所示。

(2)替换数据　单击“编辑→替换”菜单项，即进入图 4－13 所示的替换界面。在“替换为”处的文本框内输入替换的内容“序号”，当找到指定内容后单击“替换”按钮替换当前项，单击“全部替换”按钮，则把选定范围内或当前工作表内所有查找到的内容都替换掉。

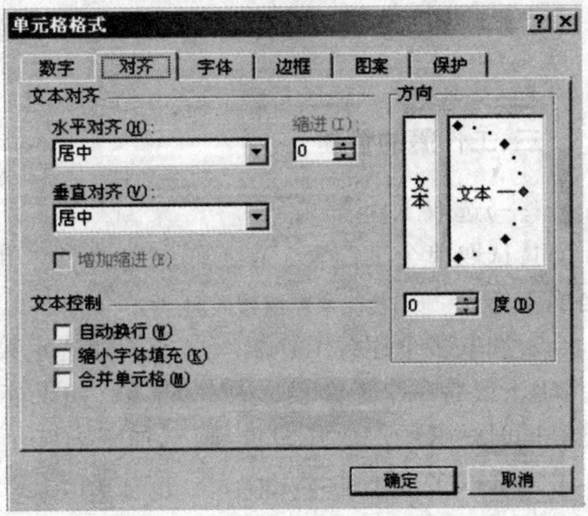

图 4－11　“设置单元格格式”对话框

7. 数据填充

(1)相同数据填充　首先选择一个单元格作为数据源，用鼠标指向填充柄(单元格右下角的黑方块)，鼠标变成黑十字形，然后按下左键，拖动虚线框覆盖所有要填充的单元格，释放鼠标，所有单元格都会填入数据源数据，如图 4－14 所示。

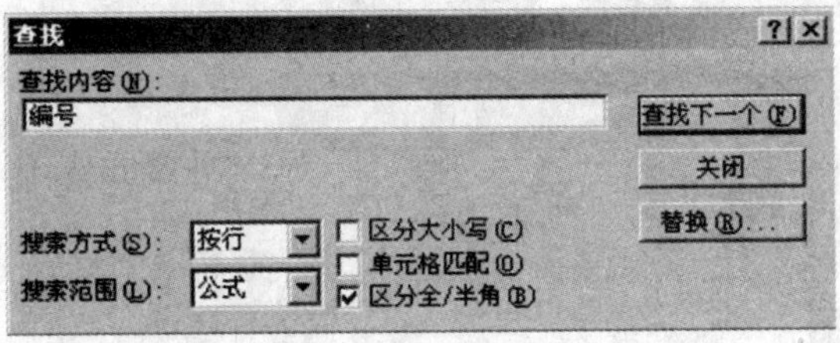

图 4－12　查 找 界 面

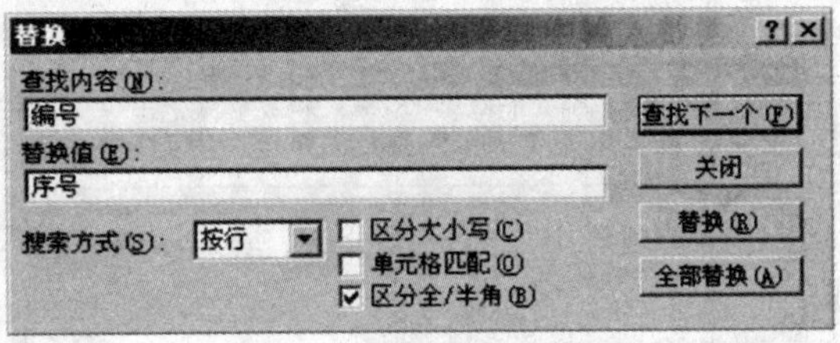

图 4－13　替 换 界 面

(2)序列数据填充　对于日期、编号等序列型数据，可以采用这种方式填充。这种填充方式需要先输入序列的起始值，操作方法如下。

①先输入序列起始值“1”。

②单击“编辑→填充→序列”菜单项，此时屏幕上会弹出如图 4－15 所示的“序列”对话框。

③“序列”对话框中设置“列”、步长值为“1”、终止值为“8”、类型为“等差数列”等内容。

④设置完毕后，单击“确定”按钮，便可以按顺序生成编号序列。

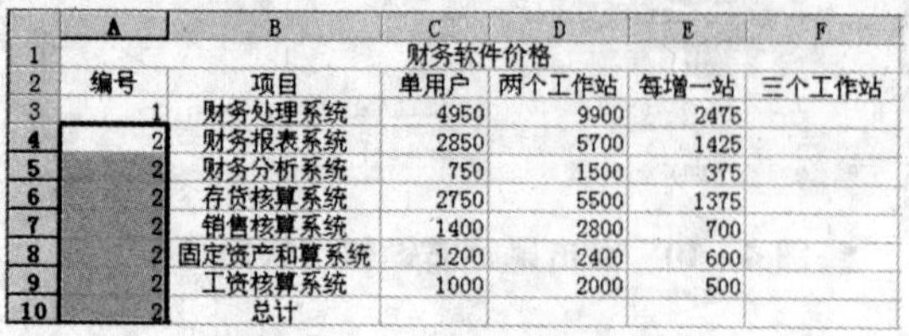

	A	B	C	D	E	F
1		财务软件价格				
2	编号	项目	单用户	两个工作站	每增一站	三个工作站
3	1	财务处理系统	4950	9900	2475	
4	2	财务报表系统	2850	5700	1425	
5	2	财务分析系统	750	1500	375	
6	2	存货核算系统	2750	5500	1375	
7	2	销售核算系统	1400	2800	700	
8	2	固定资产和算系统	1200	2400	600	
9	2	工资核算系统	1000	2000	500	
10	2	总计				

图 4－14　填 充 结 束

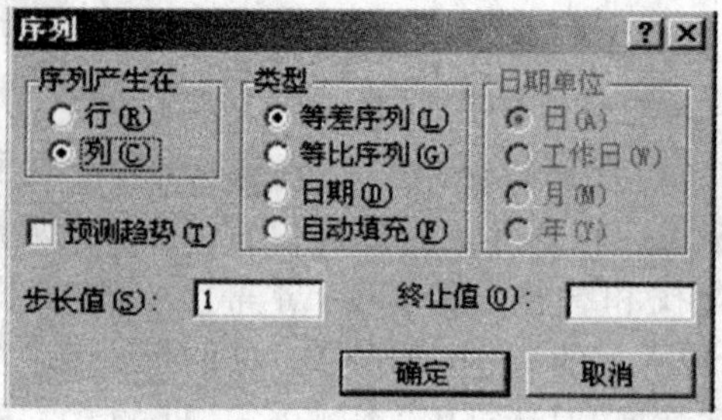

图 4－15　“序列”对话框

三、工作簿的管理

(一)选取工作表

1.选取单个工作表。在工作表选项卡中单击相应工作表，即选取了该工作表，使之成为当前工作表。

2.选取多个连续工作表。单击鼠标选定第一个工作表选项卡 Sheet1，按住 Shift 键的同时，单击最后一个工作表选项卡 Sheet3，如果连续的三个工作表同时变白，表明三个工作表已经同时被选中。放开 Shift 键，选择完毕。

3.选取多个不连续工作表。按住 Ctrl 键，然后依次单击要选定的不连续的工作表选项卡，选中的工作表选项卡变成白色，放开 Ctrl 键，分别同时选中了工作表 Sheet1 和 Sheet3。

4.选取全部工作表。只要执行工作表选项卡快捷菜单上的“选定全部工作表”命令即可完成操作。

(二)插入工作表

1.选择工作表选项卡，单击“插入→工作表”菜单项或者单击鼠标右键，弹出快捷菜单(图 4－16)，选择“插入”命令，屏幕上会弹出 “插入”对话框，如图 4－17 所示。

图 4－16　单击鼠标右键弹出快捷菜单

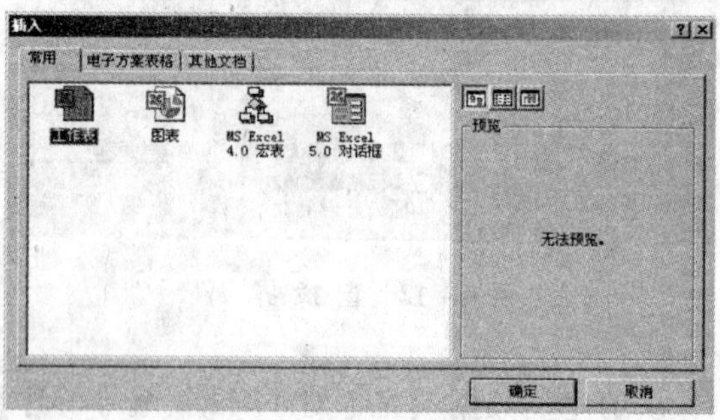

图 4－17　“插入”对话框

2.在“插入”对话框中，选择“常用”选项卡下的工作表，就在当前工作表前插入一张新的工作表，命名为“全年总计”。

(三)删除工作表

1.选择要删除的工作表“全年总计”。

2.单击“编辑→删除工作表”菜单项,屏幕上会弹出图 4－18 所示的提示对话框。单击“确定”按钮,完成工作表的删除操作。

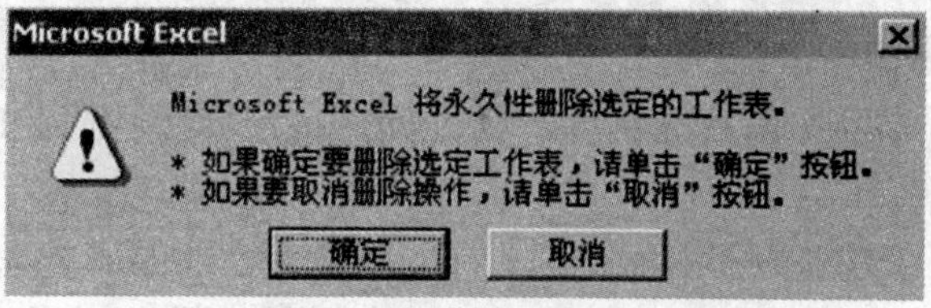

图 4－18　删除工作表提示对话框

(四)移动或复制工作表

1.在工作簿内部移动或复制工作表

(1)选择要移动或复制的工作表。

(2)单击“编辑→移动或复制工作表”菜单项;或者单击鼠标右键弹出快捷菜单,选择“移动或复制工作表”命令,屏幕上会弹出“移动或复制工作表”对话框。

(3)在“移动或复制工作表”对话框中的“下列选定工作表之前”列表框中,选择相应位置,如果选择“建立副本”,则为复制工作表,否则为移动工作表。

(4)最后单击“确定”按钮,完成工作表的移动或复制操作。

2.在工作簿之间移动或复制工作表

(1)选择要移动或复制的工作表选项卡,单击“编辑→移动或复制工作表”菜单项,弹出“移动或复制工作表”对话框。

(2)选择“移动或复制工作表”对话框“工作簿”下拉列表框中工作簿的路径和名称。

(3)选择“建立副本”,选中为复制工作表,否则为移动工作表。

(4)最后单击“确定”按钮,完成工作簿之间工作表的移动或复制操作。

(五)重命名工作表

1.选择需要重命名的工作表。

2.单击鼠标右键弹出快捷菜单或者用鼠标双击需要重命名的工作表选项卡,输入新的工作表名称。

3.按 Enter 键,完成工作表的重命名操作。

第三节　工作表的格式化

本节主要介绍如何对工作表进行修饰,例如将工作表的显示格式做一些颜色、字体处理,加入一些边框、图案等。

一、工作表属性设置

(一)调整行高和列宽

1.调整行高

(1)将鼠标移动到要改变行高数据表格的左边行标下边界,此时鼠标形状变为指向上下的箭头↕。

(2)按住鼠标左键不放,拖动指针调整单元格行高,这时屏幕上会弹出一个提示框,显示当前的行高。

(3)拖动鼠标到需要的高度,释放鼠标,即可完成调整行高的操作。

2.调整列宽

(1)先把鼠标移动到要改变列宽数据表格的右边界,此时鼠标指针形状将变成指向左右的箭头。

(2)按住鼠标左键不放,拖动指针改变列宽,此时屏幕上会弹出一个显示当前列宽的提示框。

(3)拖动鼠标到合适位置,调整为合适的列宽,释放鼠标左键,完成调整列宽的操作。

在工作表中,还可以用“格式”菜单项调整表格的行高和列宽。

1.选择需要设置行高的行(或者是需要设置列宽的列)。

2.单击“格式→行→行高”菜单项,在弹出的“行高”对话框中输入要设置的行高值,如图4-19所示(或者是单击“格式→列→列宽”菜单项,在弹出的“列宽”对话框中输入要设置的列宽值,如图4-20所示)。

3.单击“确定”按钮,完成调整行高和列宽的操作。

图4-19 “行高”对话框

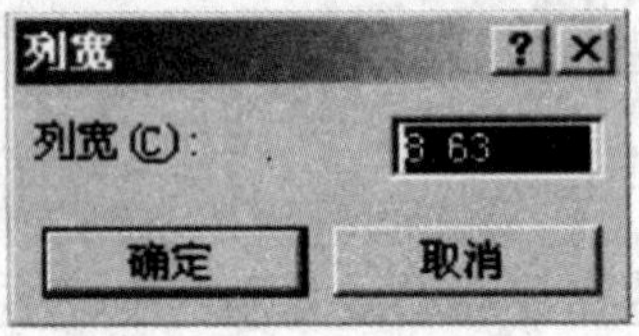

图4-20 “列宽”对话框

(二)网格线的设置

1.单击“工具→选项”菜单项,在屏幕上会弹出“选项”对话框。

2.选择“视图”选项卡,选中“网格线”复选框,取消原来选中的复选框。

3.单击“确定”按钮,返回到工作区,可以看到网格线已经消失。

(三)工作表颜色的设置

1.选择要设置颜色的单元格区域。

2.单击“常用”工具栏上的“填充颜色”按钮,如图4-21所示。

3.在“填充颜色”菜单中,选择要使用的颜色即可。

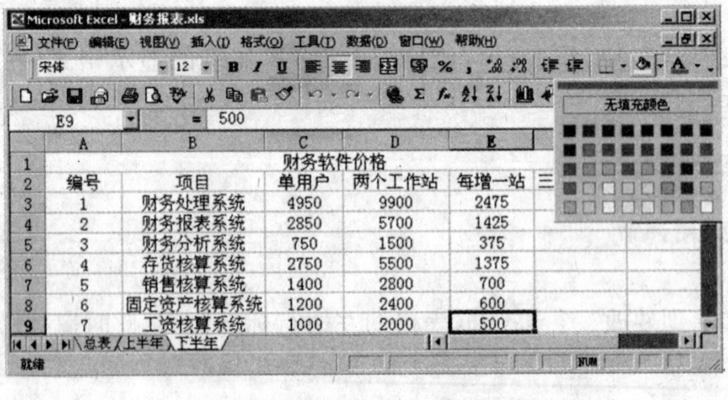

图4-21 “填充颜色”菜单

(四)表格边框的设置

一个电子表格,加上一个美观的边框,会使表格更有表现力。但由于Excel的网格线是不会被打印出来的。如果想要打印表格的边框,就要为选定的单元格区域加上框线,其步骤如下。

1.选取整个单元格区域。

2.单击“格式→单元格”菜单项,弹出“单元格格式“对话框,选择“边框”选项卡,如图4-22所示。

3.在“预置”选项区域内选择“外边框”选项,如果要给表格加一个双线的边框,就可以在“线条”选项区域中“样式”列表框内选定“双线型”,在“颜色”下拉列表框中指定“蓝色”。

4.最后单击“确定”按钮,完成给表格加边框的操作。

(五)字体的设置

为了使表格更加美观,可以改变单元格中的字体类型、颜色、大小等。下面对数据表格中 A2:F2 区域的数据进行格式设置。

1.选择区域 A2:F2。

2.单击“格式→单元格”选项卡,弹出“单元格格式”对话框。

3.在“单元格格式”对话框中选择“字体”选项卡,在“字体”列表框中选择所需要的字体为“隶书”,在“字形”列表框中选择字形为“粗体”,在“下划线”列表框中选择“双下划线”,在“颜色”列表框中选择“蓝色”,将“字号”设置为“12 号”,如图 4-23 所示。

4.最后单击“确定”按钮,完成字体的设置。

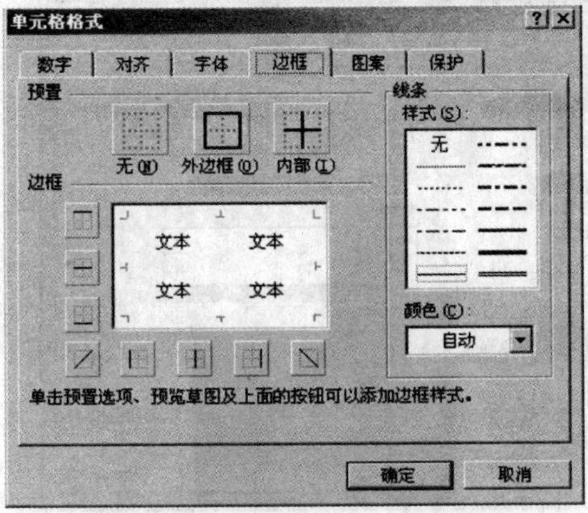

图 4-22 “单元格格式”对话框

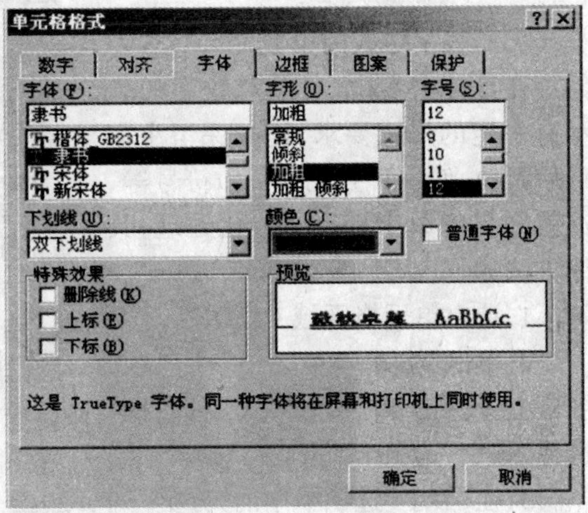

图 4-23 “字体”选项卡设置

二、字体格式的设置

(一)居中对齐格式

对于一般的数据,Excel 2000 提供了左对齐、右对齐、居中对齐等对齐方式,下面通过实例介绍相关操作步骤。

1.选择要进行合并居中的单元格区域 A1:F1。

2.单击“格式→单元格”菜单项,屏幕上会弹出“单元格格式”对话框,选择“对齐”选项卡,选中“合并单元格”复选框,如图 4-24 所示。

3.最后单击“确定”按钮,完成标题居中的操作。

(二)水平对齐格式

在单元格合并的基础上,需要设置单元格中的数据对齐方式,操作步骤如下。

1. 选择项目标题所在区域A2:F2。

2. 单击“常用”工具栏中的“居中对齐”按钮,完成水平方式的设置。

(三)垂直对齐格式

设置完水平对齐方式,再设置垂直对齐方式,操作步骤如下。

1. 单击“格式→单元格”菜单项,屏幕上会弹出“单元格格式”对话框。

2. 在“单元格格式”对话框中选择“对齐”选项卡,在“垂直对齐”列表框中选择需要的对齐方式。

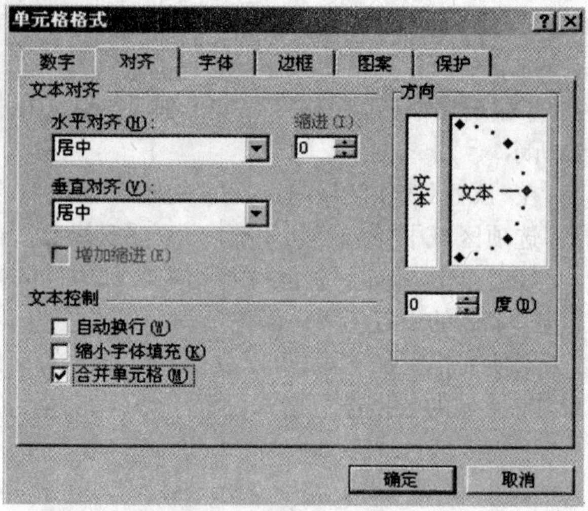

图4-24 “对齐”选项卡

3. 最后单击“确定”按钮,完成垂直对齐格式的操作。

三、数据格式设置

(一)数字格式的设置

在日常生活中,可能对数字的表示有一定的格式要求,比如保留小数点后两位、使用百分比和货币符号等,这就需要对数字进行格式化处理,具体方法如下。

1. 选中单元格区域C3:E9。

2. 单击“格式→单元格”菜单项,屏幕上会弹出“单元格格式”对话框,选择“数字”选项卡。

3. 在“数字”选项卡中的“分类”列表框中选中“数值”,设置小数点后面的位数为2,不选“使用千位分隔符”复选框,设置“负数”显示方式,结果如图4-25所示。

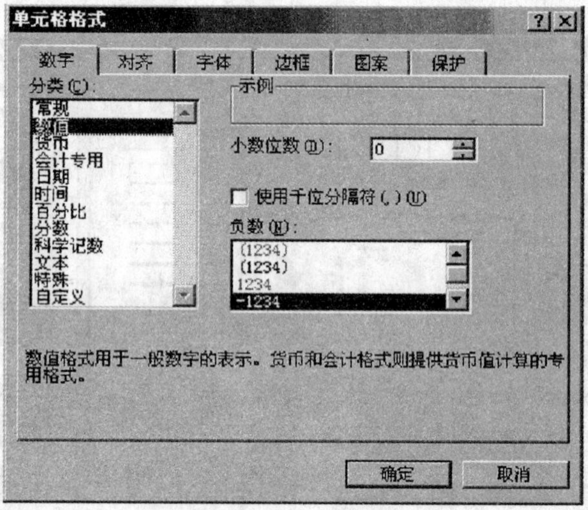

图4-25 “数字”选项卡设置

4. 最后单击“确定”按钮,完成数字格式设置的操作。

(二)日期格式的设置

除了各种数字以外,表格中会出现大量的日期,具体操作步骤如下。

1. 选中单元格区域。

2. 单击“格式→单元格”菜单项,屏幕上会弹出“单元格格式”对话框。

3. 在“单元格格式”对话框中单击“数字”选项卡,在“分类”列表框中选择“日期”选项,类型为星期二。

4. 最后单击“确定”按钮,完成日期格式设置的操作。

(三)使用条件化格式

Excel 2000 中允许设置条件格式,例如可以规定数字在 100 000 ~ 500 000 用正常颜色显示,小于 100 000 的显示为红色,大于 500 000 的显示为蓝色,设置方法如下。

1.选择要设置格式的单元格区域 C3:E9。

2.单击"格式→条件格式"菜单项,屏幕上会弹出图 4-26 所示的"条件格式"对话框。

3.要把选定的单元格区域中的数值作为格式的条件,选择"条件 1(1)"选项区域中的"单元格数值"选项,再选定比较词组,选择"介于"比较词,输入下限 2000 和上限 3000。

4.然后再单击"格式"按钮,屏幕上会弹出"单元格格式"对话框。在该对话框中可以设定颜色和下划线等。

5.最后单击"确定"按钮,完成第一个条件的设置,结果如图 4-27 所示。

6.如果要加入另一个条件,单击"添加"按钮,出现第二个输入框。

7.重复上述操作,继续设定条件,设定完条件后,单击"确定"按钮,完成条件格式设置的操作。

图 4-26 "条件格式"对话框

	A	B	C	D	E	F
1			财务软件价格			
2	编号	项目	单用户	两个工作站	每增一站	三个工作站
3	1	财务处理系统	4950	9900	2475	
4	2	财务报表系统	2850	5700	1425	
5	3	财务分析系统	750	1500	375	
6	4	存贷核算系统	2750	5500	1375	
7	5	销售核算系统	1400	2800	700	
8	6	固定资产和算系统	1200	2400	600	
9	7	工资核算系统	1000	2000	500	
10	8	总计				
11						
12	注:"三个工作站"所需的价格为"两个工作站"与"每增一个站"的价格之和。					
13						

总表 / 上半年 / 下半年

图 4-27 设置完第一个条件的结果

四、表格的自动套用格式

Excel 2000 提供了自动格式化功能,它可以根据预设格式将制作的报表格式化,产生美观的报表,这就是表格格式的自动套用。使用自动套用格式的操作步骤如下。

1.选取要套用的区域 C3:E9。

2.单击"格式→自动套用格式"菜单项,屏幕上会弹出"自动套用格式"对话框。

3.在"自动套用格式"对话框中,选择一种格式"三维效果 1"。

4.最后单击"确定"按钮,选择的格式即被应用到选取的区域,如图 4-28 所示。

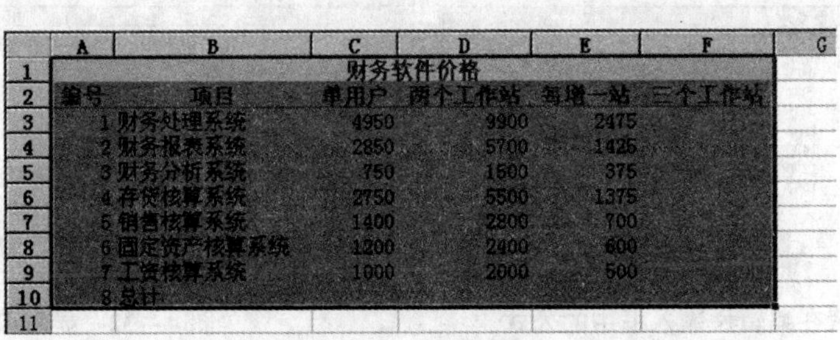

	A	B	C	D	E	F	G
1			财务软件价格				
2	编号	项目	单用户	两个工作站	每增一站	三个工作站	
3	1	财务处理系统	4950	9900	2475		
4	2	财务报表系统	2850	5700	1425		
5	3	财务分析系统	750	1500	375		
6	4	存贷核算系统	2750	5500	1375		
7	5	销售核算系统	1400	2800	700		
8	6	固定资产核算系统	1200	2400	600		
9	7	工资核算系统	1000	2000	500		
10	8	总计					
11							

图 4-28 自动套用格式后的结果

第四节 公式和函数

一、公式的使用

公式是用于对数据进行分析和计算的,使用它可以对工作表中的数据进行加法、减法、乘法和除法等运算。

(一)输入公式

公式的输入类似于文字的输入,但公式的表达式前应有一个等号(=)。要在一个单元格中输入通过公式计算的数据,只需在该单元格中先输入一个等号,然后输入表达式即可。按 Enter 键或 Tab 键后,该单元格内将自动显示出公式计算的结果,如图 4-29 所示。

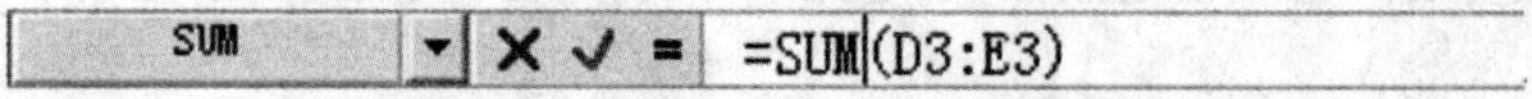

图 4-29 编辑栏上的公式输入框

一个公式的结构如图 4-30 所示。

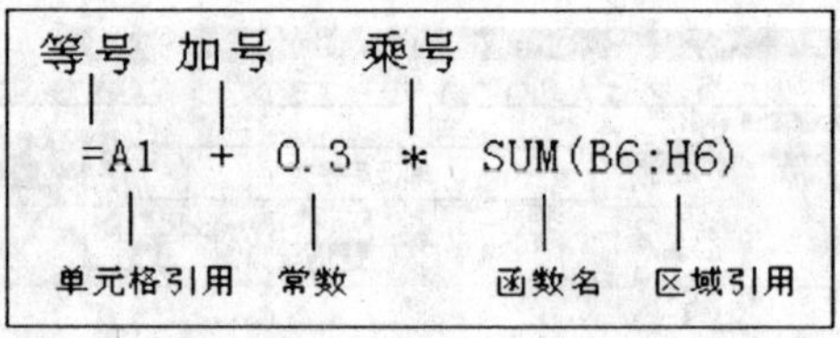

图 4-30 公式的结构

公式是由等号和表达式构成的。表达式由运算符和参与运算的操作数构成。操作数可以是常量(如 12,¥123.45 等)、单元格地址(如 A5,B6,D2:D6 等)、公式名称和函数。

(二)显示公式

在 Excel 2000 中,通常输入公式之后,在单元格中反映的不是公式本身,而是由公式计算得出的结果,公式本身则反映在编辑栏的输入框中,如图 4-31 所示。如果要更改系统的默认设置,在单元格中显示输入的公式。

1.单击"工具→选项"菜单项,屏幕上会弹出"选项"对话框。

2.在"选项"对话框中,选择"视图"选项卡,选中"公式"复选框。

3.最后单击"确定"钮,工作表的单元格内显示公式,如图 4-32 所示。

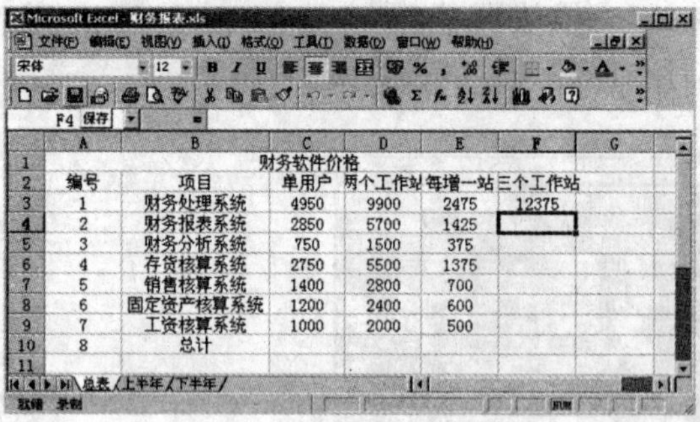

图 4-31 隐藏在编辑栏输入框中的公式

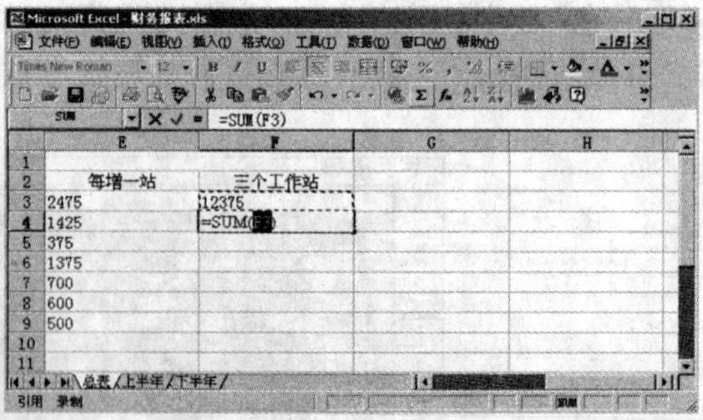

图 4-32 显示公式

(三)单元格的引用

在单元格的公式计算中,涉及到区域的引用。在 Excel 2000 中,有三种引用类型,下面结合销售报表中的总表(图 4－33)介绍这些引用类型。

1.相对位置的引用

公式中的单元格地址是当前单元格的相对位置。当使用该公式的活动单元格地址发生改变时,公式中所引用的单元格地址也相应发生变化。例如 F3 单元格中的公式为 SUM(D3:E3),复制到 F4 单元格后公式变成 SUM(D4:E4),F4 单元格将得到三个工作站财务报表的价格,如图 4－34 所示。

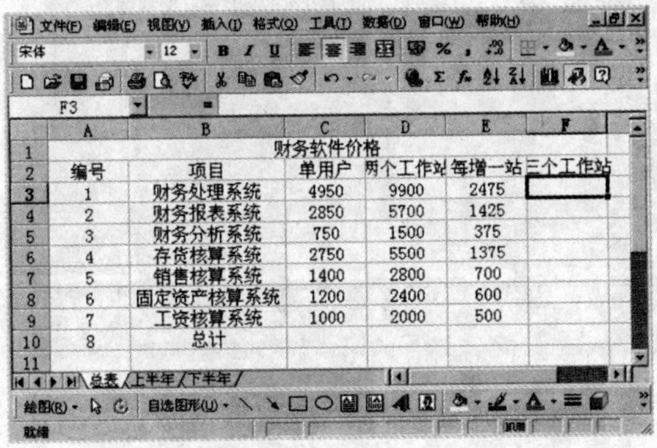

图 4－33 总 表

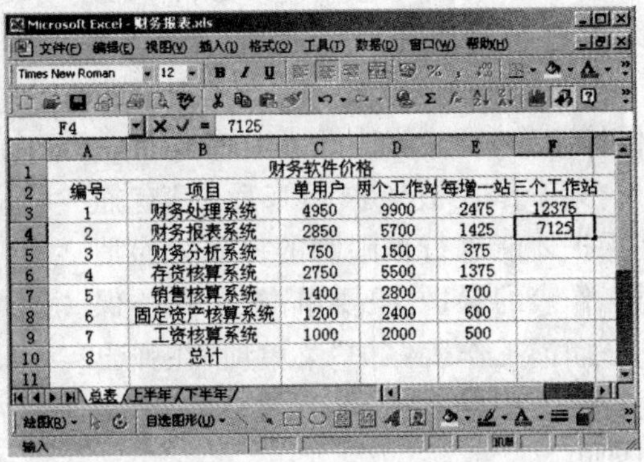

图 4－34 相 对 引 用

2.绝对位置的引用

以坐标原点为参照点,公式中引用的单元格地址不随活动单元格的改变而改变。使用绝对地址,是在单元格地址的行号和列号前加一个字符“$”。例如,将 F3 单元格的公式改为 SUM($D $3:$E $3),复制到 F5 单元格后公式仍为 SUM($D $3:$E $3),没有得到应有的数据,如图 4－35 所示。

3.地址的混合引用

公式中可以同时包含相对引用和绝对引用,即单元格引用的行号和列号中仅有一项前有“$”号。例如将 F3 单元格的公式改为 SUM($D3:$E3),复制到 G10 单元格后公式变为 SUM($D10:$E10),列号未发生改变,而行号改变了,如图 4－36 所示。

图 4－35 绝 对 引 用

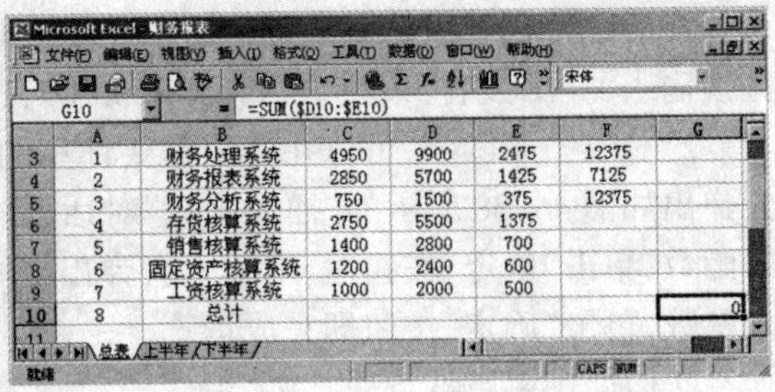

图 4－36 混 合 引 用

(四)锁定和隐藏公式

一般情况下,如果不希望别人对表格中的公式进行修改,或者不希望别人看到数据的计算公式,此时可以借助锁定和隐藏公式功能来达到这个目的。锁定和隐藏公式的方法如下。

1.选取要隐藏和锁定的单元格区域 C3:E9。

2.单击"格式→单元格"菜单项,屏幕上会弹出"单元格格式"对话框,

3.在"单元格格式"对话框中,单击"保护"选项卡,选择"锁定"和"隐藏"复选框,如图4-37所示。

4.锁定和隐藏公式后,需要进行"保护工作表"才能使设置生效。

5.工作表被保护起来后,只有撤消保护才能进行被限制的操作。撤消对工作表的保护,只要单击"工具→保护→撤消工作表保护"菜单项,在弹出的对话框中输入密码,单击"确定"按钮即可。

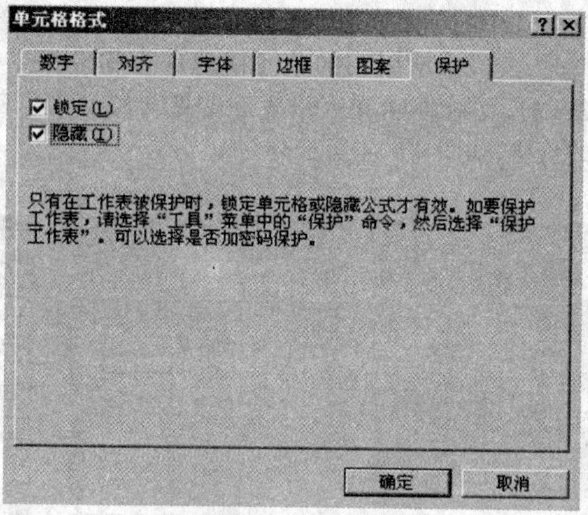

图4-37 "保护"选项卡

二、函数的使用

函数是 Excel 2000 事先编好的有着专门用途的程序。利用函数不仅能够提高工作效率,同时也能够减少错误的发生率。下面进行详细介绍。

(一)工作表函数

函数的基本格式是 函数名(参数列表)。

1.函数都要以"="开始。

2.每一个函数名后一定有一小括号,括号内一般有一个或多个参数,这些参数之间用逗号隔开。

3.每一个函数都包括一个语法行。

(二)使用函数的方法

在使用公式计算的过程中,经常要使用函数。Excel 2000 提供了大量的函数,可以帮助更方便地进行数据处理。使用函数一般有下面两种方法。

1.对于特别常用的函数(如 SUM、AVERAGE),可以选定需要计算的单元格,在单元格中直接输入"=函数名(参数)",如"=SUM(D3:E3)",然后按 Enter 键或 Tab 键确认。

2.对于一般函数,可以在选定需要计算的单元格后,单击"插入→函数"菜单项,屏幕上会弹出如图4-38所示的"插入函数"对话框。在"插入函数"对话框中选择函数类别和需要的函数,单击"确定"按钮后,屏幕上会弹出如图4-39所示的"函数参数"对话框。在其中输入参数,单击"确定"按钮即完成运算。

(三)使用函数计算

下面结合一个公司2000年的"销售报表"具体介绍函数计算过程。

1.打开工作簿"销售报表"中的工作表"总表"。

2.下面是利用函数计算各种情况下所有项目的"总计"价格的方法。

(1)单击 C10 单元格,然后单击"常用"工具栏上的"自动求和"按钮Σ,"求和公式"会自

动出现(图 4－40),其中函数“＝SUM(C3:C9)”中反向显示的地址表示求和区域,可以用鼠标选定 C3～C10 单元格,按 Enter 键确认,C10 单元格求和计算完成。

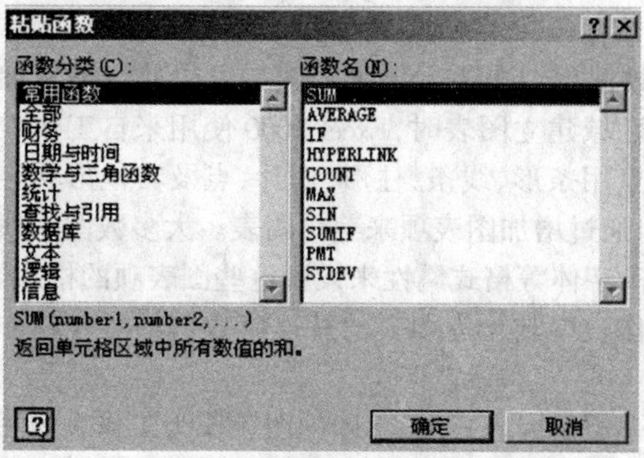

图 4－38 “插入函数”对话框

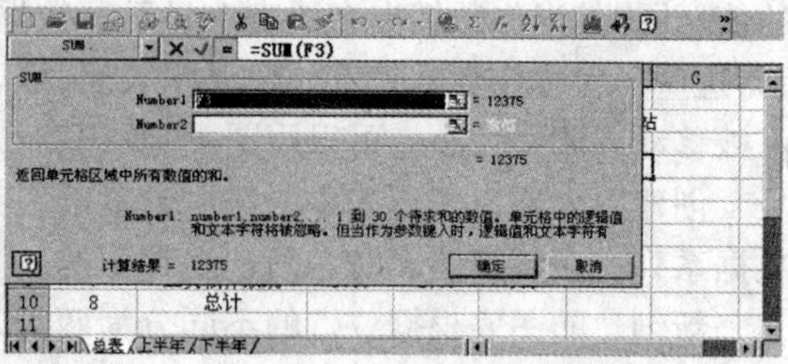

图 4－39 “函数参数”对话框

(2)单击 C10 单元格,然后将鼠标指针移动到 C10 单元格的右下角,当指针变成黑色十字形时按住鼠标左键向右拖动至 E10,自动完成求和公式的复制。同理可以完成“三个工作站”项的数值计算。

(3)对于“总计”项的计算,可以先单击选定 C10 单元格,然后单击编辑栏,直接输入公式“＝SUM(C3:C9)”,按 Enter 键确认,最后用复制公式的方法完成其他“总计”值的计算。

(4)如果要求各项的“平均值”计算,可以先单击 C11 单元格,然后单击“插入→函数”菜单项,选择函数分类“常用函数”和函数名“AVERAGE”,然后单击“确定”按钮,弹出函数参数对话框。在“函数参数”对话框 Number1 内输入参数“C3:C9”,按“确定”按钮最后用复制公式的方法完成其他“平均值”的计算。完成计算后的表格如图 4－41 所示。

图 4－40 自 动 求 和

图 4－41 完成计算后的表格

第五节 图表的应用

在数据处理工作中,只有数据表格往往是不够的。在数据的基础上生成图表更有利于数据分析,能够使数据的对比关系更鲜明。Excel 2000 中提供了强大的图标绘制功能,可以使工作更易于理解和交流。本节主要介绍图表的建立、图表的修饰等。

一、图表的概念

在 Excel 2000 中,图表是指将工作表中的数据用图表表示出来。图表可以使数据更加新颖更加形象、易于阅读。当基于工作表选定区域建立图表时,Excel 2000 使用来自工作表的值,并将其当作数据点在图表上显示。数据点用条形、线条、柱形、切片、点及其他形状表示,这些形状称作数据表示。建立图表后,可以通过增加图表项来美化图表。大多数图表项可被移动或调整大小。可以用图案、颜色、对齐、字体等格式属性来设置这些图表项的格式。

创建图表要以工作表中的数据为基础,工作表中转化为图表的一连串数值的集合称作数据系列。在创建图表时必须选定数据源。

新创建的图表根据位置的不同分为两类,一类是嵌入式图表,即把图表作为工作表的一部分。一般情况下,在打印时它会与工作表中的数据紧挨在一起。想要把实际数据和图表放在一起作为参照时,使用嵌入式图表。一类是图表工作表,即生成独立于工作表的图表,这种图表可以单独打印。这两类图表都链接到它表示的工作表数据,在改变数据时,图表将自动更新。

二、图表的类型

Excel 2000 提供了 14 种图表类型,柱形图、条形图、折线图、饼图、XY(散点)、面积图、圆环图、雷达图、曲面图、气泡图、股价图、圆柱、圆锥和棱锥图。

三、图表的创建

打开“销售报表”中的“财务管理系统(单用户)下半年销售情况”工作表,如图 4-42 所示。

	A	B	C	D	E
1	财务管理系统(单用户)下半年销售情况				
2	项目	广州销售部(套)	北京销售部(套)	上海销售部(套)	销售额(元)
3	财务处理系统	450	680	546	8296200
4	财务报表系统	568	789	735	5962200
5	财务分析系统	634	669	677	1485000
6	存货核算系统	450	686	777	5260750
7	销售核算系统	767	868	865	3500000
8	固定资产核算系统	846	957	854	3188400
9	工资核算系统	980	456	589	2025000
10	控制卡	480	763	666	28444100

总表 上半年 下半年

图 4-42 财务管理系统(单用户)下半年销售情况

依据表格中的数据创建一个图表,其操作步骤如下。

1.选中要用来创建图表的数据单元格区域 A2:E10。

2.选择“插入→图表”菜单项,屏幕上会弹出如图 4-43 所示的“图表向导”对话框。

3.选择“自定义类型”选项卡,并选中“带深度的柱形图”。

4.单击“下一步”按钮,出现图表向导的对话框,如图 4-44 所示,用户可以依据实际情况设置系列的产生方式。

5.单击“系列”选项卡,可以进一步详细修改系列的信息。

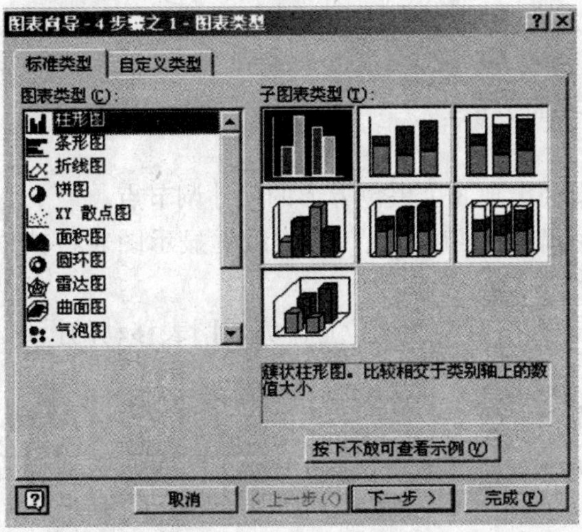

图 4-43 图表向导

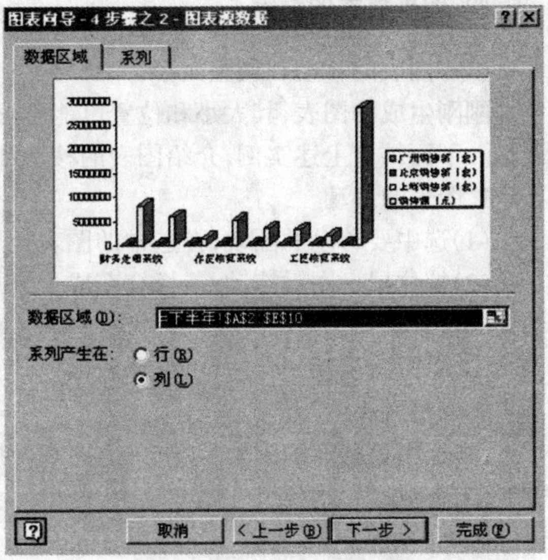

图 4-44 按列产生图形

6.单击“下一步”按钮，显示图表向导 4，如图 4-45 所示。

(1)选择“标题”选项卡，设置好标题“财务管理系统(单用户)下半年销售情况”等数据；

(2)选择“坐标轴”选项卡，设置主坐标轴为“分类”等数据；

(3)选择“网格线”选项卡，选中“分类轴”选项区域中“主要网格线”和“次要网格线”两个复选框，再选中“数值轴”选项区域中“主要网格线”和“次要网格线”两个复选框。

(4)单击“图例”选项卡，选择图标位置为“靠上”。

(5)单击“数据标志”选项卡，数据选项卡包括“系列名称”、“类别名称”和“值”等，可以根据需要进行选择。

(6)单击“数据表”选项卡，可以依据需要选择“显示数据表”复选框，也可以不选。

7.单击“下一步”按钮，屏幕上会弹出“图表向导 4”对话框。

8.选择“作为其中的对象插入”单选按钮，单击“完成”按钮，图表被创建到新建的工作表中，如图 4-46 所示。

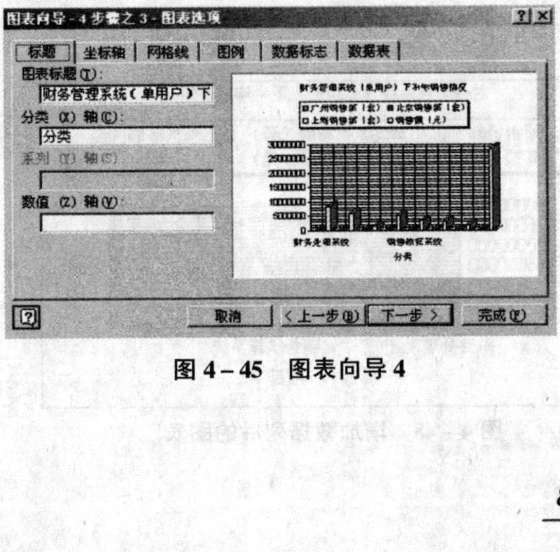

图 4-45 图表向导 4

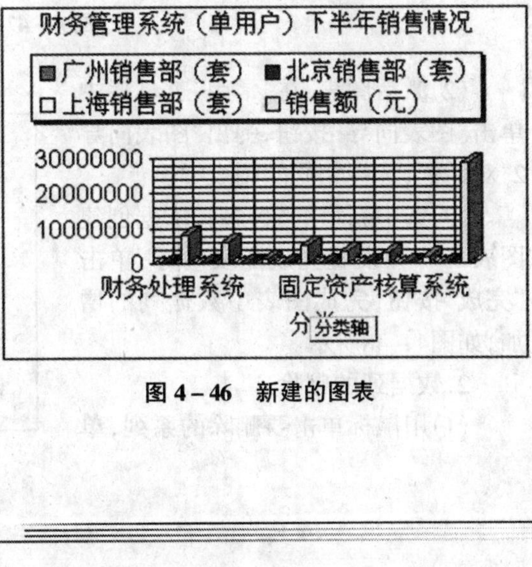

图 4-46 新建的图表

四、图表格式的编辑

(一)图表的移动和调整大小

刚刚生成的图表,其大小和位置可能不够合适,其字体常常显得杂乱无章,需要进一步调整。下面结合上述实例,介绍图表的移动和调整方法。

1.图表的移动

(1)选中要移动的图表,在选中的图表四周会出现 8 个黑色方形的尺寸调节点。

(2)按住鼠标左键拖动,鼠标会变成十字形箭头,同时出现一个虚线框显示图表将被移动到的位置。

(3)将图表拖动到合适位置,释放鼠标,图表即被移动到该位置。完成图表移动的操作。

2.调整大小

(1)选中要移动的图表,在选中的图表四周会出现 8 个黑色方形的尺寸调节点。

(2)将鼠标移动到尺寸调节点上,当鼠标变成双向箭头时,拖动鼠标将图表调整到合适位置。

(3)释放鼠标,图表即被调整到合适位置。完成图表调整大小的操作。

(二)图表数据的增加与删除

在使用 Excel 2000 过程中,用户不能保证数据不增加或者不减少。当数据表格的数据增加或者减少的时候,就要更改数据行或者数据列来同步增删图表数据的内容,下面结合上述实例,介绍图表数据增加和删除的方法。

1.数据列的增加

(1)给数据表格添加“平均销售额”数据列(图 4-47)。

	A	B	C	D	E	F
1	财务管理系统(单用户)下半年销售情况					
2	项目	广州销售部(套)	北京销售部(套)	上海销售部(套)	销售额(元)	平均销售额(元)
3	财务处理系统	450	680	546	8296200	558.67
4	财务报表系统	568	789	735	5962200	697.33
5	财务分析系统	634	669	677	1485000	660.00
6	存货核算系统	450	686	777	5260750	637.67
7	销售核算系统	767	868	865	3500000	833.33
8	固定资产核算系统	846	957	854	3188400	885.67
9	工资核算系统	980	456	589	2025000	675.00
10	控制卡	480	763	666	28444100	636.33
11						
12	注:“销售金额”等于各项目“单用户”的单价与三地销售总额的乘积。					
13						

总表/上半年/下半年

图 4-47 增加数据列

(2)激活图表,在“常用”工具栏中单击“图表向导”按钮,弹出“图表向导2”对话框,选择相同的图表类型。

(3)选中新增的数据列,依据创建图表的步骤设置完成图表向导,单击“完成”按钮,完成图表中数据列的增加,如图4-48所示。

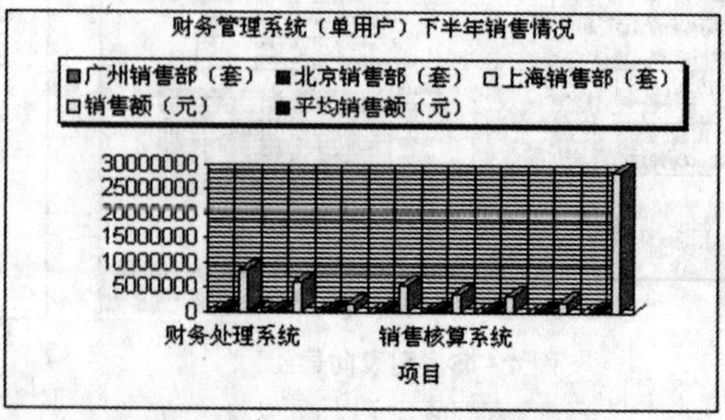

图 4-48 增加数据列后的图表

2.数据列的删除

(1)用鼠标单击要删除的系列,单

击鼠标右键，弹出快捷菜单，如图4－49所示。

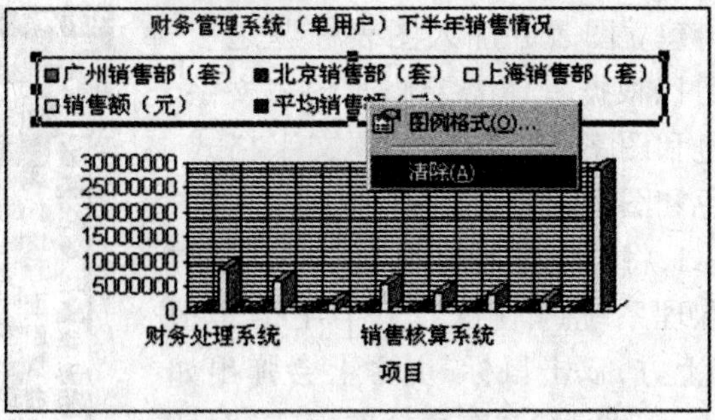

图 4－49 选中数据系列

(2)选择“清除”菜单项，选中的数据系列被清除。这样便删除了图表中的数据列，但不会影响到数据表格中的数据变化。

(三)图表数据的改变

对于用 Excel 2000 建立的数据表格和电子图表可以非常容易地实现数据的修改，下面具体介绍其操作步骤。

1.激活图表，在工作表中选中要修改数据的单元格。

2.修改单元格中的数据，可以看到对应的图表也发生了变化。

(四)图表对象的修改

图表对象是指构成表的各部件，包括标题、坐标轴、网格线、图例、数据标志、数据表等。

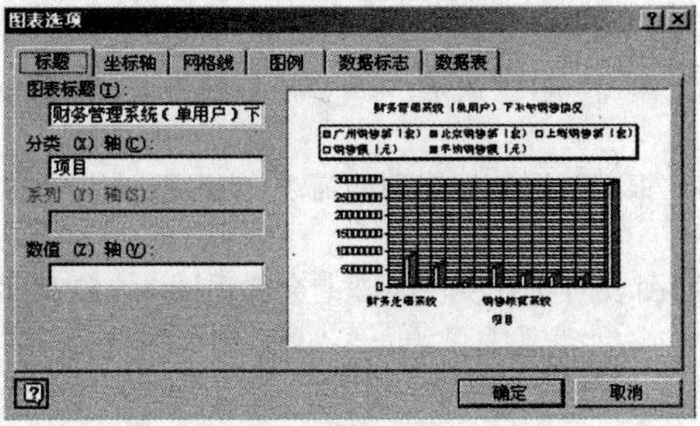

图 4－50 “图表选项”对话框中“标题”选项卡

要修改图表对象，首先要选中图表，单击“图表→图表选项”菜单项，屏幕上会弹出如图 4－50 所示的“图表选项”对话框。此对话框中有 6 个选项卡，下面分别介绍各选项卡的功能。

1.单击“标题”选项卡，可以设置图表的标题以及分类轴与数值轴的标题。

2.单击“坐标轴”选项卡，在这个对话框中如果选中“分类轴”与“数值轴”复选框，则在图表中显示 X 轴与 Y 轴，否则不显示坐标轴。

3.单击“网格线”选项卡，在这个对话框中可以设置 X 轴和 Y 轴的网格线。

4.单击“图例”选项卡，在这个对话框中可以设置是否显示图例以及图例的位置。

5.单击“数据标志”选项卡，在这个对话框中可以根据需要设置数据标志。

6.单击“数据表”选项卡，在这个对话框中如选中“显示数据表”和“显示图例项标示”复选框，则在图表下显示数据表，并在数据表的左端显示图例项标示。

图 4－51 “图表标题格式”对话框

(五)图表文字、颜色和图案的设置

建立图表并加入图表标题之后，还可以根据具体需要修改图表文字、颜色和图案等。设置标题文字格式、颜色和图案的方法如下。

1.将鼠标移动到图表的标题“财务管理系统(单用户)下半年销售情况”上方，双击鼠标，屏幕上会弹出如图 4 - 51 所示的“图表标题格式”对话框。

2.在“边框”选项区选择“自定义”单选按钮以及边框样式。在“颜色”下拉列表框中选择边框线的颜色。

3.在“粗细”下拉列表框中选择边框线的粗细。单击“字体”选项卡，可以设置字体大小、颜色和背景色等属性。

图 4 - 52　图表向导 - 4 步骤之 1

4.单击“对齐”选项卡设置好对齐方式，单击“确定”按钮，完成图表标题格式的设置。

(六)图表类型的改变

Excel 2000 系统提供的图表类型很多。根据不同数据序列的需求，使用不同的图表，具体方法如下。

1.激活图表，单击“常用”工具栏中的“图表向导”按钮，屏幕上会弹出图 4 - 52 所示的“图表向导”对话框。

2.单击“自定义类型”选项卡，选择“两轴线—柱图”图表类型。

3.单击“完成”按钮，产生新的类型图表。

第六节　数据清单管理

Excel 2000 在管理数据方面有强大的功能。它为用户提供了许多分析和处理数据的有效工具(如排序、筛选、分类汇总等)，应用这些功能用户可以很方便地处理、分析数据。本节主要介绍了对数据进行分析和统计的基本操作，让用户掌握使用分析和处理数据的功能，管理工作表中的数据。

一、数据清单的建立

数据清单就是包含有关数据的一系列工作表数据行。在前面的学习中，对工作表中的数据进行各种操作时，其实已经使用了数据清单。而这里所要讲的数据清单是要把数据清单看成一个数据库，那么工作表中的每一列就是一个字段，每一列中第一个单元格的列名称为字段。它主要用于管理数据的结构。

(一)创建数据清单的准则

Excel 2000 提供了一系列功能，可以方便地管理和分析数据清单中的数据。在运用这些功能时，需要按照下述准则在数据清单中输入数据。

1.避免在一张工作表上建立多个数据清单。

2.在设计数据清单时,同一列中的各行应具有相似的数据项。

3.在工作表的数据清单与其他数据间至少留出一个空列和一个空行。

4.在更改数据清单之前,应确保隐藏的行或列都被显示。

5.在清单的第一行中创建列标。

6.如果要将标志和其他数据分开,则使用单元格边框在标志行下插入直线。

7.避免在数据清单中放置空行和空列,这将有利于 Excel 2000 检测和选定数据清单。

(二)数据清单的创建

在创建数据清单时应首先完成数据清单的结构设计,然后在工作表中建立数据清单。

1.首先在工作表中依次输入各个字段,如财务软件价格,输入编号、项目、单用户、两个工作站、每增一站、三个工作站,如图 4-53 所示。

图 4-53　插入数据清单的各个字段

2.输入字段后,就可以按照记录输入数据。在规定的数据清单中输入数据有两种方法,一种是直接在单元格内键入数据;一种是使用"记录单"输入数据。下面介绍使用"记录单"输入数据的方法。

(1)单击需要向其中添加记录的数据清单中的任一单元格。

(2)单击"数据→记录单"菜单项,屏幕上会弹出如图 4-54 所示的记录单对话框。在对话框中显示了原数据区域的数据。

(3)单击"新建"按钮,出现空白字段,在相应的字段中键入新的数据。

(4)完成数据键入后,按 Enter 键,继续添加记录。

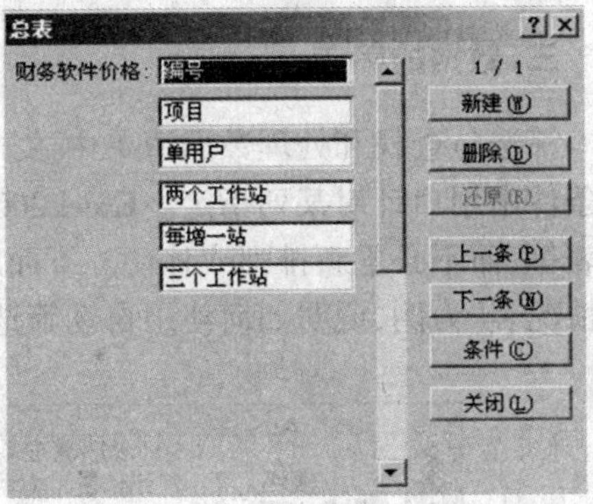

图 4-54　在记录单中输入数据

(5)添加完所有记录内容,单击"关闭"按钮,结束数据的输入。输入的数据将显示在工作表的数据区域。

(三)数据记录单的修改

具体操作步骤如下。

1.单击需要修改的数据清单中任一单元格。

2.单击"数据→记录单"菜单项,屏幕上会弹出"记录单"对话框。

3.单击"下一条"按钮或者"上一条"按钮找到需要修改的记录,在记录中修改信息。

4.完成记录修改后,单击"关闭"按钮更新原来的记录。

(四)删除记录内容

使用记录单在数据清单中删除记录和修改记录的方法类似,下面介绍删除记录内容的操作步骤。

1.单击数据清单中任一单元格。

2.单击"数据→记录单"菜单项,屏幕上会弹出"记录单"对话框。

3.单击“下一条”按钮或者“上一条”按钮找到需要删除的记录。

4.单击“删除”按钮,屏幕上会弹出“删除”消息框。

5.在消息框中单击“确定”按钮,记录被删除。

6.单击“记录单”对话框中的“关闭”按钮,完成记录单内容删除操作。

二、数据的排序

排序是指按照一定的顺序重新排列工作表的行,但是排序并不改变行的内容。排序是数据处理中经常要做的工作,利用 Excel 2000 可以方便快速地对工作表中的数据进行排序。如果以“销售报表”中的“总表”的“三个工作站”项为主要关键字进行排序,可以采取下面的操作步骤。

1.在工作表中选取 A2:F10 单元格区域。

2.单击“数据→排序”菜单项,屏幕上会弹出“排序”对话框,并在主要关键字的下拉菜单中选择“三个工作站”,如图 4-55 所示。

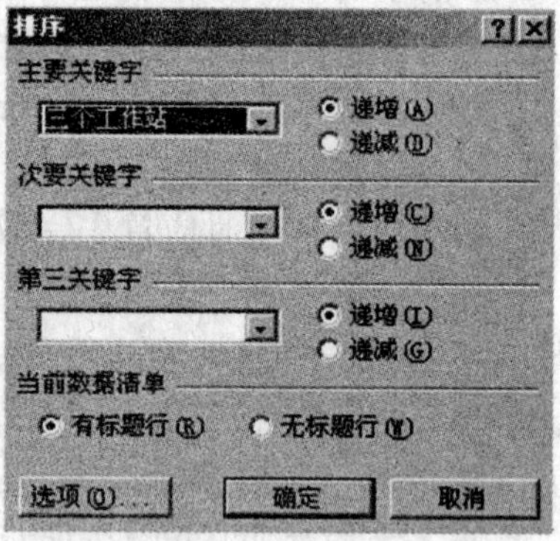

图 4-55 “排序”对话框

3.按图 4-55 进行内容设置,单击“确定”按钮,完成数据排序。

三、数据的筛选

筛选是查找和处理数据清单中数据子集的快捷方法。筛选清单仅显示满足条件的行,该条件由用户针对某列指定。Excel 2000 筛选时,可以对清单子集进行编辑、设置格式制作图表等,而不必重新排列或移动。下面以图 4-56 所示的“财务管理系统(单用户)上半年销售情况表”为例,说明如何使用自动筛选功能。

	A	B	C	D	E
1	财务管理系统(单用户)上半年销售情况				
2	项目	广州销售部(套)	北京销售部(套)	上海销售部(套)	销售额(元)
3	财务处理系统	450	630	538	8009100
4	财务报表系统	358	680	687	4916250
5	财务分析系统	364	846	846	1542000
6	存货核算系统	634	846	876	6479000
7	销售核算系统	645	867	566	2909200
8	固定资产核算系统	500	846	764	2532000
9	工资核算系统	386	630	745	1761000
10	控制卡	380	768	538	10706100
11					

总表 上半年 下半年

图 4-56 财务管理系统(单用户)上半年销售情况表

(一)自动筛选

1.单击销售情况表中数据区内的任意单元格。

2.单击“数据→筛选→自动筛选”菜单项。

3.在每个字段的右边都出现一个下拉箭头按钮,单击销售额右边的下拉箭头,出现一个列表,如图 4-57 所示。

4.如果想进行单一筛选,在列表中选择一个数值,如选择 1761000,筛选后的结果如图 4-58 所示。在图中用户可以发现使用了自动筛选的字段,其字段右边的下拉箭头变成了蓝色，而且行号也显现为蓝色。

图 4-57　自动筛选列表

图 4-58　自动筛选后的结果

5. 如果想进行自定义条件筛选，在列表中选择"自定义"，出现如图 4-59 所示的对话框，在对话框中对筛选条件进行设置。例如在第一行先选择"大于"，然后在右边输入2 000 000，选择"与"单选按钮，在下面选择"小于"，然后在右边输入 3 000 000，最后单击"确定"按钮，完成自定义筛选操作。

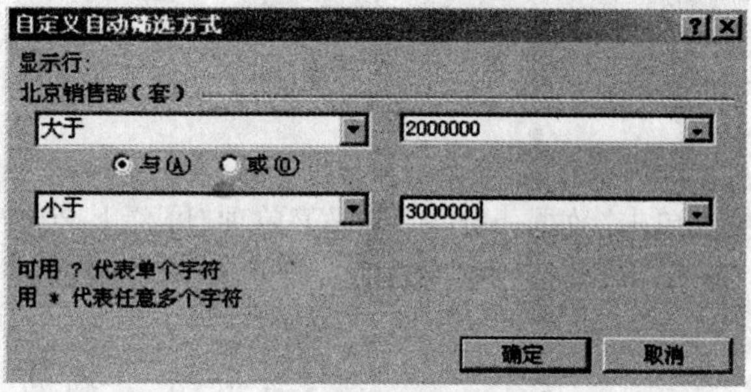

图 4-59　设置自定义筛选条件

(二)取消筛选

如果要在数据清单中取消对某一列进行的筛选，可以单击该列首单元格右端的下拉箭头，选择"全部"选项。

如果要在数据清单中取消对所有列进行的筛选，可以单击"数据→筛选→全部显示"菜单项。

如果要删除数据清单中的筛选箭头，可以单击"数据→筛选→自动筛选"菜单项。

四、数据的分类汇总

分类汇总也是数据处理中经常使用的操作，Excel 2000 可以使用函数实现分类汇总计算，汇总函数有求和计算、求平均值等多种。

(一)分类汇总的创建

分类汇总是对数据清单的某个关键字段分类，相同值的为一类，然后对各类进行汇总。在进行汇总之前，必须对数据清单进行排序，并且数据清单的第一行里必须有列标记。下面以图 4-58 所示的"财务管理系统(单用户)上半年销售情况"为例，介绍分类汇总的操作方法。

1. 将数据清单按照"上海销售部"所在列进行排序。

2. 单击"数据→分类汇总"菜单项，屏幕上会弹出如图 4-60 所示的"分类汇总"对话框。

3. 在"分类字段"下拉列表框中选择"上海销售部(套)。

4. 在"汇总方式"下拉列表框中选择"求和"。

5. 在"选定汇总项"列表中选择"上海销售部(套)"复选框。

6. 单击"确定"按钮，完成数据的分类汇总，如图 4-61 所示。

(二)分类汇总的删除

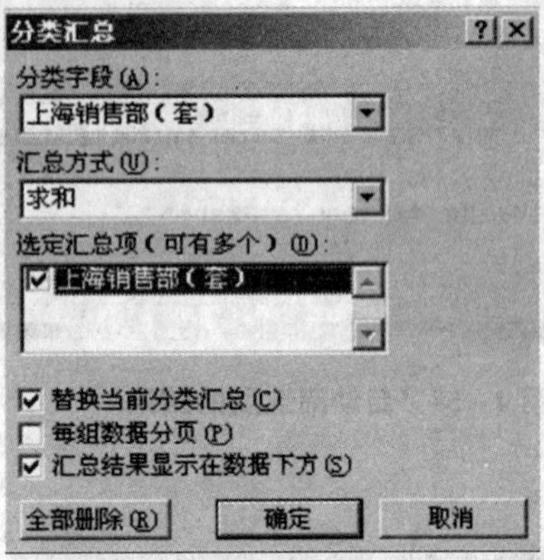

图 4-60 "分类汇总"对话框

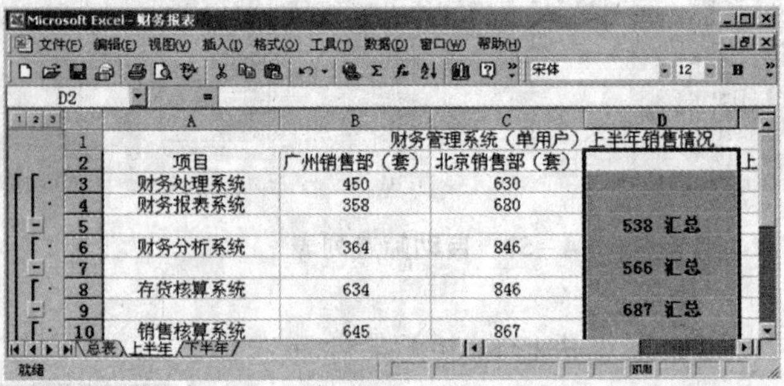

图 4-61 "分类汇总"结果

1.在分类汇总数据清单中任选一单元格。

2.单击"数据→分类汇总"菜单项,屏幕上会弹出"分类汇总"对话框。

3.单击"全部删除"按钮,完成分类汇总的删除操作。

第七节　预览和打印

在 Excel 中,与打印有关的操作有三种,打印预览、页面设置和打印输出。本节将重点介绍其相关操作。

一、打印页面设置

在打印预览之前,应该先进行页面设置。页面设置主要是指设置工作表的打印格式。单击"文件→页面设置"菜单项,屏幕上将会弹出如图 4-62 所示的"页面设置"对话框。其中有四个选项卡,页面、页边距、页眉/页脚和工作表。

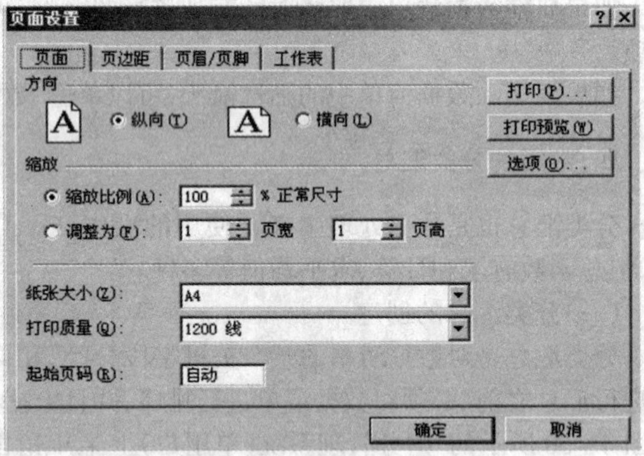

图 4-62 "页面设置"对话框的"页面"选项卡

(一)设置页面

选择"页面"选项卡,在此选项卡中可以设置:

1.打印方向　即选择纸张是横向还是纵向放置。

2.缩放比例　即所选的打印内容可以按原来尺寸打印,也可以进行缩放打印。缩放方式有两种选择,一是按比例缩放;二是按页宽和页高缩放。

3.纸张大小　即选择不同型号的纸张,如 A4、B5 等。

4.打印质量　即选择打印分辨率,以"点"为单位。点数越多打印质量越好,但打印速度也就越慢,费油墨。

5.起始页码　即 Excel 总是把要打印的第 1 页作为起始页。用户也可以根据自己的情况设置起始页的页码数。

(二)设置页边距

1.在“页面设置”对话框中,选择“页边距”选项卡,可以设置页边距。

2.在此选项卡中,可以通过单击对应的微调按钮,来设置上、下、左、右页边距以及上、下空白边到页眉和页脚距离的具体数据。同时还可以选择工作表是“水平居中”还是“垂直居中”。

(三)设置页眉/页脚

1.在“页面设置”对话框中,选择“页眉/页脚”选项卡,可以设置打印页面的页眉/页脚。

2.在此选项卡的样本框中显示当前的页眉和页脚,通过单击“页眉”或“页脚”下拉列表框的下三角按钮,就可以在下拉列表框中选择一种页眉或页脚的格式;也可以通过单击“自定义页眉”或“自定义页脚”,创建一个新的页眉或页脚的格式。

(四)设置工作表

1.在“页面设置”对话框中,选择“工作表”选项卡。

2.在此选项卡中可以设置打印区域、行列标题、打印方式和打印顺序。

二、打印预览

在将工作表打印输出之前,应该先进行打印预览,获得满意的预览效果后再进行打印,这样可以避免不必要的浪费。要进行打印预览,可以选择“文件→打印预览”菜单项或者单击工具栏上的“打印预览”按钮,屏幕上会弹出“打印预览的窗口”,如图 4-63 所示。

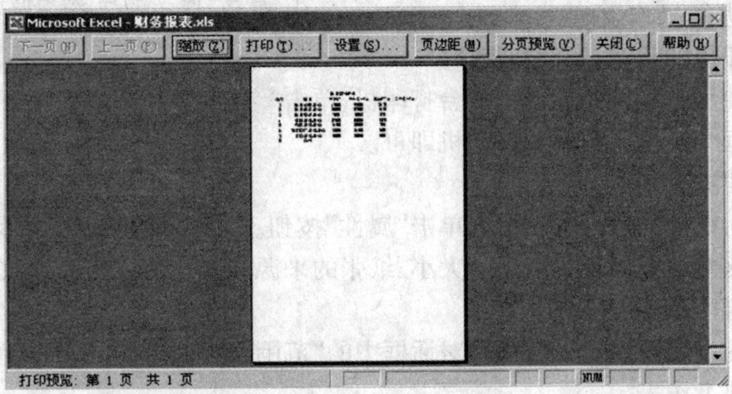

图 4-63　打 印 预 览

(一)放大预览

在进行打印预览时,鼠标指针呈放大镜状,此时在浏览的页面上单击,就可以实现页面的放大。要返回整页浏览,只需要再次单击页面即可。

单击打印预览窗口顶部的“缩放”按钮,可以使工作表在全页视图和放大视图之间进行切换。

(二)翻页预览

单击打印预览窗口顶部的“上页”与“下页”按钮(如果按钮呈灰色不可用状态,表示当前工作表只有一页),就可以进行向前或向后的翻页了。

如果想快速预览一个多页工作表,可以利用鼠标拖动窗口垂直滚动条,使窗口滚动。在滚动过程中,窗口的左下角会显示当前的页号,帮助用户进行定位。

(三)分页预览

单击打印预览窗口顶部的“分页预览”按钮,或在普通视图的“视图”菜单项中选择“分页预览”菜单项,即可切换到分页预览界面。在分页预览窗口中,白色区域为打印区域,灰色区域为非打印区域;实线为人工分页符,虚线为自动分页符。

如果想从分页预览返回到打印预览窗口,只需要单击工具栏中的“打印预览”按钮,使打印预览窗口顶部原来的“分页预览”按钮变成“普通视图”按钮。此时单击“普通视图”按钮,则又返回到工作表编辑状态。

三、打印输出

在获得满意的预览效果后即可进行打印输出。在“文件”菜单项中选择“打印”菜单项,屏幕将显示“打印”对话框,如图 4-64 所示。

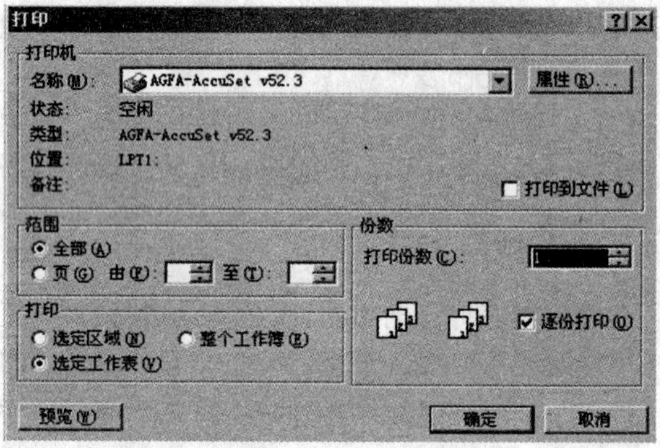

图 4-64 “打印”对话框

(一)设置打印机

打印机的设置包括选择打印机、设置打印机属性等。

1.选择打印机

打印机的选择在“打印”对话框的“打印机”框内进行操作,在这个框内显示了当前打印机的状态、类型和端口。

如果需要使用和主机相连的另一台打印机,单击“名称”下拉列表框的下三角按钮,在弹出的下拉列表框中单击所需要的打印机即可。

2.设置打印机属性

在“打印”对话框的“打印机”框内单击“属性”按钮,显示当前打印机以及打印机端口属性对话框。在该对话框中设置纸张的大小、纸张的来源和打印的方向等参数。

(二)设置打印范围

打印范围的设定可以通过“打印”对话框中的“范围”框和“打印”框的选项来设定设置。

1.打印当前工作表

单击“打印”对话框的“范围”框,选择“全部”单选按钮,然后单击“确定”按钮即可完成操作。

2.打印整个工作簿

要打印整个工作簿中的所有工作表,首先要打开工作簿中的一个工作表,然后在“打印”对话框的“打印”框中选择“整个工作簿”单选钮,再单击“确定”按钮即可完成操作。

3.打印工作表

要打印一个工作簿中的几个工作表,应先将这些工作表选到一个工作组中。操作步骤是,先单击选定一个工作表选项卡,然后按住 Ctrl 键,再单击选定其他准备打印的工作表选项卡,此时窗口标题栏的工作簿名后会显示“工作簿”字样;然后在“文件”菜单项中选择“打印”菜单项,在“打印”对话框的“打印”框中选择“选定工作表”单选项,单击“确定”按钮即可完成操作。

4.打印工作表的一部分

首先在工作表中选定要打印的区域,然后在“文件”菜单中选择“打印”菜单项,在“打印”对话框中选择“选定区域”单选钮,单击“确定”按钮即可完成操作。

5.打印部分页

打印部分页,先在“文件”菜单中选择“打印”菜单项,在“打印”对话框的“范围”框中选择“页”,再输入打印的起始页码和终止页码,单击“确定”即可完成操作。

(三)设置打印份数

在“打印”对话框“份数”框的“打印份数”输入框中输入要打印的份数。

如果要按整份的顺序打印,就要选中“逐份打印“复选框,否则将逐页打印,最后单击“确定”按钮即可完成操作。

第八节　宏 的 操 作

在 Excel 中,经常重复某项任务时,可以用宏将其变为可自动执行的任务。Excel 中的宏实际上是一组指令的集合。在 Excel 中使用宏,不仅可以使繁琐的任务简单化,还可以实现重复操作自动化。本章主要介绍创建宏程序和运行宏的方法。

一、创建宏

1.单击“工具→宏→录制新宏”菜单项,屏幕上会弹出如图 4－65 所示的“录制新宏”对话框。

2.在“宏名”文本框中,输入宏的名称。

3.如果要通过键盘快捷键运行宏,则需要在“快捷键”文本框中输入一个字母,或者按住 Shift 键再输入一个字母,这样就可以用 Shift + 字母的方式来运行宏了。

4.在“保存在”下拉列表框中选定宏所要保存的位置。

5.如果还需要包含宏的说明,在“说明”文本框中输入相应的文字。

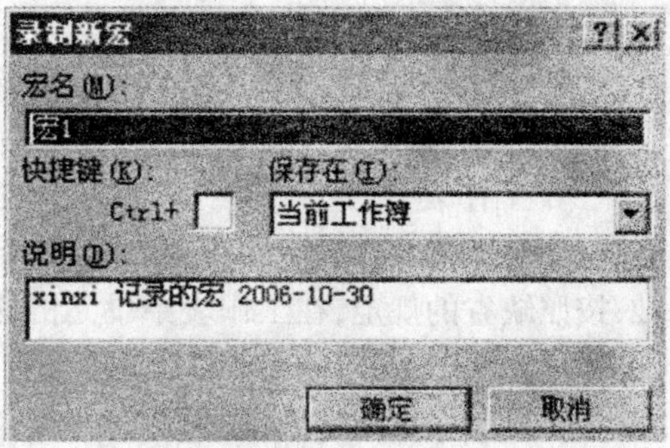

图 4－65　“录制新宏”对话框

6.单击“确定”按钮。如果在录制宏时选中了某些单元格,则该宏在每次运行时都将选中原来的这些单元格。如果要让宏在选择单元格时不考虑活动单元格的位置,则需要将宏设置成为记录单元格相对引用。单击“停止录制”工具栏上的“相对参考”按钮,Excel 将按照相对引用格式继续录制宏,直到退出 Excel 或再次单击“相对参考”按钮为止。

7.执行需要记录的操作。

8.单击“工具→宏→停止录制”菜单项,完成创建宏。

二、运行宏

创建宏以后就可以运行了。运行宏的步骤如下。

1.单击“工具→宏→宏…”菜单项,屏幕上会弹出如图4－66所示的“宏”对话框。

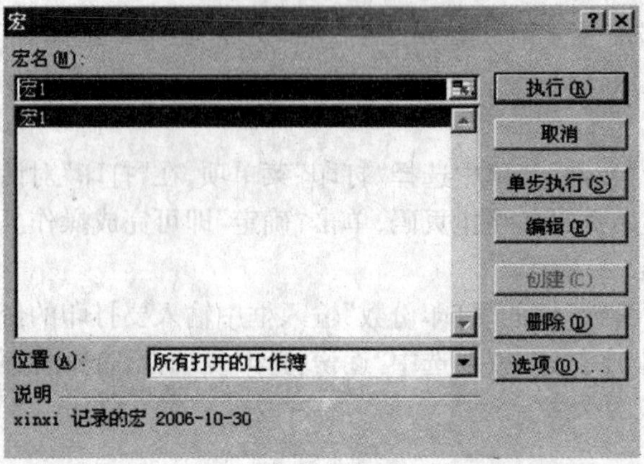

图4－66 “宏”对话框

2.在“宏名”文本框中输入需要运行的宏的名称,或者在下面的列表框中选择要运行的宏的名称。

3.单击“执行”按钮,完成宏的运行操作。

如果为宏指定了快捷键,那么只需按一下快捷键就可以了。如果要中断宏的运行,按Esc键。

习 题

一、选择题

1.通常一个Excel文件就是________,它是用来计算和存储数据的。

A.一个工作表　　B.一个工作表和一个统计图

C.一个工作簿　　D.若干个工作簿

2.按照缺省的规定,在工作表中单元格的数值数据在显示时________。

A.靠右对齐　　B.靠左对齐　　C.居中　　D.不定

3.为了复制一个工作表,用鼠标拖动该工作表选项卡到达复制位置的同时,必须按下________。

A.Alt　　B.Ctrl　　C.Shift　　D.Shift＋Ctrl

4.在工作表中调整单元格的行高可以通过用鼠标拖动________来实现。

A.列标左边的边框线　　B.列标右边的边框线

C.行号上面的边框线　　D.行号下面的边框线

5.在Excel工作表中,不正确的单元格地址是________。

A.C$66　　B.$C66　　C.C6$6　　D.$C$66

6.Excel中对指定区域(C2:C4)求平均值的函数是________。

A.SUM(C2:C4)　　B.AVERAGE(C2:C4)

C.MAX(C2:C4)　　D.MIN(C2:C4)

7.Excel 对工作表不能进行的操作是________。

A.恢复被删除的工作表　　B.修改工作表名称

C.移动和复制工作表　　D.插入和删除工作表

8.在进行分类汇总之前,必须对数据清单进行________。

A.查询　　B.排序　　C.筛选　　D.建立数据库

9.在 Excel 中做筛选数据操作后,表格中未显示的数据________。

A.已被删除,不能再恢复　　B.被隐藏起来,但未被删除

C.已被删除,但可以恢复　　D.已被放置到另一个表格中

10.Excel 程序启动后,自动打开一个名为________的文件。

A.Noname　　B.Book1　　C.Document1　　D.Untitled

二、填空题

1.在 Excel 中,新产生的工作簿窗口有________张工作表。

2.在 Excel 中,能表示从 B3 单元格到 F7 单元格的一个连续矩形区域的表达式是________________。

3.工作簿文件的扩展名是________________。

4.在使用 Excel 时,对数据清单进行分类汇总前,必须对汇总清单进行________操作。

5.在 Excel 中,要想快速查找数据清单中符合条件的记录,可以使用 Excel 提供的________________功能。

第五章　中文 PowerPoint 2000

主要内容　本章主要介绍 PowerPoint 2000 的窗口界面；使用 PowerPoint 创建、打开和保存幻灯片的方法；在幻灯片中插入多媒体对象，并对幻灯片中的文本、图片、表格进行编辑和设置放映方式的具体操作。

重点掌握　用 PowerPoint 2000 制作幻灯片的方法。

第一节　PowerPoint 2000 的介绍

PowerPoint 是一个功能强大的多媒体集成软件，主要用于幻灯片的制作和演示，使人们利用计算机可以方便地进行学术交流、产品演示、工作汇报和情况介绍。利用 PowerPoint 不仅可以制作出包含文字、图形、声音和各种视频图像的多媒体演示文稿，还可以创建高度交互式的演示文稿，并可以通过计算机网络进行演示。

一、PowerPoint 2000 的启动与退出

(一)启动 PowerPoint

1.如果桌面上有快捷图标，则双击该图标，即可启动 PowerPoint 2000。

2.如果桌面上没有快捷图标，则单击"开始→程序→Microsoft PowerPoint 2000"菜单项，即可启动 PowerPoint 2000，如图 5－1 所示。

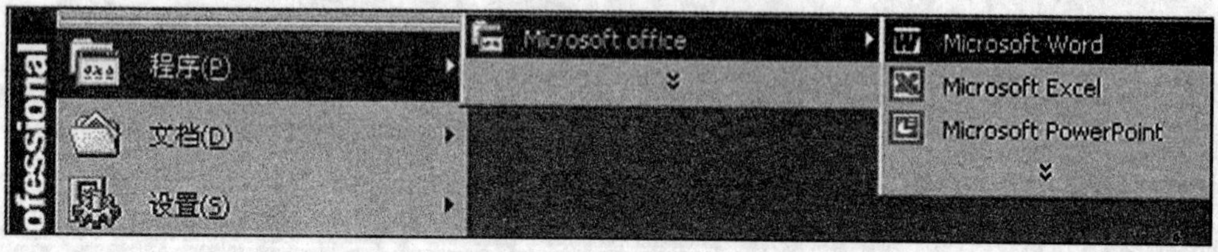

图 5－1　开始菜单的启动

(二)退出 PowerPoint

如果要退出 PowerPoint，可以使用下面四种方式。

1.单击 PowerPoint 2000 界面右上角的图标。

2.双击 PowerPoint 2000 界面左上角的图标。

3.当 PowerPoint 2000 工作窗口处于激活状态时，按下 Alt + F4 键，即可退出。

4.如图 5－2 所示，从菜单栏关闭窗口，可执行"文件→退出"菜单项。

二、PowerPoint 2000 中文版的用户界面组成

如果想熟练使用 PowerPoint 2000，必须了解它的操作界面。正常启动 PowerPoint2000 之

后，会出现如图 5－3 所示的界面，该界面包括三个部分，幻灯片窗格、大纲窗格和备注窗格。

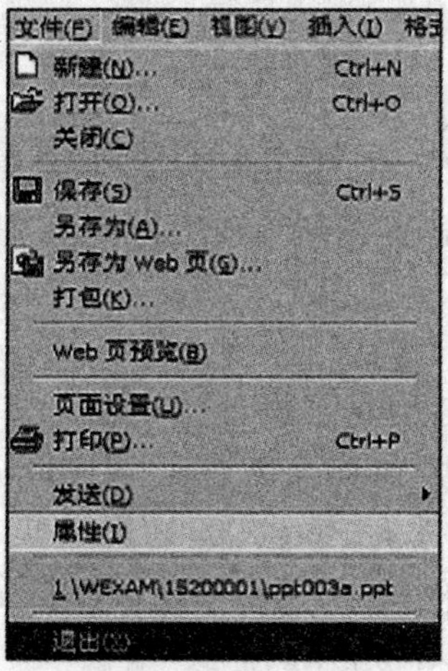

图 5－2　菜单栏关闭窗口

图 5－3　PowerPoint 2000 界面

（一）PowerPoint 2000 窗口

1.标题栏

标题栏位于窗口的最上方，它包含应用程序名“Microsoft PowerPoint”以及演示文稿名，还包括最大化、最小化和关闭按钮。

2.菜单栏

菜单栏位于标题栏下方。它包含了在 PowerPoint 2000 中工作所需的大部分命令，其中有一部分命令后有省略号(…)，执行这些命令时将出现对话框，由用户选择或键入有关参数。

3.工具栏

工具栏位于菜单栏下方或 PowerPoint 2000 操作界面底部。它包含了 PowerPoint 2000 中的常用操作命令，并以图形按钮的形式显示，以方便用户操作。如果要执行某个命令，只需单击相应的按钮即可。默认情况下，屏幕上会出现常用工具栏、格式工具栏和绘图工具栏。

4.状态栏

状态栏位于应用程序窗口的下端。在 PowerPoint 2000 的不同运行阶段，状态栏显示不同的信息。例如在普通视图中，状态栏左端将显示当前的幻灯片编号和总幻灯片数，状态栏右端将显示当前幻灯片所用模板的名字。

（二）演示文稿窗口

编辑和设计幻灯片的工作都要在这个窗口中进行。

（三）大纲窗口

大纲窗口有“大纲”和“幻灯片”两个选项卡，这也是 PowerPoint 默认的视图方式。

三、PowerPoint 2000 常用术语

（一）演示文稿

由 PowerPoint 2000 创建的文档称为演示文稿。它一般包括为某一演示目的而制作的幻灯片、演讲者备注和旁白等内容，它以.ppt 为文件扩展名进行保存。

（二）幻灯片

用户创建的演示单页称为幻灯片。它提纲挈领地描述了文稿的内容，是演示文稿的核心。事实上，演示文稿一般是在计算机屏幕上播放打印在纸上或制作在透明胶片上，真正制成幻灯片的并不多，这里只是借用“幻灯片”一词而已。

(三)演讲者备注和讲义

演示文稿中的每张幻灯片都有一张备注页，它包含该幻灯片的缩略图并提供给演讲者撰写备注的空间，演讲者可以在备注页上输入该幻灯片的解释说明等内容供演讲时参考。备注内容也可打印发给观众以帮助理解演讲内容。

(四)模板

模板是指预先定义好格式的演示文稿。PowerPoint 2000 提供了设计模板和内容模板。设计模板包括各种预定义的格式和配色方案，它支持用户自定义的文稿外观；内容模板提供了针对不同主题的建议内容，因此其内容受到一定的限制。PowerPoint 2000 还提供了一些预设动画效果的动画模板。应用模板可快速生成风格统一的演示文稿。用户可以自定义模板，或挑选另一种配色方案单独应用于个别幻灯片，以满足实际应用的需要。

(五) 母版

每个演示文稿都有一母版集合，幻灯片母版、讲义母版和备注母版。母版中的信息演示了文稿中共有的信息，包括文本格式、背景以及日期和页码格式等。改变母版中的信息，可以统一改变演示文稿的外观。例如用户可以把公司标记、产品名称或演讲等信息放到幻灯片母版中，使这些信息在每张幻灯片中以背景图案的形式出现。

(六) 版式

演示文稿中每张幻灯片都是基于某种自动版式创建的。用户在新建幻灯片时，可从 PowerPoint 2000 提供的多种自动版式中选择一种。每种版式预定义了新建幻灯片的各种占位符布局情况。占位符是指应用版式创建新幻灯片时出现的虚线方框。

1. 标题占位符　单击该占位符，可以输入幻灯片的标题。

2. 和 文本占位符　分水平文本和垂直文本两种格式。

3. 剪贴画占位符　双击该占位符，可插入系统剪辑库中的图片。

4. 表格占位符　双击该占位符，可以添加表格。

5. 图表占位符　双击该占位符，可以启动 Graph 应用程序创建图表。

6. 组织结构图占位符　双击该占位符，可以启动组织结构图应用程序，为幻灯片添加组织结构图。

7. 媒体剪辑占位　双击该占位符，可以从“Microsoft 剪辑库”对话框中选择所需的媒体插入到幻灯片中。

四、PowerPoint 2000 视图方式

PowerPoint 2000 提供了几种视图方式，让用户选择不同的视图方式观看自己设计的幻灯片。下面就各种视图的特征和适用方式逐一进行介绍。

(一)普通视图的作用

普通视图是主要的编辑视图，可用于撰写或设计演示文稿。进入普通视图的方法有两种。

1.单击水平滚动条左边的普通视图按钮，就可以切换到普通视图，如图 5－4 所示。

2.选择“视图→普通”菜单项，即可切换到普通视图。

普通视图主要由三个窗格组成，左侧为大纲/幻灯片切换窗格；右侧为幻灯片窗格；底部为备注页窗格。在大纲/幻灯片切换窗格中，当大纲选项卡被选中时，该窗格用于显示演示文稿的所有文本，用户可以在大纲选项卡内直接编辑文字内容，使得查找和编辑更加方便；当幻灯片选项卡被选中时，该窗格用于显示幻灯片缩略图，如果幻灯片中含有图形、表格或其他对象，使用这一种视图模式会比较方便。幻灯片窗格用于显示每张幻灯片的内容。备注页窗格用于添加演讲者的备注。

(二)大纲视图的作用

大纲视图由三个窗格组成，大纲窗格占据了窗口的大部分，以便编辑幻灯片中的文字，也可以重新组织段落及编辑其在幻灯片中的位置。单击水平滚动条左边的大纲视图按钮，就可以切换到大纲视图，如图 5－5 所示。

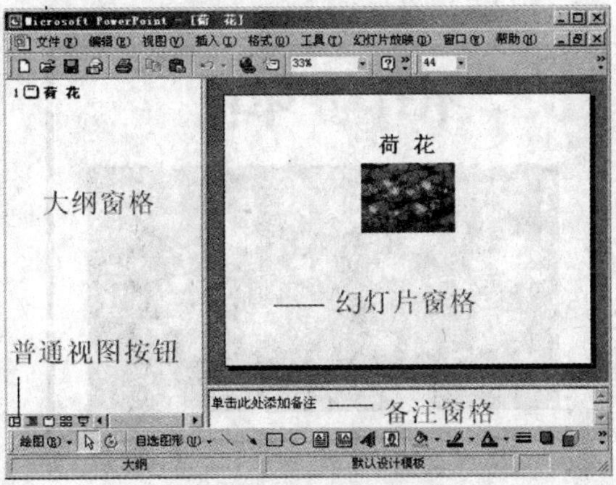

图 5－4 普 通 视 图

图 5－5 大 纲 视 图

(三) 幻灯片视图的作用

在幻灯片视图中，由于幻灯片占据了几乎整个窗口，可以更加清楚地查看幻灯片的整体外观，所以在幻灯片中添加图形、影片和声音，创建超级链接以及添加动画等操作都比较方便。

单击水平滚动条左边的幻灯片视图按钮，就可以切换到幻灯片视图，如图 5－6 所示。

(四)幻灯片浏览视图的作用

在幻灯片浏览视图中，可以从整体上浏览整套演示文稿的效果，浏览各幻灯片及其相对位置，并可以方便地进行幻灯片的复制和移动等操作。另外，对演示文稿进行整体编辑，还包括改变幻灯片的背景设计和配色方案、调整顺序、添加或删除幻灯片等，但不能编辑幻灯片中的具体内容，只能切换到普通视图中进行编辑。幻灯片浏览视图适于从整体上浏览和修改幻灯片效果。进入幻灯片浏览视图的方法有两种。

1.单击水平滚动条左边的幻灯片浏览视图按钮即可，如图 5－7 所示。

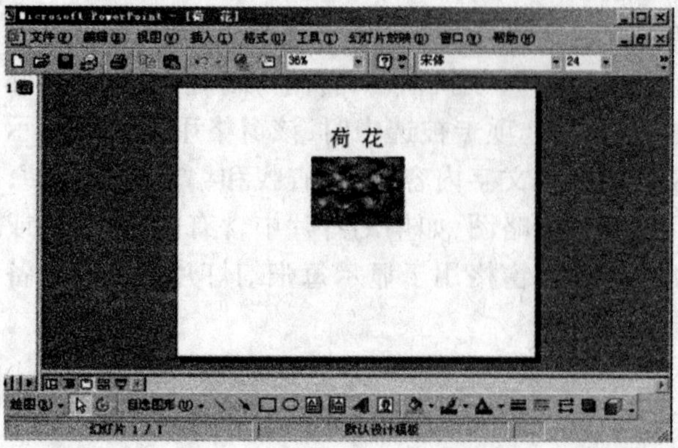

图 5-6 幻灯片视图

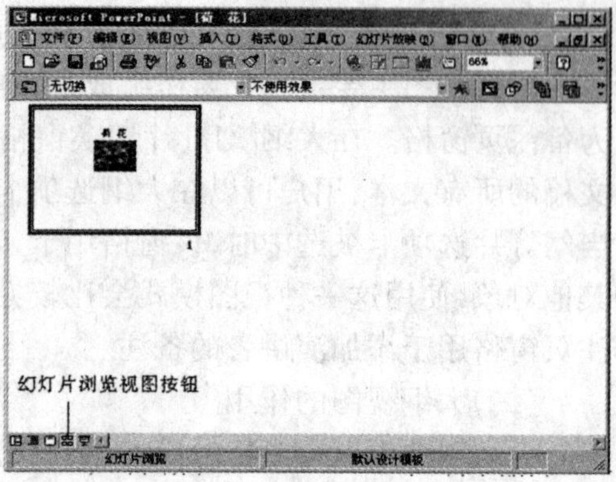

图 5-7 幻灯片浏览视图

2.选择“视图→幻灯片浏览”菜单项，即可切换到幻灯片浏览视图。

(五)幻灯片放映视图的作用

在创建演示文稿的任何时候，用户都可以通过单击窗口左下方的“从当前幻灯片开始放映”按钮或按下快捷键 F5 启动幻灯片放映视图来预览演示文稿。幻灯片放映视图并不显示单个的、静止的画面，而是以动态的形式显示文稿中各个幻灯片。幻灯片放映视图是演示文稿的最好效果，所以当演示文稿创建到一个段落时，可以利用该视图检查，从而可以对不满意的地方及时进行修改。进入幻灯片放映视图的方法有两种。

图 5-8 幻灯片放映视图

1.单击水平滚动条左边的幻灯片放映视图按钮即可，如图 5-8 所示。

2.选择“视图→幻灯片放映”菜单项，即可切换到幻灯片放映视图。

第二节 演示文稿的建立

PowerPoint 为用户提供了多种创建新的演示文稿的方法，用户可以根据“内容提示向导”提供的建议内容和设计方案逐步创建所需的演示文稿，也可以根据不带建议内容的设计模板创建新的演示文稿，还可以创建一个空白演示文稿。

启动 PowerPoint 时，屏幕上出现如图 5-9 所示的对话框。用户可以选择“内容提示向导”、“设计模板”或“空演示文稿”等方法来创建演示文稿。

一、使用“内容提示向导”创建演示文稿

利用 PowerPoint 2000 提供的“内容提示向导”，用户可以很容易地创建出所需的演示文

稿。“内容提示向导”不但可以帮助用户完成演示文稿相关格式的设置，还能够帮助输入演示文稿的主要内容。下面以“项目概况”为例，具体介绍使用“内容提示向导”创建演示文稿的操作过程。

1.启动 PowerPoint 2000，出现如图 5－9 所示的对话框，按下“内容提示向导”单选按钮，然后单击“确定”按钮。

2.启动“根据内容提示向导”后，在该对话框左侧列出了该向导的整个流程。

3.单击“下一步”按钮，在弹出的对话框中，可以选择演示文稿的类型。单击“项目”按钮，并选择“项目概况”类型。

4.单击“下一步”按钮，在弹出的对话框中，可以选择“屏幕演示文稿”来演示文稿样式，用以作为输出类型。

5.单击“下一步”按钮，在弹出的对话框中输入演示文稿的标题 “公司项目概况”。

6.单击“下一步”按钮，出现“内容提示向导”对话框。

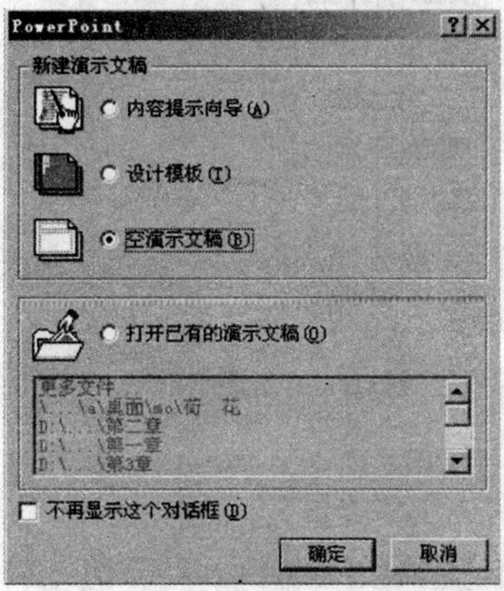

图 5－9　PowerPoint 启动对话框

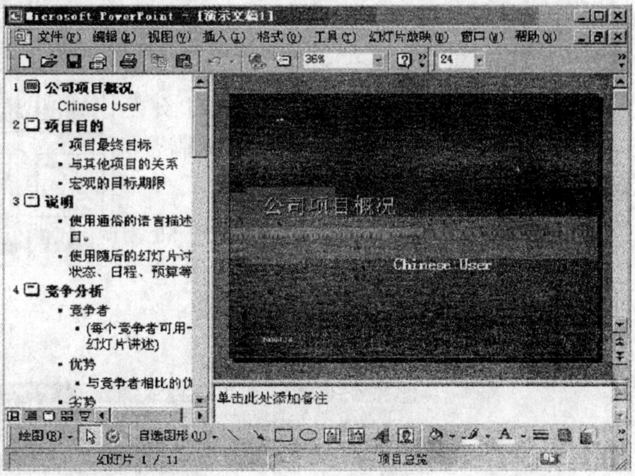

图 5－10　应用“内容提示向导”制作的演示文稿

7.单击“完成”按钮，即可完成演示文稿的制作，结果如图 5－10 所示。其中副标题是系统自动生成的，如果要更改，则直接在副标题处修改即可。如果要改变前面的设置选项，可以单击“上一步”按钮返回修改所需的选项。

使用“内容提示向导”制作的演示文稿，用户可以根据需要修改其中的内容，或者添加新的幻灯片，以得到自己所需的演示文稿。

二、使用“设计模板”创建演示文稿

设计模板是指已经设计好的幻灯片结构方案，它包括幻灯片的背景图像、文字结构、色彩配置等。PowerPoint 2000 为用户提供了大量的设计模板，用户可以把设计模板应用到幻灯片的创建中，具体操作步骤如下。

1.启动 PowerPoint 2000，出现如图 5－9 所示的对话框，选择“设计模板”按钮，然后单击“确定”按钮。

2.屏幕上出现“新建演示文稿”对话框，选择“设计模板”选项卡，屏幕上出现如图 5－11

所示的对话框。在文件列表中，选择"Artsy"模板，在右边的预览框中，显示该模板的样式。

3.单击"确定"按钮，屏幕出现如图5-12所示的"新幻灯片"对话框。

4.在"请选取自动版式"列表框中，任选一张幻灯片，单击"确定"按钮即可。

图5-11 "设计模板"选项卡

三、使用"空白演示文稿"创建演示文稿

创建空白演示文稿是创建演示文稿最简单的方法。采用这种方法创建的演示文稿，用户可以直接在上面进行编辑操作，随意发挥，例如添加所需要的背景、文字、声音、视频等效果，就可以得到完全个性化的演示文稿幻灯片。

1.启动 PowerPoint 2000，出现如图5-9所示的对话框，选择"空演示文稿"单选按钮，然后单击"确定"按钮。

2.在屏幕上出现"新幻灯片"对话框，选取一个自动版式，单击"确定"按钮即可完成操作，如图5-13所示。

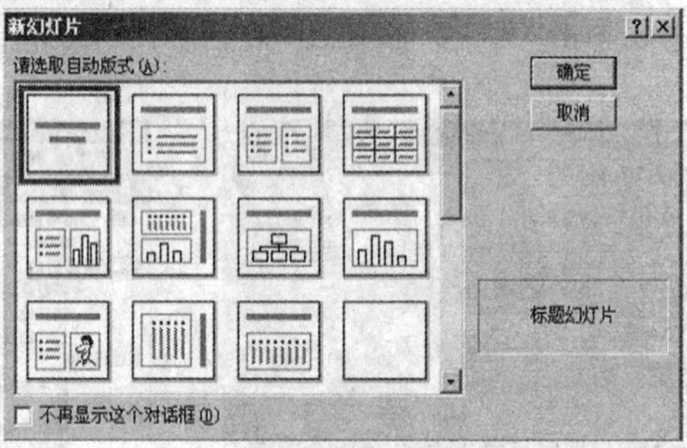

图5-12 "新幻灯片"对话框

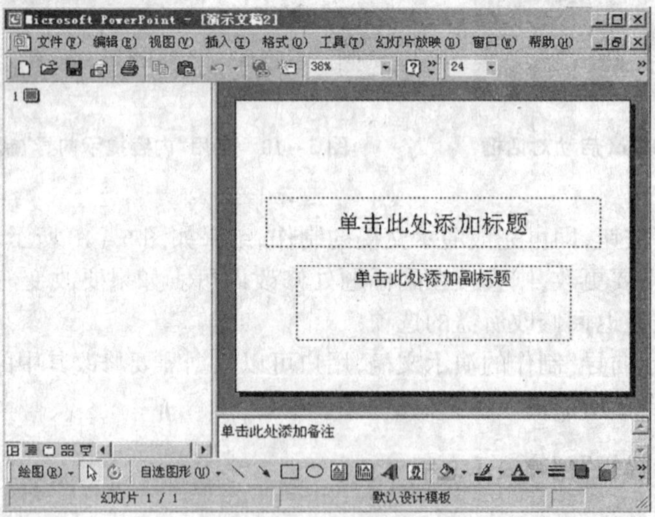

图5-13 创建的空白演示文稿

第三节 幻灯片的管理

一个演示文稿往往由多幅幻灯片组成。演示文稿建好以后，经常要对幻灯片的位置进行改动。本节介绍如何插入一张或多张幻灯片，怎样复制、移动幻灯片以及幻灯片的保存和打开。

一、选取幻灯片

1.选取单张幻灯片。只需在幻灯片浏览视图中单击该幻灯片即可。

2.选取多张连续的幻灯片。先单击第一张幻灯片的缩略图，使该幻灯片的周围出现蓝色边框，然后按住 Shift 键不放，再用鼠标单击最后一张幻灯片的缩略图即可完成操作。

3.选取多张不连续的幻灯片。先单击第一张幻灯片的缩略图，使该幻灯片的周围出现蓝色边框，然后按住 Ctrl 键不放，再用鼠标分别单击要选定的幻灯片的缩略图即可完成操作。

二、添加和删除幻灯片

(一)添加幻灯片

1.在演示文稿中，单击已选定的一张幻灯片(随后新建的幻灯片将插入到这张幻灯片之后)。

2.单击“插入→新幻灯片”菜单项或者单击“常用”工具栏中的“新幻灯片”按钮。

(二)删除幻灯片

1.如果要删除一张幻灯片，在大纲窗格中单击所要删除的幻灯片，再按 Delete 键即可。

2.如果要删除的是一组幻灯片，则只需按照前面介绍的方法选定这组幻灯片，再按 Delete 键即可。

三、移动幻灯片

移动一张幻灯片的最简单办法就是使用“拖放”操作。当然也可以使用“剪切”、“粘贴”命令或者相应的按钮来移动幻灯片。要使用拖放操作重新排列幻灯片的顺序，可按下面操作进行。

1.单击 PowerPoint 2000 窗口左侧水平滚动条左端的“幻灯片浏览视图”按钮，切换到幻灯片浏览视图，将鼠标指向所要移动的幻灯片。

2.按住鼠标左键并拖动鼠标，将插入标记移动到某两幅幻灯片之间。

3.释放鼠标，幻灯片就被移到了新的位置。

四、复制幻灯片

在制作演示文稿的过程中，可能有几张幻灯片的版式和背景等都是相同的，只是其中的部分文本不同而已。这时候可以插入该幻灯片的副本，然后在副本上进行修改。

(一)在幻灯片浏览视图中复制幻灯片

1.在幻灯片浏览视图中，选定要复制的幻灯片。

2.按住 Ctrl 键,然后按住鼠标左键拖动选定的幻灯片。

3.拖动时会出现一个竖直的插入点,表示选定幻灯片将要放置的新位置。

4.松开鼠标左键,再松开 Ctrl 键,选定的幻灯片被复制到目的位置。

(二)用"编辑→复制"菜单项复制幻灯片

1.在幻灯片浏览视图中,选定要复制的幻灯片。

2.点击"编辑→复制"菜单项,或者单击"常用"工具栏中的"复制"按钮。

3.将插入点移到要复制幻灯片的位置,选择"编辑→粘贴"菜单项,或者单击"常用"工具栏中的"粘贴"按钮即可完成操作。

五、保存演示文稿

(一)保存未命名的演示文稿

在第一次保存某个演示文稿时,必须给它指定一个名字,并且要指定把它保存到什么地方。保存未命名的演示文稿的具体操作步骤如下。

1.选择"文件→保存"菜单项或者选择"文件→另存为"菜单项,这时屏幕上出现如图 5-14 所示的"另存为"对话框。

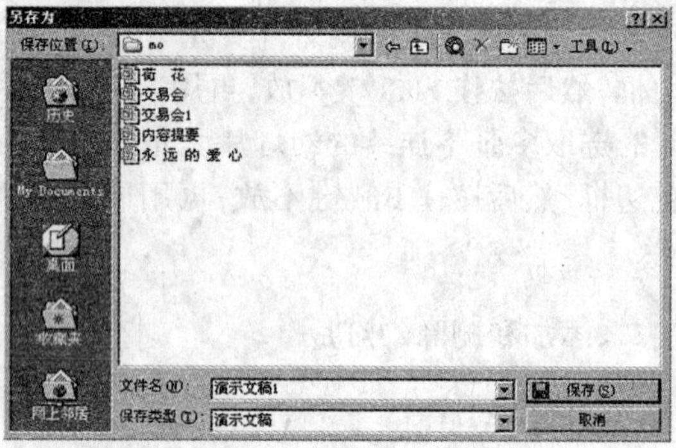

图 5-14 "另存为"对话框

2.在"文件名"框中,输入新的文件名"交易会"。如果用户熟悉文件夹的路径,可以在"文件名"框中输入路径和文件名,如"C:\Program Files\交易会.ppt"。

3.如果要在不同的文件夹中保存演示文稿,可以用鼠标单击"保存位置"列表框右边的按钮,从下拉列表中选择不同的文件夹,单击"保存"按钮,即可完成操作。

(二)保存已命名的演示文稿

给演示文稿命名之后,用户可以根据需要进一步对其操作。然而所作的修改并没有被保存,在退出 PowerPoint 之前,还必须对其进行保存。保存已命名的演示文稿的具体操作步骤如下。

1.选择"文件→保存"菜单项或者单击"常用"工具栏上的"保存"按钮,PowerPoint 就会保存当前的演示文稿。

2.如果要将该演示文稿保存到另外一个位置进行备份,选择"文件→另存为"菜单项,在屏幕上出现"另存为"对话框,输入新的文件名和保存的位置,然后单击"保存"按钮完成操作。

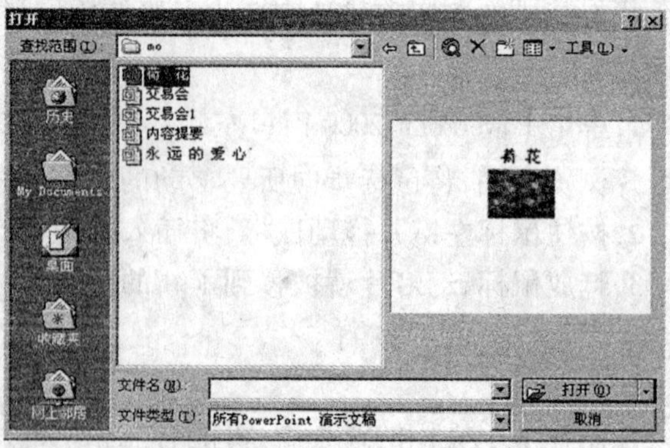

图 5-15 "打开"对话框

六、打开演示文稿

创建并保存一个演示文稿之后,需要将其打开,具体的操作步骤如下。

1.选择“文件→打开”菜单项或者单击“常用”工具栏上的“打开”按钮，屏幕上出现如图 5－15 所示的“打开”对话框。

2.在“打开”对话框中，用户可以选择所需的演示文稿并将其打开。

3.如果要打开最近使用过的演示文稿，只需在“文件”菜单底部的文件名列表中单击所打开的文件名即可，如图 5－16 所示。

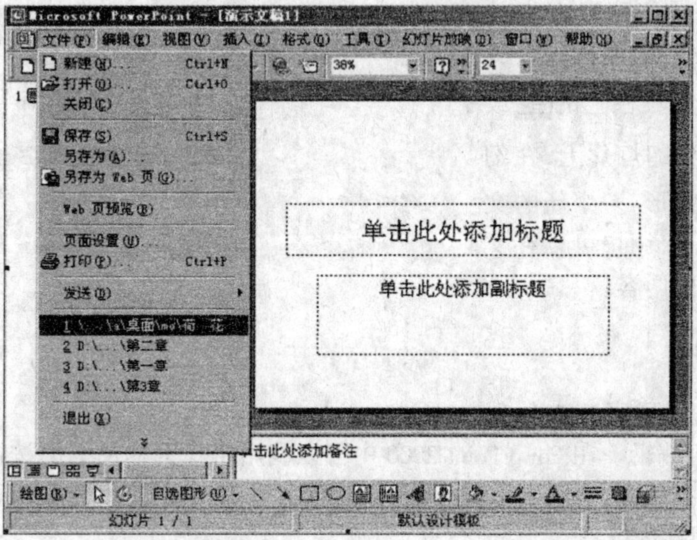

图 5－16 “文件”菜单底部打开演示文稿

第四节 幻灯片的内容和格式

在幻灯片预定的版式中，系统设置了各种字号及项目符号，我们可以改变这些文字的字体、字号，可以删除项目符号，也可以改变项目符号的形式，还可以插入表格、图表、图像等。

一、输入文本

在幻灯片中添加文本的方法有两种，一种是通过在幻灯片中的占位符输入文本；一种是通过添加文本框的方式添加文本。

(一)通过占位符输入文本

新建一张幻灯片时，首先单击“插入→新幻灯片”菜单项，插入一张新幻灯片，在“自动版式”中根据需要选择一种幻灯片的自动版式模型。选好后，PowerPoint 将为该幻灯片中的各个对象区域给出一个虚框，这些虚框称为“占位符”，如图5－17所示。

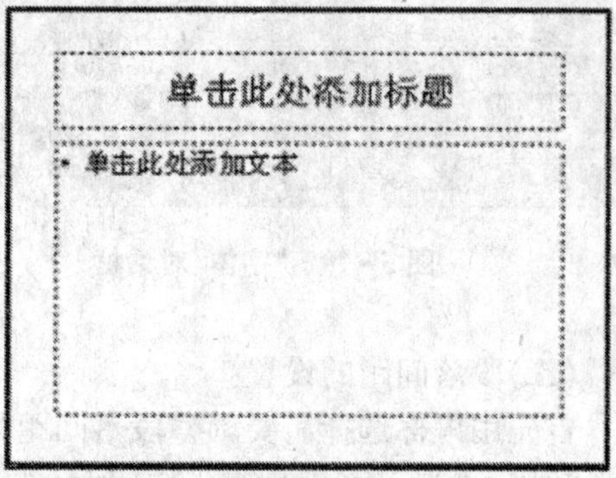

图 5－17 显示幻灯片

选择一种输入法。单击标题处的虚线框，出现空白文本框，在空白文本框中输入标题

"2000年高新技术产品交易会"，在副标题处添加标题为"承办单位：广视商品贸易公司"，如图5－18所示。

（二）通过添加文本框的方式添加文本

使用文本框功能可以在占位符以外的其他位置增加标识。方法是单击"绘图"工具栏上的或；将鼠标移动到幻灯片上，在幻灯片上拖出一个矩形，一个新的文本框就添加上去了，用户可以在文本框中输入相关的内容。

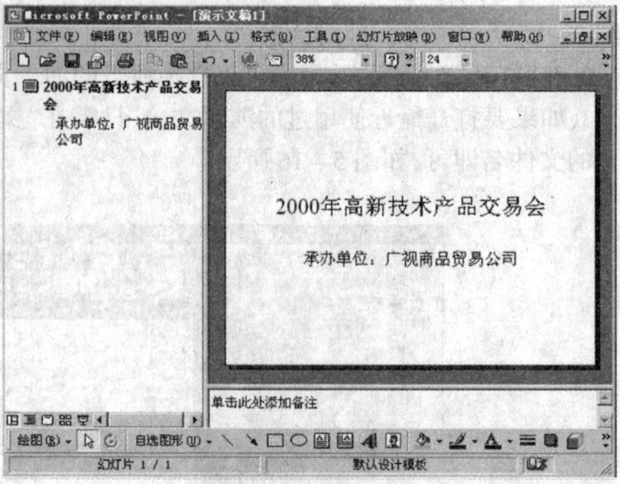

图5－18 添加标题

二、编辑文本

在幻灯片上创建完文本信息后，就要对其进行编辑。在PowerPoint 2000中可以利用格式工具栏上的按钮对文本的字体、字号和颜色等进行编辑，方法与前面介绍的在Word中编辑文本的方法相同。

（一）文本属性的设置

首先在文本框中单击文本框外框，然后用鼠标拖出一个矩形区域，则矩形区域内的文本被选中。选择文本后就可以对其进行文本属性设置，选择"格式→字体"菜单项，弹出图5－19所示的"字体"对话框，通过"字体"对话框对文本进行属性设置。

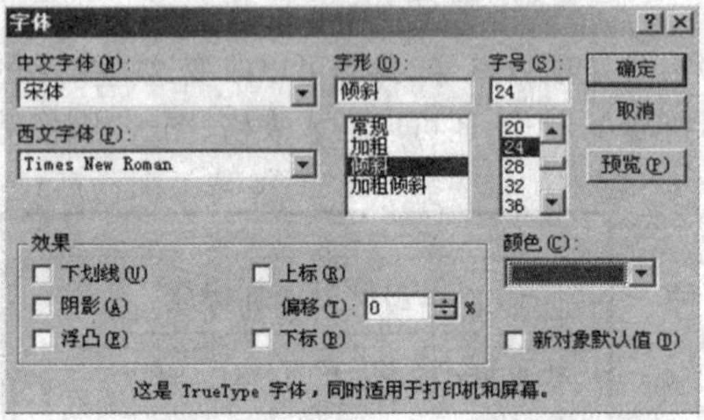

图5－19 "字体"对话框

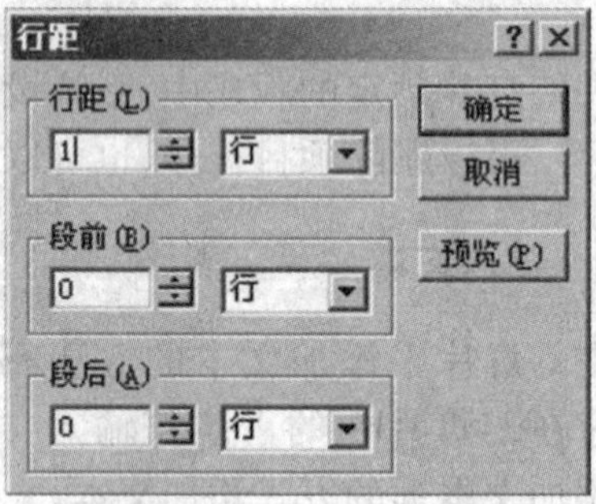

图5－20 "行距"对话框

(二)段落间距的设置

首先用鼠标选择需要调整段落间距的文本框，然后单击"格式→行距"菜单项，弹出如图5－20所示的"行距"对话框，在该对话框中利用"行距"栏中的微调按钮改变行距数值，或者直接在"行距"栏中输入数值即可。

(三)项目符号和编号的设置

1.添加和删除项目符号或编号

(1)系统自动生成　如果在正文项目框中输入文本信息，则在输入一条文本信息并键入回车后，系统自动在下一行再生成一个项目符号。

(2)人为设置　如果选择一个或多个段落，然后单击“常用”工具栏上的项目符号按钮或编号按钮，则所选段落被加上项目符号或编号。

2.更改项目符号和编号样式

(1)选择要更改项目符号或编好的对象，单击“格式→项目符号和编号”菜单项，弹出如图 5 - 21 所示的对话框。

(2)在对话框中选择所需样式，单击“确定”按钮即可完成操作。

3.取消项目符号和编号

取消项目符号或编号，只需在“项目符号和编号”对话框的“项目符号项”中选择“无”复选框即可完成操作。

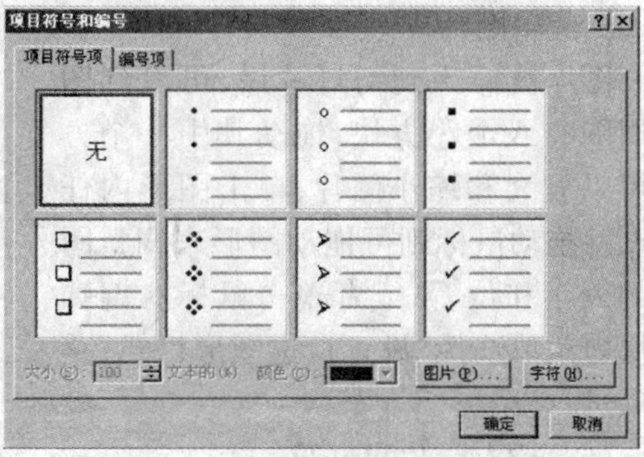

图 5 - 21　“项目符号和编号”对话框

三、插入对象

为了使演示文稿更出色，往往需要给幻灯片插入图片、声音和表格等对象。

(一)插入和编辑图片

1.插入剪贴画

首先选择一张需要插入图片的幻灯片，单击“插入→图片→剪贴画”菜单项，屏幕会显示“插入图片”对话框，在对话框中打开一个图库文件夹，从中选择一个图片文件，然后单击“插入”按钮。

2.插入文件中的图片

首先选择一张需要插入图片的幻灯片，单击“插入→图片→来自文件”菜单项，屏幕会显示“插入图片”对话框，从中选择一个图片文件，然后单击“插入”按钮。

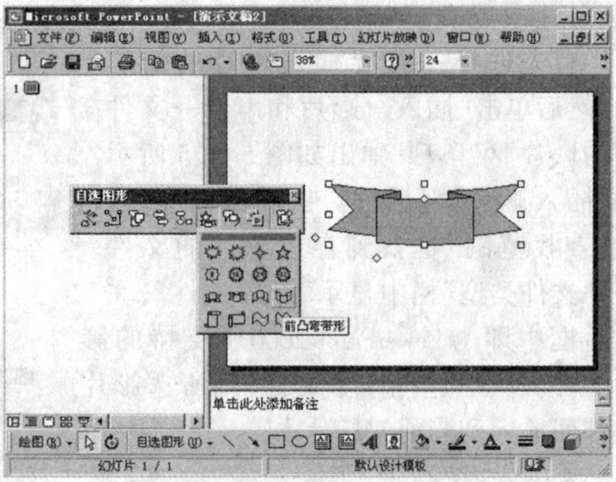

图 5 - 22　“自选图形”工具栏

3.插入自选图形

首先选择一张需要插入图片的幻灯片，单击“插入→图片→自选图形”菜单项，屏幕会显示“自选图形”工具栏，如图 5 - 22 所示。

4.插入艺术字

首先选择一张需要插入艺术字的幻灯片，单击“插入→图片→艺术字”菜单项或者单击“绘图”工具栏上的“插入艺术字” 按钮，弹出如图5 - 23所示的对话框。里面列出了 30 种艺术字格式，有横着排的，也有竖着排的，对话框的最后一列就是竖排艺术字格式，双击其中的一种，打开“编辑‘艺术字’文字”对话框，在对话框中可以输入要做成艺术字的文字，并设置文字的字体、字号等格式。此处输入“中国人民站起来了”八个字，设置为“宋体”，35号字，最后单击“确定”按钮，艺术字出现在窗口里，如图5 - 24所示。

如果要对所插入的艺术字进行格式设置，可以通过“艺术字”工具栏对其进行文字编辑、更换样式、设置格式、改变形状等操作。

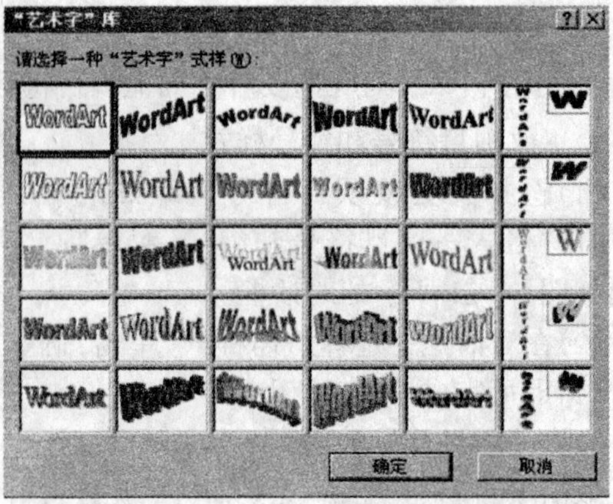

图 5－23 “艺术字库”对话框

5.编辑图片

图片被插入到幻灯片后，可看到图片周围有八个小方块，拖动其中一个方块可以放大和缩小图片，单击图形内任一点并拖动鼠标则可拖动图形来调整图片的大小和位置；或者单击鼠标右键弹出快捷菜单选择“设置自选图形格式”菜单项进行设置。

(二)插入影片和声音

在幻灯片中插入影片和声音的过程与插入图片的过程相似，在“插入→影片和声音”菜单项中，可以插入剪辑库中的影片和声音，也可以插入文件中的影片和声音，还可以插入 CD 音乐等。

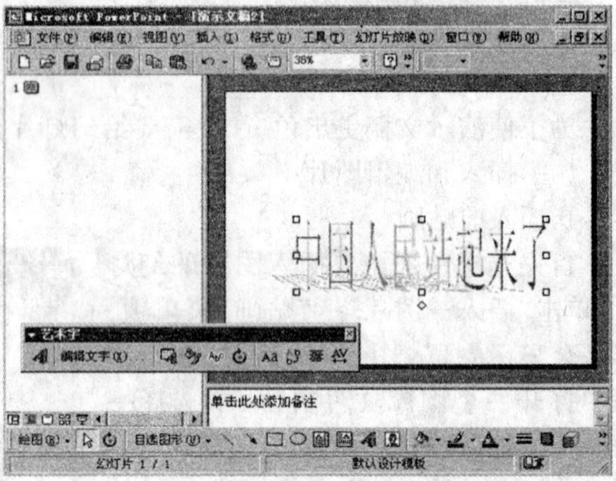

图 5－24 插入“艺术字”

1.插入影片

首先选择一张要插入影片的幻灯片，然后单击“插入→影片和声音→文件中的影片”菜单项，弹出如图 5－25 所示的“插入影片”对话框。在对话框中，通过“查找范围”框找到存放影片的文件夹，“文件类型”栏中显示“影片文件”，在对话框中即为 PowerPoint 2000所支持的影片文件。从中选择一个文件，则所选影片文件便插入到当前幻灯片中。

图 5－25 “插入影片”对话框

2.插入声音

插入文件中的声音操作与插入文件中的影片操作相同。在幻灯片播放状态下，单击所显示幻灯片中的声音图标，声音即可播放。在一般情况下，当声音对象播放结束后，声音便消失。但是如果是循环播放，则要按 Esc 键或切换到另一张幻灯片后才能停止播放。

3.插入 CD 音乐

在幻灯片中可以插入声音文件，可是这需要占用非常大的存储空间，而且音效也不好。在 PowerPoint 2000 中可以直接插入和播放 CD 唱片，其操作步骤如下。

(1)选择一张要插入 CD 音乐的幻灯片。

(2)单击“插入→影片和声音→播放 CD 音乐”菜单项，出现如图 5－26 所示的“插入 CD 音乐”对话框，选择开始和结束的曲目，如果希望循环播放，可以选中“循环播放，直到停止”复选框。

(3)在“影片和声音选项”对话框中，设置曲目播放的开始和结束磁道、第一首乐曲的开始位置和最后一首乐曲的结束播放位置。

(4)单击“确定”按钮，此时将弹出提示对话框，提示是在幻灯片放映时自动播放声音，还是在单击鼠标时播放声音。

(5)选择结束后，即可在幻灯片中插入 CD 乐曲，效果如图 5－27 所示。

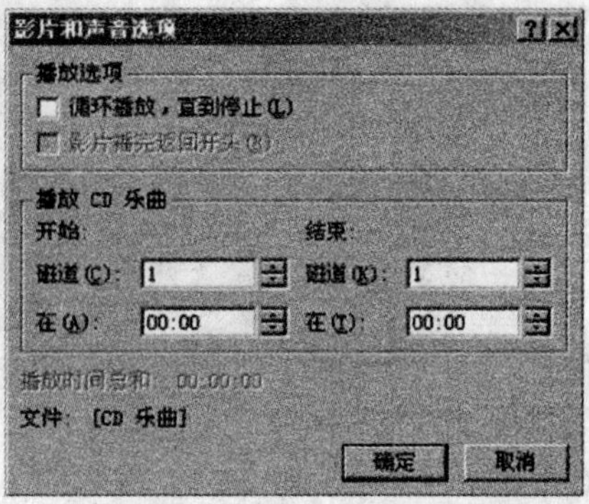

图 5－26 “插入 CD 音乐”对话框

(三)插入图表和表格

由于 PowerPoint 是 Office 的一族，因此在幻灯片中插入数据图表和表格的操作与 Excel 中的操作相似，下面简要介绍在幻灯片中插入图表和表格的操作步骤。

图 5－27 插入 CD 音乐后最终效果

1.插入图表

(1) 选择一张要插入图表的幻灯片。

(2)单击“插入→图表”菜单项，弹出如图 5－28 所示的对话框。

(3)对数据表中原有的样本数据进行修改，在单元格中输入数据，以及对数据进行编辑修改等。

(4)修改完数据表以后，单击“图表→图表类型”菜单项，在该对话框中选择所需要的图表类型。此步操作与 Excel 操作相同。

(5)单击“确定”按钮后，进一步设置图表选项，单击“图表→图表选项”菜单项，在该对话框中进行图表选项设置。

(6)最后单击“确定”按钮，完成操作。

2.插入表格

(1) 选择一张要插入图表的幻灯片。

(2)单击“插入→表格”菜单项或者单击“常用”工具栏上的“插入表格”按钮，如图 5－29 所示。

(3)插完表格后，“表格和边框”工具栏显示出来，利用该工具栏中的工具可以对所插入的表格进行修改和编辑，最终效果如图 5－30 所示。

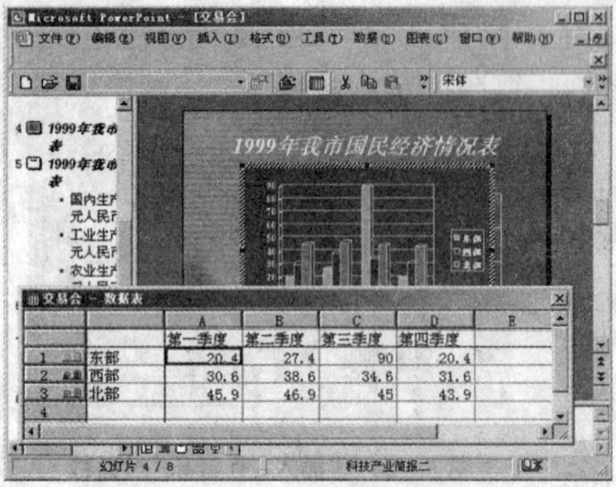

图 5－28　在幻灯片中插入数据图表

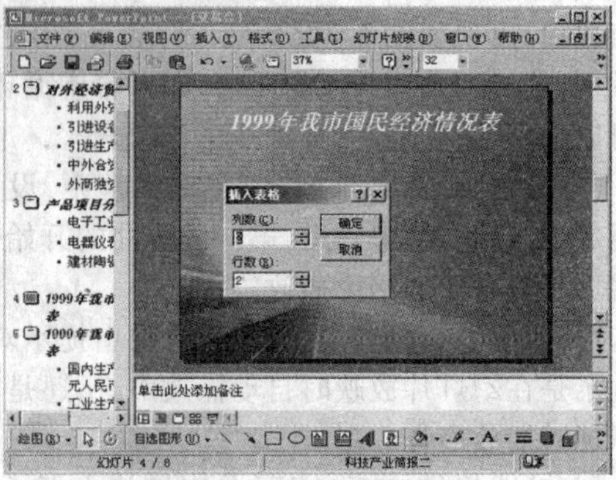

图 5－29　插 入 表 格

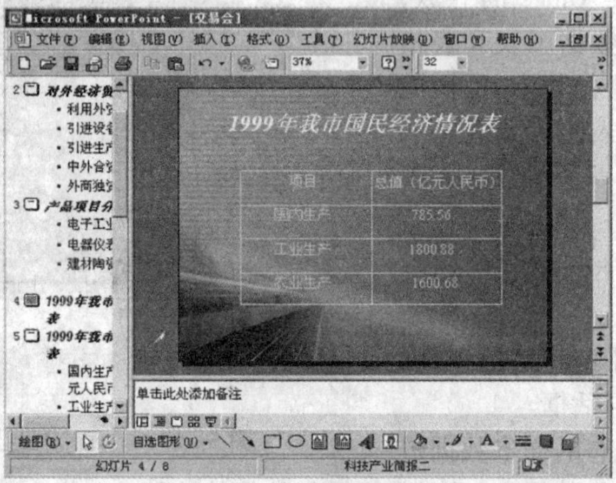

图 5－30　最终效果图

第五节　演示文稿外观的设置

为了使演示文稿在播放时更能吸引观众，针对不同的演示内容、不同的观众对象，使用不同风格的幻灯片外观，是十分重要的。PowerPoint 提供了三种可以控制演示文稿外观的途径，母版、配色方案和应用设计模板。本节介绍怎样使用母版控制幻灯片的统一外观，怎样选用配色方案及添加配色方案，如何给一个空白演示文稿添加设计模板，以及怎样改变演示文稿现有的设计模板。

一、设置母版

所谓幻灯片母版，就是在其上可为除标题幻灯片（由标题母版控制）外的所有幻灯片设置默认版式和格式。下面的例子利用幻灯片母版为第一节"交易会"示例中所创建演示文稿的每一张幻灯片(标题幻灯片除外)插入一张图片。

(一)设置母版

单击“视图→母版→幻灯片母版”菜单项,此时屏幕会显示母版标题样式,如图 5－31 所示。图中每一个虚线框内的提示文字并不会真正显示,每一个虚线框都可以通过单击,利用格式工具栏中的相应按钮或“格式”菜单中的相应命令对文本的格式进行设置。

在图 5－31 中的幻灯片母版包括标题样式、文本样式、日期区、页脚区和数字区共 5 个样式区。

标题样式　通过设置该区域中的文本,会使所有幻灯片标题中文本的字体、字号、颜色、样式、对齐方式等与所设置相统一。

文本样式　通过设置该区域中 5 个层次的文本,使所有幻灯片中相应层次文本的字体、字号、颜色、样式、对齐方式等与所设置内容相统一。如果改变项目符号或编号,则工具栏中的项目符号按钮和编号按钮将把其作为默认方式。

日期区　在此处添加日期会在每一张幻灯片的相应位置反映出来。

页脚区　在此处添加内容会在每一张幻灯片中的相同位置显示。

数字区　用于确定页码及其格式。

(二)编辑母版

编辑幻灯片母版与编辑幻灯片的操作很相似。可以给各个区域中的文本设置属性,也可以移动各个对象,还可以添加删除对象。例如在母版中插入剪贴画,步骤如下:

单击系统底部绘图工具栏上的“插入剪贴画”按钮;然后在弹出的“插入剪贴画”对话框类别中选取“办公室”,再选择一幅图画插入,适当调整图片的大小和位置,如图 5－32 所示。

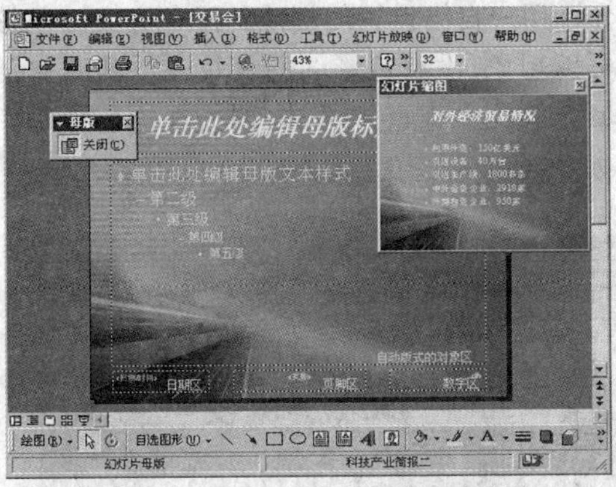

图 5－31　幻灯片母版图

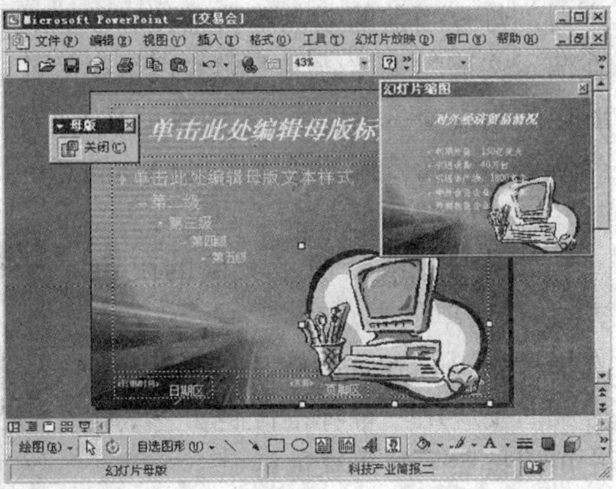

图 5－32　在母版中插入剪贴画

切换到幻灯片浏览视图,会发现除标题幻灯片外,其他每张幻灯片均插入了同一张图片,从而保证了整个演示文稿具有风格统一的外观,如图 5－33 所示。

(三)设置与母版不同的幻灯片

如果要将某些幻灯片与母版设置得不同时,其操作步骤如下(图 5－34)。

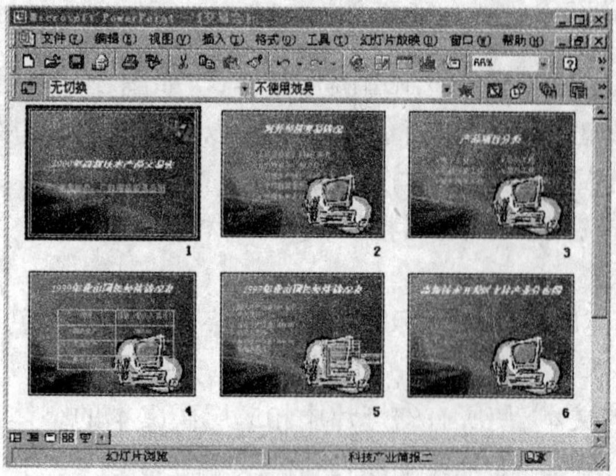

图 5－33　设置母版后的结果

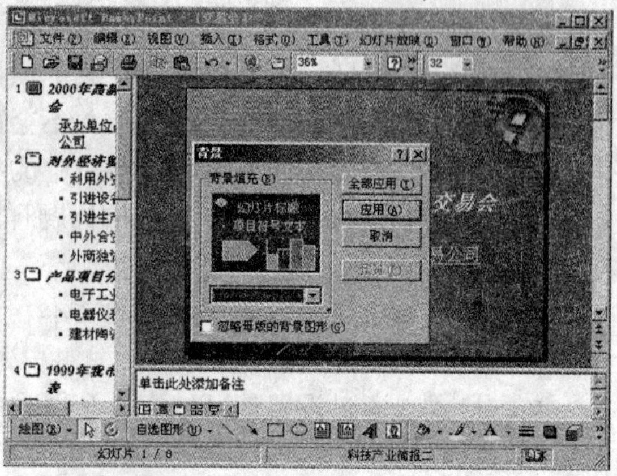

图 5－34　更换幻灯片的背景

1.选择一个要更换背景的幻灯片，单击鼠标右键弹出快捷菜单，在快捷菜单中选择“背景”命令。

2.在“背景”对话框中，单击下拉箭头，从中选择一种颜色或填充效果作为幻灯片的背景。

3.选择“忽略母版背景图形”复选框，使母版的背景图形不在该幻灯片中出现。

4.单击“应用”按钮，所选背景应用到当前幻灯片中，其他幻灯片的背景不会改变。

二、改变配色方案

所谓配色方案，就是指一组可以预设背景、文本、阴影、填充等多种颜色的组合。如果用户对幻灯片当前的颜色不满意，PowerPoint 2000 允许用户自己设置幻灯片的配色方案。色彩在演示文稿的整体效果中起着很重要的作用。可以想象，没有色彩的幻灯片在放映时肯定难以吸引观众，因此为演示文稿的文本、背景和填充等配上丰富多彩、协调美观的色彩是相当重要的。而使用配色方案可得到满意的效果。

(一)标准配色方案

如果想要改变演示文稿的配色方案，最简单的办法就是为演示文稿选择一种 PowerPoint2000 的标准配色方案。要应用一种标准配色方案，用户可以按照下述步骤进行。

1.首先选择要应用配色方案的幻灯片。

2.选择“格式→幻灯片配色方案”菜单项，屏幕上出现如图 5－35 所示的“配色方案”对话框。

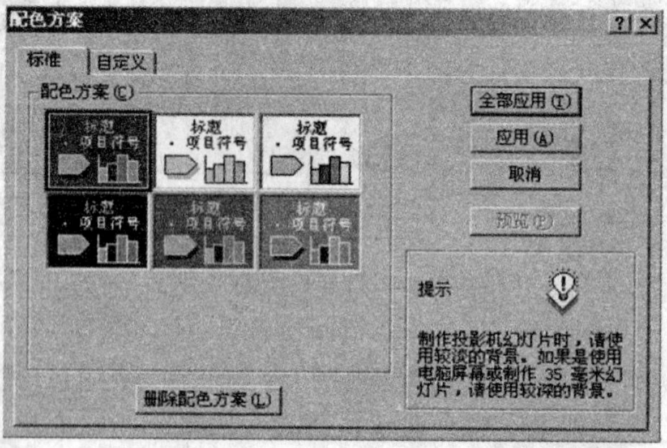

图 5－35　“配色方案”对话框

3.从“配色方案”的“标准”选项卡中，选择一种配色方案。

4.如果要观看配色方案的预览，单击“预览”按钮，就可以看到幻灯片上出现的色彩变化;如果要将配色方案应用于当前选定的幻灯片,单击“应用”按钮;如果要应用于所有幻灯片,单击“全部应用”按钮即可完成操作。

(二)自定义配色方案

如果原有的配色方案无法满足使用要求,此时用户可以自定义配色方案,其具体操作步骤如下。

1.选择“格式→幻灯片配色方案”菜单项,屏幕上出现图 5-35 所示的“配色方案”对话框。

2.单击“标准”选项卡,可以选择一种最接近要求的配色方案。也可以单击“自定义”选项卡,屏幕上出现如图 5-36 所示的对话框,在“配色方案颜色”框中列出了 8 种可供选择的颜色项目。

3.在“配色方案颜色”框中,选择要更改的颜色方块,例如单击“背景”,然后单击“更改颜色”按钮,屏幕上出现“背景颜色”对话框。

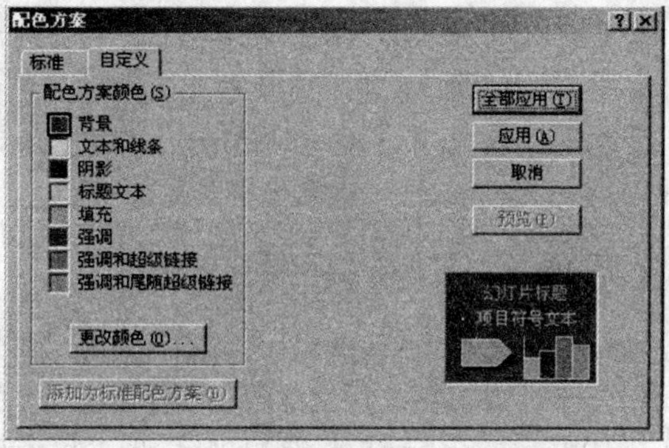

图 5-36 “配色方案”对话框中“自定义”选项卡

4.在“背景颜色”对话框中,单击“标准”选项卡,直接从调色板中选择所需的颜色,或者单击“自定义”选项卡,调配自己所需要的颜色,然后单击“确定”按钮。

5.如果要将配色方案连同演示文稿一起存盘,单击“添加为标准配色方案”按钮。

6.如果要将新的颜色应用到当前幻灯片中,单击“应用”按钮;如果要将新的颜色应用到所有的幻灯片中,单击“全部应用”按钮即可完成操作。

三、应用设计模板

所谓设计模板,就是指幻灯片的底色、背景图案、配色方案等,它对整个演示文稿的外观起作用。一旦选定了一种设计模板,则所有的幻灯片都要遵从这种模板的样式。

(一)改变设计模板

如果用户对演示文稿的模板不满意,可以根据自己的需要更换新的设计模板,其操作步骤如下。

1.选择准备要更新设计模板的幻灯片。

2.在幻灯片视图模式下,选择“格式→应用设计模板”菜单项,屏幕上出现如图 5-37 所示的“应用设计模板”对话框。

3.为了能够预览每一种设计模板的外观样式,单击对话框顶部“视图”按钮右边的向下箭头,从下拉菜单中选择“预览”命令。

4.在“应用设计模板”对话框中选择所需要的模板后单击“应用”按钮;或者直接双击选中的模板。图 5-38 所示为应用了新设计模板的幻灯片。

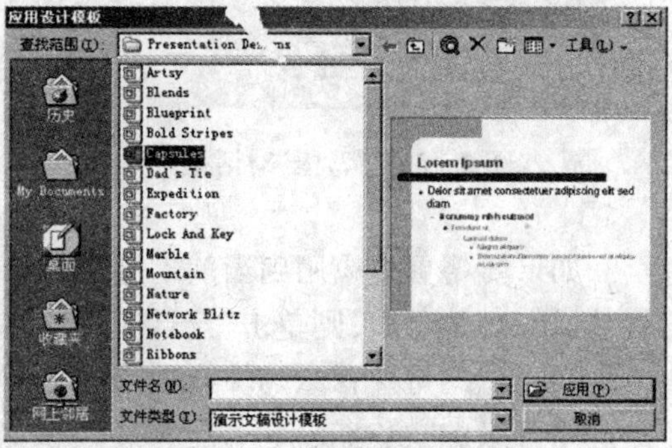

图 5-37 “应用设计模板”对话框

（二）创建一个新的设计模板

1.选择一份现有的演示文稿或者单击"文件→新建"菜单项，在"新建演示文稿"对话框中选择一个模板，新建一份演示文稿。如果利用现有的演示文稿，则需要将原有演示文稿中不必要的文字、图形等删除。

2.为当前演示文稿中的幻灯片调整配色方案。

3.进入母版编辑状态，添加相关文字说明和各种对象，调整项目符号和字体外观等。

4.退出母版编辑状态后，利用"文件→另存为"菜单项将其保存。

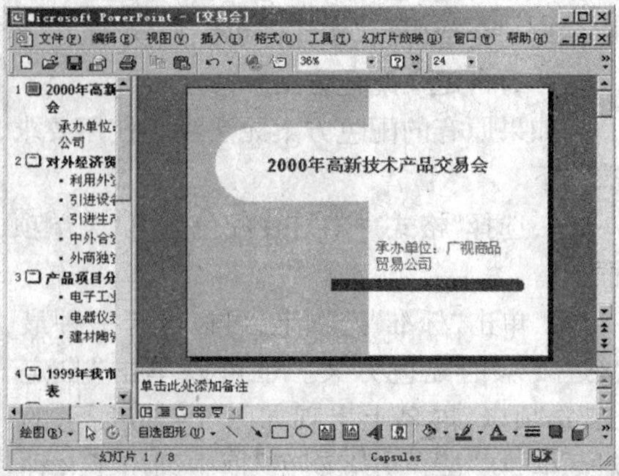

图 5－38　应用新的设计模板

四、设置幻灯片背景和填充效果

在演示文稿中更改幻灯片的背景颜色或图案，可以增强艺术效果。

（一）设置幻灯片背景颜色

1.单击"格式→背景"菜单项，屏幕上出现如图 5－39 所示的"背景"对话框。

2.单击"背景填充"区域下方列表框右边的下拉箭头，从下拉列表中选择所需的选项。如果所要更改的背景色为配色方案中的颜色，请单击"自动"下的 8 种颜色。如果所需颜色不在配色方案中，只要单击"其他颜色"，打开图 5－40 所示的"颜色"对话框。单击"标准"选项卡，选择所需的颜色，或者单击"自定义"选项卡，调配自己所需的颜色。

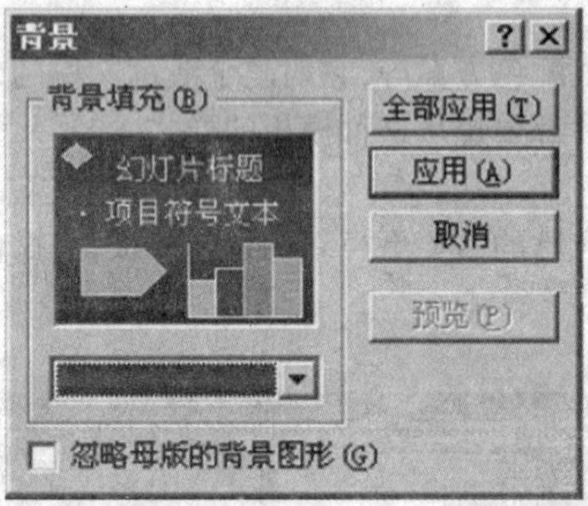

图 5－39　"背景"对话框

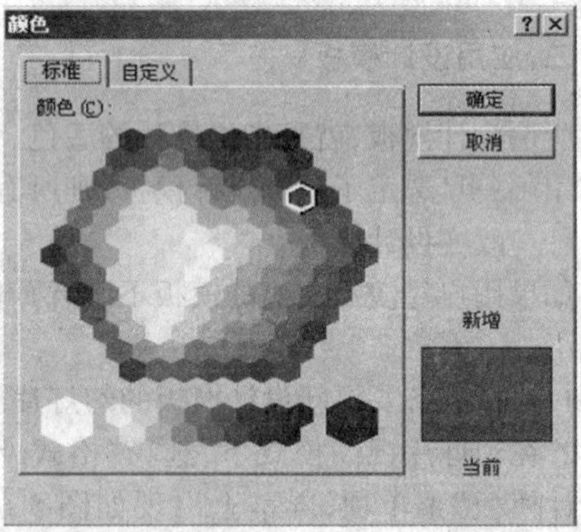

图 5－40　"颜色"对话框

3.如果要将更改应用到当前幻灯片，则单击"应用"按钮。如果要将更改应用到所有的幻灯片或幻灯片母版，则单击"全部应用"按钮。

（二）设置幻灯片背景的填充效果

利用背景的"填充效果"功能，可以使幻灯片呈现出更引人注目的效果。如果要设置幻灯片的填充效果，可以按照下述步骤进行。

1.在幻灯片视图或母版中,单击“格式→背景”菜单项,屏幕上出现如图 5-39 所示的“背景”对话框。

2.单击“背景填充”区域下方列表框右边的下拉箭头,从下拉列表中选择“填充效果”,如图 5-41 所示。

(1)选择“过滤”选项卡,在该对话框中可以设置幻灯片背景的过渡效果。

(2)选择“纹理”选项卡,在该对话框中可以设置幻灯片背景的纹理效果。

(3)选择“图案”选项卡,在该对话框中可以设置幻灯片背景的图案效果。

(4)选择“图片”选项卡,在该对话框中可以指定一张图片作为幻灯片背景。

3.设置完毕后,单击按钮返回到“背景”对话框中。

4.如果要将更改应用到当前幻灯片,单击“应用”按钮。如果要将更改应用到所有的幻灯片或幻灯片母版,单击“全部应用”按钮。

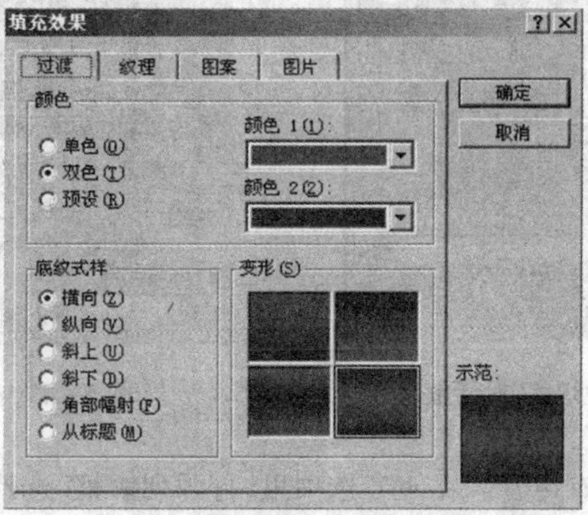

图 5-41 “填充效果”对话框

第六节 幻灯片的放映

要创建一份结构清晰、布局合理、画面美观的演示文稿,需要合理的放映方式来展示其效果。介绍本节主要介绍如何获得一个好的放映效果,包括设置幻灯片的切换方式、设置动画幻灯片、创建交互式放映等。

一、设置幻灯片切换方式

切换是一种加在幻灯片之间的特殊效果。在放映文稿的过程中,由一个幻灯片进入另一个幻灯片时,切换可以使幻灯片以多种不同的方式出现在屏幕上,并且可以在切换时添加声音效果,其操作步骤如下。

1.在幻灯片浏览视图中,选中要设置切换效果的幻灯片。

2.单击“幻灯片放映→幻灯片切换”菜单项,屏幕上弹出如图 5-42 所示的“幻灯片切换”对话框。

3.这些选项现在处于不可选状态,所以是虚的。它们表示的是切换速度及应用范围,如果给幻灯片定义了切换,或是设置了切换声音,它们就会变成可选状态,就能看清了。在“效果”选项组中单击下拉箭头，打开下拉列表框，里面列出了四十多种切换效果。

4.选取一种切换方式，图5－43中上面的小图已经把效果显示出来了。

5.如果还没看清效果，就再点一下上面的图片，效果就又演示一遍。此时下面的切换速度已经变成可选状态了。选一下“中速”，再选一下“快速”，效果是不一样的。如果不进行设置，缺省状态为“单击鼠标换页”，也就是在幻灯片放映过程中，单击一下鼠标，幻灯片就换到下一页，同时显示换页效果；如果在复选框上点一下，取消了“单击鼠标换页”，那在放映幻灯片时，单击一下鼠标，幻灯片就不会换到下一页。还可以不用任何操作，就换到下一页。选取换页方式中的每隔，然后在下面的文本框中输入一个时间，如输入2，那么放映幻灯片时，每隔2秒钟它就会自动切换到下一页。

图5－42 “幻灯片切换”对话框

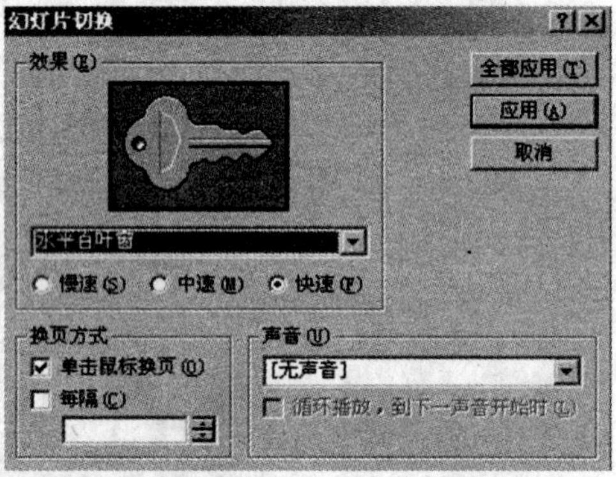

图5－43 选取切换效果种类

6.在换页时，还可以有声音。在声音选项里，打开列表框，选择“幻灯机放映”声音，那么每次换页时，都会听见这个声音，就像真的幻灯机在放映。

7.如果想当前所设置的幻灯片切换效果，单击“应用”按钮；如果想将切换的效果应用到所有幻灯片上，单击“全部应用”按钮；如果想观看整个演示文稿的放映效果，单击“幻灯片放映→观看放映”菜单项。

二、设置幻灯片动画效果

在放映幻灯片时，可以将幻灯片中的对象设置成动画效果，这样能够大大提高演示文稿的趣味性，能够引起观众注意。

(一)使用“预设动画”命令设置动画效果

1.在普通视图中选择需要动态显示的对象。

2.单击“幻灯片放映→预设动画”菜单项，屏幕上弹出如图5－44所示的级联菜单。

3.从“预设动画”级联菜单中选择所需的动画效果，如闪烁、溶解等。

4.当放映幻灯片时，选定的对象就会显示该动画的效果。

(二)使用“自定义动画”命令设置动画效果

前面所讲的“预设动画”不能给所有的对象都设置动画，例如为文本框和图片等对象添加动画效果，就不能用“预设动画”进行设置，而要用“自定义动画”命令来实现。给幻灯片添加自定义动画效果的步骤如下。

1.首先在幻灯片视图中,选择要添加自定义动画效果的幻灯片。

2.单击"幻灯片放映→自定义动画"菜单项,屏幕上弹出如图 5－45 所示的"自定义动画"对话框。

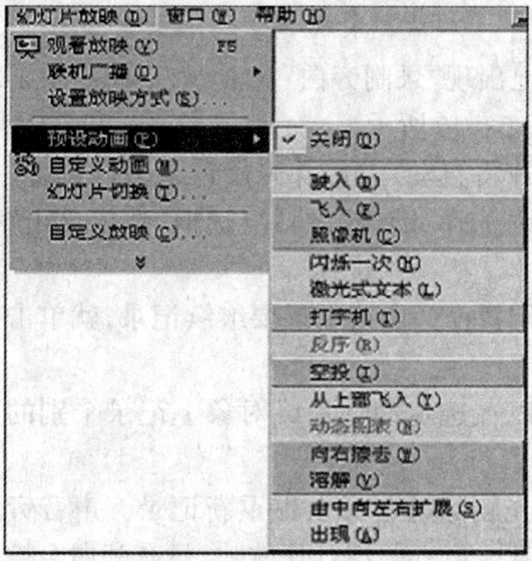

图 5－44 "预设动画"级联菜单

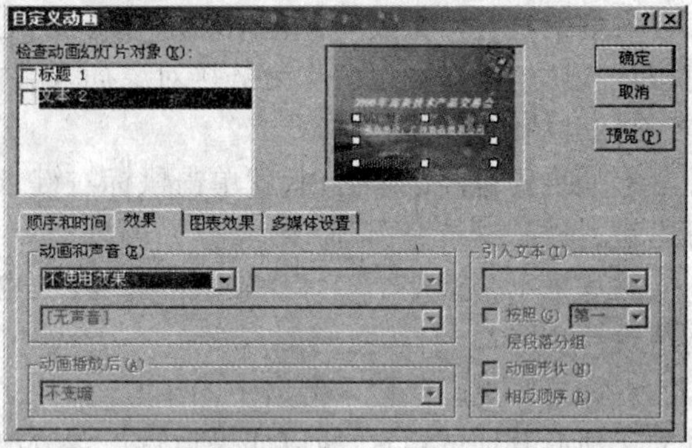

图 5－45 "自定义动画"对话框

3.这时"效果"选项卡处于打开状态,单击"动画和声音"选项组中第一个列表框的下拉箭头,在列表框中列出了几十种动画效果的名称,选择"阶梯状",再在其右边的列表框中选择"向左下展开"选项。

4.有了上面的设置,就能得到从中间向左右展开的动画。可以预览文本及对象的动画效果,观察它们如何工作,并随时调整,直到满意为止。其他对象也能设置动画,幻灯片里的所有对象都能设置动画。在"检查动画幻灯片对象"列表框中列出了本页幻灯片中所有对象的名称,处于选中状态的就是已经设置了动画的,刚才这个文本框前已经打了"√",说明它已有动画了。再选中另一个对象,这时右面的图形中就标明了是哪个对象被选中。

5.如果想让标题出现时有声音,打开声音列表框,选取"打字机",打开"引入文本"列表框,选择"按字母"。"按字母"是引入文本的方式,利用它可以更细致地设置文本的动画。比如刚才的"飞入"动画,如果在引入文本中选择"整批发送",整个文本框中的内容就会一下子全"飞入"进来;如果选择"按字",那就会按词组飞进来;如果选择"按字母",那就会一个字一个字地飞进来。但是在标题后面出现有些不太好,所以要调整出场顺序。

6.单击"顺序和时间"选项卡,在"动画顺序"一栏中可以看到,"标题 1"处于第二位,所以会后出现。选中它,单击旁边的向上的箭头,"标题 1"向上移动了一位,这样就完成了动画顺序的调整。

7.在右边的"启动动画"选项中,选择"单击鼠标时"单选框,说明动画出现前要单击一下鼠标。如果想不用单击鼠标动画也能一个接一个地放,就选中下面的选项,"在前一事件后 秒,自动启动",还可以设置时间间隔,控制播放过程。

此外还可以对图表和多媒体播放进行设置,其操作都是大同小异,读者自己动手试一下就能够掌握了。

三、设置幻灯片记录声音和旁白

旁白是指讲演者对演示文稿的解释。如果希望在放映幻灯片时,用声音讲解幻灯片的主题内容,可以在幻灯片中加入旁白。如果要记录旁白,计算机需要配备有声卡和麦克风。记录旁白的具体操作步骤如下。

1.单击“幻灯片放映→录制旁白”菜单项,屏幕上出现“录制旁白”对话框,里面显示了录音的质量、磁盘空间和可记录旁白的最长时间,如图 5-46 所示。

2.如果没有什么改动,单击“确定”按钮。幻灯片将自动运行,并开始记录旁白,此时就可以加入讲解了。如果要作为链接对象插入旁白,则选择“链接旁白”复选框,然后单击“确定”按钮开始记录。

3.如果要暂停记录旁白,就单击鼠标右键,选择“暂停旁白”;如果要继续记录,就单击鼠标右键,选择“继续旁白”命令。

4.如果不希望整个幻灯片放映都有旁白,也可以在选定幻灯片或对象上记录个别的声音或注释。

5.如果要更改已记录旁白中的某些内容,必须先删除整个旁白再重新记录。声音旁白优先于所有其他的声音,所以如果运行包含旁白和其他声音的幻灯片放映,只有旁白会被播放。

6.在幻灯片放映结束时,会出现一条提示信息,询问是否保存时间及旁白,如图 5-47 所示。如果要保存时间及旁白,单击“是”按钮。此时,每张具有旁白的幻灯片右下角会出现一个声音图标。

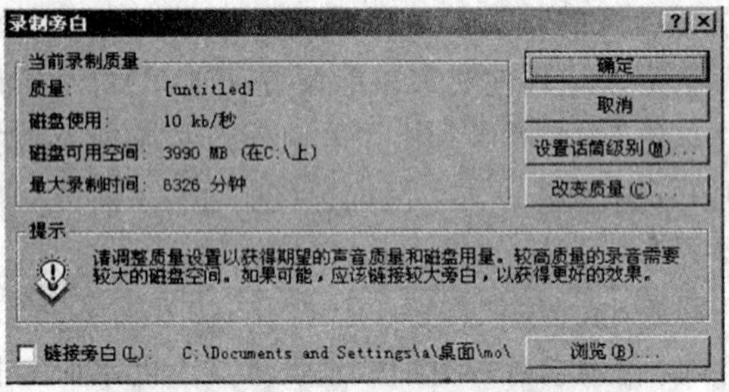

图 5-46 “录制旁白”对话框

图 5-47 提示对话框

四、设置幻灯片排练计时

如果用户在放映演示文稿时不想通过单击鼠标操作来更换每张幻灯片,则可以通过排练计时设计幻灯片在屏幕上的显示时间,其操作步骤如下。

1.选择需要设置放映时间的演示文稿。

2.单击“幻灯片放映→排练计时”菜单项,屏幕上出现如图 5-48 所示的“排练”对话框。

图 5-48 “排练”对话框

3.用户可以通过“预演”对话框自动记录幻灯片的放映时间。如果用户的幻灯片上设置了动画效果,计时器将显示并记录每一个动画对象在屏幕上的显示时间。

五、设置幻灯片自定义放映

当一个演示文稿中包含多张幻灯片，而针对某些观看对象又不能全部放映时，可使用 PowerPoint 2000 中提供的“自定义放映”功能，将需要放映的幻灯片重新组合起来并加以命名，以组成一个新的适合观看的整体演示文稿。创建自定义放映的操作步骤如下。

1. 选择要自定义放映的演示文稿。

2. 单击“幻灯片放映→自定义放映”菜单项，屏幕上出现如图 5－49 所示的“自定义放映”对话框。

3. 单击“新建”按钮，弹出如图 5－50 所示的“定义自定义放映”对话框。

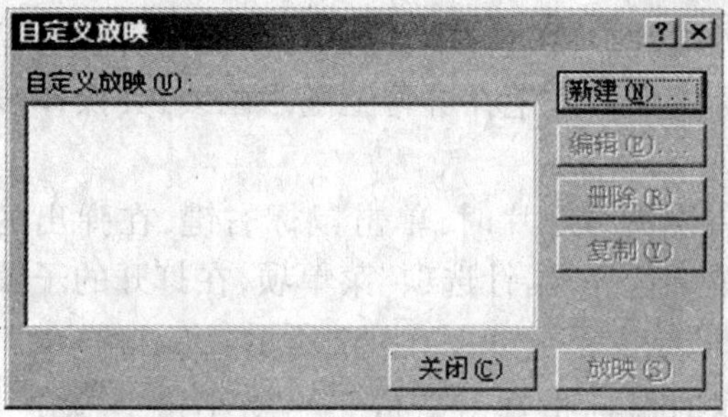

图 5－49 “自定义放映”对话框

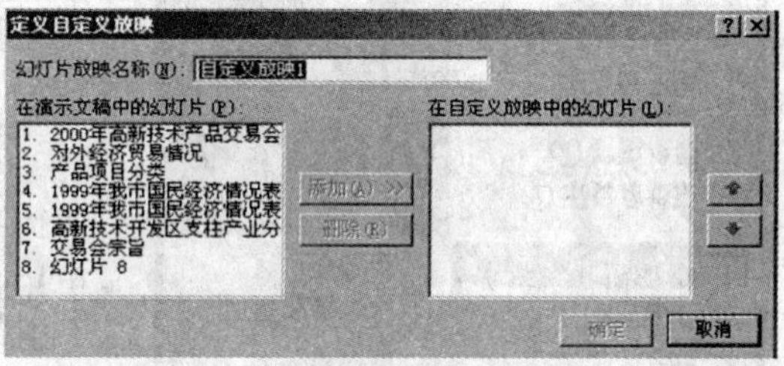

图 5－50 “定义自定义放映”对话框

4. 从“在演示文稿中的幻灯片”列表中选择要放映的幻灯片，单击“添加”按钮，可将选中的幻灯片添加到“在自定义放映中的幻灯片”列表框中。如要选择多个要放映的幻灯片，可按住“Ctrl”键或“Shift”键再选择其他幻灯片。

5. 如果不想用已添加到“在自定义放映中的幻灯片”列表框中的幻灯片，可在其列表框中选中幻灯片，再单击“删除”按钮。

6. 可通过选中“在自定义放映中的幻灯片”列表框中的幻灯片并单击 ↑ 或 ↓ 按钮来调整各幻灯片的放映顺序。

7. 在“幻灯片放映名称”文本框中输入幻灯片放映名称。

8. 单击“确定”按钮，完成自定义放映设置。

六、设置幻灯片放映方式

(一)启动幻灯片放映

1. 按一下 F5 键。

2. 点一下屏幕左下角的“幻灯片放映”按钮 。

3. 选择“幻灯片放映→观看放映”菜单项。

4. 选择“视图→幻灯片放映”菜单项。

(二)用键盘控制放映

如果在放映过程中想换到上一张、下一张，可以用键盘上的按键控制放映。

1. 进入下一张幻灯片可以使用 Page Down、空格键、回车键、→和↓按键。

2.返回上一张幻灯片可以使用 Page Up、退格键、←和↑按键。

3.结束放映可以使用 Esc 键。

(三)用鼠标控制放映方式

如果在放映时想放映任意一张，可以单击鼠标右键，在弹出的快捷菜单中选择“定位”，再选择“幻灯片漫游”或是“按标题”项，如图 5－51 所示。

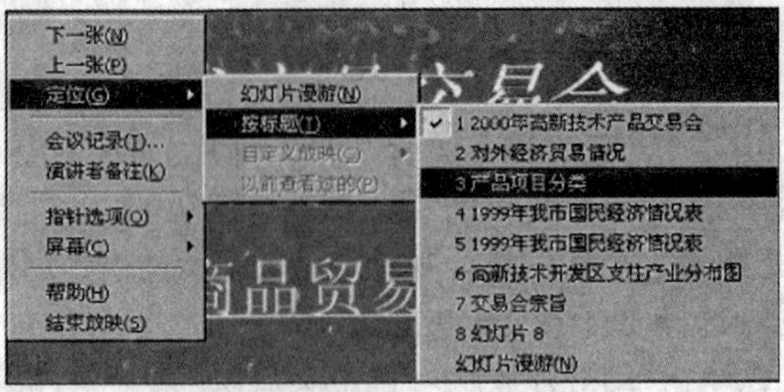

图 5－51　控制放映菜单

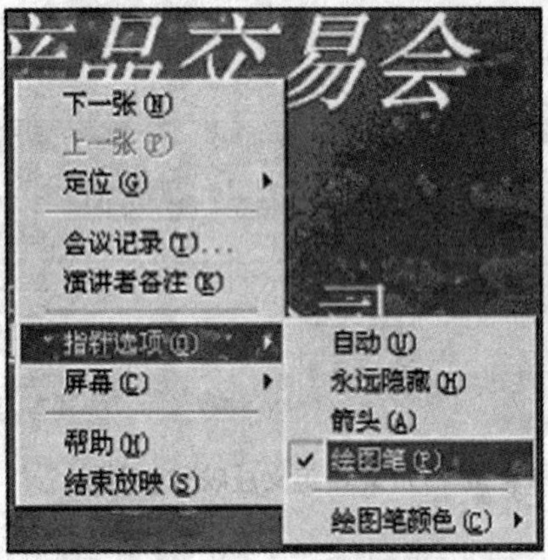

图 5－52　使用“绘图笔”

七、设置幻灯片标记

在幻灯片放映过程中，用户可以根据讲解的需要把鼠标变成一支笔在屏幕上随手画线，其操作步骤如下。

1.在放映幻灯片时，单击鼠标右键，在弹出的快捷菜单中选择“指针选项”菜单项，在打开的子菜单中选择“绘图笔”，如图 5－52 所示。

2.这时鼠标指针就变成了一支小铅笔，可以在幻灯片上直接书写或绘图。如果对绘图笔颜色不满意，还可以改变它。在弹出的快捷菜单中选择“指针选项→绘图笔颜色”菜单项，就可以挑一种喜欢的颜色做好标记。

3.做这些标记不会修改幻灯片本身的内容，在右键弹出的菜单中选择“屏幕→擦除笔记”菜单项，幻灯片就复原了。

4.如果不需要使用绘图笔进行操作时，可以再次在屏幕上单击鼠标右键，在“指针选项→自动”菜单项，就把鼠标指针恢复为箭头状了。如果在子菜单中选择“永远隐藏”，在放映过程中就不显示鼠标指针。

第七节　超级链接

超级链接是指在放映幻灯片时，如果单击某一对象，放映立即切换到其他幻灯片或执行其他应用程序。在 PowerPoint 2000 中，用户可以通过动作设置和插入超级链接跳转不同的位置。这种链接方式使演示文稿的内容组织更加灵活、生动。

一、创建超级链接

超级链接是以幻灯片中的某个对象为索引标记，单击这个索引标记即可实现演示内容的跳转。其步骤如下。

1.选中要链接的对象，如外商独资企业。

2.然后单击“插入→超级链接”菜单项或者单击鼠标右键，选择“超级链接”菜单项，屏幕上出现如图 5－53 所示的“插入超级链接”对话框。

3.“插入超级链接”对话框中提供了很丰富的选项，可以链接幻灯片、自定义放映等，还可以链接到最近打开过的文件、网页、电子邮件地址。在对话框的左部有一个“链接到”区域，里面提供了四个带图标的选项，分别介绍如下。

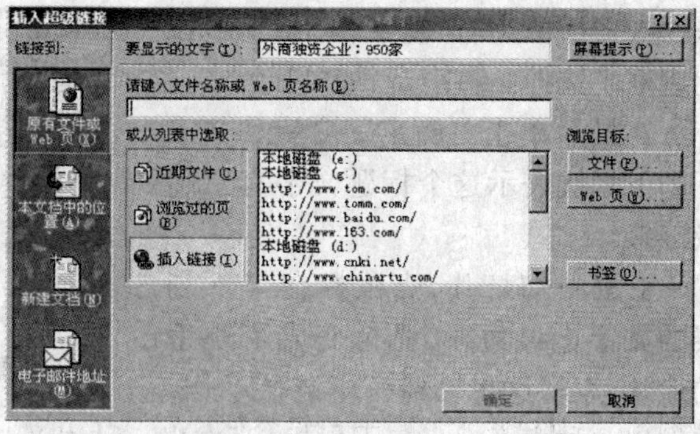

图 5 - 53 “插入超级链接”对话框

(1)如果选中第一项“原有文件或网页”，对话框中间部分列出三个选项，近期文件、已浏览过的页和插入链接，选取其中一项后，就会在列表框中列出符合条件的文件名或网址，十分方便。如果里面没有所需的项目，还可以按下对话框右部的按钮进行查找。

(2)如果选中第二项“本文档中的位置”，就可以在中间的列表中选择要链接的幻灯片，还可以预览幻灯片。

(3)如果选中第三项“新建文档”，可以链接到一个新建的文档中，还可以选择以后再编辑文档。

(4)如果选中第四项“电子邮件地址”，就可以从列表框中选取最近用过的邮件地址，或是输入新地址。选一个最近访问过的网址“http://www.163.com”，在“屏幕提示文字”框中输入“网易”，然后单击“确定”按钮。被链接的文字加了下划线且改变了原来的颜色。如果在进行幻灯片放映时，鼠标指针停在被链接的文字上，就变成小手的形状，旁边出现刚才输入的提示文字。单击鼠标，系统启动浏览器，并自动搜索到刚才指定站点上的网页。

二、动作设置

1.选中一行标题文本，单击鼠标右键，选择“动作设置”菜单项，屏幕上出现如图 5 - 54 所示的“动作设置”对话框。

2.在“动作设置”对话框中，可以设置一些动作，比如单击刚才选中的文本会发生什么事情，当鼠标从选中的文本上面经过会发生什么事情。在“单击鼠标”选项卡中，选择“超级链接到”项，下面的列表框就变实了，列表框中所给的缺省选项是“下一张幻灯片”，拉开列表框，选取“ 幻灯片...”项。

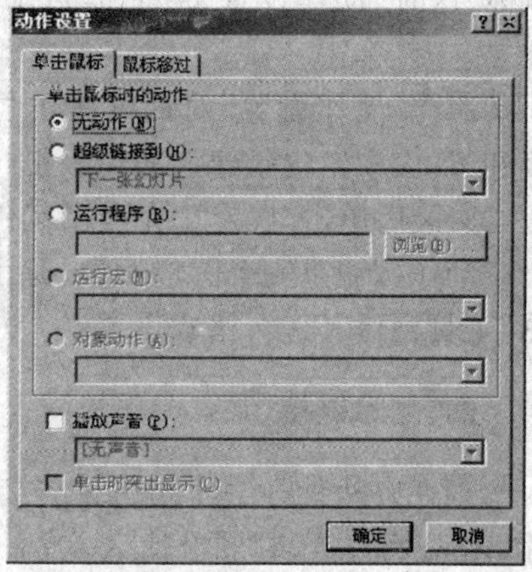

图 5 - 54 “动作设置”对话框

3.打开“超级链接到幻灯片”对话框，对照右面的幻灯片预览图，选取想要跳转到的幻灯片，如图 5 - 55 所示。

4.单击“确定”按钮。这时第三张幻灯片的标题出现在“ 超级链接到” 列表框中。

5.如果要添加声音，可以单击“播放声音”复选框，在下拉列表框中选择一种声音；如果对给定的声音不满意，就单击“其他声音”选项，打开“添加声音”对话框，选择一种声音。

6.这时再选择“鼠标移过”选项卡,单击“播放声音”复选框,在其下拉列表框中选择一种声音,如“风铃”。

7.最后单击“确定”按钮。文字下的下划线表示这个标题文字有了超级链接。

8.放映幻灯片,当鼠标在带下划线的文字上经过时,光标变成了小手的形状,表示这里已经有了链接动作,并发出一种声音。点一下鼠标,又发出一种声音,还跳到了第三页。

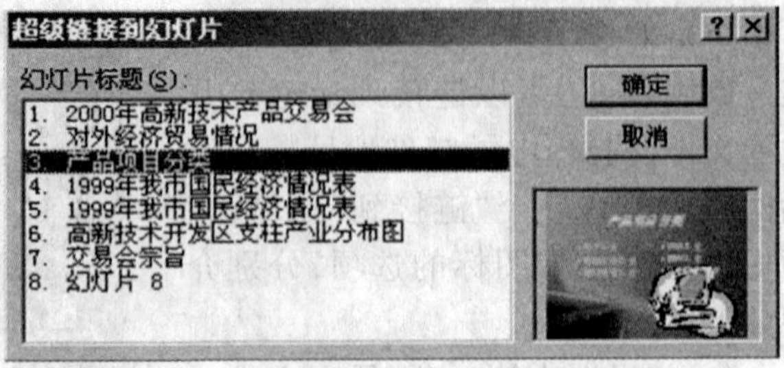

图 5-55 “超级链接到幻灯片”对话框

三、动作按钮

超级链接的对象很多,包括文本、自选图形、表格、图表和图画等,此外还可以利用动作按钮来创建超级链接。PowerPoint 带有一些制作好的动作按钮,可以将动作按钮插入到演示文稿并为之定义超级链接。使用动作按钮的步骤如下。

1.单击“幻灯片放映→动作按钮”菜单项,该菜单项中有很多动作按钮 ,如图 5-56 所示。按钮上的图形都是常用的易理解的符号,比如左箭头表示上一张,右箭头表示下一张,此外还有表示链接到第一张、最后一张等的按钮,有播放电影或声音的按钮。插入一个动作按钮,选择“上一张”按钮,将光标移动到幻灯片窗口中,光标会变成十字形状,按下鼠标并在窗口中拖动,画出所选的动作按钮。释放鼠标,这时“动作设置”对话框自动打开。

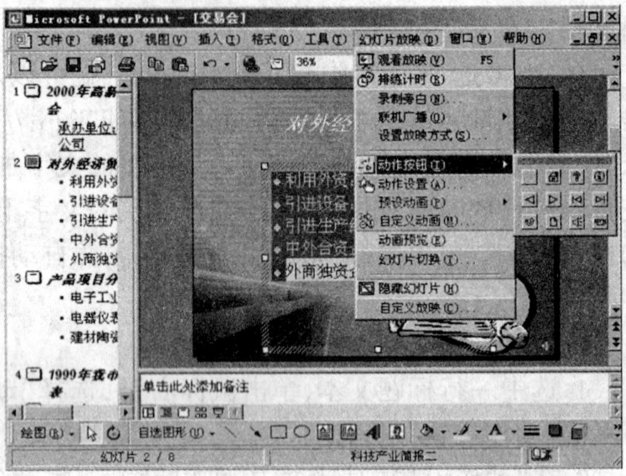

图 5-56 动作按钮

2.在“动作设置”对话框中的“链接到”列表中给出了建议的超级链接,也可以自己定义链接。

3.最后单击“确定”,完成了动作按钮的设置。

动作按钮是一个图形对象,除了可以调整按钮的大小、形状和颜色以外,还可以利用“绘图”工具栏对其进行格式设置。

四、删除链接

现在有两种办法建立超级链接,一个是超级链接,一个是动作设置。如果是链接到幻灯片、Word 文件等,它们没什么差别;但若是链接到网页、邮件地址,用“超级链接”就方便多了,而且还可以设置屏幕提示文字。但动作设置也有自己的好处,比如可以很方便地设置声音响应,还可以在鼠标经过时就引起链接反应。总之,这两种方式的链接各有特色。如果想删除链接,则具体步骤如下。

(一)删除超级链接

1.选中被链接的对象。

2.单击“插入→超级链接”菜单项或者点击鼠标右键,选择“超级链接”菜单项,从中选择“删除超级链接”就可以了。

(二)删除动作设置

1.选中被链接的对象。

2.单击鼠标右键,选择“动作设置”命令,然后再选择“无动作”单选钮就可以了。

第八节 演示文稿的打印和传送

当一份演示文稿制作完成后,希望将演示文稿打印出来,或将设计好的演示文稿在其他计算机上演示,但又不知这些计算机上是否安装有 PowerPoint 时,用户可以将演示文稿打包到文件夹或打包成 CD,然后再将其解包、还原,在需要的计算机上运行该演示文稿。本节主要介绍如何打印演示文稿、打包和解包。

一、演示文稿的打印

打印输出演示文稿,需要进行打印参数选项的设置和页面设置。如果不想设置打印参数,只要单击“常用”工具栏中的“打印”按钮就能够打印了,但打印效果可能不理想,因为那是根据系统默认的打印参数进行打印的。首先要进行页面设置。

(一)页面设置

1.单击“文件→页面设置”菜单项,屏幕上弹出如图 5－57 所示的“页面设置”对话框。

2.在“页面设置”对话框中的“幻灯片大小”列表中选择幻灯片的标准尺寸,也可以在宽度栏和高度栏中重新设置幻灯片的尺寸。

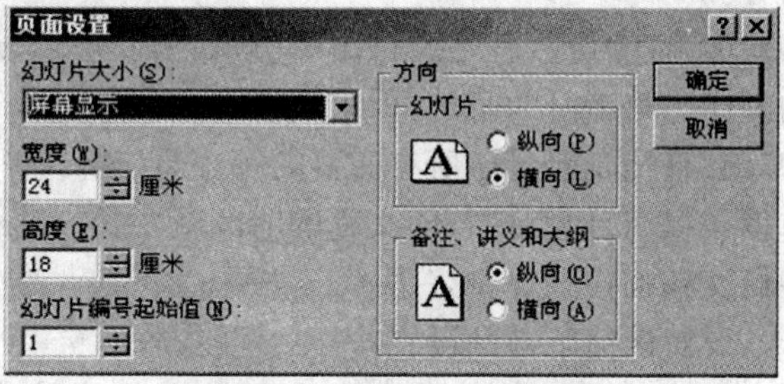

图 5－57 “页面设置”对话框

(1)如果不改变这个设置,系统默认为“屏幕显示”,长 24 厘米,宽 18 厘米;如果选择 A4 纸,页面的长和宽就会按 A4 纸大小自动作相应的调整。

(2)如果把纸张设得太小,就要对幻灯片做出相应的调整,不然字就会排得乱七八糟。

(3)如果幻灯片一共有五页,包括一个封皮,四页文稿正文,这时不想让封皮算作页数,就可以在“幻灯片编号起始值”一栏中填入“0”,这样正文就从第一页开始了。

(4)如果文稿只是整体文稿的一部分,就可以把起始值设成想显示的页号,比如从 17 页开始。在“方向”区域中,可以设置“幻灯片”、“备注页、讲义和大纲”的显示和打印方向,可以设置成“纵向”或“横向”。演示文稿中所有幻灯片必须维持同一方向,即使幻灯片设置为横向,仍可以纵向打印备注页、讲义和大纲。

(二)打印设置

设置好幻灯片的打印尺寸后就可以打印了,其操作步骤如下。

1.单击“文件→打印”菜单项,屏幕上弹出如图 5－58 所示的“打印”对话框。

2.在“打印机”区域可以进行打印参数的设置。当计算机连接着多台打印机时,可以在“名称”列表中选择打印机,如果按“属性”按钮还可以详细地设置所需打印机。如果每次都只用一台打印机进行打印,则可以把这台打印机设置成默认打印机,就不需要再选择打印机了。

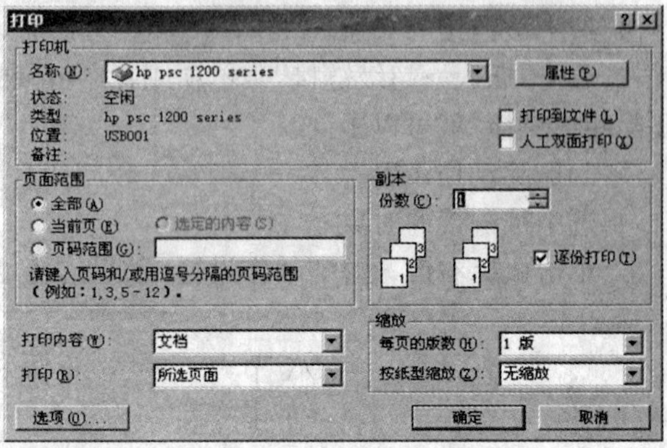

图 5-58 “打印”对话框

3.接下来是“打印范围”的设定,可以打印全部或部分幻灯片。

(1)如果要打印幻灯片的某几页,就在“幻灯片”栏中输入所需打印的页号,如输入“1,3”,就表示要打印第一页和第三页;输入“4-5”则表示打印第四页到第六页。输入的页码必须有效,例如只有 10 页文稿,却输入了“20”,要它打印第 20 页,当然就不行了。

(2)如果在页面设置时把“幻灯片编号起始值”设成了 3,那么这时在“打印范围”的“幻灯片”一栏中再输入 1-3,系统就会显示打印页码无效,因为此时标有“3”页码的幻灯片实际是文稿的第 1 页。

4.接着进行打印前的一些设置,可以在“打印内容”中选择幻灯片、讲义、大纲、备注等不同内容。

(1)如果选择“讲义”项,还可以在“讲义”区域中选择每页讲义中打印幻灯片的数量及方向等。

(2)打印份数就是想打印几份,如果设置了“逐份打印”,在进行多页、多份打印时,打印的顺序为第 1 份的第 1 页、第 2 页……,第 2 份的第 1 页、第 2 页……,如果不设置“逐份打印”项,系统就会打印所有文稿的第 1 页、第 2 页……,以此类推。不选逐份打印的话,打印速度会提高,但整理打印文稿的时间就要长一些;而逐份打印虽然打印速度稍逊一筹,但每一份文稿都按顺序排好了。

5.对话框下部的设置

(1)如是否打印灰度幻灯片、黑白幻灯片、幻灯片是否加框线等等。

(2)如果没问题了,单击“确定”按钮开始打印。

(3)打印时,在“状态栏”中出现打印机的图标 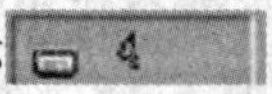

,同时显示打印的进程,说明打印机已经按照设定开始工作了。系统可以记忆设置参数,下次打印时若不重新设置,将按原设置参数进行打印。

(4)如果想全部打印,并且是打印一份,只要点一下“常用”工具栏上的“打印”按钮就可以了。

(5)如果只想打印某一张,则在“打印”对话框里输入要打印的页号。

(6)在打印任务发送过程中,如果要停止打印,则按 ESC 键终止打印。

(7)如果已经开始打印了,可以双击状态栏中的打印图标,打开默认的“打印机管理器”对话框,如图 5-59 所示。选择“文档”操作,单击“文档”下拉菜单中的“取消打印”命令。

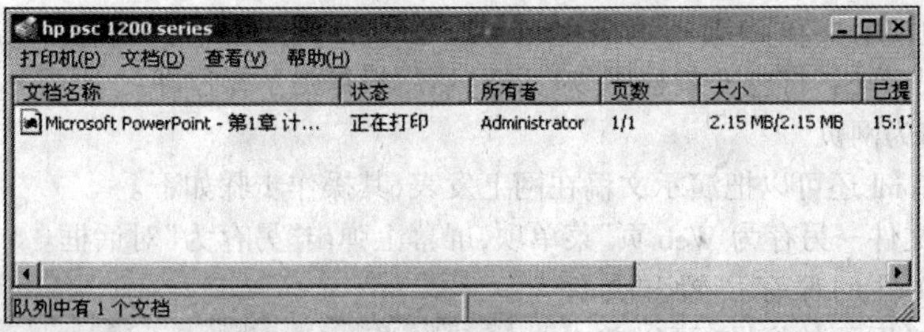

图 5-59 “打印机管理器”对话框

二、演示文稿的传送

(一)打包

“打包”工具用于将演示文稿和它所链接的声音、影片、文件等组合在一起，成为一个包，以便用移动存储设备携带。到达目的地时，只需运行第一张盘上的 pngsetup.exe，就可以重新安装演示文稿。打包的操作步骤如下。

1. 选择“文件→打包”菜单项，屏幕上弹出如图 5-60 所示的“打包向导”对话框。

2. 单击“下一步”按钮，选择需要打包的文件，单击“当前演示文稿”复选框。

3. 再下一步是为打包文件选择打包目标，即要将文件打包到 A 驱动器、B 驱动器还是其他位置，这里选择 A 驱动器。

4. 再单击“下一步”按钮，这是为演示文稿创建链接，可以将与演示文稿链接的文件和演示文稿中用到的 True Type 字体一起打包。如果文稿中用到了一些自己装的字体，比如“方正琥珀简体”字，那就要选这一项。

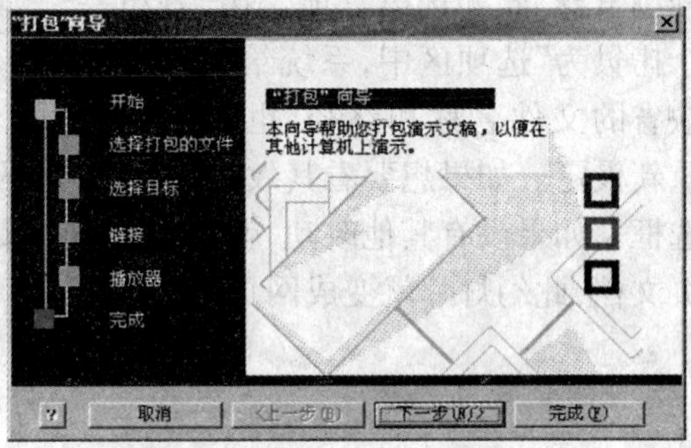

图 5-60 “打包向导”对话框

5. 再单击“下一步”按钮，这一步提示是否选择播放器一起打包，如果要去演示的机器中没有装 PowerPoint，就选择“Windows 2000 或 NT 播放器”。

6. 然后再单击“下一步”，刚才所选的都在提示上了。单击“完成”按钮开始打包。这时出现了“打包‘状态’”提示框，它提示计算机正在打包演示文稿，如图 5-61 所示。

7. 一段时间后，系统提示打包成功。

这时就可以将演示文稿在另一台计算机上播放了。需运行第一张盘上的“pngsetup.exe”应用程序，它将释放并运行播放器文件“Ppview32.exe”。在打开的对话框中，选择打包的演示文稿名，就可以放映演示文稿了。

图 5-61 “打包‘状态’”提示框

(二)解包

打包的演示文稿要在其他计算机上演示放映，首先要对其解压缩并进行还原，才能够运行打包演示文稿。

运行打包演示文稿的操作很简单，首先找到已打包的文件，然后双击解包安装程序“pngsetup.exe”，弹出“打包安装程序”对话框，然后根据提示操作即可。

(三)发布为网页

用 PowerPoint 还可以把演示文稿在网上发表，其操作步骤如下。

1.单击“文件→另存为 Web 页”菜单项，屏幕上弹出“另存为”对话框。

2.设定文件的保存位置和文件名，如果想更换网页的标题，可以单击“更改标题”按钮打开对话框进行设定，这里以默认的名称显示，然后单击“发布”按钮，就会弹出如图 5-62 所示的“发布为网页”对话框。

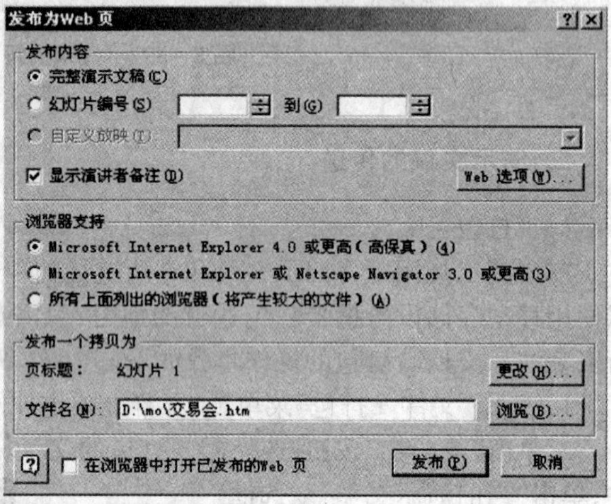

图 5-62 “发布为 Web 页”对话框

3.在“发布内容”中，可以选择完整的演示文稿、幻灯片的任意几张或是某个自定义放映，如果要显示备注，就选中“显示演示者备注”复选框，在“浏览器支持”选项组中可以选择合适的浏览器，此处选第二项。在“发布一个拷贝为”选项区中，系统给出了一个缺省的文件名称和路径，也可以自己重新设定。如果想要看其效果，就选中对话框底部的“在浏览器中打开已发布的 Web 页”复选框。如果没有其他改动，就单击“发布”按钮，稍候片刻后，系统将调出浏览器打开这个网页文档，此幻灯片就变成网页形式了。

习　题

一、选择题

1. PowerPoint 主要提供了________种视图方式。

A.4　　B.5　　C.5　　D.7

2. 创建演示文稿的方法有________。

A.使用“内容提示向导”　　B.使用“模板”

C.使用“空演示文稿”　　D.以上都可以

3. 系统默认演示文稿的扩展名为________。

A..xis　　B..exe　　C..ppt　　D..doc

4. 打开演示文稿的方法有________。

A.选择“文件→打开”命令　　B.单击“常用”工具栏中“打开”按钮

C.双击演示文稿文件图标　　D.以上都可以

5. 在幻灯片上，可以插入________。

A.自绘图形　　B.图片　　C.艺术字　　D.以上都可以

6．在自选图形上添加文本，应在该图形上________，然后在快捷菜单中选择“编辑文本”，即添加了文本。

A．单击鼠标左键　B．双击鼠标左键　C．单击鼠标右键　D．拖拽

7．在幻灯片切换效果框中有“慢速”、“中速”、“快速”，是指________。

A．放映时间　B．动画速度　C．换片速度　D．停留时间

8．设置幻灯片中对象动画的方法是________。

A．选择“动画预览”命令　B．选择“动作效果”工具栏

C．选择“幻灯片放映”命令　D．以上都不对

9．在编辑演示文稿时复制幻灯片的正确方法是________。

A．选择“编辑”菜单中的“复制(C)”命令

B．选择“编辑”菜单中的“移动(X)”命令

C．选择“编辑”菜单中的“复制”命令和“粘贴”命令

D．以上都可以

10．保存新建的演示文稿，系统默认的文件类型是________。

A．PowerPoint 放映　B．PowerPoint 演示文稿

C．演示文稿　D．演示文稿模板

二、填空题

1．把若干张相互联系、按一定顺序组织起来的幻灯片的集合称作________。

2．PowerPoint 主要提供了________视图、________视图、________视图、________视图等。

3．普通视图包含三种窗格：________窗格、________窗格和________窗格。

4．要在采用“空白”版式的幻灯片中输入文字内容，需要先选择“插入”菜单中的________命令，添加________。

5．在幻灯片上，插入剪贴画的方法是选择“插入→图片”级联菜单中的________或者是单击“绘图”工具栏中的________按钮。

6．在演示文稿的幻灯片上，插入外部图片文件的方法是，选择“插入”菜单下“图片”级联菜单中的________命令。

7．利用母版可以为演示文稿中所有幻灯片设计统一版式。母版分为________母版、讲义和备注母版等。

8．演示文稿的放映方式有三种：________、________和在展台放映。

9．添加________按钮和创建________链接都可以控制演示文稿的放映顺序。

10．创建演示文稿通常有三种方法：________、根据________、根据内容提示向导。

第六章　中文 FrontPage 2000

主要内容　介绍了 FrontPage 2000 的窗口界面、各种视图的概念、创建站点、制作简单的网页、添加网页、使用文本和列表、绘制表格、插入图形、建立框架网页、创建超链接、设计动态网页、使用表单网页的发布站点等。

重点掌握　使用 FrontPage 2000 做一个实用的网页。

第一节　FrontPage 2000 的基本简介

一、FrontPage 2000 的启动与退出

(一)启动 FrontPage

启动 FrontPage 2000 的方法有多种，最常用的方法如下：

1.如果桌面上有快捷图标，则双击该图标，即可启动 FrontPage 2000；

2.如果桌面上没有快捷图标，则单击“开始→程序→Microsoft FrontPage 2000”菜单项，即可启动 FrontPage 2000。

(二)退出 FrontPage

当完成工作后，就可以退出 FrontPage 2000 环境，可以使用下面四种方式：

1.单击 FrontPage 2000 界面右上角的关闭按钮；

2.双击 FrontPage 2000 界面左上角的图标按钮；

3.当 FrontPage 2000 工作窗口处于激活状态时，按下 Alt + F4 键，即可退出；

4.从菜单栏关闭窗口，可执行“文件→退出”菜单项。

二、FrontPage 2000 的工作界面组成

刚刚启动的 FrontPage 2000 的工作界面由标题栏、菜单栏、常用工具栏和页面窗口等几个部分组成，如图 6－1 所示。

1.标题栏

标题栏用于显示应用程序名。标题栏最左边是控制菜单按钮。最右边的三个按钮分别是应用程序窗口最小化、最大化和关闭按钮。

2.菜单栏

菜单栏提供了 FrontPage 2000 几乎全部的操作命令，它包括文件、编辑、视图、插入、格式、工具、数据、窗口和帮助等共十组菜单。

3.工具栏

工具栏提供 FrontPage 2000 的常用操作命令，它主要有常用工具栏、格式工具栏、图表工具栏、绘图工具栏和数据透视表工具栏等，这些工具栏可以设置成显示或隐藏。系统默认设置是显示常用工具栏和格式工具栏。

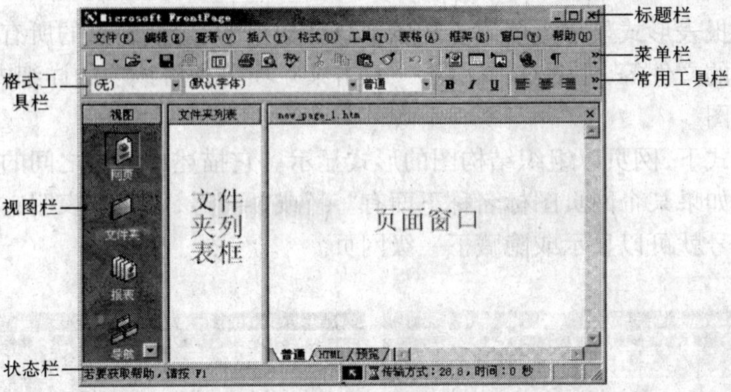

图 6－1 FrontPage 2000 窗口

4.视图栏

位于窗口左侧,它包含 6 个图标按钮。关于视图将在下一节详细介绍。

5.页面窗口

页面窗口是窗口中最大的一块空白区,网页的编辑主要在该区域进行。在它的上方显示默认的文件名:new _ page _ 1.htm。用户在首次存盘时可更改此文件名。该区域的下方有 3 个标签,“普通”、“HTML”和“预览”,单击某个标签可以切换到相应的页面查看方式。

6.文件夹列表框

文件夹列表框显示当前站点的文件夹和文件。单击“常用”工具栏中的“文件夹列表”按钮可以显示或隐藏文件夹列表框。

7.状态栏

状态栏位于屏幕底部,显示当前 FrontPage 操作状态信息。

第二节　FrontPage 2000 的视图模式

一、FrontPage 2000 的视图模式

FrontPage 2000 提供 6 种不同的视图模式,单击视图栏上的按钮可以进行切换。

(一)网页视图

这是 FrontPage 2000 默认的视图模式。对网页内容进行的操作,例如插入文字、图片和设置超级链接等,通常是在该视图模式下进行。

(二)文件夹视图

该视图用于查看站点的文件和文件夹列表,即站点内容,如图 6－2 所示。在该视图方式下,网页窗口被分成两个窗格,左窗格给出整个站点的目录树结构,右窗格显示所选定的文件夹内容。用鼠标右键单击某个文件,从弹出的快捷菜单中可以对该文件进行打开、剪切、复制、重命名和删除等操作。

(三)报表视图

该视图是以报表形式显示当前站点的各项统计数据的,包括站点的所有文件、图片以及已链接或未链接的文件等,如图 6 - 3 所示。双击某一项可查看该项的详细内容。

(四)导航视图

在该视图方式下,网页以组织结构图的形式显示。它描述出网页之间的层次关系,相当于一个导航图。如果某个网页图标名称下面有“ + ”或“ - ”号,“ + ”号表明它有下一级网页,单击“ + ”或“ - ”号就可以显示或隐藏下一级网页。

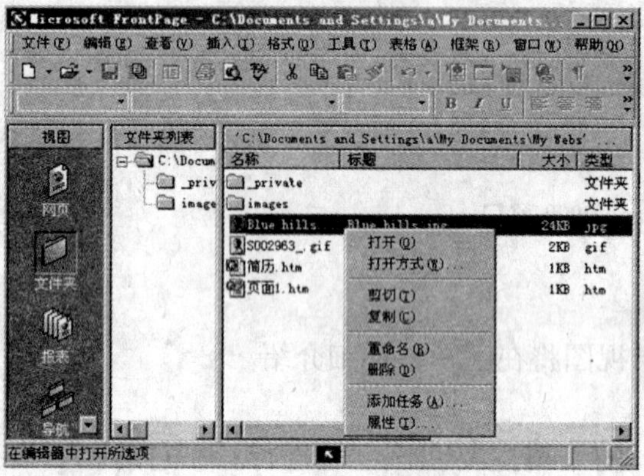

图 6 - 2 文件夹视图

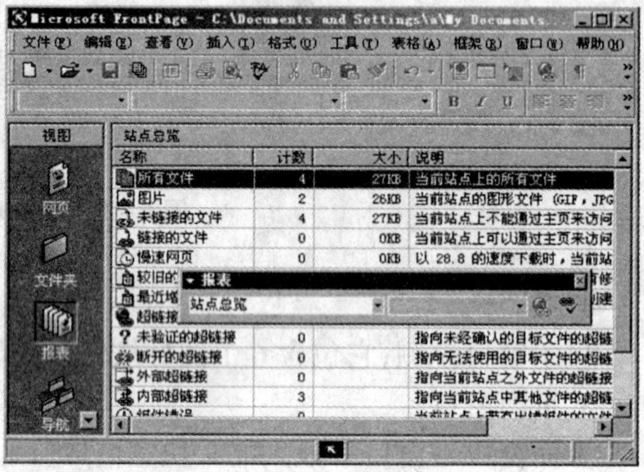

图 6 - 3 报表视图

(五)超链接视图

显示各网页文件之间的链接关系。图 6 - 4 给出页面 1.htm 文件的链接结构。单击分支点图标上的“ + ”或“ - ”号,可以显示/隐藏与其相关的链接关系。用鼠标右键单击某个分支点,从弹出的快捷菜单中执行“移至中央”命令,则超链接视图将以该分支点为中心。

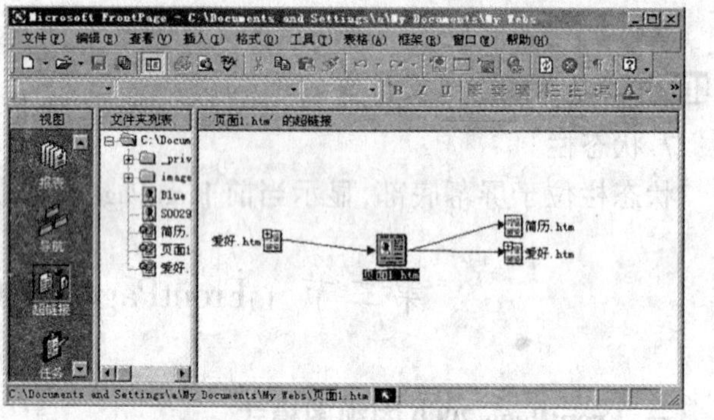

图 6 - 4 超链接视图

(六)任务视图

该视图方式显示当前网站的任务项及任务状态、名称、分配对象、优先级和关联项目等内容。

二、FrontPage 2000 的网页查看方式

网页视图提供了三种查看方式,普通方式、HTML 方式和预览方式。

(一)普通方式

该方式是系统默认的查看方式,网页编辑制作主要是在该方式下进行的,其操作界面体现了所见即所得的风格。图 6 - 5 是某个人站点的主页面在该方式下的效果。

(二)HTML 方式

每个网页对应着一个 HTML 文件,使用 FrontPage 2000 编辑网页实际上是系统自动生成

相应的 HTML 文件，这一过程对用户是透明的。在 HTML 方式下，用户可以直接编辑页面的 HTML 源代码。图 6－6 是图 6－5 所示网页对应的 HTML 文件源代码。

图 6－5 普通查看方式

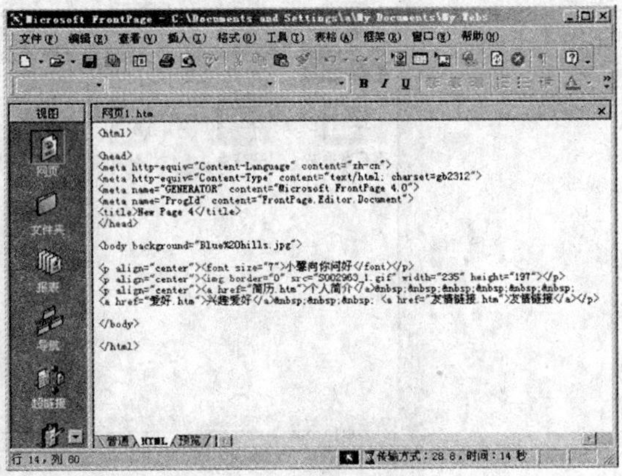

图 6－6 HTML 查看方式

(三)预览方式

进入预览方式后，用户可以查看当前网页在浏览器中的显示效果。普通方式显示网页的静态效果，而预览方式可以显示网页的动态效果。

第三节 网页制作的基本操作

用户建立网站，一般遵循“创建网站——制作网页——网站内容发布”的过程。下面介绍网页制作的基本操作。

一、网页基本操作

(一)创建新站点

1.单击“开始→程序→Microsoft FrontPage 2000”菜单项，即可启动 FrontPage 2000。

2.单击“文件→新建→站点”命令，打开“新建”对话框，如图 6－7 所示。

3.在“新建”对话框中选择“只有一个网页的站点”模板，并指定新站点的位置。

4.单击“确定”按钮，完成操作。

这里所建的网站实际上只有一个主页，用户可以添加新的网页，并可对不断增多的网页进行删除或结构调整。

(二)新建网页

1.单击“文件→新建→网页”命令或者单击常用工具栏上的“新建网页”按钮，打开“新建”对话框，如图 6－8 所示。

2.在“新建网页模板”对话框中选择“普通”模板。

3.单击“确定”按钮，完成操作。

(三)保存网页

1.单击“文件→保存文件”命令或者单击“常用”工具栏中的“保存文件”按钮均可保存当前网页。

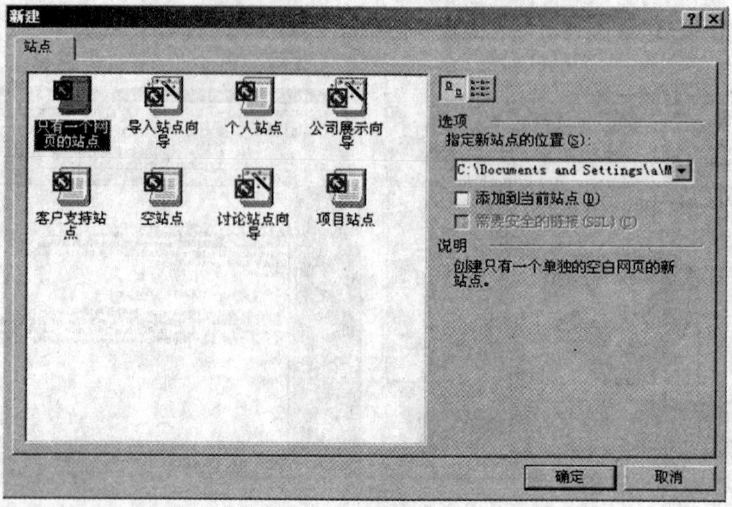

图 6－7 “新建”对话框

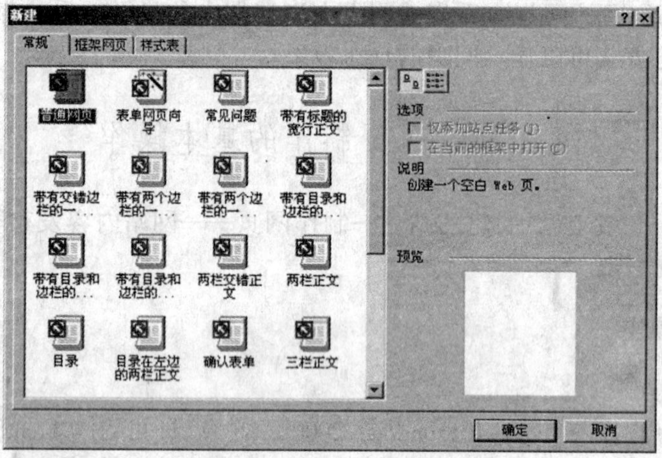

图 6－8 新建网页模板对话框

2.如果在网页中添加了图片、声音文件、Active X 控件或其他对象，保存网页时系统会给出相应提示将它们保存在相同的目录下。

（四）关闭站点和网页

1.单击“文件→关闭站点”命令可以关闭整个站点，包括站点中的所有网页。

2.单击“文件→关闭”命令可以关闭当前网页。

（五）打开站点和网页

要对一个已存在的站点进行编辑，必须先将其打开，其操作步骤如下：

1.单击“文件→打开站点”命令，弹出“打开站点”对话框；

2.在“打开站点”对话框中选定站点名后单击“确定”按钮即可完成操作；

如果要编辑修改站点中的某个网页，只需打开相应的网页，其操作步骤如下：

1.单击“文件→打开”命令，弹出“打开文件”对话框；

2.在“打开文件”对话框中选定网页文件名后单击“打开”按钮即可完成操作。

(六)删除站点和网页

1.选择要删除的站点,再在文件夹列表中选择该站点的根目录。

2.单击“编辑→删除”命令或按 Del 键完成操作。

二、设置网页属性

网页属性的设置主要是在“网页属性”对话框中完成的。单击“文件→属性”命令或者在网页的任意位置单击鼠标右键,从弹出的快捷菜单中选择“网页属性”命令,均可打开“网页属性”对话框,如图 6-9 所示。

在“网页属性”对话框中包括 6 个标签,它们分别是:

常规标签　设置页面的通用属性,如位置、标题、背景音乐等;通常需要在“标题”栏中输入网页标题,在构建网页导航图时会用到它;

背景标签　设置页面的背景图片、文本颜色、超链接颜色等;

边距标签　设置页面的上边距和左边距;

自定义标签　定义系统变量和用户变量;

语言标签　设置网页语言和 HTML 字符编码;

工作组标签　定义可用的类别以及分配对象、检查状态等属性。

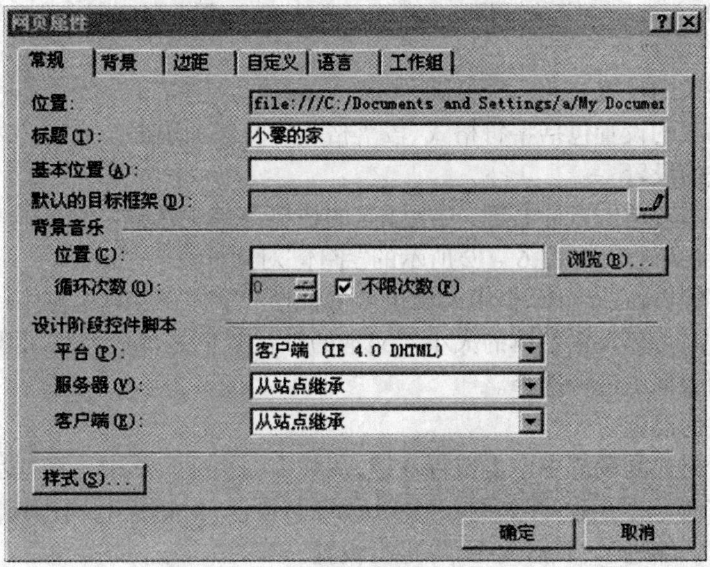

图 6-9 “网页属性”对话框

第四节　网页的创建与编辑

一、文本信息的输入

文本是网页中最常见的一种元素,它通常包括汉字、英文字母和符号。

(一)文本的输入

选择网页视图的普通查看方式，将光标定位到插入文本信息的位置，直接输入文本即可。下面结合一个例子进行讲解。

利用 FrontPage 2000 提供的模板“一栏正文”新建一个网页，如图 6-10 所示。图中出现的许多虚线只起着规划页面布局的作用，它在预览状态下是看不到的。在“这里是您的标题”位置删除原文本后输入标题“个人简介”。在正文区删除原有的文本内容，如图 6-11 所示的正文。最后单击工具栏上的“保存文件”按钮，将文件保存为“简历”。

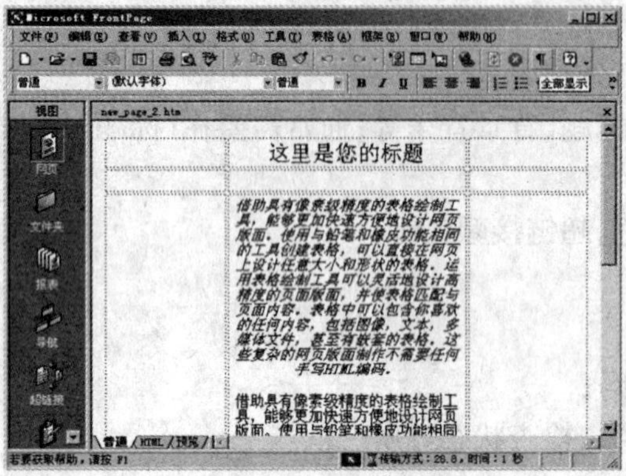

图 6-10　新建“一栏正文”网页

图 6-11　输入正文的文本

(二)文本格式的设置

网页文本格式的设置包括字符格式、段落格式以及添加边框与底纹等内容。

1.字符格式的设置

在选定的文本上单击鼠标右键，再从弹出的快捷菜单中选择“字体”命令，或者单击“格式→字体”命令，均可打开如图 6-12 所示的“字体”对话框。

选择“字体”标签，在“字体”框中列出了可供选择的字体在“字型”框中，可以设置加粗或倾斜；“大小”框中，可以设置字体的大小。文本的默认颜色是黑色。如果要调整颜色，可以从“颜色”下拉列表框中进行选择。

2.段落格式的设置

在需要设置格式的段落中单击鼠标右键，从弹出的快捷菜单中选择“段落”命令，或者单击“格式→段落”命令，均可打开如图 6-13 所示的“段落”对话框。利用该对话框可以对段落的“对齐方式”、“缩进”、“段落间距”等进行设置。

3.边框和阴影的添加

如果某段文字比较重要，可以为其添加边框或阴影，其具体操作是，选定文本后单击“格式→边框和阴影”命令，弹出如图 6-14 所示的“边框和阴影”对话框。在“边框”标签中用户可以设置边框的样式、颜色和宽度，其效果可从预览框中查看。利用“阴影”标签可为文本添加底纹。最终结果如图 6-15 所示。

(三)列表的创建和编辑

为使网页内容层次分明、结构有序，同时也方便用户浏览，可在网页中使用列表。FrontPage 2000 可以创建五种列表，编号列表、项目符号列表、定义列表、目录列表和菜单列表。

图 6－12 “字体”对话框

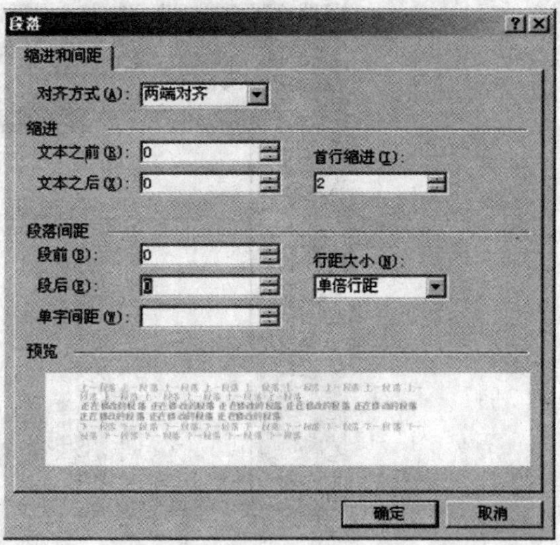

图 6－13 “段落”对话框

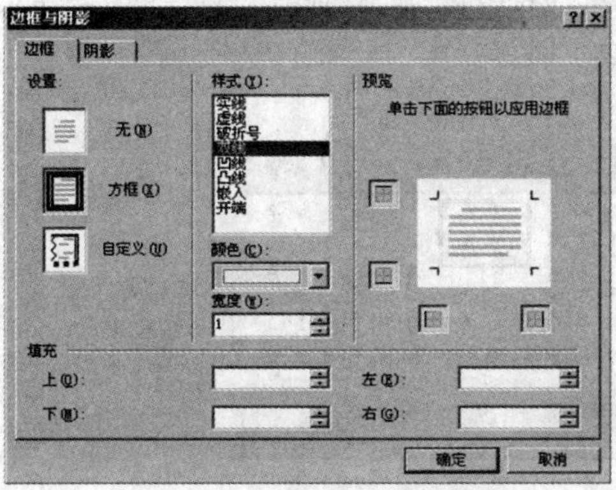

图 6－14 “边框和阴影”对话框

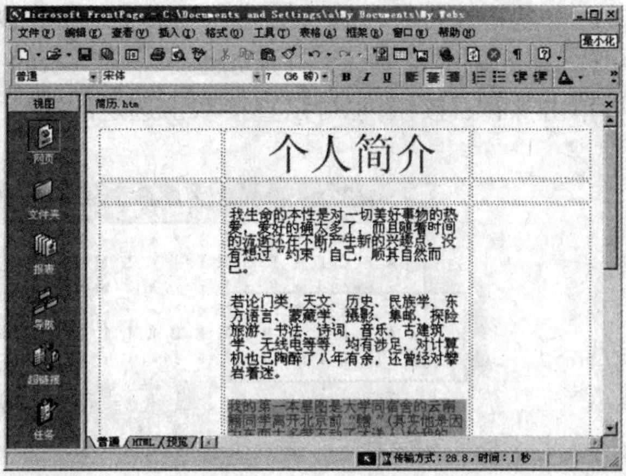

图 6－15 边框和阴影的添加结果

1.列表的创建

先选定文本，再单击工具栏上的“编号”按钮，或“项目符号”按钮，可以创建编号列表或项目符号列表。具体实例如图 6－16 所示。

2.列表的编辑

列表的标志可以更改。将鼠标指针移到任一列表条目上，单击鼠标右键，从弹出的快捷菜单中选择“列表属性”命令，或者单击“格式→项目符号和编号”命令，均可打开“列表属性”对话框，利用该对话框可以更改项目符号、编号的形式，包括选择图片作为项目符号。

二、在网页中插入特殊对象

利用 FrontPage 2000 提供的相应命令可插入一些无法直接从键盘上输入的特殊网页元素。

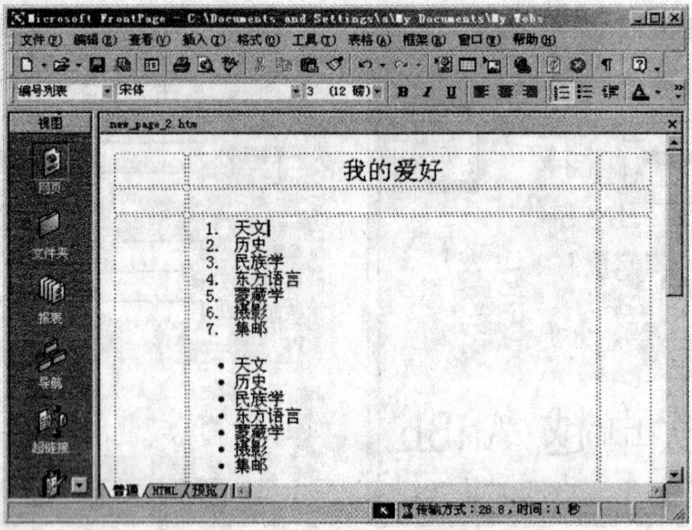

图6－16　列 表 效 果

(一)插入特殊符号

一些特殊符号，如@，€等在网页中经常出现，可采用以下方法插入。先定位插入点，再单击“插入→符号”命令，打开如图6－17所示的“符号”对话框。选中要插入的特殊符号后，再单击“插入”按钮，也可以直接双击选定的特殊符号。

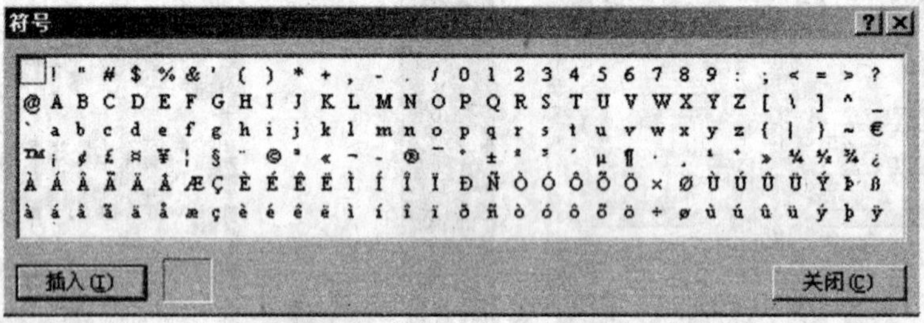

图6－17　“符号”对话框

(二)插入水平线

利用水平线可以把网页分为上下两个区域。插入水平线的方法是：先将光标定位到要插入水平线的位置，再单击“插入→水平线”命令。双击已插入的水平线，将弹出如图6－18所示的“水平线属性”对话框，可以对水平线的宽度、高度、对齐方式和颜色等进行设置。

(三)插入注释

为便于对网页进行维护，通常要给网页添加注释。先定位插入点，再单击“插入→注释”命令，打开“注释”对话框并输入注释内容后单击“确定”按钮即可。注释标识文字只能在普通查看方式下显示。

(四)插入时间戳

时间戳包含的日期和时间域会在网页被修改时自动更新。插入时间戳的方法是：将光标移到插入点，单击“插入→日期和时间”命令，打开“日期时间属性”对话框(图6－19)，用

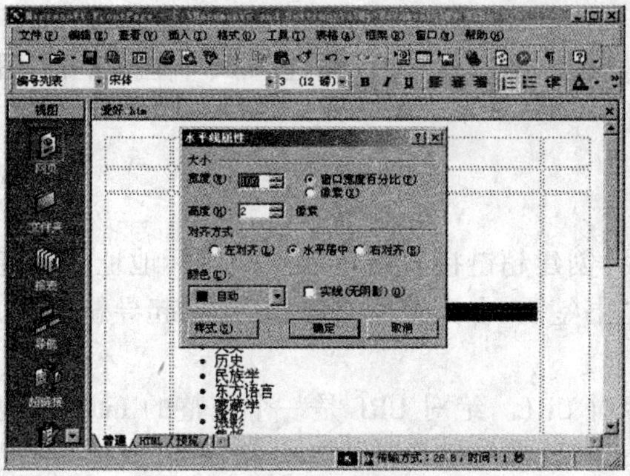

图 6－18 “水平线属性”对话框

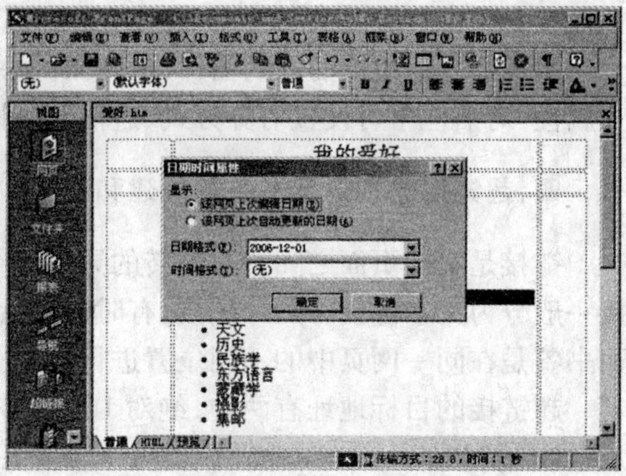

图 6－19 “日期时间属性”对话框

户可在该对话框中设置显示格式。

三、插入图片

在网页中插入图片可以产生图文并茂的效果。但受到网络传输速度的限制，插入的图片不宜过多。

将光标定位到要插入图片的位置，单击“插入→图片→剪贴画”命令，或者在“图片”对话框中单击“剪贴画”按钮，均可打开 Microsoft 剪辑库，用户可以选择合适的剪贴画插入到网页中，如图 6－20 所示。

可以选择图片作为网页背景。方法是用鼠标右键单击网页编辑区域的任意位置，从弹出的快捷菜单中选择“网页属性”命令，打开“网页属性”对话框，选择“背景”标签并选中“背景图片”复选框，然后单击“浏览”按钮，从弹出的“选择背景图片”对话框中选定某个图片，最后单击“确定”按钮，则所选图片便成为网页背景图案，如图 6－21 所示。

图 6－20 插入剪贴画的网页

图 6－21 插入背景的网页

保存网页时，FrontPage 2000 会提示用户是否将插入的图片保存到当前站点的目录下。如果只在一个独立的页面中使用图片，建议将图片文件与网页文件放在同一个目录。如果该图片供某个站点中的一个网页使用，建议专门建立一个存放图片的文件夹，例如 Images 文件夹。

用鼠标右键单击插入的图片，从弹出的快捷菜单中选择“图片属性”命令，在打开的“图片属性”对话框中可设置对齐方式、边框等属性。

四、超链接的创建及书签的创建和使用

链接是实现页面之间相互跳转的导航路径，创建超链接要指定起点和目标地址。超链接一般分为文本链接和图片链接，有时还使用“书签”。在浏览网页时，超链接起导航作用，而书签是在同一网页中的不同位置进行定位。

超链接的目标地址有两种，绝对 URL 和相对 URL。绝对 URL 是一个完整的 Internet 地址，如 http://www.sohu.com。一般同一网站上的网页都使用只包含部分路径和文件名称的相对 URL。

(一)超链接的创建

1. 文本超链接的创建

创建文本超链接非常简单。先选定要建立超链接的文本，再单击“常用”工具栏上的“超链接”按钮，或者单击鼠标右键，从弹出的快捷菜单中选择“超链接”命令，打开如图 6－22 所示的“创建超链接”对话框。

用户可以从列表框中选定某个网页文件，也可以直接在 URL 文本框中输入要链接的目标地址，还可以单击“制作一个指向您计算机上文件的超链接”图标，从弹出的“选择文件”对话框中选定链接的目标文件。选定的目标地址均会出现在“URL”文本框中，如图 6－23 所示。

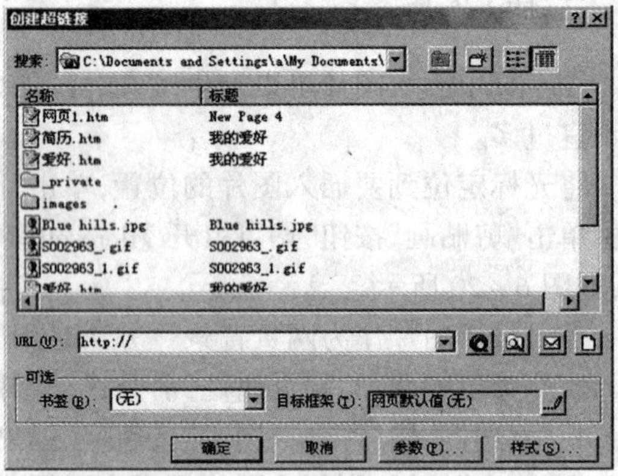

图 6－22 “创建超链接”对话框

图 6－23 创建超链接后的文本

2.图片超链接的创建

创建图片超链接的方法有两种，一种与创建文本超链接相同；另一种就是选中图片后，单击鼠标右键，从弹出的快捷菜单中选择“图片属性”命令，打开如图6－24所示的“图片属性”对话框。在“常规”标签的“默认超链接”栏里单击“浏览”按钮，在弹出的“编辑超链接”对话框中可以设置该图片的链接对象，即目标地址。

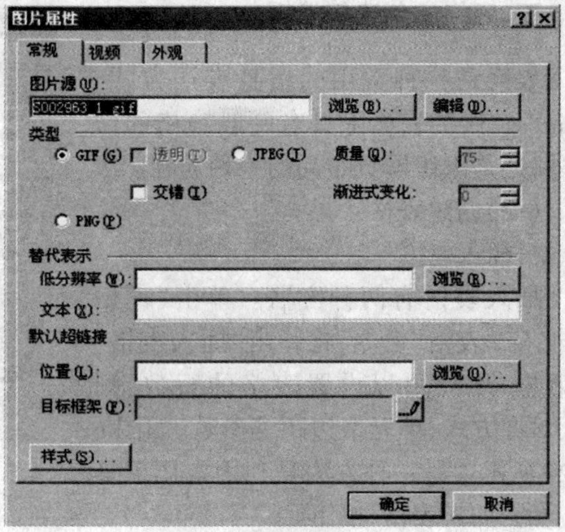

图6－24 “图片属性”对话框

3.超链接的编辑

选中某个超链接，单击鼠标右键，在弹出的快捷菜单中选择“超链接属性”命令，或者单击“插入→超链接”命令，均可打开“编辑超链接”对话框，用户可以修改超链接的目标地址，或者删除目标地址取消该超链接。

浏览某个网页时，超链接可以有未访问、正在访问和已访问三种情况，通常用不同的颜色加以区别。在网页的任意位置单击鼠标右键，从快捷菜单中选择“网页属性”命令，或者单击“格式→背景”命令，均可弹出“网页属性”对话框，选择“背景”标签，在颜色栏中可以设置超链接文本的颜色。

(二)书签的创建和使用

当一个网页文件很长时，要快速寻找网页中某个专题的内容是比较困难的。但如果在网页的各个专题上加上书签，浏览者只要单击书签就可以立即跳转到相应的位置。下面用一个实例介绍创建书签的方法。

图6－25显示的一个“感悟小语”网页列出了2条信息，如果希望双击某个标题便可链接到相应的内容，就需要创建书签。

首先确定标题对应的跳转位置，分别选定各条的标题文字，单击“插入→书签”命令，打开“书签”对话框，输入书签名称后再单击“确定”按钮，即可创建一个书签。

定义完书签后，就可以创建链接到该书签的超链接。与前面介绍的创建超链接的方法相同，只是选择的目标文件不是URL地址了，而是使用对话框中的“可选”栏，选择“书签”下拉列表框中相应的书签名，如图6－26，单击“确定”按钮就创建了链接到书签的超链接。

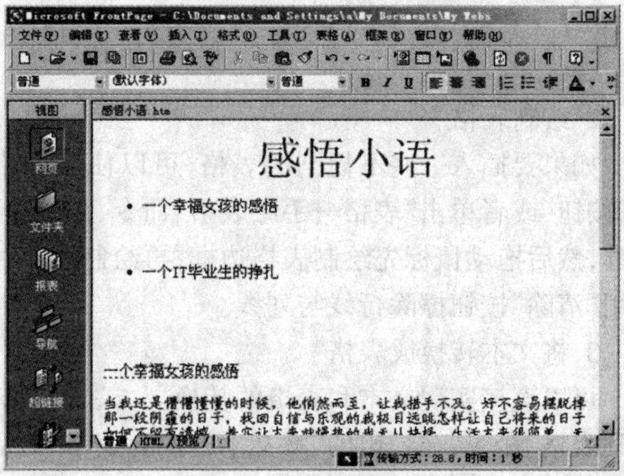

图6－25 要创建书签的网页

五、表格的创建与编辑

表格是一种常用的信息表达方式。FrontPage中的表格除具有一般表格的作用外，还是组织网页布局的一种途径。

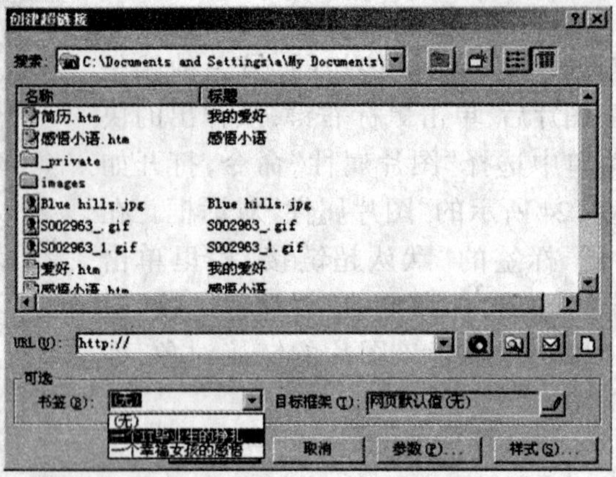

图6－26　选择所要链接的书签

(一)创建表格

1.插入表格

插入表格有两种方法。单击“表格→插入→表格”命令，将弹出“插入表格”对话框，用户可以设置表格的行数、列数、对齐方式、单元格边距等参数，如图6－27所示。另一种方法是利用常用工具栏上的“插入表格”按钮。

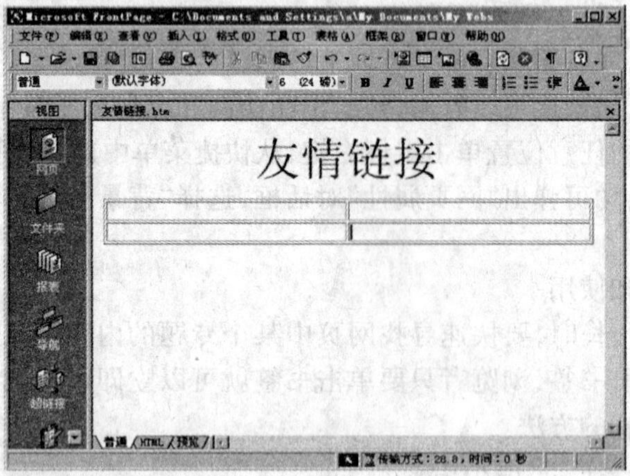

图6－27　插 入 表 格

2.绘制表格

如果要插入一些不规则的表格，可以使用表格工具栏绘制。在工具栏上单击“手绘表格”按钮，或者单击“表格→手绘表格”命令，鼠标指针变为笔形，在表格的起始位置按住鼠标左键，然后拖动鼠标先绘制表格边框，再绘制表格的行线与列线。如果要清除行或列，可以使用“清除”按钮擦除行线与列线。

3.将文本转换成表格

可以直接实现文本和表格的转换。方法是：选中要转换的文本，单击“表格→转换→文本到表格”命令，在弹出的“将文本转换为表格”对话框中，选择分隔符类型，再单击“确定”按钮就可以完成文本到表格的转换。

(二)表格属性的设置

通过设置表格的属性可以改变表格的外观。在表格的任意位置单击鼠标右键，从弹出的快捷菜单中选择“表格属性”命令，或者单击“表格→属性→表格”命令，均可打开如图6－28所示的“表格属性”对话框。利用该对话框可以设置布局、边框和背景等内容，其中布局设置包括表格的对齐方式、宽度、高度、单元格边距和单元格间距等；边框设置包括表格边框的粗细、颜色等；背景设置包括表格的背景颜色和背景图案等。

可以对部分单元格进行属性设置。选定单元格，再单击右键，从弹出的快捷菜单中选择“单元格属性”命令，打开“单元格属性”对话框，其设置方法与前面“表格属性”设置类似，但“布局”栏中的对齐方式是指单元格中内容的对齐方式。

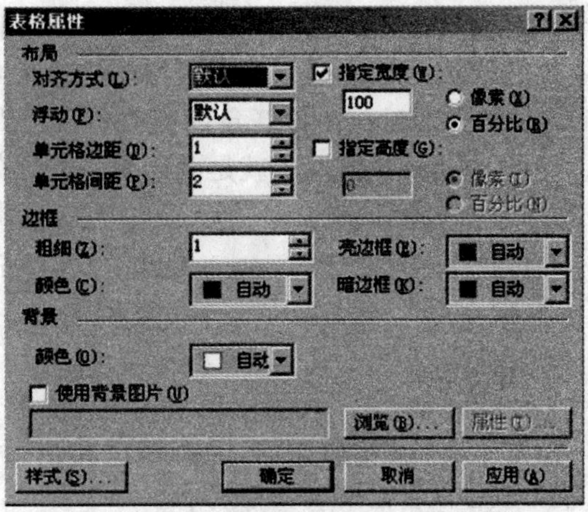

图 6-28 “表格属性”对话框

(三)表格的编辑操作

1.对行和列的编辑操作

在网页中插入表格后，经常要进行一些修改，比如添加或删除一些行或列等。对行或列进行操作之前，要选定行或列。选定的方法有两种。

(1)将鼠标指针移到行或列的某个单元格中，单击“表格→选定→行/列”命令，可以选中指针所在的行或列。

(2)将鼠标移到某行的左边，或某一列的上面，当鼠标指针变成小箭头状时，单击鼠标就会选中一行或一列。

插入行或列的操作也非常简单。将鼠标指针移到要插入行或列的某个单元格中，单击鼠标右键，从弹出的快捷菜单中选择“插入行”或“插入列”命令，就会在鼠标指针所在行的上方添加行，或在鼠标所在列的左侧添加列。选定行或列后单击“表格→删除单元格”命令即可删除选定的行或列。

2.对单元格的编辑操作

(1)选定单元格　按住 Alt 键的同时，用鼠标单击某个单元格就会将其选中。如果要同时选中多个单元格，可以按住 Ctrl + Alt 键，同时逐次单击所要选择的多个单元格。

(2)删除单元格　选中需要删除的单元格后，单击鼠标右键，从弹出的快捷菜单中，选择“删除单元格”命令就可以删除该单元格。

(3)合并单元格　合并单元格就是将多个相邻的单元格合并成一个单元格。选中要合并的单元格后，单击鼠标右键，从弹出的快捷菜单中选择“合并单元格”命令，或者单击“表格→合并单元格”命令，都可以实现合并单元格的功能。

(4)拆分单元格　拆分单元格与合并单元格正好相反，可对单元格进行行拆分或列拆分。选中要进行拆分的单元格，单击鼠标右键，从弹出的快捷菜单中选择“拆分单元格”命令，或者单击“表格→拆分单元格”命令，均可打开“拆分单元格”对话框，如图 6-29 所示。确定按列还是按行进行拆分，并设置相应的列数或行数，最后单击“确定”按钮即可实现。

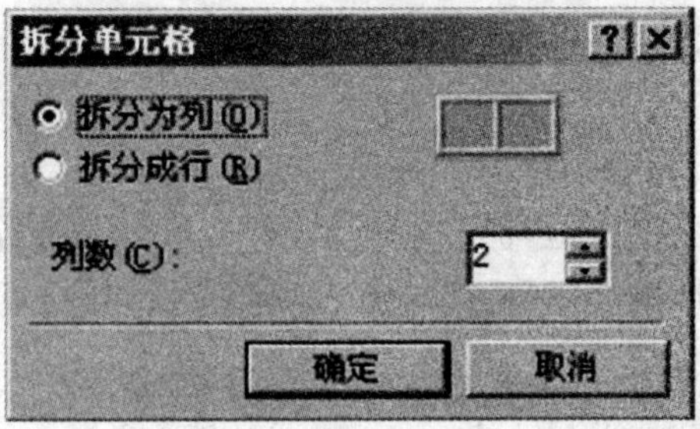

图 6-29 “拆分单元格”对话框

(四)使用表格进行页面布局

人们总希望网页有一个合理的布局。利用表格可以比较好地解决这个问题。先确定页面中各个对象所在的区域,再用表格将这些区域划分出来。这样布局问题就转变为表格设计问题了。FrontPage 2000 新建网页时打开的“新建”对话框,其“常规”标签提供的一栏正文、三栏正文等模板实际上就是利用表格进行布局的。

第五节 站点的发布

一、建立站点服务器

在设计好站点之后,就可以将站点发布到 Web 服务器上了。只要安装个人 Web 服务器,就可以建立自己的 Web 服务器。

在 Windows 安装盘里有一个 Add - ons \ PWS 目录,这个目录存放着 Windows 个人网站服务器的安装文件,执行这个目录下的“Setup. exe”应用程序就可以安装个人网站服务器。安装完毕后,在 Windows 任务栏的右方就会有个人网站服务器的图标出现。此时系统会提示重新启动计算机。重新启动计算机后,双击个人网站服务器图标,进入个人 Web 管理器,刚安装好的个人网站服务器还需要配置 FrontPage 2000 的服务器扩展。

二、站点的检查

在发布站点之前,最好对要发布的站点进行一下检查,看一看是否有潜在的错误。FrontPage 2000 提供了站点总览,运用这一功能,可以得到一个全面的站点状态信息。选择“查看”菜单的“报表”选项,单击“站点总览”,就切换到了报表视图,右面的工作区里显示了一些站点的统计信息,可以看到总文件数、分类文件数、超链接状态信息和组件状态等信息。

如果当前站点有组件错误或者一些断开的链接,单击“断开的超链接”项目,这时就进入了“断开的超链接”报表,可以看到出现断开超链接的是哪些文件。在出现错误的项目上单击鼠标右键,在弹出的快捷菜单里选择“编辑超链接”,修改出错的链接;也可以选择“编辑网页”直接编辑出错的网页。除了检查断开的超链接和错误组件外,通常还要检查是否有文件没有链接进站点。单击“查看→报表→未链接的文件”命令,这时在报表视图里就显示出了站点未引用的文件。想要查看一个文件是否发布到网站,单击“查看→报表→发布状态”命令,这时就切换到了发布状态报表。

三、发布站点

站点检查完毕了,单击“文件→发布站点”,在指定发布站点的文本框里输入个人网站的地址例如“http://xiaoxin”,单击“发布”按钮,FrontPage 2000 就开始向网站发送文件了。

四、站点的管理

选择“文件→导入”命令,在“导入”对话框中选择“添加文件”按钮添加文件到当前站点中,也可以选择添加文件夹复制某文件夹到当前站点。如果知道被导入站点的存放目录,可以选择本地计算机或源文件所在的目录;如果知道被导入站点的 URL 地址,可以选择全球广域网站点。然后在位置框输入站点对应的盘符路径名,将“包含子文件夹”复选框选中,以确保复制被导入站点的所有内容。

虽然可以直接在资源管理器中操作,但最好不要这样做,对站点所在的目录和文件的操作应特别小心。一个 web 页可能以链接的方式对很多其他文件进行引用(显示相关图示),如果仅改变了文件或目录的名字,就可能使原来的链接无效。所以,最好不在资源管理器或其他地方对站点的目录或文件进行操作。

习 题

1.要删除热点区域的超链接,可先选中热点区域,然后再按下________键。

A. Ctrl + Del　　B. Backspace　　C. Del　　D. Ctrl + Backspace

2.一个网页中可以包含若干个框架,每个框架中的网页文件都是相互独立的,一般情况一个框架网页有________个框架。

A. 0 ~ 1　　B. 1 ~ 2　　C. 2 ~ 3　　D. 3 ~ 4

3.利用“普通网页”创建的网页是个空白网页,它________。

A.含有一定的格式和格局,网页的一部分内容由用户自己创建

B.含有一定的格式和格局,网页的所有内容可以由用户自己创建

C.不含任何格式和格局,网页的一部分内容由用户自己创建

D.不含任何格式和格局,网页的所有内容完全由用户自己创建

4.当在网页上添加其他非 GIF、JPEG 或 PNG 格式的图片时,FrontPage 会自动将多于 8 位颜色的图片转换为________格式。

A. GIF　　B. JPEG　　C. PNG　　D. BMP

5.文字工具用于在图像上添加文字,前提是图像格式必须是________。

A. GIF　　B. JPEG　　C. PNG　　D. BMP

6.网页中超链接文本的颜色共有________种。

A. 1　　B. 2　　C. 3　　D. 4

7.不论采用哪种模板,所创建站点的文件夹结构都基本相同,即一般都包含有________个可见子文件夹和 4 个隐含文件夹。

A. 0　　B. 1　　C. 2　　D. 3

第七章 网络基础与 Internet 应用

主要内容 介绍了计算机网络的概念和发展、计算机网络的功能、计算机网络的分类和计算机网络体系结构，介绍了 Internet 的基础知识、Windows 2000 中网络功能应用、IE 浏览器简介以及 Internet 的应用。

重点掌握 计算机网络的系统组成、IP 地址、Internet 的连接、ADSL 拨号上网、浏览网页、保存网页和图片及 Internet 应用。

第一节 计算机网络的概述

计算机网络是现代计算机技术与通信技术密切结合的产物，是随着社会对信息共享和信息传递日益增强的需求而发展起来的，它涉及到通信与计算机两个领域。一方面，通信网络为计算机之间的数据传送和交换提供了必要的手段；另一方面，计算机技术的发展渗透到通信技术中，又提高了通信网络的各种性能。

一、计算机网络的概念和发展

所谓计算机网络就是利用通信设备和线路将地理位置不同、功能独立的多个计算机系统互联起来，以功能完善的网络软件（即网络通信协议、信息交换方式和网络操作系统等）实现网络资源共享和信息传递的系统。建立计算机网络的主要目的在于实现资源共享，即所有网络用户能够分享各计算机的全部或部分资源。

计算机网络的发展过程可以概括为面向终端的计算机网络，计算机—计算机网络，开放式标准化网络和向智能化、综合化、高速化发展的计算机网络等阶段。

（一）面向终端的计算机网络

面向终端的计算机网络是以单个计算机为中心的远程联机系统。所谓联机系统，就是由一台中央主计算机连接大量的地理上处于分散位置的终端。终端一般只有输入输出功能，不具备独立的数据处理能力。这类简单的“终端—通信线路—计算机”系统，成为计算机网络的雏形。

（二）计算机—计算机网络

计算机—计算机网络是多台主计算机通过通信线路互联起来为用户提供服务的网络系统。这类网络是 20 世纪 60 年代后期开始兴起的，它和以单个计算机为中心的远程联机系统的显著区别在于：这里的多台主计算机都具有自主处理能力，它们之间不存在主从关系。这样的多台主计算机互联的网络才是目前所称的计算机网络。它的典型代表是 ARPA 网（ARPANET），是在 1969 年由美国国防部高级研究计划局 ARPA（现称 DARPA，Defense Advanced Research Projects Agency）提供经费，联合计算机公司和大学共同研制而发展起来的，它标志着目前所称的计算机网络的兴起。

此后，计算机网络得到了迅猛的发展，各大计算机公司都相继推出了自己的网络体系结构和相应的软硬件产品。用户只要购买计算机公司提供的网络产品，就可以通过专用或租用通信线路组建计算机网络。它们都是自成体系的系统,很难实现相互之间的互联,由此又称它们为“封闭”的系统。

(三)开放式标准化网络

为了使不同体系结构的计算机网络都能互联,国际标准化组织 ISO(International Standards Organization)于 1984 年正式颁布了一个能使各种计算机在世界范围内互联成网的国际标准 ISO7498,简称 OSI/RM(Open System Interconnection Basic Reference Model,开放系统互联参考模型)。OSI/RM 由七层组成,所以也称 OSI 七层模型。开放式标准化网络指的就是遵循“开放系统互联基本参考模型”标准的网络系统。它具有统一的网络体系结构、遵循国际标准化协议。OSI/RM 的提出,开创了计算机网络的新时代。

OSI 标准不仅确保了各厂商生产的计算机间的互联,同时也促进了企业的竞争。厂商只有执行这些标准才能有利于产品的销路,用户也可以从不同制造厂商获得兼容、开放的产品,从而大大加速了计算机网络的发展。

(四)计算机网络向智能化、综合化、高速化发展

为了适应在几百米近距离、小区域内把计算机(特别是微机)连成网络,20 世纪 70 年代中期出现了局域网(Local Area Network,LAN)。1975 年美国 Xerox 公司研制的以太网(Ethernet)是第一个局域网的成功范例,后来它成为 IEEE 802.3 标准的基础。1981 年美国 Novell 公司提出了局域网中的文件服务器概念,并根据此概念研制了 NetWare 网络操作系统,成为局域网的主流操作系统之一。以后美国 Microsoft 公司的视窗软件 Windows NT、Windows 2000 及自由软件平台 Linux 都对局域网的发展起到了重要的作用。1990 年以后迅速发展起来的 Internet(因特网)可以把已有的计算机网络通过统一的协议联成一个世界性的大计算机网,从此构造出一个虚拟的网络世界,使得计算机网络成为人们社会生活的一部分。

二、计算机网络的功能

计算机网络的实现,为用户构造分布式的网络计算环境提供了基础。它的功能主要有以下几个方面。

(一)通信功能

不同地点的计算机可通过网络进行对话,相互传送数据、程序和信息。从长远的观点看,利用网络来增强人际沟通可能比其他的技术更重要。

(二)资源共享

其目的是让网络上的用户,无论处在什么地方,也无论资源的物理地址在哪里,都能非常方便快捷地使用网络中的程序、设备,尤其是数据。用户使用千里之外的数据就像使用本地数据一样。网络的目的是试图解除“地理位置的束缚”。资源共享主要分为三部分。

1. 硬件资源的共享

共享硬件资源包括打印机、高速处理器、大容量存储设备和昂贵的专用外部设备等。

2. 软件资源的共享

共享软件资源包括各种语言处理程序、服务程序和很多网络软件。

3. 数据资源的共享

共享数据资源包括各种数据库、数据文件等,如电子图书库、成绩库、档案库、新闻等都可以放在网络数据库或文件里供大家查询利用。

(三)高可靠性

计算机网络具有资源共享功能,如果其中一台机器出现了故障,其余的处理机仍然可以分担它的任务,从而实现了高可靠性。例如,所有文档可以在多台计算机上留有副本,如果其中之一不能使用(由于硬件故障)还可以使用其他副本。

(四)提供分布处理环境

在计算机网络中,用户可根据问题的性质和要求,选择网络内最合适的资源来处理。对于综合性的大型问题可以采用合适的算法,将任务分散到不同的计算机上进行分布处理。计算机网络也有利于进行重大科研课题的开发和研究。

(五)集中管理与处理

有些地理上分散的组织机构要进行集中的管理和处理,也可通过计算机网络进行。

(六)负载分担与均衡

当某一处理系统任务过重时,新的作业可通过网络送给其他系统进行处理。在幅员广阔的国度里,就可以利用地理上的时差均衡系统的日夜负载,以充分发挥各处理系统的作用。

(七)跨越时间和空间的障碍

网络用户可通过网络服务共享信息和互相协作,而不受地理因素的限制,也避免了由于时区不同所造成的混乱。

三、计算机网络拓扑结构

计算机网络是由一组节点和联结节点的链路组成的。连接到网络上的计算机、大容量的磁盘、高速打印机等部件都可以看作是网络上的一个节点,又称为工作站。网络的拓扑结构是指各节点在网络上的联结形式,即联结到网络上的工作站互联的几何构形。

计算机网络系统的拓扑结构主要有总线形、星形、环形、树形、网状形,如图 7-1 所示。

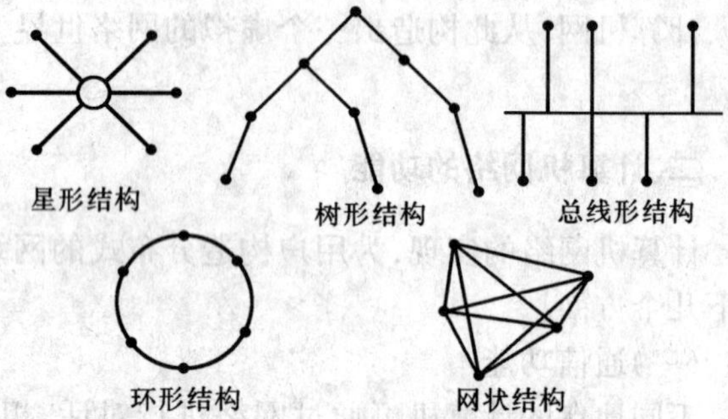

图 7-1 计算机网络拓扑结构

(一)总线形结构

总线形结构是由一条公用总线连接若干个节点所形成的网络。总线形网络采用广播通信方式,即由一个节点发出的信息可被网络上的所有节点所接收。由于多个节点连到了一条公用总线上,所以必须采取一种介质访问的规程来分配信道,以保证在一段时间内,只允许一个节点传输信息。

总线形结构使用的电缆较少、布线容易、易于扩充,而且共享资源能力强、设备投入量少、成本低、节点的安装和拆卸非常简单。一般情况下,某个节点发生的故障对整个网络不产生影响。但由于网络上的所有节点都共享一条总线电缆,传输电缆在高流量的环境中会成为网络的“瓶颈”,而且任何总线电缆的故障都会导致整个网络瘫痪。随着网络用户数量的增加,总线形网络的通信效率大大下降,用户数量受到限制。

(二)星形结构

星形结构是以中央节点为中心，把若干外围从节点连接起来的辐射式互联结构。

中央节点充当整个网络的控制主控计算机，网络的其他从节点（工作站、服务器等）都通过通信电缆与中央节点直接相连。一般星形结构的中央节点有两类，一类是中央节点仅起各从节点连通的作用；另一类是转接中心是一个功能很强的计算机，具有转接和数据处理的双重功能。

星形结构建网容易，网络控制简单，故障检测和隔离方便。但由于任何两个节点之间的通信都要通过中央节点进行，中央节点发生故障将导致整个网络的瘫痪。如果外围节点过多，将使中央节点的负载大幅度增加。此外，星形结构需要大量的电缆。

（三）环形结构

环形结构是一种闭合的总线结构，各个节点连接成一个封闭的环路。

节点之间的数据单向传输，即数据沿一个方向在网上各节点之间环行传输。每个节点按位转发所经过的信息，使用令牌控制协调各节点的发送，任意两节点都可通信。

环形网络结构简单、容易实现。这种网络结构可以将网络延伸到较远的距离，电缆费用较低。由于电缆连接的自我闭合，在环路中发生的断接也会导致整个系统的失效，而且不利于系统的扩充，在负载轻时，信道利用率低。

（四）树形结构

树形结构是指联网的计算机以树形方式组成。

树形结构中每个节点都为网络设备或计算机，越靠近树根的节点，其处理能力就越强。层次结构如果分两级就变为星形结构。

树形结构具有容易扩展、故障容易分散处理的优点；缺点是整个网络对“根”的依赖性很大，一旦网络的“根”发生故障，整个网络就不能正常工作。树形结构适合于分主次、分等级的层次型管理系统。

（五）网状形结构

网状结构是指网络上的每个计算机与其他计算机都有三条以上的直接线路连接。

网状结构容错能力最强、可靠性最高。在网状形网络中，如果一个计算机或一段线缆出现故障，网络的其他部分依然可以运行，数据可以通过其他计算机和线路到达目的计算机。但网状形结构建网费用高、布线困难。

四、计算机网络的分类

（一）按网络的地理范围分类

根据网络所覆盖的地理范围、应用的技术条件和工作环境，通常将计算机网络分为局域网、城域网和广域网。

1.局域网（Local Area Network，LAN）

局域网指在有限的地理区域内构成的规模相对较小的计算机网络，其覆盖范围一般不超过几十公里。局域网通常局限在一个办公室、一幢大楼或一个校园内，用于连接个人计算机、工作站和各类外围设备以实现资源共享和信息交换。

2.城域网（Metropolitan Area Network，MAN）

城域网基本上是一种大型的 LAN，通常使用与 LAN 相似的技术。其覆盖范围为一个城市或地区，网络覆盖范围为几十公里到几百公里。城域网中可包含若干个彼此互联的局域网，每个局域网都有自己独立的功能，可以采用不同的系统硬件、软件和通信传输介质，从而使不同类型的局域网能有效地共享信息资源。城域网通常采用光纤或微波作为网络的主干通道。它可以支持数据和语音的传输,并且还可能涉及到当地的有线电视网。

3.广域网(Wide Area Network,WAN)

广域网又称远程网。它是一种跨越城市、国家的网络,可以把众多的城域网、局域网连接起来。广域网的作用范围通常为几十公里到几千公里。用于通信的传输装置和介质一般由电信部门提供,能实现大范围内的资源共享。

(二)按网络的使用范围分类

1. 公用网(Public Network)

公用网一般是国家的邮电部门建造的网络。“公用”的意思就是所有愿意按邮电部门规定交纳费用的人都可以使用。因此公用网也可称为公众网。

2. 专用网(Private Network)

专用网是某个部门为本单位特殊业务工作的需要而建造的网络。这种网络不向本单位以外的人提供服务。

(三)按通信传输方式划分

1. 点对点传输方式

这种方式的网是以点对点的连接方式将各个计算机连接起来的。

2. 广播式传输方式

这种方式的网是用一个共同的传输介质把各个计算机连接起来的。

另外还有一些分类方法,如按网络的拓扑结构分类,将计算机网络分为星形网、总线网、树形网、环形网等;按通信介质分类,将计算机网络分为双绞线网、同轴电缆网、光纤网、卫星网;按信号频带占用方式分类,将计算机网络分为基带网、宽带网等。

五、计算机网络体系结构

(一)基本概念

1.网络体系结构

网络体系结构是计算机网络的分层、各层协议和层间接口的集合。不同的计算机网络具有不同的体系结构,其层的数量、各层的名字、内容和功能以及各相邻层之间的接口都不一样。然而在任何网络中,每一层都是为了向它邻接的上层(即相邻的高层)提供一定的服务而设置的,而且每一层都对上层屏蔽如何实现协议的具体细节。

2.网络协议

网络协议是计算机网络中互相通信的对等实体间交换信息时所必须遵守的规则的集合。对等实体通常是指在计算机网络结构中处于相同层次的通信协议进程。

(二)网络体系结构

1. ISO/OSI 网络体系结构

OSI(Open Systems Interconnection)开放系统互联网络体系结构是由国际标准化组织(ISO)的信息技术委员会于 1977 年提出和定义的计算机网络的分层、各层协议和层间接口的集合。所谓“开放”表示能使任何两个遵守参考模型和有关标准的系统互联、互通、互操作。OSI 参考模型中采用了七个层次的网络体系结构,由上而下分别是应用层、表示层、会话层、传输层、网络层、数据链路层、物理层。

2. TCP/IP 网络体系结构

Internet 网络体系结构以 TCP/IP 协议为核心，它采用了四层网络体系结构参考模型。TCP/IP 的层次结构与 OSI 层次结构的对照关系如图 7－2 所示。

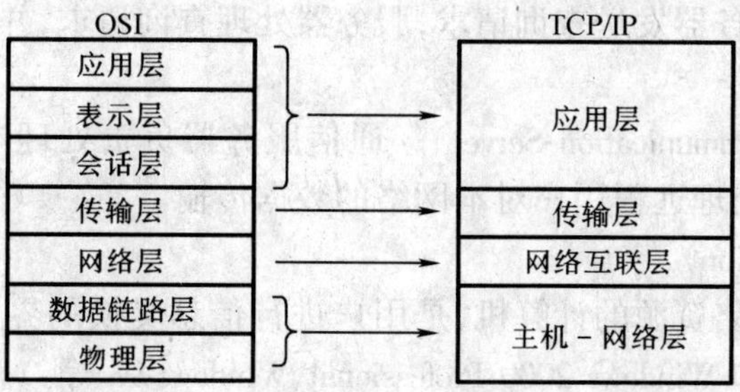

图 7－2　TCP/IP 的层次结构与 OSI 层次结构的对照关系

TCP/IP 是 Internet 上使用的网络协议，它代表一簇协议，TCP/IP 各层协议如图 7－3 所示。TCP/IP 是 2 个不同的网络通信协议，Internet 上的每一台计算机都必须支持 TCP/IP。

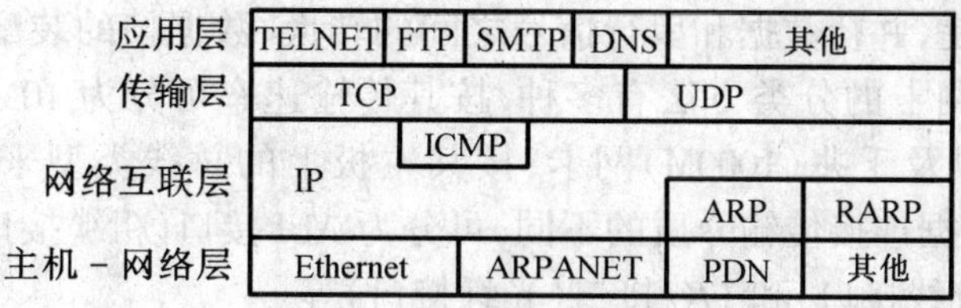

图 7－3　TCP/IP 各层主要协议

第二节　计算机网络的组成

一个大型的计算机网络是一个复杂的系统。它是一个集计算机硬件设备、通信设施、软件系统以及数据处理能力为一体的，能够实现资源共享的现代化综合服务系统。

一、计算机网络的系统组成

计算机系统是由硬件系统和软件系统组成的。完整的计算机网络系统也是由网络硬件系统和网络软件系统组成的。根据不同的应用需要，网络可能有不同的软硬件配置。

(一)计算机网络的硬件系统

计算机网络的硬件系统是由网络服务器、工作站、通信设备和通信介质组成。

1. 服务器

服务器是网络的核心设备，拥有数据库程序等可共享的资源，担负数据处理任务。它分为文件服务器、打印服务器、应用系统服务器和通信服务器等。

(1)文件服务器(File Server)　它能将其大容量磁盘存储空间提供给网络上的工作站(或称为客户端)使用，并接受工作站发出的数据处理、存取请求。

(2)打印服务器(Printing Server)　简单地说，打印服务器就是安装网络共享打印机的服务器,接受来自各工作站的打印任务,并将打印内容存入打印机的打印队列中,当在队列中轮到该任务时,则送到打印机打印输出。

(3)应用系统服务器(Application System Server) 应用系统服务器运行客户端服务器应用程序的服务器端软件,它往往保存大量的信息供用户查询。客户端上运行客户端程序,客户端程序向应用系统服务器发送查询请求,服务器处理查询请求,并将查询的结果返回给客户端。

(4)通信服务器(Communication Server) 通信服务器负责处理本网络与其他网络的通信,或者通过通信线路处理远程用户对本网络的数据传输。

2. 工作站(Workstation)

工作站就是共享网络资源的计算机,是用户进行信息交换的界面。它需要运行网络操作系统的客户端软件,如 Windows 2000 Professional、Windows 98 等。

3. 通信设备(Communication Equipments)

网络通信设备主要包括网卡及其网络互联设备,如调制解调器、中继器、集线器、网桥、交换机、路由器、网关等。

网卡亦称为网络适配器(Network Adapter),它是计算机与通信介质进行数据交互的中间处理部件,是工作站与网络之间的逻辑和物理链路,计算机主要通过网卡连接网络。

网卡的基本功能是,并行数据和串行信号之间的转换、数据帧的装配与拆装、网络访问控制和数据缓冲等。网卡的分类方法有多种,按其传输速率可分为 10M 网卡、100M 网卡、10/100M 自适应网卡以及千兆(1000M)网卡;按其主板上的总线类型来分,又可分为 ISA、VESA、EISA、PCI 等;根据连接传输介质的不同,可分为 AUI 接口(粗缆接口)、BNC 接口(细缆接口)、RJ45 接口(双绞线接口)和 F/O 接口(光纤接口)等。

调制解调器用于远程网的互联,其作用是进行传输信号的转换,弥补通信线路质量的不足,如消除通信线路损耗失真和时延失真对数据传输的影响。

中继器又称转发器,负责把网络段上衰减的信号加以放大和整形,使之成为标准信号传送到另一个网络段上,并将两个网络段连接成一个网络。当网络段长度超过允许的最大距离时,必须通过中继器进行延伸。

网络采用双绞线并用星形拓扑结构时,集线器作为中心节点,连接网上的各个节点。当网上某个节点发生故障时,不会影响其他节点的正常工作。集线器分普通型(共享)和交换型(Switch),传输速率有 10Mbps、100Mbps、10/100Mbps 自适应型。其中,交换型的传输效率比较高。

网桥用于两个同类型的局域网(同类网络指网络操作系统相同的网络)之间的连接,分为内桥、外桥和远程桥三种类型。内桥是文件服务器的一部分,通过文件服务器中的不同网卡将局域网连接起来。外桥安装在某个工作站上,实现两个相似的或不同的独立网络之间的连接。外桥可以是专用的,也可以是非专用的。两个或两个以上远距离网络可以通过远程桥互联成为广域网,这种互联通常用调制解调器和电话实现。

路由器用于两个以上同类型网络之间的连接。除具有网桥的功能之外,还增加了路径选择功能,可根据网络上信息拥挤的程度,自动地选择适当的线路传输信息。

网关用于不同网络操作系统的局域网之间的互联。它提供一个协议到另一个协议之间的转换功能,使得互联着的网络可以方便地进行通信。网关的结构和技术都比路由器复杂。通常采用一台微机作为网关使用。

4. 传输介质(Transmission Media)

传输介质是计算机网络中发送方和接收方之间的物理通道。计算机网络中采用的传输介质可分为有线传输介质和无线传输介质两大类。有线传输介质分为双绞线、同轴电缆、光纤;无线传输介质包括微波、红外线、激光、卫星通信。

(二)计算机网络的软件系统

计算机网络必须有网络软件系统才能运行。它包括网络操作系统、网络应用服务系统等。

1. 网络操作系统(NOS,Network Operating System)

网络操作系统把网络中各台计算机的操作系统有机地联系起来,除常规操作系统所应具有的功能外,还具有网络通信、网络资源管理和网络服务功能等。网络操作系统主要包括网络适配器驱动程序、子网协议和应用协议。

2. 网络应用服务系统(Service System of Network Application)

客户端和服务器是针对服务而言的,请求服务的应用系统是客户端,为其他应用提供服务的系统或系统软件称为服务器。这样就组成了客户端/服务器计算机模式。

二、计算机网络的两层子网结构

计算机网络是计算机技术与通信技术的结晶。从逻辑上可以将计算机网络分成两部分,通信子网和资源子网。

(一)通信子网

通信子网主要由网络节点和通信链路组成,负责全网的信息传递。其中网络节点也称为转接节点或中间节点,它们的作用是控制信息的传输和在端节点之间转发信息。通信链路即传输信息的通道,它们可以是双绞线、同轴电缆、光纤、微波及卫星通信信道。局域网中,通信子网由网卡、缆线、集线器、中继器、网桥、交换机、路由器等设备和相关软件组成;在广域网中,通信子网由一些专用的通信处理机(节点交换机)及其运行的软件、集线器等设备和连接这些节点的通信链路组成。

(二)资源子网

资源子网主要由提供资源的主机和请求资源的终端组成。它们都是信息传输的源节点或宿节点,有时也统称为端节点,负责全网的信息处理。局域网中,资源子网由联网的服务器、工作站、共享的打印机和其他设备及相关软件组成;在广域网中,资源子网由上网的所有主机及其他外部设备组成。

第三节 Internet 的概述

一、Internet 的简介

(一)Internet 的历史

Internet 这个名词产生于 80 年代,直接翻译过来就是“互相连接着的网络”,它是由全世界成千上万台计算机相互联接组成的。

在 1969 年,美国国防部创立了高级研究计划局,国防部高级研究计划署为冷战目的研制了一个名叫 ARPANET 的网络,把美国的几个军事及研究用计算机主机连接起来,其设计思想是当部分指挥点被摧毁后,其他点仍能正常工作,而这些分散的点能通过某种形式的通讯网取得联系。

1983年,主要出于实用考虑,ARPANET被分成2个不同的系统,ARPANET和MILNET。其中ARPANET为民用,MILNET为军用。网络被连接起来,用户可以通过它来交换信息,这形成了最初的Internet。

Internet最重要的发展是在1986年。美国国家科学基金会(National Science Foundation,NSF)希望通过计算机网络把各大学、研究所的计算机与4台巨型计算机连接起来,利用ARPANET发展出来叫做TCP/IP的通讯协议,建立名叫NSFNET的广域网。ARPANET被撤消之后,NSFNET成了Internet的支柱。由于美国国家科学资金的鼓励和资助,很多大学、政府资助的研究机构甚至私营的研究机构纷纷把自己的局域网并入NSFNET中。在这以后,不断有计算机子网并入Internet,几乎每年都以百分之百的速度增长。

到了1990年,商业使用的Internet在美国急速地扩大,而Internet也从原来少数人专属使用的网络系统变为平民化的网络系统。中国在1995年底也完成了主干网的建设,并将其接入了Internet。

(二)Internet在中国

在中国,最早发展起来的主干网有Cernet(中国教育科研网)和Cstnet(中国科技网)等,并连入Internet。但是它们之间并没有连接,只是分别通过国外的设备与Internet连接。现在,中国的网络发展极为迅速,已经形成了以4大网为主干的信息高速公路。这4大网包括Chinanet(中国公用计算机互联网)、Cernet、Cstnet和Chinagbn(中国金桥网)。

1.中国公用计算机互联网 Chinanet

由原邮电部建立的中国公用计算机互联网现已划归信息产业部管理。它的主要服务对象是个人及商业用户。Chinanet的服务内容主要包括用户接入服务、网络资源分配、常见的Internet信息服务、宽带多媒体服务、商业应用和技术服务培训等。Chinanet北京门户网站——北京信息港的网址是http:// www.bta.net.cn。

2.中国教育和科研计算机网 Cernet

中国教育和科研计算机网是在教育部的主持下建立的,主要由清华大学、北京大学、上海交通大学、西安交通大学、华中理工大学、成都电子科技大学和华南理工大学等10所大学组成,现在已经连接了全国几百所大学。Cernet的网址是http:// www.cernet.edu.cn。

3.中国科技网 Cstnet

中国科技网是由中国科学院主持建立的。它的主要服务包括网络通信服务、信息资源服务、超级计算服务和域名注册服务等。Cstnet的网址是http:// www.cnc.ac.cn。

4.中国金桥信息网 Chinagbn

中国金桥信息网是由原电子工业部建立的,现归属于中国信息产业部。它的主要业务是面向公众提供Internet商业服务。Chinagbn的网址是http:// www.gb.com.cn。

二、Internet基础知识

(一)IP地址

在IP协议中,对进行互联的网络采用了全局通用的地址格式,为Internet网络中每一个网络和每一个主机分配一个Internet地址,这个统一地址是由IP协议来完成的,故称之为IP地址。在一个地址中包含了两部分信息,即网络号和主机号,共32位比特数,例如1000000.0000000.

0000000.00000101。按网络规模的大小将 IP 地址分为主要的三类,A 类、B 类和 C 类。A 类地址第一字节的第一位是“0”,第一个字节表示网络号,后三个字节表示主机号,它分配给大型网络使用。B 类地址第一字节的前两位为“10”,前两个字节表示网络号,后两个字节表示主机号,一般用于中等规模的网络。C 类地址第一字节的前三位为“110”,前三个字节表示网络号,后一个字节表示主机号,用于小规模的网络。除此之外还有 D 类地址(前 4 位为“1110”)和 E 类地址(前 5 位为“11110”),它们分别用于组播地址和保留地址。

由于二进制不容易记忆,IP 地址通常用点分十进制方式表示。点分十进制方式就是将 32 位的 IP 地址中每 8 位用与其等效的十进制数字表示,每个十进制数字之间用小数点分开。例如 128.0.0.5,就可以表示网络中某台主机的 IP 地址。

(二)域名系统 DNS(Domain Name System)

在 Internet 上有无数的主机,为了区分这些主机,人们给每台主机都分配了一个专门的地址,称为 IP 地址。通过 IP 地址就可以访问每一台主机。由于作为数字的 IP 地址不便于记忆,从 1985 年开始,在 IP 地址的基础上向用户提供了域名系统 DNS 服务,采用字符来识别网络上的计算机,即用字符为计算机命名。DNS 域名系统一方面可以帮助人们用容易记忆的名字标识自己的主机,另一方面建立了主机名与 IP 地址一一对应的关系。域名与 IP 地址之间的转换工作称为域名解析,域名解析需要专门的域名解析服务器来完成,整个过程是自动的。

1. 域名结构

Internet 采用了层次树状结构的命名方法,就像全球邮政系统和电话系统那样。采用这种命名方法,任何一个连接到 Internet 上的主机或路由器都有一个唯一的层次结构的名字,即域名。“域”是名字空间中一个可被管理的划分。域还可以继续划分为子域,如二级域、三级域等等。域名的结构由若干个分量组成,各分量之间用小数点分开:

….三级域名.二级域名.顶级域名

各分量分别代表不同级别的域名。每一级域名都由英文字母和数字组成(不超过 63 个字符,不区分大小写),级别最低的域名写在最左边,而级别最高的顶级域名则写在最右边。完整的域名不超过 255 个字符。

DNS 将整个 Internet 视为一个域名空间,由不同层次的域组成。DNS 域名空间是由树状结构组织的分层域名的集合。

DNS 域名空间树的最上面是一个无名的根域,用“.”表示.这个域只是用来定位的,并不包含任何信息。在根域之下就是顶级域。顶级域一般分成两类,通用域和国家域。通用域包括 com、edu、gov、int、mil、net 和 org7 个组织。国家域是按国家来划分的,每个申请加入 Internet 的国家都可以作为一个顶级域,并各注册一个域名,如 cn 代表中国,us 代表美国。顶级域名的具体分配如表 7-1 所示。

表 7-1 顶级域名分配

顶级域名	分配情况
com	商业组织
edu	教育机构
gov	政府部门
mil	军事部门
net	主要网络支持中心
org	上述以外的组织
int	国际组织
国家代码	各个国家

顶级域名之下是二级域名。二级域名通常是由网络信息中心 NIC 授权给其他单位或组织自己管理的。一个拥有二级域名的单位可以根据自己的情况再将二级域名分为更低级的域名授权给单位下面的

部门管理。DNS域名树最下面的叶节点为单个计算机。域名的级数通常不多于5个。

DNS域名空间中,任何一台计算机都可以采用从叶节点到根节点标识,中间用点“.”连接,级别最低的写在最左边,而级别最高的顶级域名写在最右边。如“中央电视台”主机的域名为“cctv.com.cn”。二级域名包括类别域名(6个)和行政区域名(34个),其中行政区域名一般都是各省名称第一个拼音字母的组合,例如“辽宁”为“ln”。二级域名分配如表7-2所示。

表7-2 我国二级域名分配

划分模式	二级域名	分配情况
类别域名	ac	科研机构
	com	工、商、金融等企业
	edu	教育机构
	gov	政府部门
	net	互联网络、接入网络的信息中心和运行中心
	org	各种非盈利性的组织
行政区域名	bj	北京市
	sh	上海市
	tj	天津市
	cq	重庆市
	ln	辽宁省
	jl	吉林省
	hl	黑龙江省
	tw	台湾
	hk	香港
	mo	澳洲

2.域名解析

为了实现域名与IP地址的转换,需要建立一张域名与IP地址的对应表。由于Internet上主机太多,对应的IP地址数以万计,在一台机器内难于处理,在技术和应用中也不便操作,因此只能采用分布式处理技术。通常把提供IP地址与域名转换的主机称为域名服务器,由ISP(Internet服务提供商)负责管理和维护。

DNS采用的是客户端/服务器模式,整个系统由解析器和域名服务器组成。解析器是客户方,它与应用程序连接,负责查询域名服务器、解释从域名服务器返回的应答以及把信息传送给应用程序。域名服务器是服务方,用于保存域名信息,一部分域名信息组成一个区,域名服务器负责存储和管理一个或若干个区。一般情况下,一个域中可能有多个域名服务器。

域名服务器实际是一种域名服务软件,它运行在指定的机器上,完成域名与IP地址之间的映射。为了把一个域名映射为一个IP地址,应用程序调用客户端的解析程序,解析器将UDP分组传送到DNS服务器上,DNS服务器查找域名并将IP地址返回给解析器,解析器再返回给调用者。有了IP地址,程序就可以和目的方建立TCP连接,或者向它发送UDP分组,从而进行通信。

(三)ISP

ISP是Internet Service Provider的缩写,中文意思是“因特网服务提供商”。ISP是为用户提供Internet接入和Internet信息服务的公司和机构。计算机可以通过ISP与Internet连接。

(四)WWW

WWW(World Wide Web),可以翻译为“环球网”,也可以音译为“万维网”,简称3W、W3或Triple W。它是Internet上集文本、图像、声音和视频等多种媒体信息于一身的信息服务系统,是Internet很重要的服务,利用它可以很轻松地获取信息。为了更好更高效地使用WWW,这里介绍一些相关的概念。

1.超文本(HyperText)

超文本是一种全局性的信息结构,它的信息组织形式不是简单地按顺序排列,而是将文档中的不同部分通过关键字建立链接,当鼠标的光标移到这些链接上时,光标形状会变成一手掌,这时点击鼠标所指向的位置,就会从这一网页跳转到另一网页上,这种连接关系称为"超链接"。如果链接的是文本、图像、动画、声音或影像等,那就形成了通常所说的超媒体。

2.主页(Homepage)

主页是指个人或机构的基本信息页面,用户通过主页可以访问有关的信息资源。主页通常是用户使用万维网访问 Internet 上的任何 WWW 服务器所看到的首页。它包含了连接同一站点其他项的指针,也包含了到别的站点的链接。

3.超文本传输协议 HTTP(HyperText Transfer Protocol)

WWW 所使用的通信协议是超文本传输协议 HTTP,它能够传输任意类型的数据对象,从而成为 Internet 中发布多媒体信息的主要协议。

从层次的角度来看,HTTP 是 WWW 客户端与 WWW 服务器之间的应用层协议,它是万维网上可靠交换文件的重要基础。为了保证 WWW 客户端与 WWW 服务器之间能顺利进行通信,HTTP 协议定义了通信交换机制、请求报文和响应报文的格式。HTTP 会话过程包括 4 个步骤,连接(Connection)、请求(Request)、应答(Response)和关闭(Close)。

(五)统一资源定位器 URL(Uniform Resource Locator)

URL 被称为"固定资源位置"或"统一资源定位器"。它被用于指定 Internet 或 Intranet(内联网)服务器中信息资源的位置,无论在哪里,只要使用相同的 URL 就可以访问到相同的信息。URL 的描述格式如下:

协议类型://主机地址 / 路径名/文件名:端口号

其中,协议类型可以是 Internet 上某一种应用所使用的协议类型,如表 7-3 所示。主机地址是指提供信息服务的主机在 Internet 上的域名或 IP 地址,是信息资源的地址,例如 www.bhcy.cn 是渤海船院 WWW 服务器的主机域名。路径名及文件名常统称为路径,这一部分可以省略。端口号经常省略,因为大部分协议或应用的端口号都是众所周知的。

表 7-3 URL 可以指定的部分协议类型

协议类型	描 述
HTTP	通过 HTTP 协议访问 WWW 服务器
FTP	通过 FTP 协议访问文件服务器
GOPHER	通过 GOPHER 协议访问 GOPHER 服务器
TELNET	通过 TELNET 协议进行远程登录
FILE	在所连的计算机上获取文件

第四节 Windows 2000 中网络功能应用

一、对等网络的连接

在对等式(Pear-to-Pear)的网络中,不需要专门的服务器,每一台联网的电脑既是网络中的一份子,享受着联网所带来的种种好处,又能把自身的一些资源(文件、打印机等)提供给网络中的其他电脑分享,所有电脑的地位都是均等的。对等网具有组建和维护都相当容易的优点,只要完成硬件安装与连线,然后再设置好网络协议就可以了,而且在对等网中几乎可以实现与有服务器的网络完全一样的功能。网络中的每一台电脑都既可做服务器也可做为工作站，所以当需要把一些服务或某些可共享的设备(如打印机、调制解调器)从一台电脑上移动到另外一台电脑时，只要稍做些改动就可维持网络的原有功能，使用起来十分方便。

对等网络采用星形连接，即以集线器或交换机作为中心节点，将所有计算机都分别插到集线器接口上，如图 7-4 所示。其优点是当某条电缆或者某台计算机出现故障时，仅影响连接这条电缆的计算机或出现故障的计算机本身，网络上其他计算机仍可照常工作。

图 7-4 对等网的连接方式

在 Windows 2000 中实现对等网所需的网络组件主要包括 Microsoft 网络用户、Microsoft 网络文件和打印机以及 TCP/IP 协议。此外，还要为每台计算机起一个彼此不同的计算机名和对应的 IP 地址，然后把计算机加入工作组，以便其他用户可以在网络上看到它。计算机名将在其他用户浏览整个网络时显示出来。要确保为每台计算机起一个相同的工作组名，否则系统将无法认出网络里的所有计算机成员。

二、Internet 的连接

Windows 2000 提供了多种上网方式，目前 ISP 为单机提供的上网方式主要有以下几种。

(一)普通拨号上网

普通拨号上网就是使用电话线上网。使用普通电话线上网所需的软硬件条件为一条电话线、一个调制解调器、一个入网帐号、一台计算机以及相应的一些软件。由于电话线普及率极高，因此拨号上网适合于个人特别是家庭计算机上网。在 Windows 2000 中拨号上网的具体设置如下。

单击“开始→设置→网络和拨号连接→新建连接”，弹出“网络连接向导”窗口，根据提示单击“下一步”按钮，进入到 Internet 连接向导窗口中，再根据提示依次选择“拨号到 Internet”、“手动设置 Internet 连接或通过局域网(LAN)连接”、“通过电话线和调制解调器连接”，单击“下一步”，在出现的窗口中输入相应的内容(图 7-5)，然后把“使用区号和拨号规则”复选框前的“√”去掉，单击“下一步”，在窗口中输入用户名和密码，单击下一步即可完成。

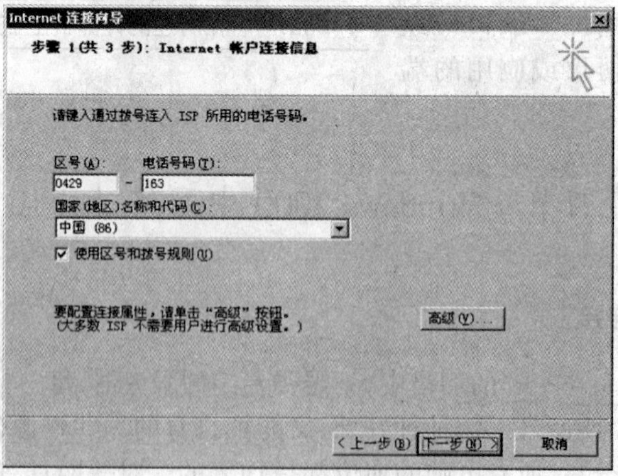

图 7-5 Internet 连接向导

(二)ADSL拨号上网

目前,个人用户使用最多的是ADSL拨号上网。ADSL数据信号和电话音频信号以频分复用原理调制成各自频段,互不干扰。安装ADSL之前,首先申请网点。通信公司可提供两种用户接入模式,虚拟拨号方式和准专线方式。采用虚拟拨号的用户需要安装宽带通客户端软件,与拨号上网的拨号程序类似,输入用户名称和用户密码即可连接到宽带接入门户站点;采用准专线方式的用户使用电信部门分配的固定IP地址,开机即可接入Internet。

ADSL的安装包括硬件安装和拨号连接建立两部分。硬件安装ADSL只要利用现有电话线,在用户端安装一台ADSL Modem和一个电话分离器。分离器有三个连线口,分别为电话入户线、电话信号输出线(连接普通电话)、数据信号输出线(连接ADSL Modem)。ADSL的连接如图7-6所示。

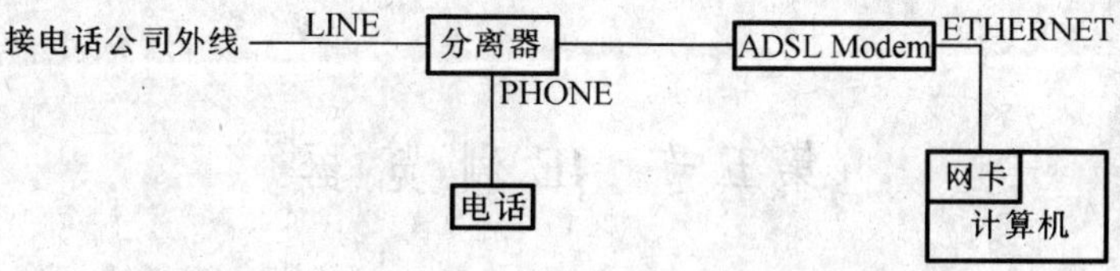

图7-6 ADSL的连接

拨号连接的建立以EnterNet 500为例进行设置,方法是:运行EnterNet 500的安装文件,进入到如图7-7所示的界面。然后按照提示进行安装,安装完毕后会在桌面上显示"EnterNet 500"快捷图标。在桌面上双击该图标,进入到"配置文件"窗口,双击"建立新配置文件",进入到如图7-8所示的界面,在文本框中输入连接的名称,比如"宽带连接"。单击"下一步",进入到如图7-9所示的窗口。在此窗口中输入用户名、密码及确认密码,注意这里的用户名和密码应是通信公司提供的。接着按照提示继续操作,直到完成,便会创建一个以"宽带连接"命名的拨号连接。

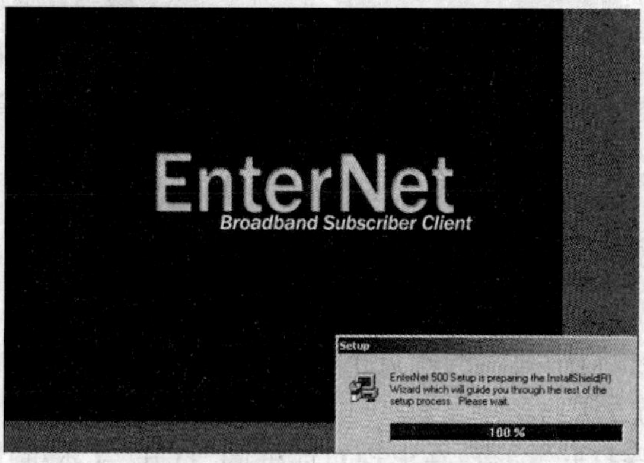

图7-7 安装EnterNet界面

创建了连接后就可以通过ADSL连接Internet了。单击桌面上的"宽带连接",输入密码即可上网。

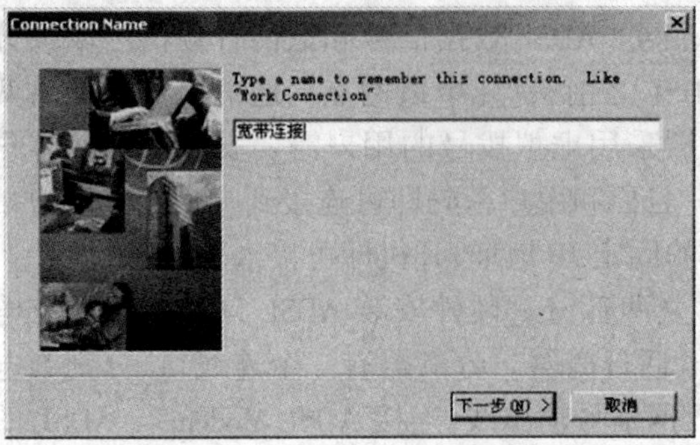

图 7-8 输入“连接名称”对话框

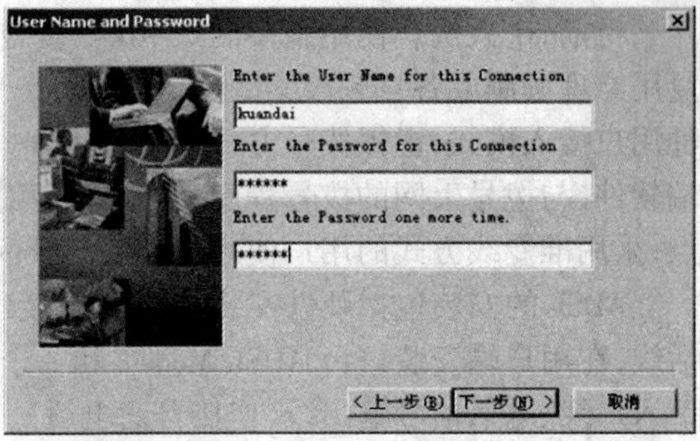

图 7-9 输入“用户名和密码”对话框

第五节 IE 浏览器

Internet Explorer(简称 IE)是美国微软公司推出的免费浏览器软件,它是当前世界上使用最多的浏览器。目前常用的有 IE 5.5 和 IE 6.0 两个版本,其中 IE 6.0 是新版本,通过加载语言包可以同时支持多种语言,另外还有很多优秀的特性,所以使用 IE 进行网上冲浪是一个很好的选择。

一、IE 浏览器简介

(一)IE 浏览器的启动

连接到 Internet 后,单击“开始”菜单,依次选择“程序→Internet Explorer”,或双击桌面上 IE 图标( ),或单击任务栏中的 IE 图标,都可以启动 IE 浏览器。

(二)IE 浏览器窗口

启动 IE 浏览器后,根据个人设置的主页不同,所显示的界面也有所不同。IE 的运行界面主要由标题栏、菜单栏、工具栏、地址栏、图文区、状态栏和滚动条等部分组成。IE 的窗口如图 7-10 所示。

二、IE 浏览器的使用

(一)浏览网页

启动 IE 后,浏览器窗口中显示的网页正是所选定的主页。怎样浏览其他 Web 页呢?下面介绍几种浏览网页的方法。

1.单击菜单“文件→打开”命令,在出现对话框的“打开”文本框中输入要访问的网址,单击“确定”按钮,就进入了想要访问的网站。

2.在地址栏中,输入想访问的地址并按回车键或单击“转到”按钮,可进入要访问的网站。浏览 Web 页时,IE 会将最近访问过的地址保存在地址栏中,当在地址栏里键入网址时,不用全部写出,它会自动调整列出相近的网址,只要下移选中就可以了。单击地址栏右边的下拉箭头,会列出最近访问过的网址,选择要访问的网址,就能浏览网页了。

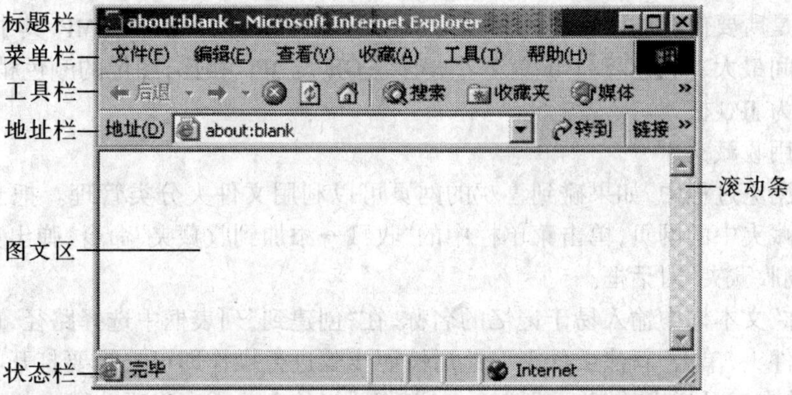

图 7－10 IE 浏览器窗口

输入地址时，一般不需要输入 http://，如“雅虎网”只要输入 www.yahoo.com 就可以了。还有一个更简捷的方法，比如在地址栏输入 yahoo，然后按一下 Ctrl + Enter 键，IE 就自动给加上了 http://www.和.com。

3.在工具栏中，利用“后退”和“前进”按钮及其旁边的下拉条，可以切换最近访问的网页。

4.在工具栏中，单击“历史”按钮，可以根据窗口中出现的文件夹列表访问曾经访问过的网页。

5.脱机工作

没有联网时，使用脱机工作，可以浏览曾经访问过的网页，巧妙利用此项功能，可以大大节省上网费用。打开 IE 浏览器，单击“菜单→脱机浏览”，再单击工具栏上的“历史”按钮，出现图 7－11 所示的页面，在左窗口列出最近访问过的网址，单击想要浏览的网址，即可浏览访问过的网页。

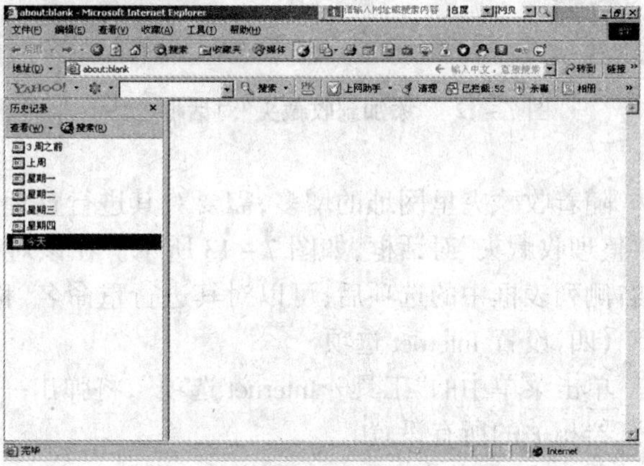

图 7－11 IE 脱机浏览界面

(二)保存网页和图片

Internet 上有许多精彩的网页，当看到喜欢的网页时，可以把它保存在硬盘上。单击菜单“文件→另存为”命令，在弹出的对话框中选择保存到的文件夹，输入文件名(默认为当前网页的名字)，选择保存类型后，单击“保存”按钮即可。在保存类型中有四种类型，选择“网页，全部(＊.htm；＊.html)”，把当前的网页下载成一个文件夹和一个 html 文件，文件夹中保存的是当前网页中所有图片；选择“Web 档案，单一文件(＊.mht)”，是把网页中包含的图片、CSS 文件以及 HTML 文件全部放到一个 MHT 文件里面；选择“网页，仅 HTML(＊.htm；＊.html)”，用来以网页的形式保存网页上的文字；选择“文本文件(＊.txt)”，把网页上的文字保存成文本文件。

在浏览网页时，也可以把网页上某些精美的图片保存到硬盘上。只需在图片的范围上单击右键,此时会弹出一个快捷菜单,从中选择“图片另存为”就可以选择路径进行保存。这时要注意的是所要保存的图片格式。通常所用的格式有JPG,GIF和BMP,其中BMP的文件所占硬盘空间最大,而JPG和GIF就要小得多。GIF与JPG相比,图像的颜色稍有逊色,所以最好是保存为JPG格式。

(三)使用收藏夹

在网页浏览过程中,如果碰到喜欢的网页可以利用文件夹分类管理。把当前网页设为要添加到收藏夹中的网页,单击菜单栏中的“收藏→添加到收藏夹”命令,弹出如图7－12所示的“添加到收藏夹”对话框。

在“名称”文本框中输入易于记忆的名称,在“创建到”列表框中选择路径,也可以先自己建立一个文件夹,单击“新建文件夹”,然后按照步骤进行操作即可。当要打开收藏夹里的网页时,只需单击工具栏中的“收藏”按钮,在浏览器栏的左边就会出现收藏夹栏,选择网址,单击就可以打开了。

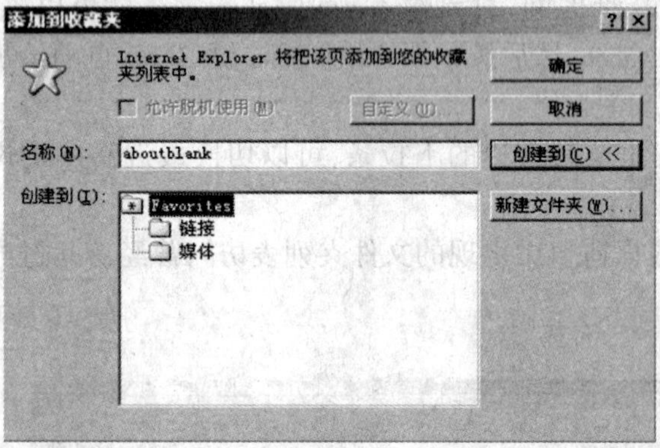

图7－12 “添加到收藏夹”对话框

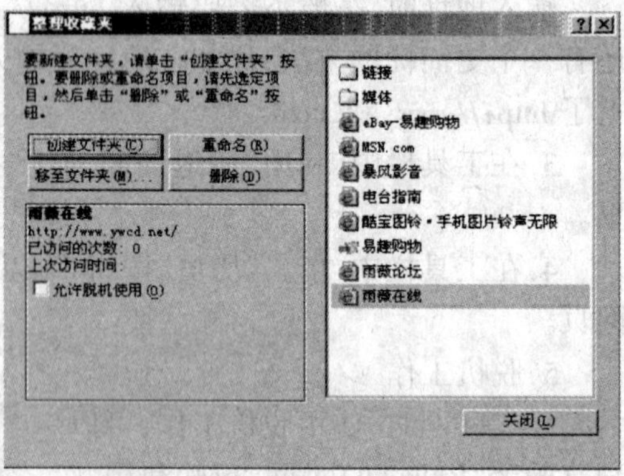

图7－13 “整理收藏夹”对话框

随着收藏夹里网址的增多,需要对其进行整理。单击菜单“收藏→整理收藏夹”命令,打开“整理收藏夹”对话框,如图7－13所示。在该对话框中可以在收藏夹中创建新文件夹,选择右侧列表框中的选项后,可以对其进行重命名、移动、删除等操作。

(四)设置Internet选项

单击菜单中的“工具→Internet选项”,将弹出一个对话框(图7－14),可以在这里完成与浏览器相关的所有设置。

1. 常规选项卡

常规选项卡中可以对主页、Internet临时文件以及历史记录进行设置。

(1)主页的设置 主页是指浏览器打开时首先连接的站点。在默认的情况下,主页是微软的网页。可以把喜欢的网页或者经常访问的网页设为主页,方法有:在地址文本框中直接键入网址;在想设置为主页的网页已经打开的情况下,单击“使用当前页”按钮;单击“使用默认页”,系统会将微软的网页默认为主页;单击“使用空白页”,在打开IE时,图文区将出现空白页。在设置完之后要单击“确定”,使设置生效。

(2)Internet临时文件 由于网络带宽的限制,现在浏览器通用的技术是在硬盘上建立一个临时文件区,储存从网上下载的信息,提高浏览速度。由于这些文件都非常小而且更新频繁,文件的碎片非常多,时间久了会造成硬盘上的碎片和文件交叉链接错误增多。因此在硬盘上划分出一个几十到几百兆的空间,将临时文件夹存放到这里,可以随时对这个文件夹进行整理。

(3)历史记录 “History”文件夹中包含有已访问页的链接,可使用户快速访问最近查看过的页。在“历史记录”栏中,可以对网页保存在历史记录中的天数进行设置,也可清除已保存在历史记录中的网页。

此外,还可以通过对“颜色”、“字体”、“语言”、“辅助功能”等选项的设置对网页的风格进行设置,例如可以在“颜色”对话框中设置已访问过的链接的颜色和未访问过的链接的颜色。

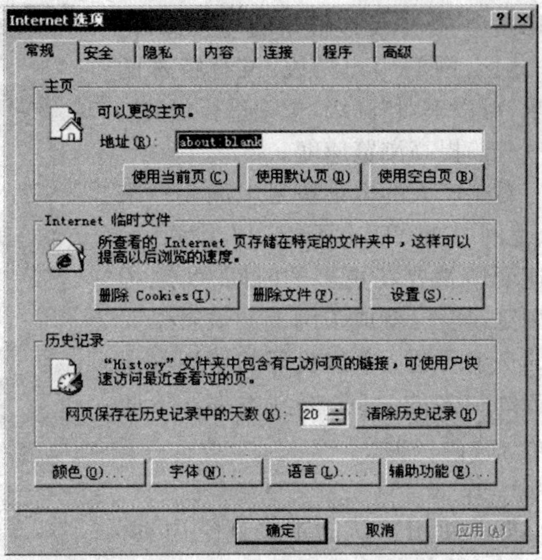

图 7-14 “Internet 选项”对话框

2. 安全选项卡

“安全”是微软公司为了保证网络安全设置的一种安全级别标准,一般无须改动,采用“中”级,既可以浏览大多数站点,又可以在一定程度上保证网络安全。

3. 内容选项卡

Internet 包括了各种各样的信息,不仅仅包括了有益的信息,也不可避免地包含了一些不良的信息。为了对某些包含不良信息的网页进行过滤,IE 浏览器提供了分级审查功能,使用 IE 分级审查功能的方法为:在打开的“Internet 选项”对话框中,单击“内容”选项卡,如果从未使用过分级审查,在打开的“Internet 选项→内容→分级审查”中的“设置”是不可用的;单击“分级审查”框中的“启用”按钮,打开“分级审查”对话框,其中“常规”选项卡上,如果没有创建过密码,可以单击“监督人密码”中的“创建密码”按钮;在弹出对话框中按要求输入密码,单击确定即可,如果已创建过密码,可更改。密码创建后,在打开的“Internet 选项→内容→分级审查”中的“设置”可用,此时系统会提示继续操作前需提供监护人密码,输入密码并加以确认,回到“Internet 选项→内容”选项卡后,单击“分级审查”中“设置”,会弹出输入密码对话框,然后对“暴力”、“裸体”、“性”、“语言” 等项目设置适当的分级审查级别。

4. 程序选项卡

在打开的“Internet 选项”对话框中,单击“程序”选项卡,如图 7-15 所示。分别设置浏览器默认调用的与上网相关的软件。通过设置每项的内容,在上网的过程中可以通过 Web 页上的快捷方式调用其他软件。例如,若在电子邮件中选择“Outlook Express”,在单击网页工具栏中,则使用的是 Outlook Express 电子邮件,若在电子邮件中选择“Hotmail”,再单击网页工具栏中的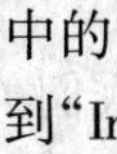,则使用的是 Hotmail 电子邮件。

5.高级选项卡

在打开的“Internet 选项”对话框中,单击“高级”选项卡,在这里可以调整浏览器的各项属性,任意改动这里的设置会造成浏览器使用不正常。

通常许多人为了提高上网的速度将“播放网页中的动画”、“播放网页中的声音”、“播放网页中的视频”、“显示图片”和“智能图像抖动”各项复选框中的勾去掉，但对一般上网的用户来说，没有特殊的要求，可以不对“高级”选项进行设置。

(五)提高浏览速度

对于广大的电话拨号上网用户来说，上网的速度实在不能让人满意，而且速度慢就要花更多的时间，所以提高浏览速度也就成了网上冲浪者最关注的一个问题。养成良好的使用习惯会节约很多的时间，提高效率。下面介绍一点点经验。

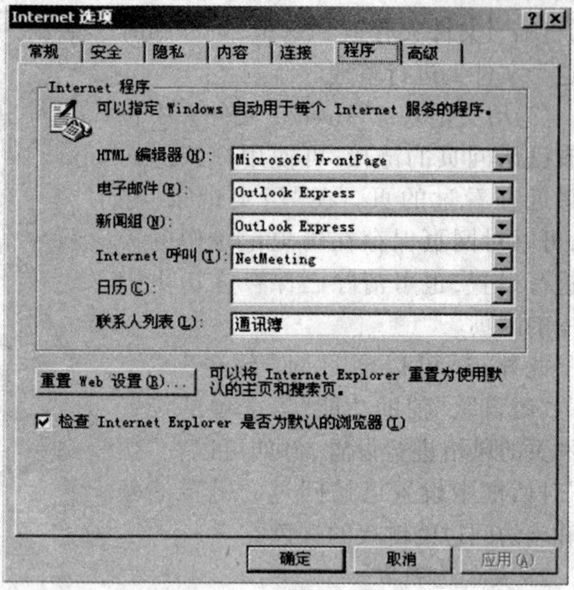

图 7-15 “程序”选项卡

1. 设置首页

如果使用默认的主页或空白页，其实对绝大多数人来说都是毫无意义的，可以把经常使用浏览的网页或搜索引擎设为主页，这样就可以节省一部分上网的时间。

2. 调整 Internet 临时文件夹

IE 浏览器会将访问过网站的 HTML 和图片储存在一个叫做 Temporary Internet Files 的 Internet 临时文件夹中。如果上网次数频繁，而且不经常上同一个网站，及时清理 Internet 临时文件夹将会提高速度。

3. 选择合适的上网时间

在上网高峰时间浏览速度自然会很低，选择一些上网人数比较少的时段会大大提高浏览速度。早上 6~7 点当然是最好的时间了，或者是晚上十二点以后。如果不想熬夜而且想睡个懒觉的话，那么可以设置一些自动执行的下载任务让系统自动完成。

4. 抛开动画和声音

网络技术日益发展，网络的普及使得个人主页大量涌现，这里有很多人们关心或者是迫切需要的东西，但是个人主页大多设计得花样繁多，声音、图片、flash 动画、Java Script 等等，造成网页加载速度下降。如果减少这些内容，就能让速度加快，不过这样就只能看到文字了。

第六节 Internet 的应用

一、搜索引擎

(一)初识搜索引擎

搜索引擎(search engines)是一个对互联网上的信息资源进行搜集整理，然后供用户查询的系统。搜索引擎通常由两部分组成，一部分为信息收集部分，它负责收集 Internet 上的资源信息,对其进行索引并根据这些信息建立数据库;另一部分是信息检索部分,也就是提供用户与其数据库之间的检索界面,用户通过它来进行信息查询。

目前搜索引擎大体分为两类,即分类搜索引擎和主题搜索引擎;分类搜索引擎是人工将网页归入自己的分类体系的类目下,检索时从顶级类目向下找到满足检索条件的子类目;而主题搜索引擎则按关键词标引访问的网页,检索时输入要找的网页的关键词,单击"搜索"按钮,可以看到包含选择的词或词组的其他网页的列表。有些搜索引擎提供高级检索方式,一般是用布尔逻辑表达式限定检索条件。

(二)搜索引擎的分类

搜索引擎按照方式的不同可有不同的分类。按搜索机制进行分类,可以分为目录型搜索引擎、关键词型搜索引擎和混合型搜索引擎;如果按搜索引擎提供的搜索内容来划分,可以将搜索引擎分为综合型搜索引擎、专业型搜索引擎和特殊型搜索引擎;根据搜索引擎在采集信息的方法及对外提供的服务方式分类,可以分为机器人搜索引擎、目录搜索引擎和元搜索引擎。

(三)使用搜索引擎

1.搜索引擎的基本使用方法

目前使用较多的搜索方式是目录式搜索引擎,它也是最简单的搜索方法。它以目录分类为原则,确定要查找的内容或网站。这种方法在需要寻找一类内容或网站时效果较好,不过各搜索引擎的目录分类原则不尽相同,而且还经常变化,并且随着网站数量呈几何级数增长,需要单击翻找的页数也会越来越多。

如果需要根据一些具体条件进行搜索,则最好使用关键词搜索的方法。下面介绍一些基本的搜索规则,它们可以使搜索结果更迅速准确。

(1)查询条件具体化　查询条件越具体,就越容易找到所需要的资料,因此尽量使查询条件具体化。

(2)使用加号或空格　如果需要搜索结果包含查询的两个或两个以上的关键字,则在每个关键字之间使用"+"号,或使用空格,表示"与"操作。

(3)使用减号　如果搜索结果要求不包含某些特定信息,可用减号把含有某个不需要的词语的页面去除。用"-"号可以表示"非"操作。

(4)使用引号　使用引号可精确地控制搜索内容的出现。

(5)图片搜索　Google 自称为"互联网上最好用的图像搜索工具",因此可以在 Google 首页单击"图片"链接就进入了 Google 的图像搜索界面,如图 7-16 所示。

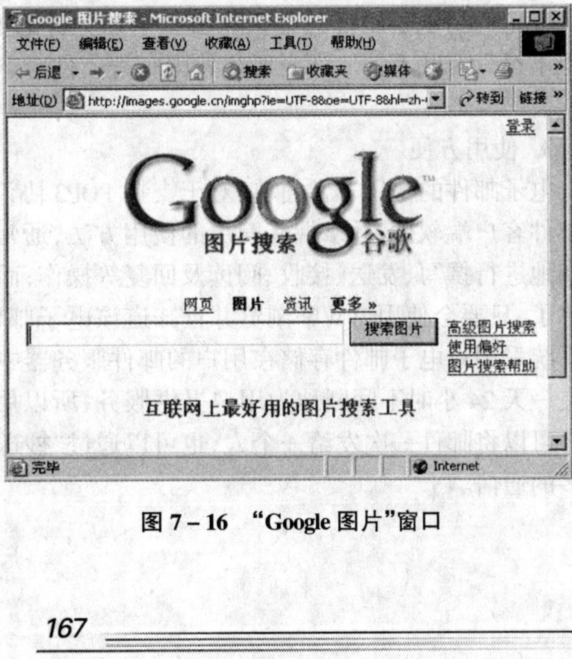

图 7-16 "Google 图片"窗口

2.快速搜索

IE 专门内置了一个搜索引擎帮助用户查找所需信息,只需执行如下步骤即可很快得到所需信息:

(1)启动 IE 并连接到 Internet 上;

(2)单击工具栏上的"搜索"按钮,在 IE 窗口左边打开一个专门的"搜索"窗口。

在"请为你的搜索选择一个类别"列表框中输入需要查找的内容关键词,并单击"搜索"按钮。IE 就会自动连接其默认的搜索引擎,并查找用户所需的关键字,最后再将找到的结果在"搜索"窗口中显示出来。只需单击有关链接即可迅速打开相应网点进行查看,使用非常方便。

3.提供几种常用的搜索引擎

(1)常用的中文搜索引擎

网址之家(http://www.hao123.com)

搜狐(http://www.sohu.com)

新浪网搜索引擎(http://www.sina.com)

中文雅虎(http://cn.yahoo.com)

百度(http://www.baidu.com)

Google 搜索(http://www.google.cn)

(2)常用的英文搜索引擎

Yahoo!(http://www.yahoo.com)

二、电子邮件

电子邮件(electronic mail,简称 e-mail 或 email,有些网友一般称之为伊妹儿),最初许多用户都是为了能够通过 E-mail 收发电子邮件才开始使用 Internet 的,因此可以说 E-mail 是应用于 Internet 上的最广泛的、最受欢迎的网络功能。

(一)电子邮件的特点

1.速度快

通常一封电子邮件在几分钟乃至几秒钟内就可以传送到收件人的手中。一封普通的邮件和电子邮件在传递速度方面是不能同日而语的。

2.价格低廉

发送一封电子邮件通常只需占用一二分钟的上网时间,这样,市话费加上 Internet 通信费也不过只有几毛钱。而当要往外国邮寄信件时,电子邮件的廉价的特点体现得就更为明显了。

3.使用方便

电子邮件的使用非常简单,对于支持 POP3 协议的电子邮件,只要在机器上安装一种电子邮件客户端软件,并掌握其简单的使用方法,通常只需用鼠标单击某个按钮,就可以轻松自如地进行撰写、发送、接收、阅读及回复等操作;而对于基于 Web 的电子邮件,使用就更为简单了,只要会使用 WWW 浏览并且知道该电子邮件的服务器地址就可以了。由于电子邮件系统采用将电子邮件存储在用户的邮件服务器中,而不直接发给用户,并且邮件服务器一般是一天 24 小时不间断地为用户提供服务,所以用户可以随时收发电子邮件。另外,电子邮件可以将邮件一次发给一个人,也可以通过"抄送"功能发给许多人,同时实现一对一和一对多的通信。

4. 信息多样化

目前的电子邮件应用程序除了作为信件交换工具以外，还可用于传送文件、图形、图像和语音等信息。它不仅是私人之间进行信息交换的优秀工具，还可被用于进行商业活动，如产品推销、电子购物、图书杂志订阅等。

5. 功能强大

电子邮件不仅可以用于给网上的亲朋好友发电子邮件，还可以利用电子邮件列表服务订阅新闻、股市行情，参与专题讨论、电子论坛，甚至可以用电子邮件访问 Web 页或者下载软件，进行各种信息资源的查询等。

6. 个性化

书写电子邮件没有固定的格式，可以随意选用不同的信纸，加上喜欢的音乐，使用特殊的符号来表现心情，甚至可以录下自己的话传递给远方的朋友，使用电子邮件可以尽情舒展自己的个性。

(二)使用电子邮件

1. 电子邮件格式

在电子邮件系统中，用户使用的电子信箱是具有固定格式的，一般分为三个部分，如图 7－17 所示。

图 7－17 电子信箱的组成格式

2. 申请免费电子信箱

要使用电子邮件必须拥有一个自己专用的电子信箱。Internet 网上有很多好用而又免费的电子邮箱账号，使用非常方便，而且邮件服务器的名称一般都非常好记，如china.com，sina.com，163.com 等。下面就以 163.com 为例，介绍一下如何申请免费电子信箱。

在 IE 中键入网址 www.163.com，然后按回车键或按 转到 按钮，进入到 163.com 的主页，如图 7－18 所示。

在主页上方有“3G 免费邮”字样，单击后就可进入“163 免费邮”窗口。在此窗口中点击按钮 注册3G免费邮箱 就可进入“网易通行证服务条款”，然后阅读“网易通行证服务条款”，这里说明服务提供者与使用者之间的责任和义务，仔细阅读后，如果同意上述条款，决定使用该信箱服务，则点击 我接受 ，就可进入到注册界面，在注册界面窗口中认真填写各项(一般情况该界面都会注明“请注意：带有“＊”的项目必须填写”)，要注意在填写时应按照该窗口中右侧的说明填写，全部填写完后点击 提交表单 ，进入到“个人资料填写”窗口，再按照规则填写相应各项，全部填写完后再点击 提交表单 ，就完成了申请新邮箱的操作了。

3.使用电子邮箱

图 7－18 “网易”主页

在申请邮箱时看到的“网易”主页窗口和“163 免费邮”窗口，都可在用户名和密码处填写用户名和密码，单击“登录”，在进入的界面中点击“免费邮箱”，就可进入邮箱，如图 7－19 所示。

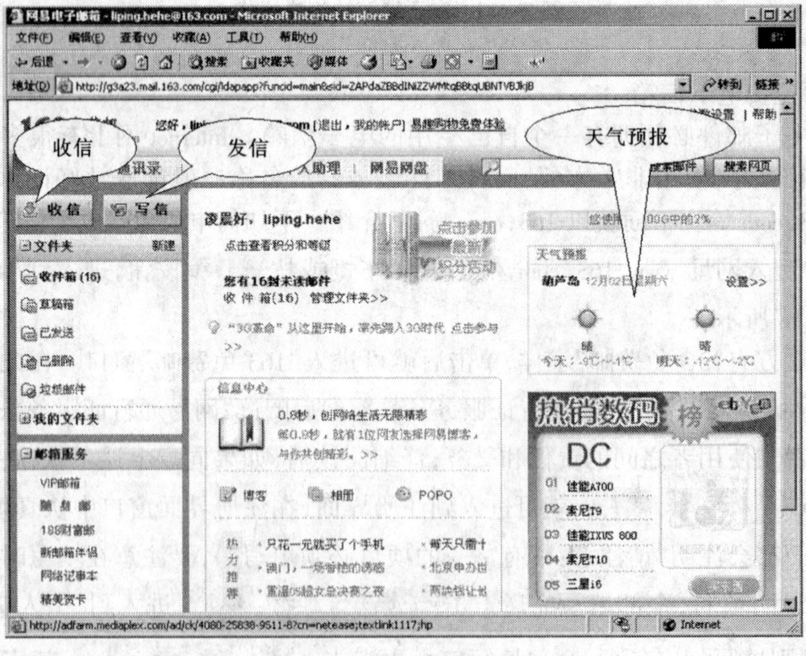

图 7－19 电子邮箱首页

在如图 7－19 所示的界面中提供了一些服务，如在图中右上角有天气预报服务，可以根据设置查询全球的天气情况。当然，用得最多的功能是收发邮件。

(1)接收邮件　单击“收信”，可进入到收信界面，里面储存的就是别人发过来的信件。其中已打开的邮件是白色的打开信封的图标，未打开的是黄色的信封图标，如图 7－20 所示。可以点击相应的邮件，进入如图 7－21 所示的界面，进行阅读。在该界面有一些功能按钮，如“返回”、“删除”、“回复”、“转发”、“移动”等。其中“删除”是指将当前邮件删除，但这里的删除不是真正的删除，而是将信件转移到“垃圾箱”；“回复”则用来直接对此信件进行答复，收件人及主题将由系统自动添加；“转发”是将当前邮件转寄给其他收信人；“移动”可以把当前的邮件移到“草稿”、“已发送”、“已删除”、“垃圾邮件”等文件夹中。该界面中还有一些按钮，如“上一封”、“下一封”等按钮，它们的用法与字面的意思一样，读者可以试一下。

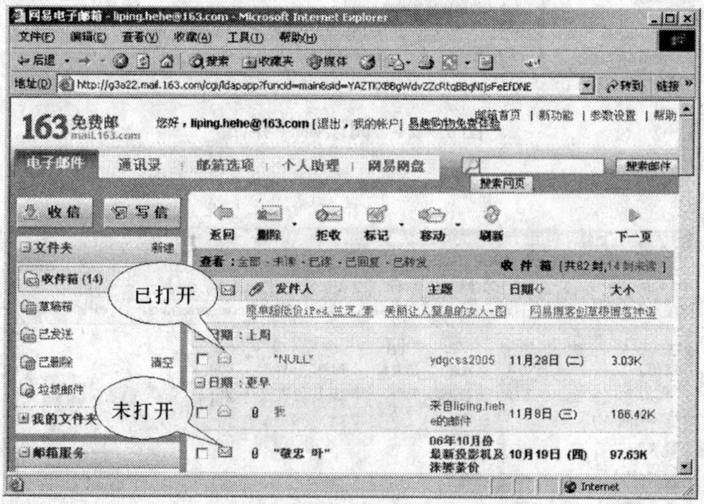

图 7－20　收　件　箱

(2)发送邮件　点击“写信”按钮，可以进入如图 7－22 所示的界面。写信与平时写信一样，“发给”文本框中写入收信人的邮箱地址，必须写全；主题写明所发信件的题目，如不写，收件人收到的邮件主题为“无”。在写信界面的空白编辑处可以写信，写信的格式与风格非常灵活，可以根据工具栏上的按钮进行设置，如果所发的信件已存在磁盘中，则可以利用“附件”功能，方法是点击“添加附件”，然后点击“浏览”，在弹出的对话框中选择所要发的文件，然后点击“打开”即可。如果有多个文件想同时发送，可继续点击“添加附件”，然后按步骤操作即可。最后点击“发送”，就完成了邮件的发送。

(3)管理电子信箱　当信箱里的信多了起来之后，需要将它们进行归类，就好像图书馆里的图书一样，这样才能够很快地查找所需要的信息。方法是选择要移动的邮件(这里的选择是指选中邮件前的复选框)，然后再移动到下拉列表框中选择移动的的地点即可。对信件也可以进行“删除”和“彻底删除”等操作。在信箱的右上角还有“参数设置”选项，可以进行“颜色”等风格设置和对邮件的参数设置。

三、网上交流

(一)留言板

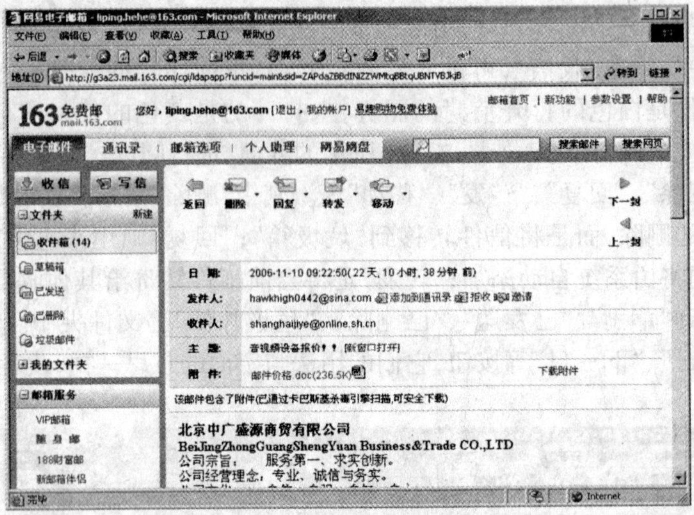

图 7－21　阅读邮件界面

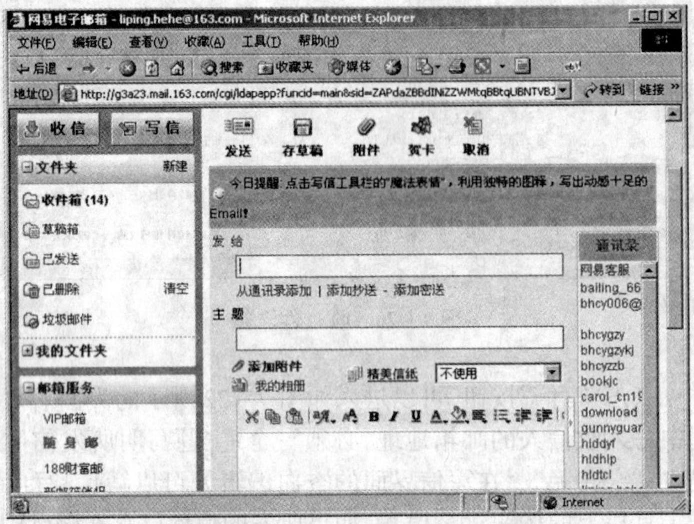

图 7－22　写邮件界面

留言板(也称留言版、留言本、留言簿)是最早出现的网上交流工具,一般用于网民向网站管理者反映与网站有关的问题。后期的留言板加上了回复功能。留言板一般适用于网民和网管一对一交流。

(二)电子公告牌系统 BBS

BBS(Bulletin Board System)是一种专门用作发布电子公告或进行公众讨论的电子空间,它适合快而大量的信息快递。BBS 是一种小型的联机服务系统,通常由一台功能较强的计算机运行公告牌系统程序,其他分布在各地的计算机通过调制解调器和电话线,利用公用电话网拨号,或者利用局域网进入公告牌系统,并使用公告牌系统所提供的电子信息服务。访问 BBS 有两种方式,基于 WWW 的 BBS 和基于远程登录的 BBS。目前最常见、最容易掌握的是 WWW 形式的 BBS。BBS 一般用于网民之间多对多的交流。

(三)实时交流系统

传统的网上聊天被称为 IRC,它是 Internet Relay Chat 的缩写,即多人线上实时交谈系统。它通过特殊的协议(IRC 协议),大家连到一台或者多台 IRC 服务器上进行聊天。它的特点是所有的交谈都是实时的,速度非常快,这也是 IRC 最吸引人的地方。网络聊天适用于网民之间多对多的实时交流。

聊天室类型主要有普通的文字聊天室、图片与动画聊天室、语音聊天室等几种。下面介绍几种实时交流工具。

1.腾讯 QQ(网址 http://www.qq.com)

腾讯 QQ 是由深圳市腾讯计算机系统有限公司开发的一款基于 Internet 的即时通讯软件。可以使用 QQ 实现和好友进行交流、信息即时发送和接收、语音视频面对面聊天,功能非常全面。此外 QQ 还具有与手机聊天、BP 机网上寻呼、聊天室、点对点断点续传传输文件、共享文件、QQ 邮箱、备忘录、网络收藏夹、发送贺卡等功能。QQ 不仅仅是简单的即时通信软件,它与全国多家寻呼台及移动通信公司合作,实现传统的无线寻呼网、GSM 移动电话的短消息互联,是国内最为流行、功能最强的即时通信软件。

2.skype——"话"时代全免费沟通工具(网址 http://www.skypeapp.com)

skype 是网络语音沟通工具。通过它可以免费、高清晰地与其他用户语音通话,同时也可以进行免费的视频通话,还具备即时通讯软件的其他所有功能,例如传文件、聊天等。

四、其他网络应用

(一)在线翻译

在线翻译是较常用的网络应用,它提供了更快、更准确的即时翻译功能。即时翻译功能的最大特点是迅速和便捷,只要输入所需翻译的内容,马上就能得到翻译结果,是翻译短小文章的最佳选择。目前,网络上有很多的在线翻译网站,每个网站的基本功能及用法大致相同,既可以进行词的翻译,也可以进行短句和文章的翻译;既可以将中文翻译成外文,也可以将外文翻译成中文。但每个网站支持语言的范围有所差异,读者可以加以比较。下面介绍几种常用的在线翻译网站。

1.网络中国在线翻译(http://tran.httpcn.com)

网络中国可以处理英汉在线翻译、汉英在线翻译、日语、韩语、法语、德语、俄语、西班牙语、葡萄牙语、意大利语、荷兰语、希腊语等 13 种语言的在线翻译。

2.金桥翻译网(http://www.netat.net)

金桥翻译网提供的在线短文翻译是国内最普及的在线翻译。网站每天近 10 万人浏览,并正逐步成为国内翻译类的门户网站。该网站可以翻译的语种有英语、日语、韩语、法语、德语、俄语、葡萄牙语、意大利语、西班牙语等,翻译领域涉及 IT 业、通讯、经济、法律、贸易、冶金、机械、化工、医学、生化、农业、文艺等近 40 种专业领域。另外金桥翻译网还提供了翻译人才的简历、金桥论坛等。

3.木头鱼在线翻译(http://www.mutouyu.com)

支持中文(简繁体)、英文、法语、德语、日语、韩语、俄语、意大利语、葡萄牙语、西班牙语、希腊语、阿拉伯语、荷兰语、瑞典语等 14 个语种之间的互译。

4.华建翻译(http://www.hjtrans.com)

华建翻译可进行英汉翻译、汉英翻译、日汉翻译、汉日翻译、汉法翻译，另外该网站提供了不同的翻译库，有普通库、体育库和旅游库可供选择，以满足不同领域的翻译需求。

(二)在线视听与影视欣赏

网络上的音乐资源极其丰富，在网络上欣赏音乐，已不仅仅是简单地从文字上了解这些音乐的起源和发展，也不只是从图片上欣赏所钟爱的音乐家和歌手的风采，而是可以在Web站点上欣赏喜欢的音乐人的最新音乐，当然还可以将这些音乐下载，放到硬盘上留着慢慢品味。

在网上可以免费试听喜欢的歌曲。目前有许多网站可以在线视听，如http://www.real2000.org就是一个很不错的网站，这里存储了大量歌手的专辑；http://www.9sky.com里面的歌曲相当丰富，想要查询的歌曲这里几乎都有。另外，还可以在各搜索引擎中输入关键字进行精确查询。

在Internet上，不但可以欣赏音乐，还可以在线观看电影。http://us.imdb.com是一个丰富的电影数据库，它收集了从最早的无声电影到最新发行的影片约60 000部电影的档案，这里还有700 000多份各电影工作者的作品目录和详细介绍，其中有不少熟悉的明星，但也有很多可能听都没听说过的。Internet电影数据库是集体力量的结晶，是不断积累不断发展的。数据库内的信息都是用链接进行组织的，因此相关内容之间的跳转是很方便的，而且还有很多印刷的电影指南所没有的东西，如精选台词、各种影评等。所有信息都是可以查找的，因此如果想查询某一句台词，只不过是举手之劳而已。很难找到比这更好的站点了，而且是免费的，所以要查找电影信息时，这个站点应是首选。

中国影视网http://www.tvnet.com.cn中包括了各种影视新闻、影片，包括电视的剧本、精彩剧照等，还可以视频点播进行实时放映。

另外，还有一些网上直播软件，如PPLive网络直播、沸点网络电视、QQ直播等，到相应的站点下载安装即可使用。

(三)网络商务

互联网的发展冲击着传统商业模式，彻底改变了传统的企业生产和经营，形成了崭新的网络电子商务运作模式。可以看到许多企业在网上进行交易；人们不出家门就能买到所需的东西；坐在电脑前就能轻松地进行股票买卖；利用互联网就能完成银行的信贷业务。所有这些都是最常见的网络商务活动。网络商务产生的影响远不止改变人们生活的方方面面，更将带来人们思维方式的变革。

1.EDI

EDI是Electronic DataInterchange的缩写，中文意思是电子数据交换。谈及网络电子商务，就不能不提到EDI，早期的电子商务就是基于EDI的。EDI，即往来的双方，其中一方以约定好的标准化格式将业务文件传给另一方的电子传输方法，人们形象地称之为“无纸交易”。EDI在运输业、海关、商检、金融、贸易、仓储等行业有很大用途。

2.电子银行

现在，越来越多的银行都开通了网上金融服务和咨询，人们再也不必往返于银行之间，只要单击一下鼠标，银行服务搬到家，这就提供了很大的方便。但由于目前安全性问题，有些金融服务还不能完全在计算机上进行。随着技术的不断进步，这些问题很快就会得到解决。

3.网上购物

网上购物给人们的生活提供了很大的便利,成为购物的新时尚。在网上可以详尽地了解商品的信息,随心所欲地挑选喜欢的东西,不必担心天气的情况、交通的状况和购物时间的限制。

淘宝网 http://www.taobao.com 包含的商品种类非常全,并且根据用途进行了详细的分类,它可以称得上是全球领先的网上购物商城。折扣网 http://www.58hao.com 被称为全国最大的网上购物折扣网站。国内最具影响力的网上购物商城首选京东直销商城,网址为 http://shop.jdlaser.com。还有一些比较大的网站,如卓越网、易趣网等。有兴趣者可以浏览这些网站进行网上购物。

4.网上炒股

电子商务让股民朋友们再也不用辛苦奔波于证券公司,在家里就可以掌握第一手的股票信息。网上还有一些炒股软件,可以帮助股民分析股票走势、进行交易。

5.网上交易

网上交易的出现,为企业之间的交易提供了一个平台。它大大方便了企业之间的采购,缩短了交易周期,降低了交易费用,这些都是传统点对点交易模式所不及的。

6.网上拍卖

在网上拍卖,足不出户,尽享电子商务的乐趣。在网上拍卖室可以购买到新的或二手的商品,还有很多有价值的纪念品,而且竞价过程也充满着乐趣。当然也可以把自己的物品放在网上供拍卖,以得到一个满意的价格。雅宝拍卖网是国内最著名的拍卖站点之一,它提供了个人竞价、集体竞价、标价求购三种交易模式。个人竞价就是依靠自己的力量与商家讨价还价,用雅宝的话说:"让你体验'大海捞针'的乐趣。""人多力量大,大家集体来砍价",集体砍价就是大家携手与商家讨价还价。标价求购就是自己确定购买商品的价位,让商家之间进行竞争,最终以较实惠的价格得到所需要的商品。网上拍卖是一个很有趣、很实惠的一种网络商务。

网络商务对人们生活的影响远不止上述这些方面。还处于起步阶段的网络商务,已经展现出它的无穷魅力。

习　题

1.简述网络拓扑结构及其分类方式。

2.简述 TCP/IP 和 OSI 体系的层次结构。

3.ADSL 是如何安装的?请动手试一试。

4.上网申请一个自己的邮箱。

5.把某一在线翻译网页添加到收藏夹中,并翻译一篇文章。

6.以客人的身份到水木清华 BBS 去看一看,并申请一个水木清华 BBS 的账号。

第八章　常用工具软件介绍

主要内容　介绍了用户在日常工作、生活中最实用、最流行的工具软件,包括压缩软件、网络工具软件、媒体工具软件、翻译软件、图像软件等。

重点掌握　WinRAR 压缩软件、播放软件 RealOne Player、金山词霸、动画捕捉工具 SnagIt 及网际快车软件的使用。

第一节　压 缩 软 件

文件压缩和解压缩软件是使用最频繁的工具软件之一,是一类用于磁盘文件管理的工具软件。它能够帮助用户减少资料占有的存储空间,增加用户资料的安全性,使用户能够系统、合理地管理自己的磁盘。从网上下载的文件也几乎都是以压缩打包的形式存在的。常用的压缩软件有 WinRAR 和 WinZip。

一、文件压缩软件 WinZip

用户在使用自己的计算机时,往往会感到文件太多,磁盘空间不够。在网络时代,经常要通过网络传送大量的文件,如果文件太大,速度会很慢。正是由于这些原因,文件压缩就显得越来越重要,它不但可以压缩、解压缩文件,还可以压缩成自解压缩文件,这样即使在没有安装文件压缩工具的机器上也可以完成解压缩操作。

当启动 WinZip 后,会出现如图 8－1 所示的两个界面中其中一个界面,(a)图为 Classic 界面;(b)图为 Wizard(向导)界面。可以分别单击两图的"Wizard"和"WinZip Classic"按钮来切换界面。

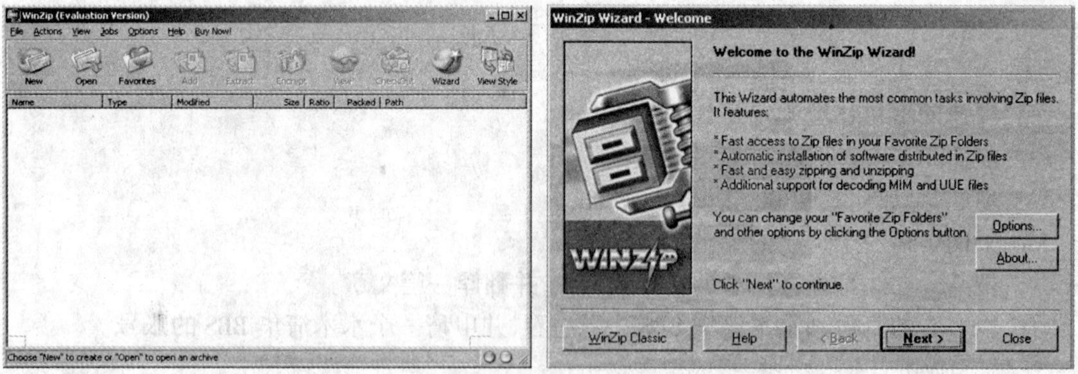

(a)　　　　　　　　　　　　　　　　(b)

图 8－1　WinZip 的界面

使用 WinZip 最简单的办法是通过菜单选择所要的操作。下面对 D 盘根目录下的 house.bmp 进行压缩,操作步骤如下。

1.启动"我的电脑",双击 D 盘,右击 house.bmp 图标,选择"WinZip→Add to house.zip"菜

单命令。

2.接下来会自动在 D 盘根文件夹处新创建一个文件 house.zip，此文件即是 house.bmp 的压缩文件。

3.右击 house.zip 图标，选择“WinZip →Create Self - Extractor”菜单命令，打开如图 8 - 2 所示的对话框。

4.单击“OK”按钮，将在 D 盘根目录下创建一个自解压缩文件 house.exe，结果如图 8 - 3 所示。

与文件压缩方法相似，可以通过右键菜单对 house.zip 文件解压缩。对于自解压缩文件 house.exe，可以通过双击执行的方式解压缩。

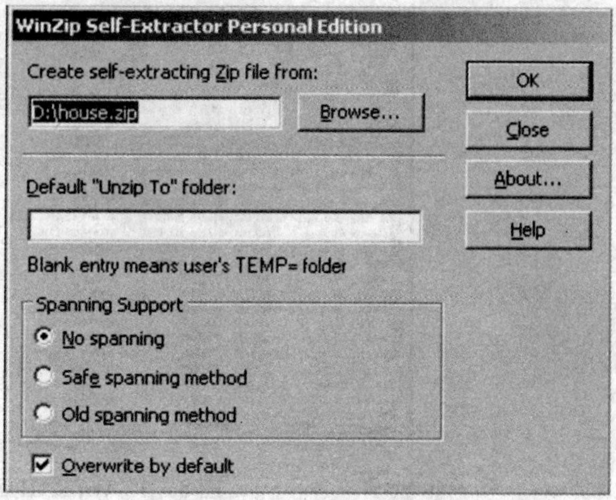

图 8 - 2　自解压缩对话框

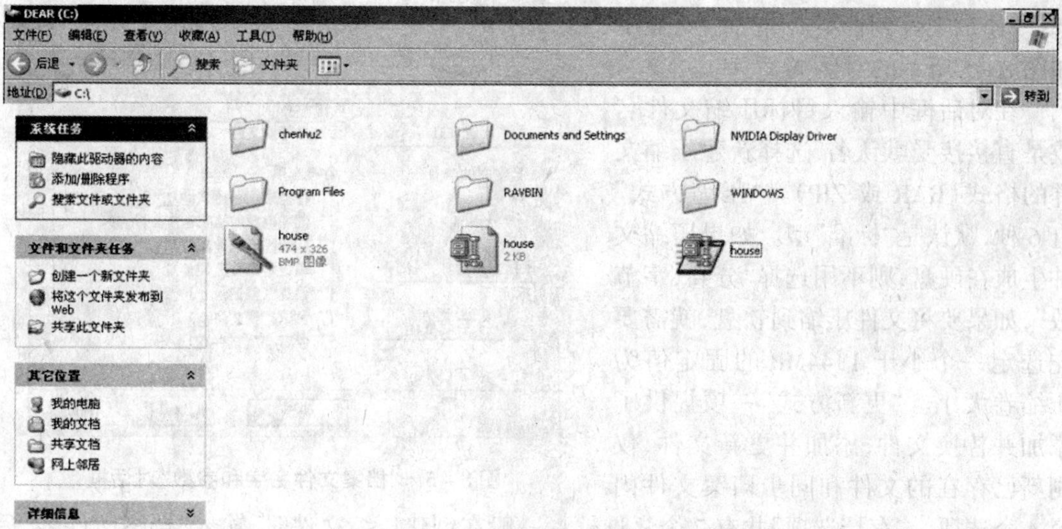

图 8 - 3　创建自解压缩文件

二、WinRAR 压缩软件

WinRAR 是一个 32 位 Windows 版本的 RAR 压缩文件管理器，是目前最为流行的压缩类软件。它主要负责创建、管理和控制压缩文件。

要制作压缩文件，首先要选取要压缩的文件和文件夹。

(一)文件及文件夹的选取

当 WinRAR 运行时，会显示当前文件夹的文件和文件夹列表，如图 8 - 4 所示。可以在地址栏中输入含有要压缩文件的文件夹。

(二)压缩文件的建立

当完成选择了一个或是多个文件之后，可采取多种方式进行文件压缩。

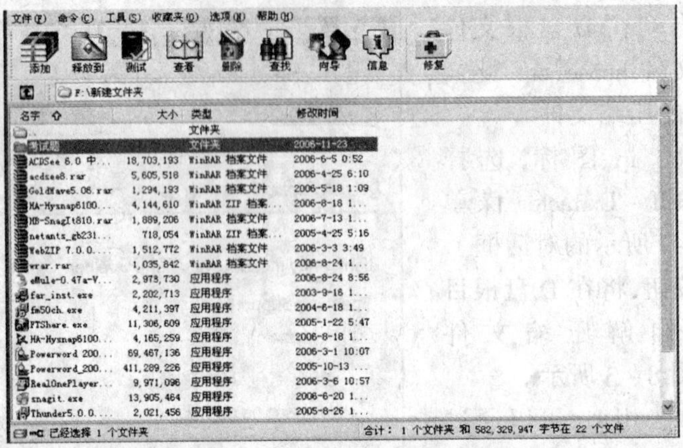

图 8－4　WinRAR 运行界面

1. 在 WinRAR 窗口中单击工具栏上的“添加”按钮，或是在“命令”菜单中选择“添加文件到档案文件”命令，显示如图 8－5 所示的对话框。

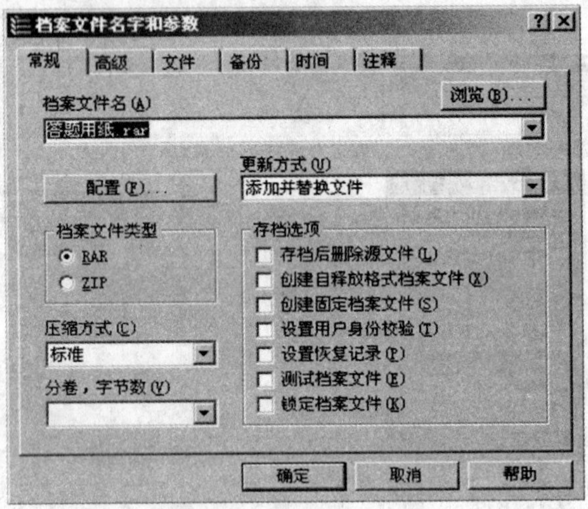

图 8－5　“档案文件名字和参数”对话框

在对话框中输入目标压缩文件名或是直接接受默认名，选择新建压缩文件的格式(RAR 或 ZIP)。“压缩方式”有 6 种，默认是“标准”型。如果压缩文件生成在硬盘，则不用选择“分卷，字节数”，如果要将文件压缩到软盘，就需要先选定一个小于 1.44MB 的固定值为压缩卷大小。“更新方式”一项提供了添加并替换文件、添加并更新文件、仅刷新已存在的文件和同步档案文件内容 4 个选项。“存档选项”共有 7 个复选框。一般在创建压缩文件时，输入“档案文件名”后，单击“确定”按钮即可。

压缩期间，会有一个窗口显示操作的状况。如果希望中断压缩，在命令窗口单击“取消”按钮，也可以单击“后台处理”按钮将 WinRAR 最小化。

2. 使用鼠标拖动的方式向已存在的 RAR 压缩文件中添加文件。

在 WinRAR 窗口双击打开想要加入文件的压缩文件，RAR 将会读取压缩文件并显示它的内容。用“资源管理器”或“我的电脑”打开另外一个窗口，显示要添加的文件，然后选择要添加的文件，用鼠标拖动所选文件到 WinRAR 窗口中，就可以把文件添加到压缩文件中。

(三)压缩文件的释放

为了使用 WinRAR 解压文件，首先必须在 WinRAR 中打开压缩文件。打开压缩文件有很多方法。

1. 在 Windows 界面(资源管理器或是桌面)的压缩文件名上双击鼠标，如果在安装时已经将压缩文件关联到 WinRAR(默认的安装选项)，压缩文件将会在 WinRAR 程序中打开。

2. 拖动压缩文件到 WinRAR 图标或窗口。注意在此之前要先确定在 WinRAR 窗口中没有打开其他压缩文件，不然的话，拖入的压缩文件将会添加到当前显示的压缩文件之中。

当压缩文件在 WinRAR 中打开时，它的内容会显示出来。然后选择要解压的文件和文件夹。当选择了一个或是数个文件后，在 WinRAR 窗口工具栏中单击“释放到”按钮或单击“命令”菜单中的“释放到指定文件夹”命令，在打开的对话框中“目标路径”下的文本框中输入目标文件夹并单击“确定”。例如在 WinRAR 窗口中双击“考试题.rar”压缩文件，显示该文件内部信息，如图 8－6 所示。

单击工具栏中的“释放到”按钮，出现如图 8－7 所示的对话框，在该对话框中单击“确定”按钮，即可在当前文件夹下建立一个“考试题”文件夹，并把释放的文件存放到该文件夹下。与压缩文件时相同，解压期间会有一个窗口显示操作的状况。如果希望中断解压的进行，在命令窗口单击“取消”按钮。同样可以单击“后台处理”按钮将 WinRAR 最小化放到任务栏区。

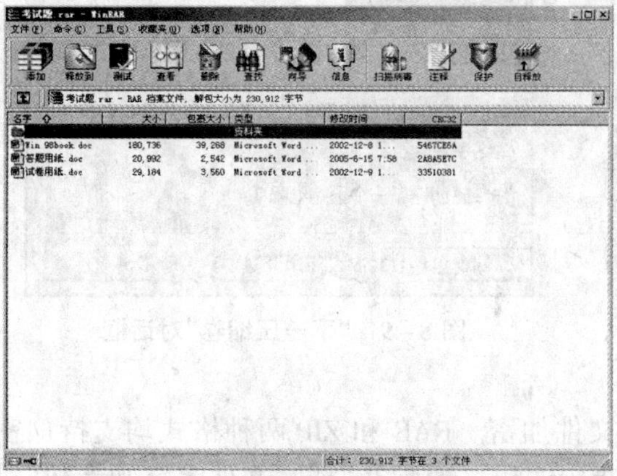

图 8－6 考试题.rar 内部信息窗口

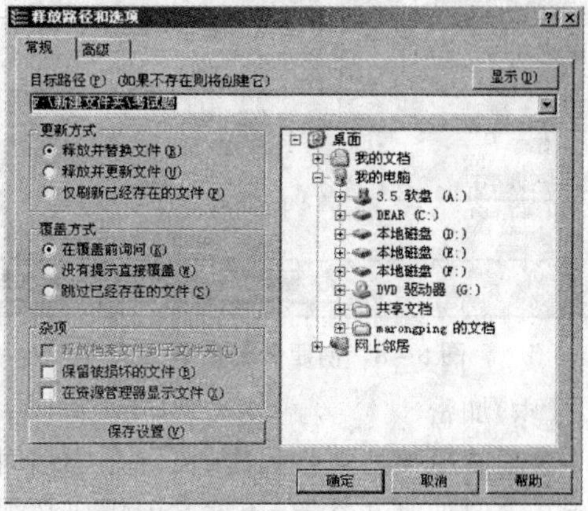

图 8－7 “释放路径和选项”对话框

(四)自解压文件的建立

自解压文件是压缩文件的一种，它结合了可执行文件模块。当它运行时，将自动从文件中释放被压缩的文件。这样的压缩文件不需要外部程序来解压自解压文件的内容，它自己便可以运行该项操作。

使用自解压文件是很方便的，实际上从网上下载的很多软件都是自解压软件，例如 WinRAR 的安装程序便是自解压文件。自解压文件通常与其他可执行文件一样都有.exe 的扩展名。

建立自解压文件和建立一般的压缩文件没有太大的区别，只是在“档案文件名字和参数”对话框中，在“存档选项”下选框中“创建自释放格式档案文件”，同时“档案文件名”也会自动变成.exe，其他操作和压缩一般的.rar 文件没有区别。

(五)分卷压缩文件(拆分压缩文件)

分卷压缩通常是在将大型压缩文件保存到数个磁盘或是可移动磁盘时使用。分卷压缩仅支持 RAR 压缩文件格式。

要解压分卷时，必须从第一个分卷开始解压。如果分卷位于硬盘，在解压之前将全部分卷放在同一个文件夹内；如果分卷存在软盘上，解压时先插入第一张软盘，解压第一分卷，随后按提示依次插入其他软盘，则顺利完成解压缩。

下面举例说明建立自解压分卷压缩文件“F:\新建文件夹\月半弯.exe”。单击WinRAR工具栏中“添加”按钮，打开对话框，在档案文件名前加上“A:”表示压缩到A软盘，单击“分卷，字节数”下拉列表框中下拉箭头，选择分卷大小或“自动检测”，本例选“1.44MB”，在“存档选项”下选择“创建自释放格式档案文件”复选框，单击“确定”按钮。以上操作窗口如图8-8所示。

在单击“确定”按钮后，计算机进入压缩过程。在压缩完一个分卷时显示如图8-9所示的对话框，提示换盘操作，换盘后单击“创建”按钮。

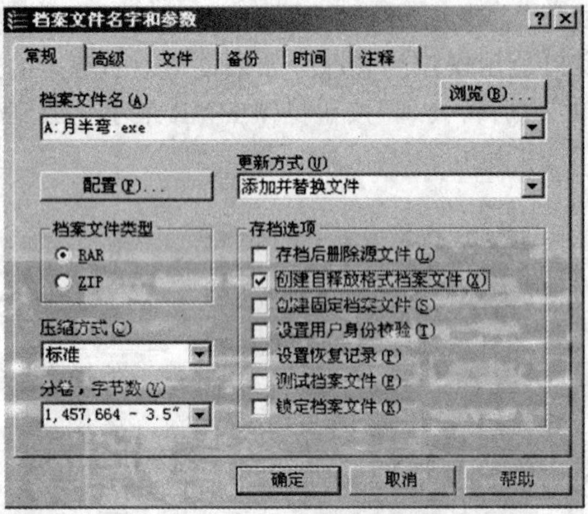

图8-8 创建分卷自解压文件

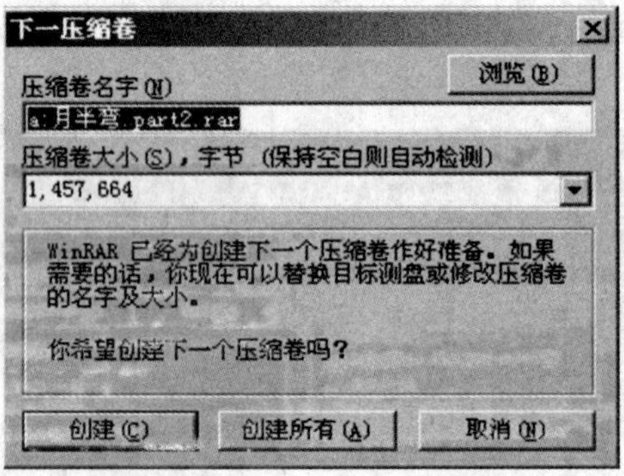

图8-9 “下一压缩卷”对话框

(六)加密

为了使压缩的文件保密，可以在压缩时对文件加密。RAR和ZIP两种格式均支持加密功能。若要加密文件，在压缩之前用户必须先指定密码。通常在“档案文件名字和参数”对话框里选“高级”选项卡，在如图8-10所示的选项卡中按下“设置口令”按钮，打开如图8-11所示的“带口令存档”对话框。输入口令和确认口令，单击“确认”按钮即可。

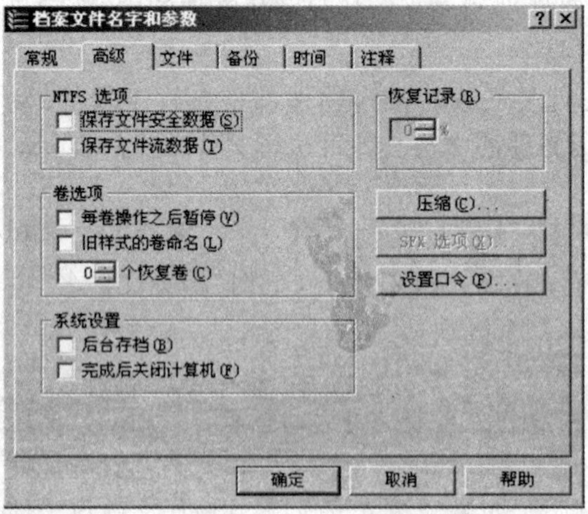

图8-10 “高级”选项卡

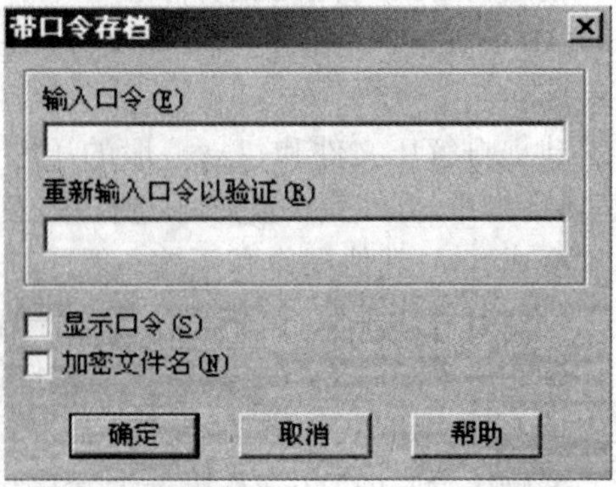

图8-11 “带口令存档”对话框

当解压加密文件时,可在 WinRAR 图形界面按下“Ctrl + P”输入密码,或者是在“文件”菜单选择“口令”命令,或是单击 WinRAR 窗口底部左下角的钥匙图标为文件输入密码,然后开始解压操作。

如果解压操作之前没有输入密码,当 WinRAR 遇到加密文件时,它也会提示用户输入密码。

第二节　媒 体 软 件

所谓多媒体,是指文字、图形、图像、声音、动画和视频等元素及其组合。一般来说,如果一台电脑有光驱,且能播放声音和视频影像,那么这台电脑可以称作多媒体电脑。

一、播放软件 RealOne Player

RealOne Player 可以播放许多类型的音频、视频和媒体格式,有 . asf, . au, . gif, . m3u, . pls, . ra, . mpeg, . mpa, . mp2, . mpv, . mx3, . swf, . png, . avi, . aiff, . ram, . rmm, . mp3, . rm, . rmx, . rmj, . rms, . mnd, . rmvb。

(一)播放文件

使用 RealOne Player 最简单的方法就是使用鼠标双击要播放的文件名称。如果 RealOne Player 是该媒体类型的默认播放器,则会在选择媒体后立即启动并开始播放。

(二)播放 CD

将音频 CD 放入光驱。单击“播放”菜单中“播放 CD 或 DVD”命令。光盘中的曲目将在“现在播放”列表中排队并播放;或者单击“媒体浏览器”下边任务栏上的“CD”按钮,打开“CD”页面。将 CD 放入光驱中,双击任何曲目名称,光盘中的曲目将在左侧“现在播放”列表中排队并播放。CD 中的音频曲目将从头到尾开始播放,可以使用播放器控制按钮进行控制,如图 8 - 12 所示。

图 8 - 12　播　放　CD

(三)常用菜单

1. 视图菜单

(1)“正常模式”　RealOne Player 在桌面上作为窗口显示。此窗口中包含演示区域以及所有播放器控制,是打开 RealOne Player 后的默认模式。

(2)“工具栏模式”　在此模式下,播放器控制作为工具栏显示在计算机屏幕底部。图像显示在分离的演示区域中。只有升级到 RealOne Player Plus 版本时才能使用该功能。

(3)“影院模式”　在此模式下,“播放器控制”作为工具栏显示在计算机屏幕底部,屏幕左上角的“视频屏幕”标签将显示当前屏幕大小。“视频屏幕”标签和工具栏都会自动隐藏,并在移动光标时重新出现。

(4)“视觉外观”　RealOne Player 可以显示各种彩色效果。某些视觉外观只是在欣赏时增强色彩和动态效果。而有些视觉外观则可以帮助调节均衡器以获得更佳音效。从“视图”菜单中选择“选择视觉外观”菜单，然后选择一种视觉外观，如图8－13、图8－14所示。

(5)“选择面板” 打开“视图”菜单中“选择面板”命令，以粗体列出当前面板，并列出可用面板。从可用列表中选择一种面板，可以更改现在面板，如图 8－15、图 8－16 所示。

图 8－13 选择视觉外观

2.收藏夹菜单

收藏夹类似于 Internet 浏览器中的书签。用户可以在文件夹和子文件夹中管理收藏夹，就像存储在计算机上的文件一样。

图 8－14 选择一种视觉外观

3.工具菜单

“工具”菜单中包含其他菜单的链接以及以下播放器控制。

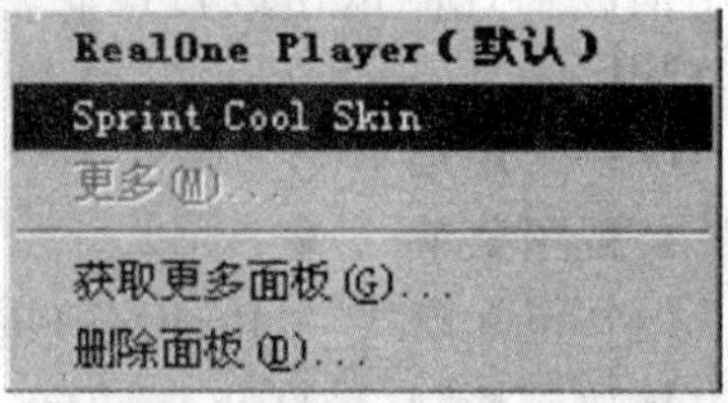

图 8－15 选 择 面 板

(1)均衡器 “均衡器”面板允许用户自定义 RealOne Player 音频输出的频率回应。每个垂直滑块都可用于控制特定频率范围的信号增减、信号的放大量。整体输出音量和特殊效果也可通过滑块控制，前提是开关状态为“开”，如图 8－17 所示。

(2)视频控制 就像电视机一样，用户可以控制颜色饱和度和清晰度，如图 8－18 所示。

(3)检查更新 检查 Real 软件更新服务是否提供了任何 RealOne Player 升级件或插件。

(4)获取 CD 信息 RealOne Player 将通过存储在计算机中以及万维网上的音乐信息数据库，尝试识别并检索关于活动驱动器中 CD 的信息。

图 8 – 16　更改后的面板

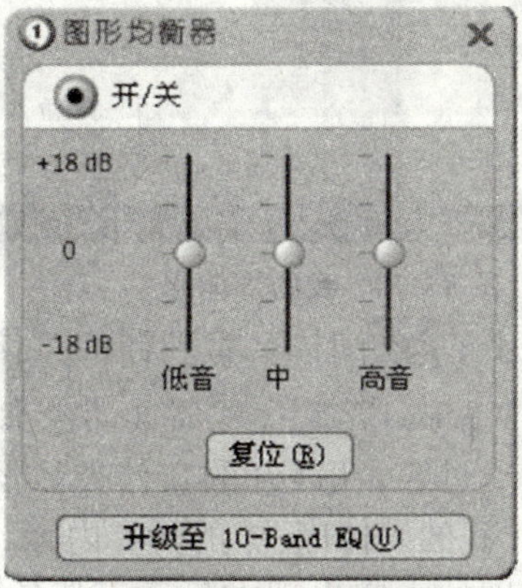

图 8 – 17　均衡器

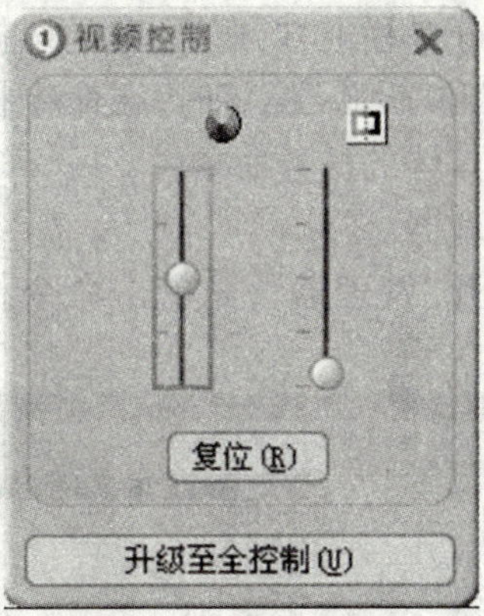

图 8 – 18　视频控制

(四)媒体浏览器功能

使用媒体浏览器可查找、管理和保存媒体文件。可以单击该窗口右上角的“断开媒体浏览器”按钮,将该窗口与播放控制窗口分离。在分离的“媒体浏览器”窗口上单击“连接媒体浏览器”按钮,又可将该窗口与播放控制窗口连接起来。另外,单击播放控制窗口中的“隐藏/显示媒体浏览器”按钮,设置隐藏/显示该窗口,如图 8 – 19 所示。

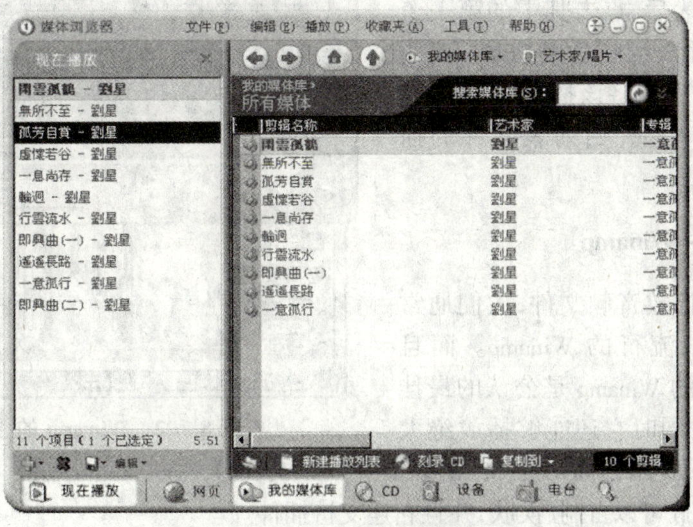

图 8 – 19　媒体浏览器

1.导航栏

位于顶端,根据正在使用的功能,提供了页面特定浏览器控制,包括前进或后退至所查看页面、刷新视图、访问收藏夹等功能以及其他类似浏览器的功能。

2.任务栏

位于媒体浏览器底部,单击各个图标可打开相关的页面。每个页面均可访问 RealOne Player 的特定功能,可以搜索、存储、管理、播放和保存所有媒体剪辑。

3.命令栏

位于任务栏上方,选择“我的媒体库”、“CD”和“设备”标签时,在命令栏中列出了具体的任务命令。

4.管理器

要打开“管理器”,先单击命令栏

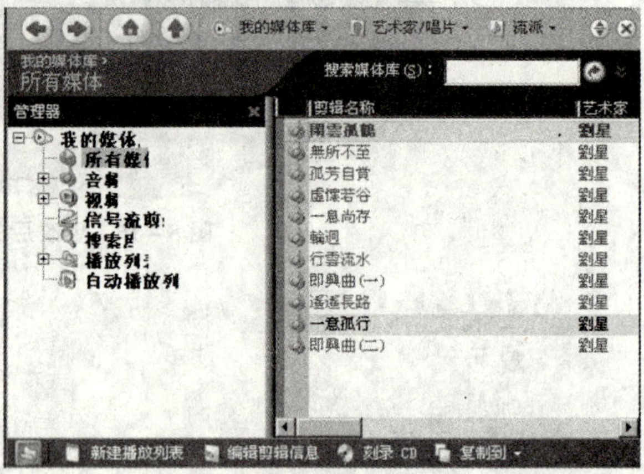

图 8-20 我的媒体库

上的图标。管理器的工作方式与 Windows资源管理器非常类似。可以通过它,在展开的文件夹显示中查看“我的媒体库”中的所有内容。选定类别的内容出现在显示面板的右侧,如图 8-20 所示。

在“我的媒体库”中,单击“新建播放列表”可以新建一个播放列表,向“轻音乐”播放列表中添加剪辑有两种方法,一种是在建立时就添加;另一种

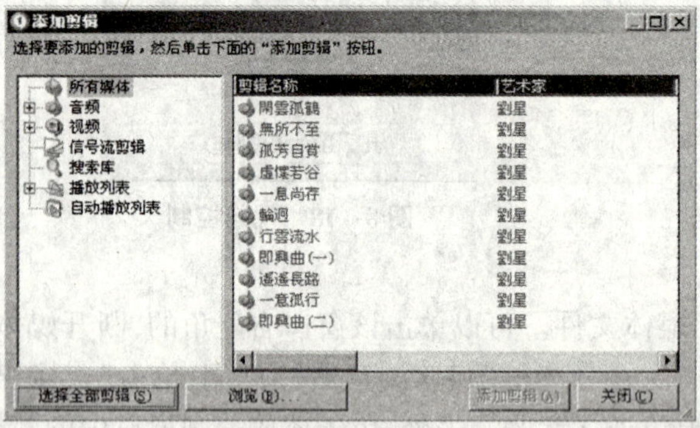

图 8-21 添 加 剪 辑

是打开“添加剪辑”菜单,如图8-21所示。

导入播放列表后,点击其中的第一个文件,然后单击播放面板中的“Play”按钮或双击该播放列表或将该播放列表拖入“现在播放”窗口中,开始列表文件的播放。

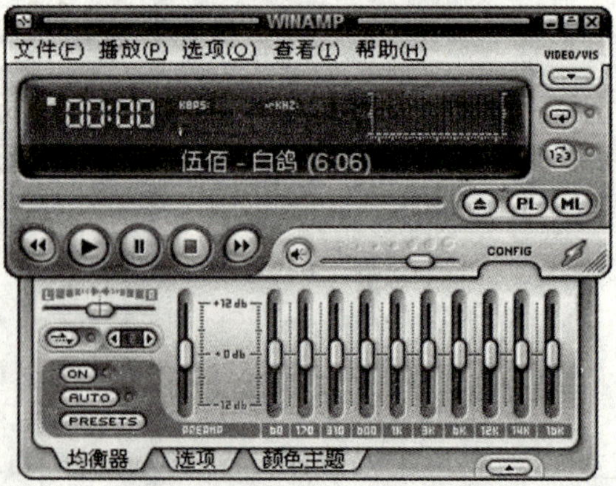

图 8-22 Winamp 的 界 面

二、播放软件 Winamp

提到用电脑播放音频文件,人们通常就会想到目前很流行的 Winamp。而且 Nullsoft 公司出品的 Winamp 是公认的最佳 MP3 播放器之一,同时它还能够播放绝大多数的音频文件,如 MP2,MOD,S3M,MTM,ULT,XM,IT,669,CD-Audio,Line-In,WAV ,VOC 等音频格式。Winamp 可以自制、换肤,并且它还支持插件。

启动 Winamp5.25 后，Winamp 的界面如图 8－22 所示，它由三部分组成，最上面是播放控制面板，包括播放控制按钮、频谱分析窗口、音量滑块等；中间是均衡器面板，用于调节音效；最下面的THINGER面板包含显示/隐藏其他面板的按钮。由于它是一款音频播放软件，所以其界面采用了此类软件常用的面板型，通过按钮代替了菜单命令。使用 Winamp 的步骤如下。

图 8－23 曲目列表面板

1.启动 Winamp 后，单击播放控制面板的“PL”按钮，出现如图 8－23 所示的曲目列表面板。

2.单击曲目列表面板的“加”按钮，选择“添加文件”命令，出现“打开”对话框，如图 8－24 所示。

图 8－24 “打开”对话框

3.选择歌曲所在路径，选定要播放的文件，单击“打开”按钮，此时曲目列表面板显示所选曲目，如图 8－25 所示。

4.双击曲目名称即可播放歌曲。

图 8－25 显示播放曲目列表

第三节　翻 译 软 件

一、金山词霸

金山词霸是金山公司推出的翻译工具。它包含了上百本词典和专业词库，能够实现中英互译、单词发声、屏幕取词等众多功能，是人们上网和学习英语的必备系统软件之一。其新版产品金山词霸2006实现了视频功能、智能取词识别、模糊听音查词功能和查词历史管理等功能，还提供了强大的全面全文检索功能，为用户特别设计了用户词典。

启动金山词霸2006，其显示界面如图8－26所示。

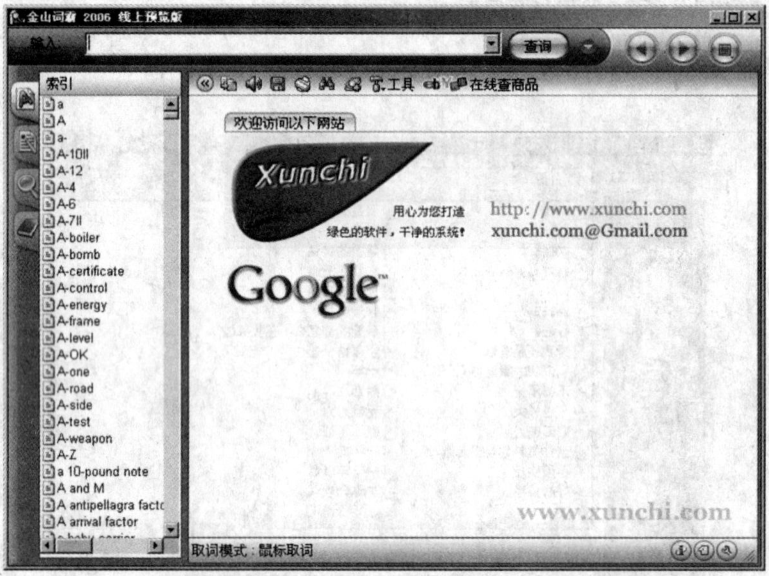

图8－26　金山词霸2006的启动界面

（一）输入栏

键入需要查找的英/中文单词或词组。在输入栏键入英/中文单词或词组的过程中，每输入一个字母或字，目录栏中就出现与当前输入最相近的单词或词组。往往只需输入头几个字母或汉字，就能在索引中找到想输入的单词或词组，方便快速、准确地输入。如果用户想获得详细的解释，按回车键或单击输入栏右方的“查询”按钮，将会显示查找对象在词典中的解释和相关内容。

用户可以利用“主菜单”的“设置”功能中的“词典设置”对查词和取词需要的普通词典和专业词典进行添加和删除，还可以使用“词典设置”界面中的“最上、上移、下移、最下”选项来自由设置所选词典的顺序。

（二）目录栏

设有四项，即索引、向导、全文检索、附录。

索引　单击“索引”按钮，会出现词库中按照英文字母顺序排列的所有单词和词组。单击任一个单词或词组，在右方显示栏会出现它的基本词义；双击任一个单词或词组，目录栏会由索引目录切换为向导目录，右方显示栏将显示更详细的说明。

向导　单击“向导”按钮，在目录栏将以树状结构显示在“词典管理”中设置的所有词典，方便用户有选择地查找。

全文检索　在词霸词库中快速检索指定词。在输入框中键入一个单词或词组后，单击“查询”旁的按钮，在菜单中选择“全文检索”，左下方目录栏立即显示一列单词或词组作为检索的结果。

附录　由多个部分组成，如分类词表、附录、部首检字表、拼音检字表、唐诗精品、宋词精品、中国大学名录、美国大学名录、全国邮编、全国长途区号、男女英文名字、常用救助电话、世界名车名表、历届奥斯卡奖、热门网址、世界名著、常用 ISP 的帐号 、奥运会知识、“108”国际长途对方付费业务一览表、法律法规库等等。

（三）显示栏

显示查询单词在词典中的解释。显示栏的上方有几个常用按钮，可以用它们进行复制、保存等操作。

（四）功能按钮

1.界面右上角三个小按钮介绍

后退按钮　返回前一个查询。

前进按钮　返回后一个查询。

主菜单按钮　选择金山词霸 2006 各种功能。

2.界面右下角三个小按钮介绍

搜索因特网按钮　获取正在查找的单词或词组的在线资料。

界面方案按钮　任意选择界面样式，备有四种界面方案。

金山词霸设置　快速打开词霸设置界面。

（五）功能菜单

金山词霸 2006 主菜单（图 8－27）主要项目介绍。

屏幕取词　单击“屏幕取词”选项，切换“取消/恢复”取词功能。

设置　用户可以根据自己的意愿和喜好进行界面、取词、词典及系统等的设置。

用户词典　在用户词典中，可以添加金山词霸 2006 中没有收录的词目及其解释。

帮助　显示有关金山词霸 2006 的所有使用说明、功能特点和其他信息。

关于金山词霸　显示金山词霸 2006 的产品信息。

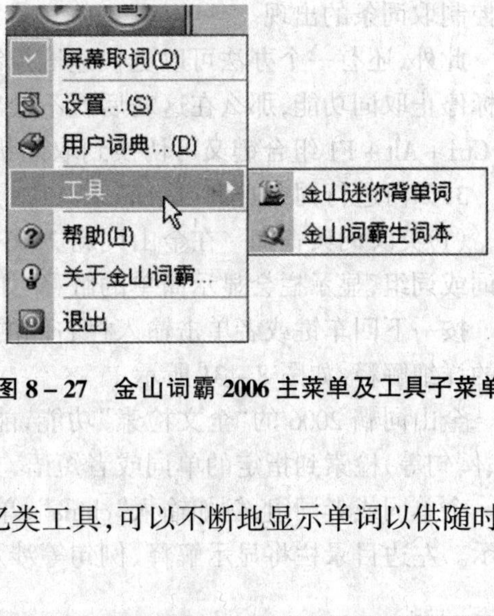

图 8－27　金山词霸 2006 主菜单及工具子菜单

退出　单击此选项可退出金山词霸 2006。

（六）工具选项的子菜单

金山迷你背单词　迷你背单词是一款单词记忆类工具，可以不断地显示单词以供随时记忆。它界面小巧,占用系统资源也较小,始终浮动在窗口的前端,不会影响其他程序的运行。

金山词霸生词本　记录用户所查过的单词或词组,而且备有生词卡片和测试功能。这能方便用户复习。用户还可以通过功能设置自由调整生词本记录和测试的方式。

(七)金山词霸2006的使用

1.如何进行屏幕取词

金山词霸2006的取词功能可以说给用户带来了很大的方便。使用金山词霸2006的屏幕取词功能,无论鼠标走到哪里,都可以弹出一个小巧的解释条,帮助快速查询单词的解释,如图8-28、图8-29所示。取词模式除鼠标取词外,还有组合键取词等,可以在“设置”中的“取词设置”中选择取词的模式。

图8-28　在屏幕上取英文词

图8-29　在屏幕上取中文词

浮动窗口上方的四个按钮,作用分别是:

(1)第一个按钮可以方便地切换到“查词典模式”;

(2)第二个按钮可以复制该单词的解释;

(3)第三个按钮是“发声”按钮,如果单词可以发声则出现喇叭,否则会显示禁止发声状态;

(4)第四个按钮是“加入生词本”,将当前单词加入用户的生词本。

2.如何进行取词控制

有些时候用户不希望随鼠标出现取词条,那么一般的方法是在主菜单中的“设置→取词设置”里对取词模式进行设置,比如设定 Shift + 鼠标取词、Ctrl + 鼠标取词等,这样可以人为地控制取词条的出现。

此外,还有一个办法可以更快速地控制取词,那就是,当取词条出现时,在取词条上双击鼠标停止取词功能,那么在这之后就不会出现“走到哪里取到哪里了”,若要恢复也很简单,按 Ctrl + Alt + F1 组合键又可切换到取词状态。

3.如何进行词典查询

(1)英汉词典查询　在金山词霸2006的主界面上,在输入栏中输入需要查找的英/中文单词或词组,显示栏会显示简单的解释,如图8-30所示。

按一下回车键或者单击输入栏右侧的“查询”按钮,用户可以获得输入栏中键入词或词组的详细解释,如图8-31所示。

金山词霸2006的“全文检索”功能,能在短时间内从词霸的所有数据里(包括单词的解释、例句等)检索到指定的单词或者短语,支持组合输入多个单词进行检索。在输入框中输入一个单词或者词组,例如输入“china”,单击“查询”下拉菜单中的“全文检索”,如图8-32所示。左边目录栏将显示解释、例句等涉及到“china”的单词列表,右边显示区会显示列表中

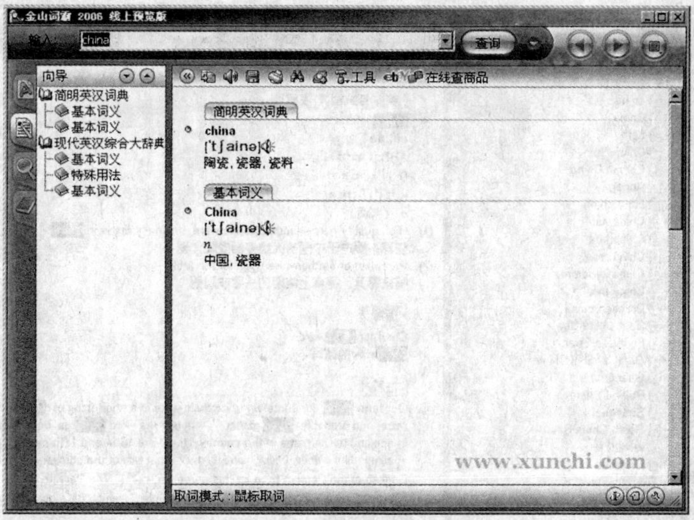

图 8－30　简单的英汉词典查询

图 8－31　详细的英汉词典查询

单词的详细解释(包括其对应的汉语的解释)。这样就能找到所有关于"china"的用法和详细的解释了。

(2)汉英词典查询　汉英词典查询与英汉词典查询类似，只是不用按回车键，直接在输入栏中输入想查询的汉语单词即可。此时左边的索引栏中会显示出该汉语单词的不同词组列表的内容，右侧的显示栏内会显示出所有与该单词意思相近的英语单词，如图 8－33 所示。

如果在输入栏中输入了汉语单词后又按下了回车键，那么结果是多了对汉语单词含义的详细解释，如图 8－34 所示。

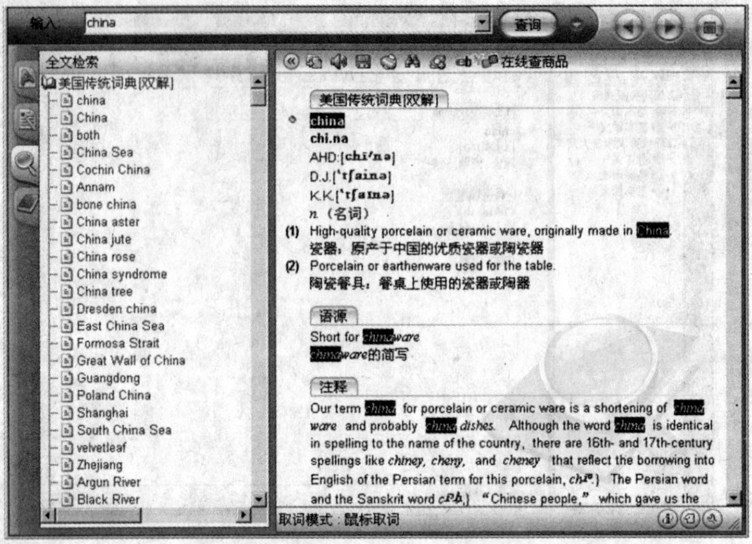

图 8－32 全 文 检 索

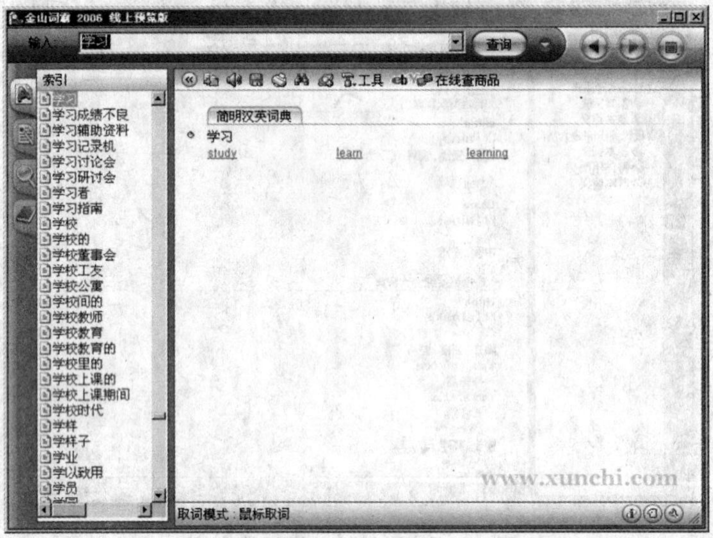

图 8－33 汉英词典查询

二、金山快译

金山快译是一款强大的英日汉翻译系统，既是广阔的词海，也是灵活准确的翻译家。用户无须懂得英语，只要启动金山快译 2002，一篇篇的英语、日语文章，丰富多彩的英语网页便会被自动译成符合国人习惯的精彩汉语。

(一)全文翻译

首先用户单击金山快译 2002 主界面上的“全”命令，如图 8－35 所示。打开全文翻译窗口，在左侧输入用户需要翻译的原始语句，单击“英汉”按钮，翻译后的语句在右侧区域显示。例如原文：The girl you met yesterday is called Mary. 译文：你昨天遇见的女孩被称为玛丽。

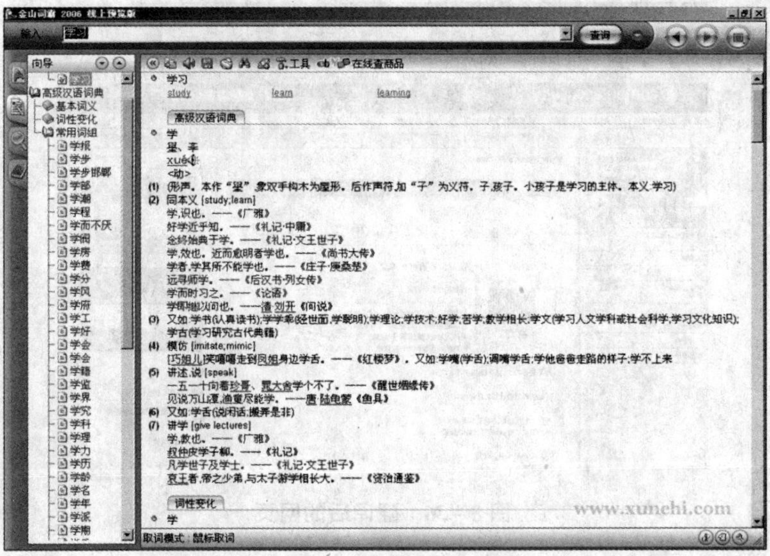

图 8 – 34 汉英词典查询及汉语单词解释

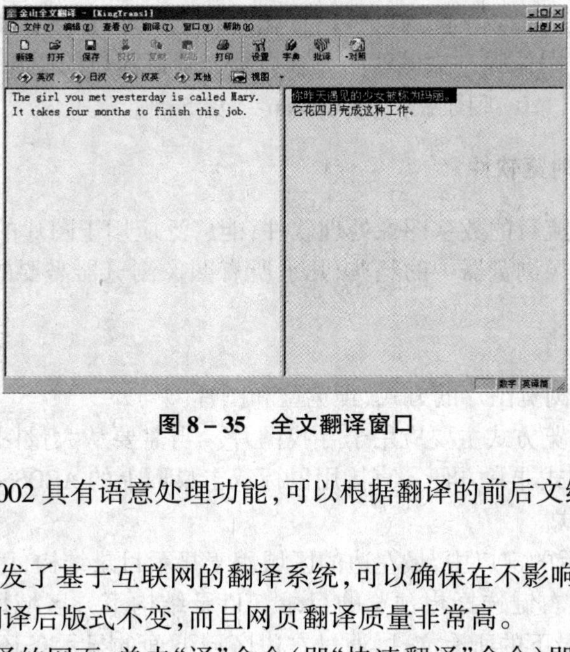

图 8 – 35 全文翻译窗口

其次，金山快译 2002 具有语意处理功能，可以根据翻译的前后文给予适当的解释。

(二)网页翻译

金山快译 2002 开发了基于互联网的翻译系统，可以确保在不影响浏览速度的情况下实现网页的全文翻译，翻译后版式不变，而且网页翻译质量非常高。

首先打开需要翻译的网页，单击“译”命令(即“快速翻译”命令)即可获得一个汉化后的中文界面。图 8 – 36 即为汉化后的网页界面。

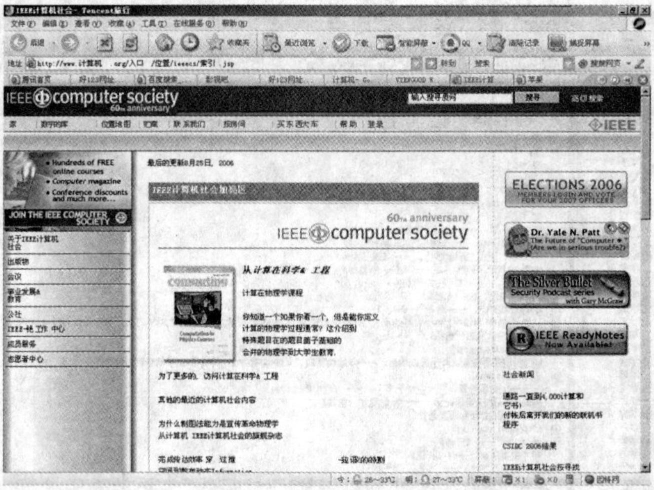

图 8-36　翻译后的网页

第四节　图 像 工 具

从计算机中获取、编辑数字图像已是信息化时代的一个重要手段，那么如何快速，迅捷地获取、浏览一幅数字图像呢？这里就向大家介绍当今最流行的图像浏览工具 ACDSee 8.0，全能抓图工具 Snaglt 8.1.0，抓图工具 HyperSnap－DX 5.50。

一、ACDSee 图像浏览软件

ACDSee 是目前最流行的数字图像处理软件，能广泛应用于图片的获取、管理、浏览和优化。ACDSee 实在是图像浏览器中的经典，几乎所有图像浏览器需要的功能，ACDSee 都实现了。

(一)浏览图片

1. ACDSee 有两种浏览图片的方式，预览型和图片型

(1)预览型　该浏览方式主要应用于寻找图片。当需要从大量图片中找到自己需要的图片时，使用预览型方式非常方便。直接用鼠标双击桌面上的 ACDSee 图标运行 ACDSee，就进入了预览型浏览方式。

在如图 8－37 所示的窗口中，最左边的区域用于显示目录结构，用户可以用鼠标单击或者用键盘的上、下、左、右键选择想预览的目录。目录结构下方区域用于预览选中的图片。右边区域显示当前目录下的所有文件，通过右边区域下面的显示条还可以看到图像格式和图像属性等。在最左边的区域先选中想预览的目录，在右边的区域选中预览文件名，就可以在预览区域看到所选择图片的预览结果了。通过键盘的上、下键就可以选择预览的图片文件，同时预览区域的图像也随着变化，可以保证显示的是当前选择的图片文件。

(2)图片型　ACDSee 提供的第二种图像浏览方式是图片型。用户只需选中某个图片文件，按键盘上的“Enter”键，或者用鼠标双击某个图片文件，就可以浏览该图片，如图 8－38 所示。

通过按键盘上的“空格”键，用户可以依次观察到同目录下的其他图片文件。在工具栏

图 8－37　ACDSee 主窗口

图 8－38　图片型浏览方式

中的按钮“上一幅”和按钮“下一幅”可以分别用于观察前一张图片和后一张图片。在图片型浏览方式下,用户还可以缩放图像观察。使用工具栏上的“缩放工具”按钮可以分别缩小和放大图像。

要从图片型浏览方式切换回预览方式,只需按一下键盘上的“Enter”键就可以了。

2.全屏显示图片

用户还可以全屏浏览图片。在图片预览方式下只需按“Ctrl + Shift + F”键,就可以看到全屏显示的图片了。再次按下“Ctrl + Shift + F”键,就可以关闭全屏模式显示,回到 ACDSee 的主运行窗口。

(二)文件管理

1.删除

要想删除图片文件,只需在图片型浏览方式下,选中想删除的那个图片文件,用鼠标单击工具栏上红色“删除”按钮,这时用户会看到下面这个确认文件删除的对话框,如图 8-39 所示。用鼠标单击“是”按钮,图片文件就会被删除并放入回收站。

图 8-39 删除对话框

2.复制

选取要复制的图片文件,用鼠标单击“复制到”按钮,就会看到弹出如图 8-40 所示的窗口。在“目的地”下面的文本输入框中,输入复制后的文件所存放的目录,然后用鼠标单击“确定”按钮,文件的复制就完成了。

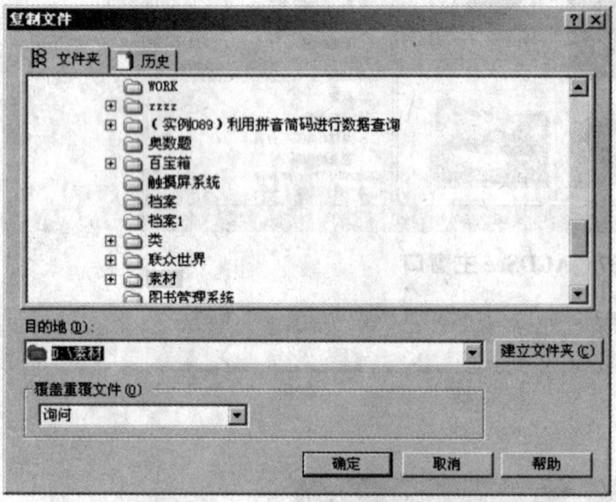

图 8-40 “复制文件”到对话框

3.移动

选取要移动的图片文件,用鼠标单击工具栏中的“移动到”按钮,将会弹出一个类似“复制到”对话框的窗口。在目的地下面的文本输入框中输入文件所要移动到的目录,然后用鼠标单击“确定”按钮,文件的移动就完成了。

4.重命名

文件改名需要使用“F2”键。首先选中要改名的那个图片文件,然后单击键盘上的“F2”键,就会看到弹出的如图 8-41 所示的窗口。

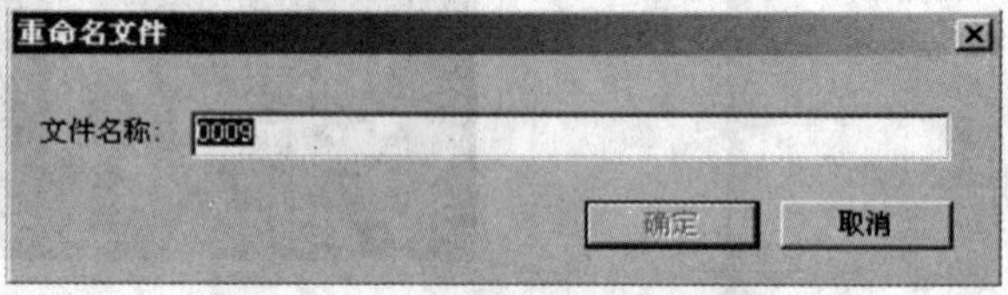

图 8-41 “重命名文件”对话框

在“文件名称”右边的文本输入框中输入更改后的文件名,然后用鼠标单击“确定“按钮,图片文件的改名就完成了。

(三)格式转换

ACDSee 可以很方便地进行图片文件格式之间的转换。ACDSee 支持的图片文件格式非常多,它可以实现这些图片文件格式到几种常用的图片文件格式(BMP、GIF、JPG、TIF 等)的转换。具体操作为单击“更改”选项后,选择“转换文件格式”命令,在对话框中进行设置。

二、全能抓图工具 SnagIt

SnagIt 可以抓取多种类型的画面和文本、视频,并能从图形文件、剪贴板中抓取;允许自定义抓图的热键;抓取的图片可以保存为 bmp 等多种常见格式,每种格式还提供多个选项并可设置默认选项以便下次调用;抓取的图片可以同时输出到打印机、剪贴板、文件、电子邮件、目录册、网络、预览窗口,并支持自动取文件名保存。

(一)如何利用 SnagIt 抓取图像

这是抓图软件普遍具有的功能。单击主界面中的“捕获”按钮或热键““Ctrl + Shift + P”即开始执行抓图操作。例如利用 SnagIt 抓取右键单击“我的电脑”弹出的快捷菜单,具体步骤如下。

1.启动 SnagIt,在菜单栏中选择“捕获”中的“模式”命令,在下一级菜单中选择“图像捕获”。在“其它捕获方案”中选择“菜单的时间延迟”菜单,出现如图 8 – 42 所示的窗口。

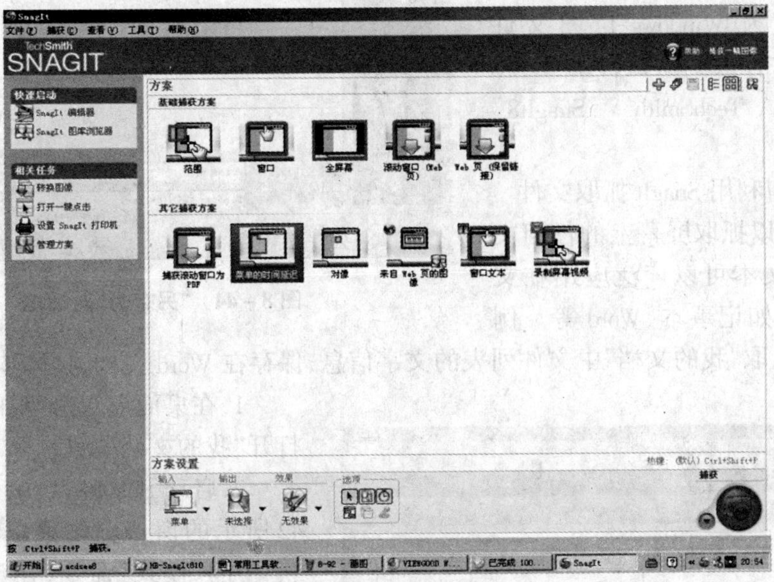

图 8 – 42　SnagIt 8.1.0 窗口

2.单击右下角的“捕获”按钮,回到桌面,桌面右下角出现一个倒计时小窗口。

3.右键单击“我的电脑”弹出快捷菜单,稍等一下,SnagIt 会弹出如图 8 – 43 所示的“SnagIt 捕获预览”窗口,将捕获的右键菜单显示到窗口中。

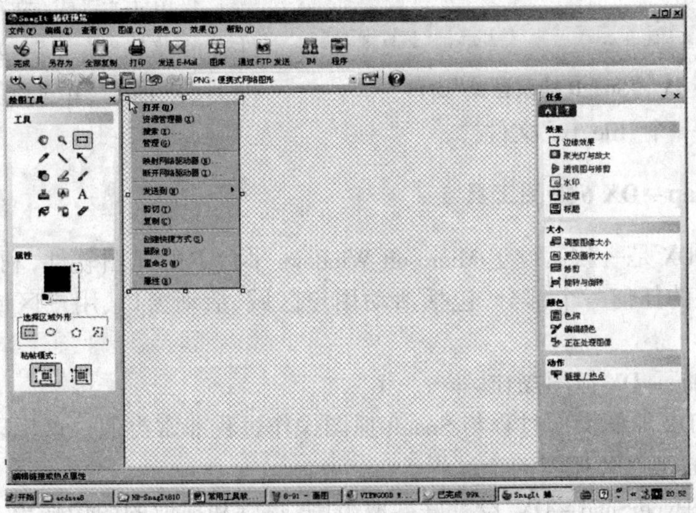

图 8 – 43　“SnagIt 捕获预览”窗口

4.单击工具栏的“完成”按钮,出现如图 8－44 所示的“另存为”对话框,选定保存目录为默认目录“SnagIt8.1.0”,文件名为“right”,保存类型为“Windows 位图”,单击“保存”按钮,即可将捕获的“我的电脑”的右键菜单保存为 Windows 位图文件“right.bmp”并存放到默认目录“D:\Program Files\TechSmith\SnagIt8”中。

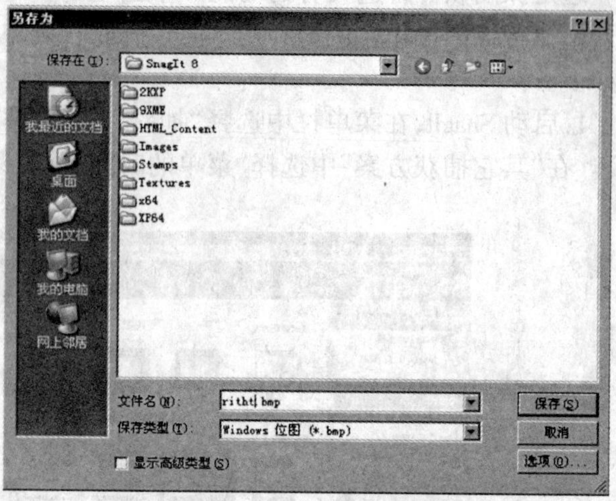

图 8－44 “另存为”对话框

(二)如何利用 SnagIt 抓取文件

SnagIt 可以抓取屏幕上的任何文本。抓取的文本可以广泛应用在文字编辑器中,如记事本、Word 等。例如用 SnagIt 抓取“我的文档”中文件列表的文字信息,保存在 Word 文档,具体步骤如下。

1.在桌面上双击“我的文档”图标,打开“我的文档”窗口。

2.启动 SnagIt8.1.0,出现如图 8－42 所示的窗口。在菜单栏中选择“捕获”中的“模式”命令,在下一级菜单中选择“文字捕获”。单击“捕获”按钮。

3.在“我的文档”窗口中单击左键,弹出如图 8－45 所示的“SnagIt 捕获预览”窗口,显示从窗口中捕获的文字信息。

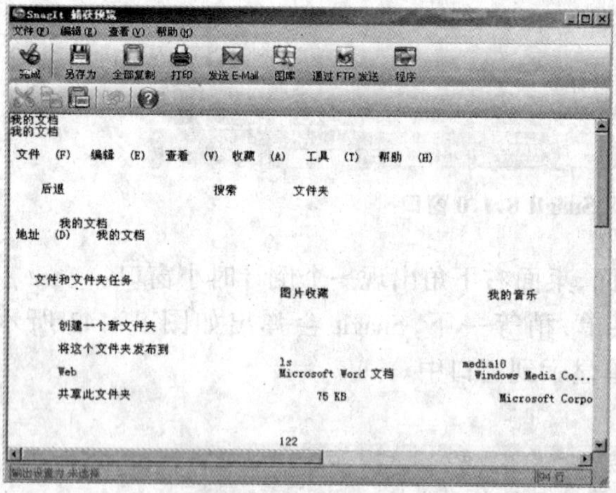

图 8－45 “SnagIt 捕获预览”窗口

4.单击“完成(文件)”按钮,选择文件存放路径“C:\”,文件名为“file”,文件类型“TXT”,单击“保存”按钮。在 C 盘根目录下生成一个“file.txt”文件。

三、HyperSnap－DX 6 抓图工具

HyperSnap－DX 是一款运行于 Microsoft Windows 平台下的抓图软件,利用它用户可以很方便地将屏幕上的任何一个部分,包括活动用户区域、活动窗口、用户区域、桌面等抓取下来,供用户使用。

(一)HyperSnap－DX 抓图操作

HyperSnap－DX 抓图操作过程与 SnagIt 抓图操作过程非常类似。这里以区域捕捉为例,介绍使用 HyperSnap－DX 抓图的全过程。

1.首先运行 HyperSnap－DX,设置好截取范围、热键和抓取的图像输出方式。

2.运行目标程序,调出欲截取的画面。

3.单击 HyperSnap－DX 主菜单中“捕捉”下的“选定区域”命令,系统将自动将 HyperSnap

－DX 最小化。HyperSnap－DX 将自动截取预设范围内的画面，然后向用户询问存盘文件名和路径，或自动存盘。

4.输入文件名及保存路径，单击“保存”按钮即可。

(二)连同光标抓取

只要用户选择“捕捉”菜单下的“捕捉设置”命令，在打开的“捕捉设置”对话框中(图 8－46)，选中“包括光标指针”选项，按“确定”按钮退出。以后抓取后的图像上就会有逼真的小光标图像了。

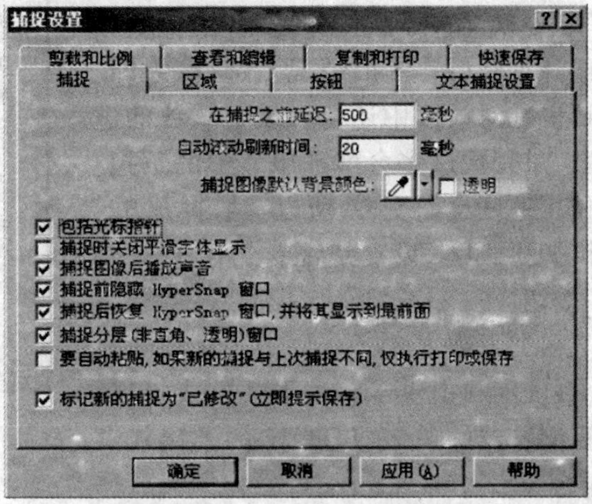

图 8－46 捕捉设置对话框

(三)抓取滚动窗口

如果要抓取的目标画面太长而在一屏上显示不了时，用户可以通过选择“捕捉”菜单下的“卷动全部页面”命令来实现。HyperSnap－DX 完全能够突破屏幕和滚动条的限制，自动一边卷动画面一边抓图，这样就可以把很长的画面一次性全部抓取。

(四)快速全屏显示图像

要让 HyperSnap－DX 中的图片全屏显示，只要同时按下“Ctrl＋Page Down”键即可。而要恢复，则可按下任意键。

第五节 网络工具软件

如今计算机网络已成为人们在工作、学习、生活中得力的助手，为此人们开发出了许多优秀的计算机网络工具软件，如下载软件网际快车(FlashGet)、eMule 下载、迅雷下载、BT 下载等等。

一、网际快车软件

人们用电脑上网下载软件或资料时最关注的问题是速度，其次是下载后的管理。优秀的下载软件 FlashGet(网际快车)就是针对这两个问题而开发的。

FlashGet 采用多线程技术，把一个文件分割成几个部分同时下载，从而成倍地提高下载速度；同时 FlashGet 可以为下载文件创建不同的类别目录，从而实现下载文件的分类管理，且支持拖拽、更名、添加描述、查找、文件名重复时可自动重命名等功能，新版本中更添加了镜像和自动镜像查找功能使得下载速度再上一个台阶。

(一)下载前的设置

在下载以前需要做一些必要的设置，这些设置包括代理服务器的设置、默认下载属性。

如果用 Modem 上网的话，必须设置“拨号网络”。选择“工具”菜单下的“选项”，在弹出的“选项”对话框中切换到“拨号网络”选项卡(图 8－47)，在“连接”下拉列表中选择拨号连接，然后在下面输入用户名和口令，最后选中“完成后挂断”，单击“确定”按钮结束。

现在设置默认下载属性。可以单击“工具”菜单下的“默认下载属性”命令，弹出“默认下载属性”对话框，如图 8－48 所示。

在这个对话框中可以在“类别”下拉框中选择下载后的软件默认类别，在“开始”栏可以设置下载任务是手动开始、立即或计划开始。一般情况下选择“立即”即可。在对话框中还可以设置默认的进程数，进程数过多会增加服务器的负担，而使得速度反而变慢，所以一般打开 3～4 个进程即可。设置完后单击下方的“确定”按钮。

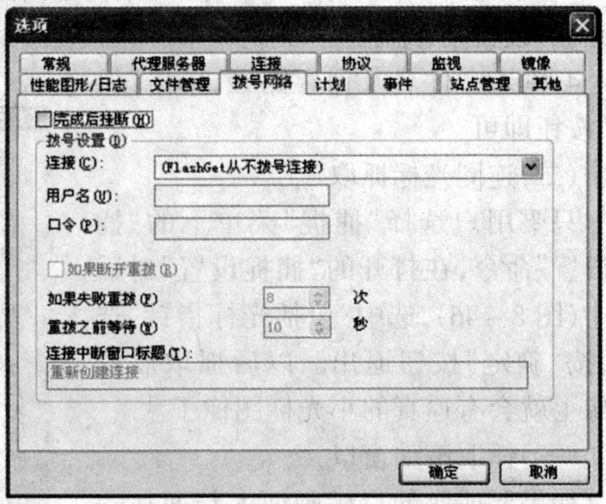

图 8－47 工具菜单选项卡

(二)下载方式

FlashGet 提供了多种下载方式，包括监视浏览器的单击、扩展 IE 的弹出式菜单、监视剪贴板、拖放、直接输入URL。

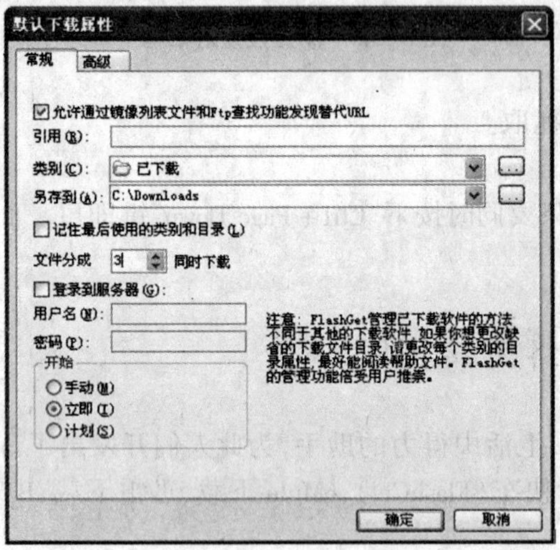

图 8－48 默认下载属性对话框

(三)下载任务的开始方式

如果下载任务的开始方式是“立即”，那么当单击“确定”按钮后，FlashGet 就会马上开始下载。

如果下载任务的开始方式是“手动”。那么当需要开始下载此下载任务时，可以选中 FlashGet 界面中左边的目录列表中的“正在下载”，在右边的文件列表中选中需要开始下载的任务，单击工具栏中的“开始”按钮(一个小三角形状的按钮)，这时 FlashGet 就开始下载此文件了。

如果下载任务的开始方式是“计划”。那 FlashGet 会在设置好的时间内自动开始下载。设置下载时间的方法为，选择“工具”菜单下的“选项”命令，选择对话框中的“计划”选项卡，在此页中就可以设置“下载的开始和停止时间”。

(四)暂停下载任务

选择“正在下载”类别中想要暂停的下载任务，单击工具栏中的“暂停”按钮，所选任务就暂停下载了。

(五)打开下载文件

要想打开下载完的文件只需在下载任务上单击右键，在鼠标右键菜单中选择“打开已下载的文件”即可，还可以在鼠标右键菜单中选择“打开目标目录”打开下载文件所在目录。

二、eMule 下载软件

eMule 是一个完全免费且开放源代码的 P2P 软件，利用它的卓越特性不但可以与全世界的网友共同分享资源，充分享受自由共享的乐趣。最新版的 eMule 集成了 Kad 连接，进一步跨越了服务器的界限，与全世界超过两百万的 eMule 用户共同分享资源。eMuleVeryCD 版，是在原版基础上开发的开源软件。该版本专为国内用户设计，下载完成后直接安装就可以使用，告别过去繁杂的设置。

在使用 eMule 下载软件之前，首先选择下载后文件的存放位置。在 eMule 运行窗口的顶部菜单内点击“选项”按钮(图 8－49)，然后在左边的方框内选中“目录”，右侧就可以自定义文件存放的路径(文件夹)了。具体内容包括：

下载文件　eMule 会自动将完成下载的文件移动到这个目录；

临时文件　正在下载的文件会被临时存放在这个目录下，文件名类似 001.part、001.part.met 等等。

在共享目录时，勾选的目录不包括子目录。若想一下子共享一个目录下的所有子目录，可按住 Ctrl 键打勾，eMule 会自动将该目录下的所有目录都打上勾。

(一)eMule 菜单说明

1.断开/连接　连上服务器就不要点击了。

2.Kad　关于 Kad 连接的一些信息。

3.服务器　建议将前八项排列顺序变为服务器名、文件、Ping、静态、用户、最大用户数、描述、IP，这样在今后的使用中会比较方便。用鼠标点中想要移动的选项拖动到指定位置即可。从右边“我的信息”窗口可以查看自己是高 ID 还是低 ID。下面的“服务器信”和“日志”应该定期重置。对于在下载过程日志中出现的“文件段已损坏”信息，eMule 会自动查找修复。

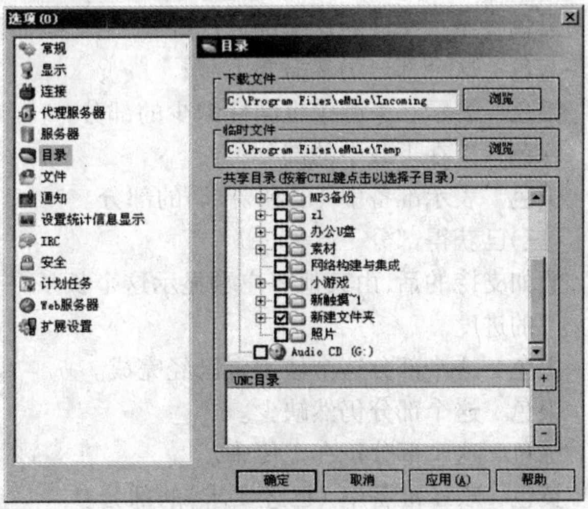

图 8－49　“目录”对话框

4.传输　从这里可以查看各个文件的下载状态。鼠标单击最上方的“全部”，可以查看总体下载信息，比较重要的是下载文件的总量，查看后可以根据自己的硬盘分区大小增减下载文件数目。有些文件名前面有红色或者绿色的“i”，表示有人评分或者注释，可单击右键查看。红色表示评分为“无效的/损坏的/假的”，如果相信别人就可以不下载了。建议点击“速度”排序下载文件。“进程”中最上面的浅蓝色线条表示已下载的比例，进程条快到终点时可将文件的优先级设高。来源中的三个数字分别表示当前连接数、最大连接数、当前上载数。最下面的客户排队中的黑名单不用去理会，原因是由于某一连接下载速度过快，对方将用户加入黑名单并切断了与他的连接。但由于源比较多，少一两个无所谓。

5.搜索　搜索文件。

6.共享文件　可以查看已共享的文件，连正在下载的文件也计算在内。选中文件单击鼠标右键可以更改文件注释。

7.消息　和 QQ 类似。

8.统计信息　这个对于用户调试电骡很有帮助。

9.工具　和 eMule 相关的一些工具。

10.帮助　访问 faq.VeryCD.com

(二)eMule 中的进度条颜色解说

1.在下载中列表每个文件都有一个颜色条显示目前文件可得性及进度。

黑色　显示文件的这个部分已经有了。

红色　表示所有已知的来源都缺少这一部分。

不同变化的蓝色　表示这个部分来源可得性，深蓝代表高的可得性。

黄色　表示已下载的部分。

显示在上面的绿色条　表示下载的进度总计。

在一个下载已经完成的色条中一个暗红色或暗蓝色进度条表示一个停止或暂停的下载。

2.假如想扩展下载，会看见来源中相同的条状。想查看来源，只需在下载的文件上双击(或是单击，在“选项”→“一般”中进行做设定)。在这里，不同的颜色代表：

黑色　显示文件的这个部分已经有了；

蓝色　这个部分仍然需要下载；

银色　表示在来源中也同样缺少的部分；

绿色　正在下载中的部分；

黄色　表示准备中（已经要求)的部分。

(三)已获得部分

假如支持的话，由其他客户端显示这个长条在上传等候区中。它显示这个使用者下载中文件的进度。

黑色　这个部分这个使用者已经完成。

银色　这个部分仍然缺少。

绿色　这个部分正在上传中。

黄色　表示准备中（已经要求)的部分。

(四)已共享文件的可得性

每个共享的文件可由一个状态条显示其可得性。这里颜色的解释和进度条很类似。

红色　表示所有已知来源中仍缺少的部分。

不同变化的蓝色　指出有多少来源的供给完毕。

(五)如何搜索文件

1.单击“搜索”菜单，在“名字”下的文本输入框里面输入关键字，“类别”可以选择任意(推荐方式)或者视频(无法搜索 dat 文件)，“方法”最好选择“全局(服务器)”，然后点“开始”，就会发现列出了多个可下载的符合人们要求的文件，如图 8－50 所示。

2.最好选择“来源”多的片子，双击就可以下载了。

3.要保存搜索的文件信息，可以在搜索结果窗口里面，同时按“Ctrl + A”键全选，然后单击鼠标右键，选择“复制 ED2K 链接到剪贴板”，最后剪贴到一个文件中保存即可。

三、迅雷下载

迅雷是鼎鼎大名的下载软件，其独特的优势吸引了越来越多的网民。

(一)迅雷的下载和安装

1.可以通过 http://www.xunlei.sc－vincci.com/index.htm 迅雷官方下载最新版本。

2.下载完成后,单击打开按钮,出现迅雷安装向导程序。

3.单击“下一步”进入安装许可协议,请选择“我同意此协议”。

4.安装程序默认安装目录为:C:\Program Files\Thunder Network\Thunder,单击“浏览”可以自己选择把迅雷程序安装到本地硬盘的任何目录。选择好以后,单击“下一步”。

5.在这里可以选择是否在桌面建立一个迅雷的图标,同时显示了迅雷的安装目录和是否创建桌面图标。如果需要修改单击“上一步”,没有问题的话单击“安装”开始安装迅雷。

6.安装成功后可以选择是否察看自述文件和立即打开迅雷,单击“完成”安装就结束了。

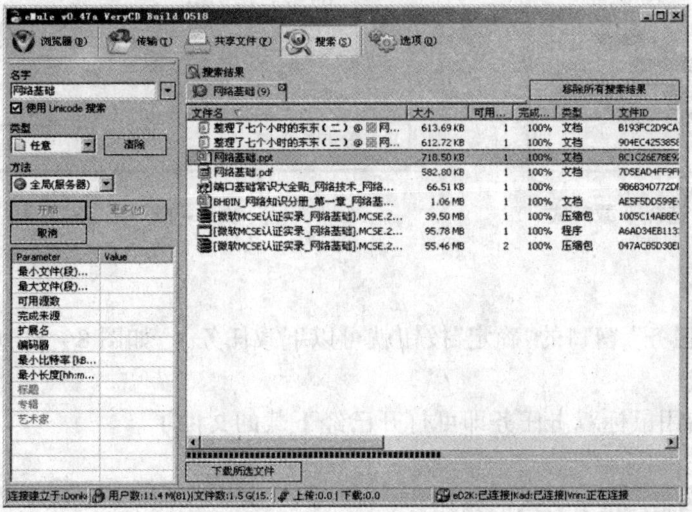

图 8-50 “搜索”对话框

(二)迅雷的使用

通过下载一首 MP3 歌曲为例,介绍迅雷的使用方法。

1.启动迅雷

用鼠标双击桌面迅雷图标启动迅雷,同时在屏幕右下角的任务栏出现迅雷快捷图标。

2.重新启动 IE

第一次安装完成并启动迅雷以后,请重新启动 IE,否则无法使用本软件。

3.使用迅雷

找到要下载的 MP3 歌曲,如李宇春的下雨。右键单击(图 8-51),选择“使用迅雷下载”。

4.新建任务面版

选择“使用迅雷下载”后出现新建任务面板,如图 8-52 所示。

存储目录　在这里可以指定该文件的存放目录。

另存名称　在这里可以更改文件名称,需要注意的是在改名的时候一定要保留原来文件的扩展名。

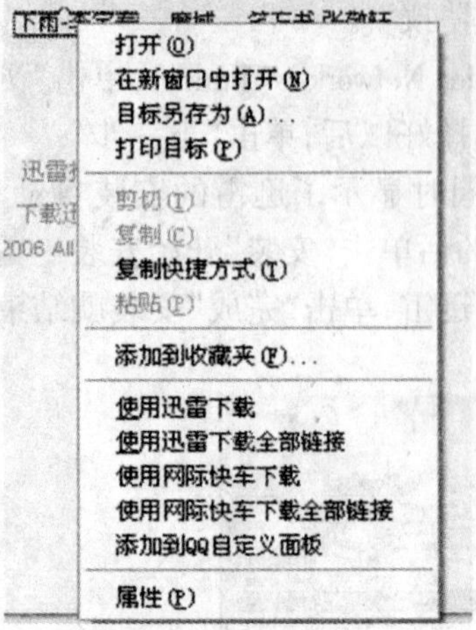

图 8－51　选择下载方式

图 8－52　任 务 面 板

5.下载过程

单击“新建任务” 窗口的“确定”按钮就可以下载任务了,如图 8－53 所示。

6.下载完成

下载完成后用鼠标双击任务即可打开已经下载的文件了。

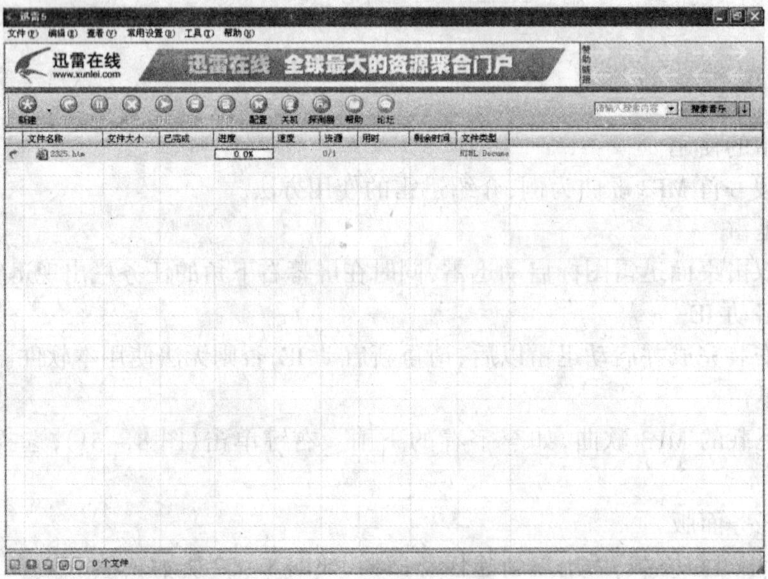

图 8－53　迅雷运行窗口

四、BT 下载

BitTorrent(简称 BT,俗称 BT 下载)是一个多点下载的源码公开的 P2P 软件,使用非常方便,就像一个浏览器插件,很适合新发布的热门下载。

BitTorrent 采用了全新的集群下载方式，也就是说用户建立了一个下载链接之后，计算机同时也就是一个服务器，能够向其他网友提供已经下载部分的文件。这样虽然表面上是下载某个文件，但它有可能是从好几台计算机上同时下载的，因此不仅能够保证较快的下载速度，更可以在部分网友关闭计算机之后继续下载任务。

BT 下载的优点　下载速度快、资源分布广、对服务器造成的负担较小、用户可自行发布 BT 资源、完全不用担心盗链问题。下载速度最高可达 1000K/秒(10M 带宽)。一般来说，如果种子数足够的话，下载速度一般可以达到网络速度的极限值。

BT 下载的缺点　每一个 BT 资源都有时效性，例如 1 个月前的 BT 资源，现在多半是无效的，也就是通常说的“没种子了”。反过来看，BT 最适合下载新兴热门的资源，如电影、音乐等。

习　题

1. WinZip 分卷压缩和 WinZip 对文件的分割是一样的吗，它们之间能否相互转换？
2. 常用的压缩文件扩展名有哪些，使用哪些工具可以打开这些文件？
3. 分别用 WinZip 软件和 WinRAR 软件压缩同一个文本文件、图片文件、音乐文件，比较它们的压缩比。
4. Winamp 是否能播放视频文件？
5. 如何更换 Winamp 的皮肤？
6. 如何用 Winamp 进行音频格式转换？
7. 如何用 Winamp 收听收看网络媒体？
8. 如何利用 FlashGet 修复损坏的 Zip 文件？
9. 如何使用 FlashGet 的管理功能，如何设置缺少下载目录？

第九章 计算机安全

主要内容 本章主要介绍计算机病毒防治的基本知识以及如何保证计算机的安全。

重点掌握 用杀毒软件查、杀计算机病毒。

第一节 计算机病毒概述

一、计算机病毒

病毒指编制或者在计算机程序中插入的破坏计算机功能或者破坏数据、影响计算机使用并且能够自我复制的一组计算机指令或程序代码。

病毒不是天然存在的，是人故意编制的；是程序，特殊的程序。

计算机病毒一般有两种状态，静态和动态。静态占用一部分存储空间，不攻击系统。动态病毒被激活时，造成各种情况，如死机、运行缓慢等，甚至造成系统崩溃。

二、计算机病毒的危害

计算机病毒按照种类不同，对计算机系统的危害也不同。有些病毒只是占用系统的资源，干扰用户的工作，例如在屏幕上显示一些莫名其妙的图案等。有些病毒却破坏系统的资源，造成用户文件的损坏或丢失，甚至使计算机系统瘫痪，这类病毒称为恶性病毒。近几年来，恶性病毒的种类越来越多，通过互联网、电子邮件等方式进行广泛传播，危害也越来越大。例如1998年开始出现的CIH病毒，可以摧毁主板BIOS程序。CIH病毒曾使全球众多的计算机系统发生瘫痪。我国许多计算机也曾遭受过重大的损失。

三、计算机病毒的特点

1.传染性

这是病毒的重要特征，计算机病毒都具有自我复制能力，它能够在计算机系统中进行传播和扩散。当运行被计算机病毒感染的程序以后，可以很快地感染其他程序，继而扩散到整个计算机系统。特别是在计算机网络中，传染的速度更快，危害的程度也更大。

2.隐蔽性

这是计算机病毒的又一特点。病毒程序在发作以前不容易被用户发现，它们有的隐藏在计算机操作系统的引导扇区中，有的隐藏在硬盘分区表中，有的隐藏在可执行文件或用户的数据文件中以及其他介质之中。

3.潜伏性

有些计算机病毒在侵入计算机系统后，立即发作，但有许多计算机病毒潜伏在正常的程序之中，不是立即发作，而是等待一定的激发条件，如日期、时间、文件运行的次数等。这些激发条件是病毒设计者预先设定的，这些病毒就像定时炸弹一样，一旦激发条件出现，便立即发作危害计算机系统。例如前面提到的CIH病毒，发作时间是4月26日，还有一种CIH

病毒的变种,发作日期是每月26日。

4.破坏性

这是计算机病毒的主要特点,也是计算机病毒的目的。病毒一旦发作,便占用系统资源,破坏计算机数据,甚至使系统崩溃,破坏计算机硬件等。

5.非授权可执行性

病毒的执行,并不是计算机预定的,而是其窃取了系统的控制权,得以抢先运行,而用户还以为在执行正常的程序。

四、计算机病毒的分类

1.按破坏性分

(1)良性病毒　破坏程度比较低,一般是一些恶作剧,占用系统存储空间等。

(2)恶性病毒　破坏程度大,危害性大。

2.按寄生方式和传染途径分

(1)引导型病毒　把自身嵌入或把自身的一部分存于硬盘或软盘的引导区内,而把磁盘引导区的引导记录及自身的其他部分隐藏于磁盘的另外区间,或改写硬盘上的分区表。主要是破坏引导区,从而获得CPU的控制权。如小球病毒。

(2)文件型病毒　主要以感染扩展名为.com,.exe和.ovl等可执行程序为主。它的驻留必须借助一个载体程序,即要运行病毒的载体程序,才能使病毒进入内存。

(3)复合(混合)型病毒　具有引导型和文件型病毒的特征。

3.按链接方式分

(1)源码型病毒　攻击高级语言编写的程序。

(2)入侵型病毒　侵入主程序,替代程序中某部分功能模块或堆栈区,不破坏主程序,这种病毒难以清除。

(3)操作系统型病毒　用自身引导部分进入或替代部分操作系统代码程序。

(4)外壳型病毒　存在于主程序周围,一般不对源程序的逻辑结构进行修改。这种病毒较常见。

4.特殊类型病毒

(1)宏病毒　一种寄存于文档或模板的宏中的计算机病毒。

特点:一旦该文档打开,病毒激活,就转移到计算机上,并驻留在normal模板上,以后所有自动保存的文档都会感染上。

(2)特洛伊木马和蠕虫程序

①特洛伊木马　不被划为病毒,因为它不复制自身。假装成游戏或常用工具,其实对计算机有一定的破坏,如格式化磁盘等。

②蠕虫程序　复制自身,但不感染文件。占用系统资源,影响系统效率。一般通过网络传播。

第二节 计算机病毒的检测与清除

一、常见的计算机病毒

1. CIH病毒

一个纯粹的Windows95/98文件型病毒。破坏主板及硬盘等硬件。

2. VBS. LoveLetter(我爱你)病毒

2000年5月4日出现的,一种通过电子邮件传播的病毒。其主题为"I LOVE YOU",并包含一个附件,一旦打开该邮件,系统会自动复制并向地址簿中的所有地址发送该病毒。

3. elissa病毒

一种宏病毒,主要通过电子邮件的附件文档中的宏功能实现传播的。在本机上则通过感染模板文件normal.dot实现文档间的病毒传播。该病毒感染的邮件标题通常为Subject: important Message From <name>,其中<name>是发送者的全名。

4. One Half病毒

当用带有该病毒的盘引导系统时,病毒会驻留内存,并将硬盘信息加密,感染硬盘的主引导区和.com,.exe文件,并能在网络中交叉感染病毒。

二、计算机病毒的检测与清除

1. 计算机病毒的检测

如何知道计算机是否感染了病毒呢？当发生了下列现象时,应该想到计算机有可能感染了病毒。

(1)显示器上出现了莫名其妙的数据或图案。

(2)数据或文件发生丢失。

(3)程序的长度发生了改变。

(4)程序运行发生异常。

(5)磁盘的空间发生了改变,明显缩小。

(6)系统运行速度明显减慢。

(7)经常发生死机现象。

(8)访问外设时发生异常,例如不能正确打印等。

2. 如果发现有计算机病毒感染的迹象,应及时用反病毒软件进行检测,及时清除病毒。

(1)计算机病毒的消除。

(2)杀毒软件消除方法。

(3)保存主引导区信息。

(4)DOS分区恢复的方法。

(5)程序覆盖方法。

(6)低级格式化或格式化硬盘。

(7)手工清除方法。

三、抗病毒软件的使用

为了对付计算机病毒，我国许多部门、研究所和大学，研究和出售了各种计算机病毒检测和清除软件，有效地制止了病毒的传播。

常备一种或几种反病毒软件，对保证计算机系统的安全是非常必要的。目前市场上有很多种反病毒软件，下面介绍几种比较著名的反病毒软件。购买这些软件的用户可以通过电话得到技术支持，也可以在网上得到技术支持和升级服务。

1.杀毒工具软件 KILL

K1LL 是中国金辰公司推出的杀毒软件，KILL 的开发是建立在对病毒的剖析基础上，能对已感染病毒的系统和程序进行检测和恢复。KILL 的程序库中存有各种病毒的具体结构和特征，因此能准确地找到感染病毒的名称及具体位置，对被感染的系统和文件可靠地进行恢复。KIIL 可以处理目前国内已经出现的各类病毒，特别是国产病毒及其变种。KILL 充分考虑了用户的技术水平，尽量减少对用户的要求，不需用户对病毒有过多了解。

KILL 的实时监控功能可实时对访问的文件进行监视，可在染毒文件被打开之前弹出报警提示，用户可以直接选择处理方案。KIIL 在处理染毒文件时提供了多种处理方式：治愈（清除）、改名、移动、报告、删除。这种多处理方式的优点是，在某些情况下，有些文件可能出现问题，而造成无法正常清除、恢复的情况。这时用户可以选择其他方式处理染毒文件，可将染毒文件改名（对于可执行文件，改名后便可使其无法运行，无法再激活其中的病毒）或移动（可将染毒文件移动到特殊的目录中，进行隔离）或删除（直接将染毒的文件删掉，除掉病毒源）。

KILL 反病毒软件还提供了预定扫描功能，通过设置可让 KILL 软件在固定的某月、某天的某一时刻自动启动进行扫描。可以让用户利用计算机固定的闲置时间或无人看管的时候进行病毒扫描工作，以提高工作效率。

2.金山毒霸

金山公司的产品，独创的双杀毒引擎技术，提供加倍的保护。具有完善的实时监控功能，并可上网更新。

金山毒霸是金山公司推出的反病毒软件，可以查、杀恶性 CIH 病毒、各类宏病毒和蠕虫病毒及数百种黑客程序和特洛伊木马等 2 万多种病毒，可检测 ZIP、CAB、ARJ、RAR 等十多种流行压缩文件内病毒，查、杀各类电子邮件病毒，并具有实时监测来自光盘、软盘、互联网、局域网等各种途径的病毒等防火墙功能。

金山毒霸支持 DOS、Windows NT/2000/XP 等操作系统，提供定时杀毒、局域网杀毒、硬盘修复、任务管理、查毒日志等功能。

3.瑞星杀毒软件

北京瑞星科技股份有限公司（简称瑞星公司），是以研究、开发、生产及销售计算机反病毒产品和反“网络黑客”产品为主的高科技企业。瑞星杀毒软件是北京瑞星电脑公司的产品，有多个版本。

早期生产的“瑞星防病毒卡”曾有很高的知名度，从 1996 年起推出“瑞星杀毒软件”后，又陆续推出了 8．0 版、9．0 版及瑞星世纪版。瑞星世纪版杀毒软件增加了实时监控的防火墙功能，可检测、清除并实时监控多种压缩文件中的病毒与黑客程序，修复被感染、破坏的数据或系统等，维护计算机网络与信息的安全。

瑞星杀毒软件可以对各种恶性病毒如 CIH、Melisa、Happy 99 等病毒进行查找、清除和实时监控，能全面清除感染 DOS、windows NT/2000/XP 等多种操作系统的病毒以及危害计算机网络信息安全的各种“黑客”程序。

瑞星公司推出了新产品“瑞星杀毒软件”2006 版，为用户增加了电子邮件系统保护功能，并配置了压缩格式的文件杀毒功能，提升对未知病毒、变种病毒、黑客木马、恶意网页等新型病毒的查杀能力。

下面详细介绍使用瑞星杀毒软件。

(1)瑞星杀毒软件的启动　瑞星杀毒软件安装完成后，打开 Windows 任务栏上的“开始”菜单，依次进入“程序”、“瑞星杀毒软件”子菜单，单击“瑞星杀毒软件”菜单项，或双击桌面上的“瑞星杀毒软件”图标，即可启动瑞星杀毒软件，启动完成后的主界面如图 9－1 所示。

主程序界面上端是标题栏和菜单栏，左侧是显示当前待扫描的目标的“查杀目录”子窗口。在右窗口上方，显示了软件的当前版本和更新日期。在右窗口中央区域是信息中心，在未连接网络的情况下显示瑞星杀毒软件徽标，在连接网络的情况下显示瑞星网站主页，在查杀病毒时显示病毒的详细信息，在下方还会显示扫描病毒的进度条。在右窗口下方，包括“杀毒”、“升级” 和“服务”三个主要操作按钮。最下端是杀毒时提供情况显示的状态栏。

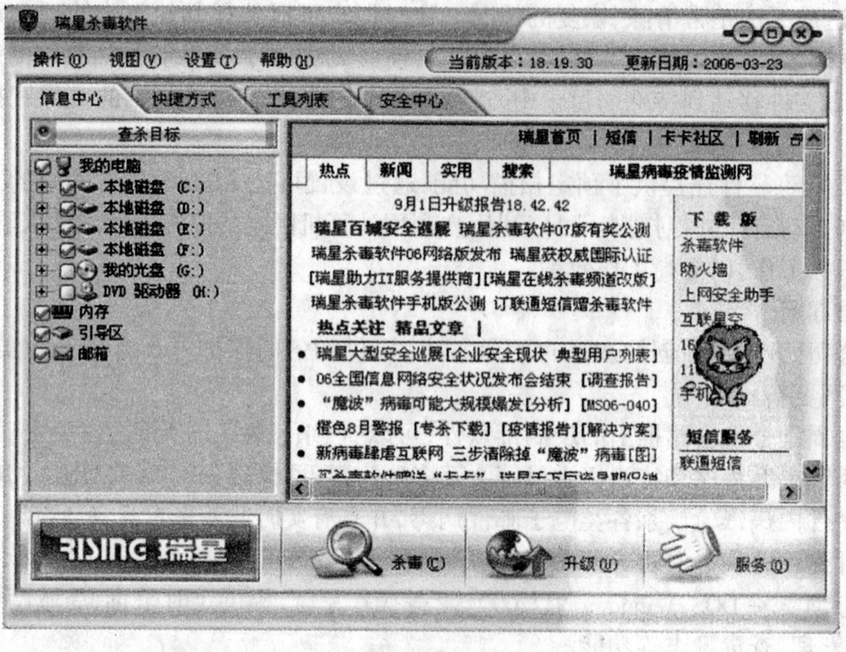

图 9－1　瑞星杀毒软件

(2)瑞星查杀病毒　瑞星杀毒软件的查杀范围包括“我的电脑”中的各个驱动器、内存、引导区和电子邮件。具体查杀的方法如下。

在查杀目录子窗口中选定要查杀的对象，确定要扫描的文件夹或者其他目标，在“查杀目录”中打勾的目录即是当前选定的查杀目标。

单击“杀毒”按钮，即可对所选对象开始查杀病毒。例如选择路径为 D:，开始查杀病毒后的界面如图 9－2 所示。

扫描过程中可随时点击“暂停杀毒”按钮来暂时停止扫描，按“继续杀毒”按钮则继续扫描，或点击“停止杀毒”按钮来停止扫描。扫描中，带毒文件或系统的名称、所在文件夹、病毒名称将显示在查毒结果栏内，可以使用右键菜单对染毒文件进行处理。

系统在查毒时如果检测到病毒，默认情况下会弹出“询问”对话框，询问用户如何处理，在此可以单击“杀毒”按钮进行杀毒，也可以单击“删除”按钮直接删除有毒文件，或者单击“忽略”按钮不处理这个有毒的文件。

在查杀病毒完成后，或在杀毒中途单击“停止”按钮中止杀毒后，将弹出“杀毒结束”对话框，报告查杀病毒情况，包括共查文件个数、查到多少病毒以及耗时多少等信息，如图 9－3 所示。

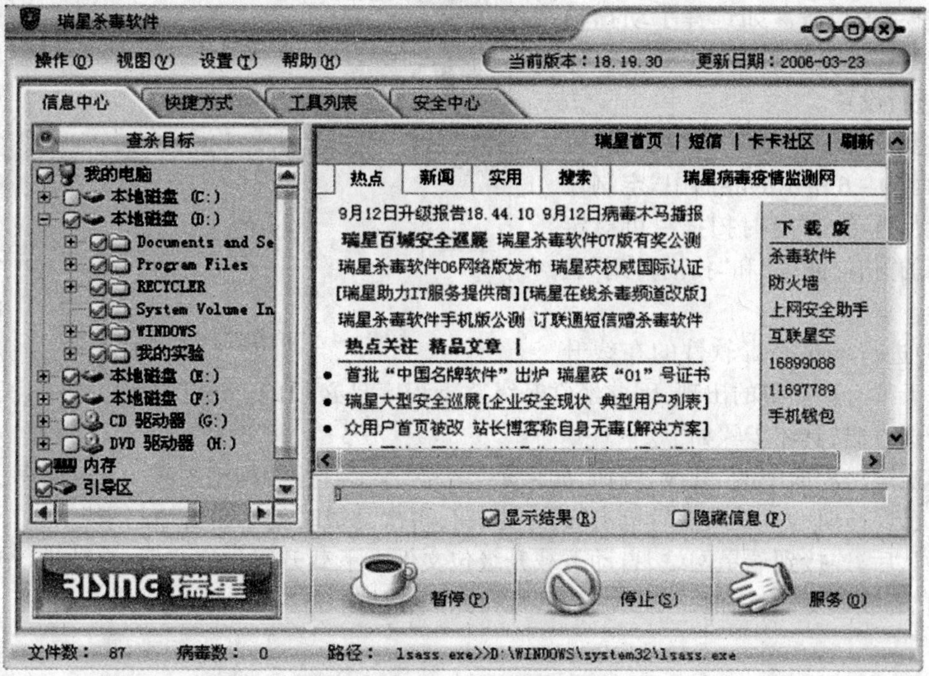

图 9－2 杀毒样图

(3)使用瑞星的病毒实时监控及邮件监控功能 安装完瑞星杀毒软件后默认情况下在计算机系统启动后会自动启动瑞星病毒监控程序，在桌面任务栏的右下角会出现“绿伞”图标。如果没有自动启动监控程序也可单击“开始”菜单后依次选择“程序”、“瑞星杀毒软件”、“瑞星监控中心”来启动实时监控功能。

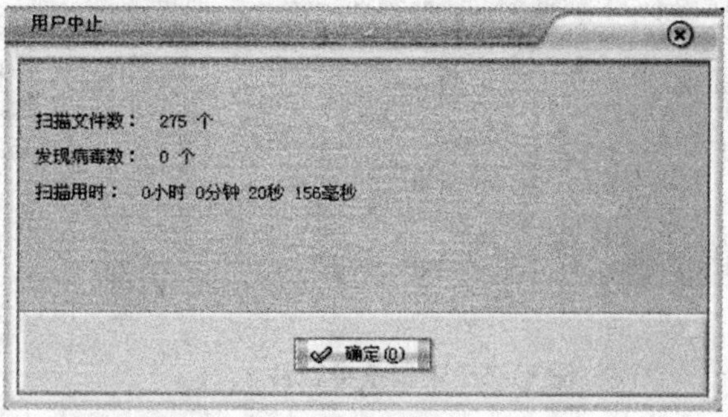

图 9－3 报告查杀病毒结果样图

瑞星监控中心包括文件监控、邮件监控、内存监控、网页监控、注册表监控、引导区监控和漏洞攻击监控。监控功能可以保护用户在打开文件、收发电子邮件和浏览网页时查杀和截获病毒，从而全面保护计算机系统不受病毒侵害。

用户也可以设定是否要打开对某一项的监控，方法是右键单击任务栏的右下角的“绿伞”图标，再单击快捷菜单中的“瑞星监控中心”(图 9－4)，弹出“瑞星监控中心”对话框，在此可以实现打开或关闭对相应对象的监控。

(4)进行杀毒与定时杀毒设置

单击如图 9－5 所示的瑞星杀毒软件界面中的“菜单→详细设置”，打开“瑞星设置”对话框，如图 9－6 所示。其中包括“手动扫描”、“快速扫描”、“计算机监控”等设置。如选择手动扫描后，可对“病毒隔离系统”和“查杀文件类型”进行设置。

如要设置瑞星定时杀毒功能，可单击如图 9－6 所示的界面中“定制任务”选项，再单击“定时扫描”，可对定时杀毒的“扫描频率”和“扫描时刻”进行设置。

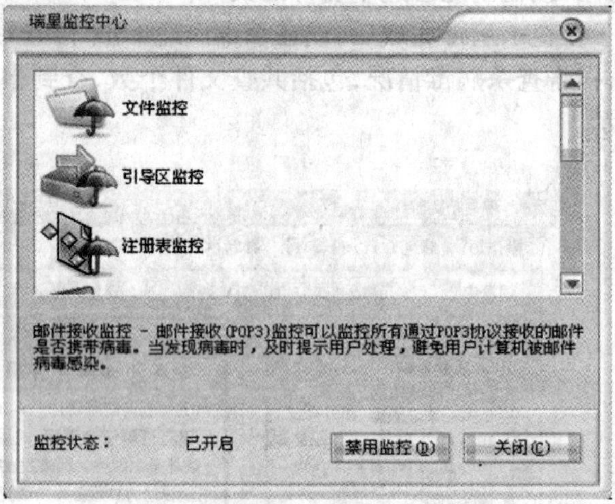

图 9－4 “瑞星监控中心”对话框

(5)进行瑞星杀毒软件的在线升级 每天都有新病毒的出现，因此经常升级杀毒程序是必须的。瑞星向用户提供了方便的在线升级方法，具体步骤如下。

单击瑞星界面中的“升级”按钮，如果是第一次，就会打开“网络授权 ID”对话框，提示用户填入已经注册的 ID 号，然后单击“确定”按钮，再次升级时就不需要填写了。

确认后，连接到瑞星网站，自动下载升级包文件。下载升级包完成后，自动进行升级，成后弹出“升级成功”对话框。单击“确定”按钮完成在线升级。

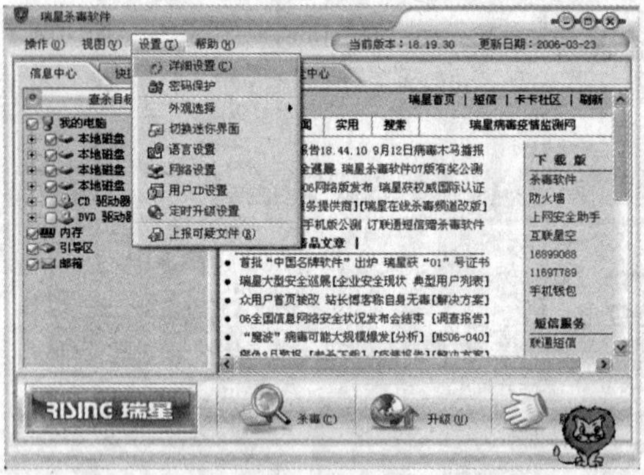

图 9－5 瑞星杀毒软件

图 9－6 “瑞星设置”对话框

第三节 计算机病毒的预防

采取以下措施,可以有效地预防计算机感染病毒。

1.应准备一种或几种反病毒软件,经常或定期检测计算机,以便病毒感染后能及时发现,及时清除。

2.安装具有实时监测功能的反病毒软件或防病毒卡,防止计算机病毒的侵袭。

3.一定要及时对硬盘的分区表及重要的文件做备份,以便一旦系统遭到破坏,可以及时恢复。分区表是用于管理、记忆文件在磁盘空间存储位置的,有些反病毒软件具有备份分区表的功能。

4.不要使用盗版软件及来路不明的软盘或光盘。

5.需要使用外来的软盘或光盘时,先进行检查,确保没有病毒时再使用。

6.对不需写入数据的磁盘进行写保护处理。

7.定期对文件做备份,培养随时进行备份的良好习惯。

8.有些计算机病毒有特定的发作日期,例如CIH病毒是每月26日发作。当某种病毒流行的时候,应尽量避免在病毒发作的日期开机,或事先调整系统日期,避开病毒发作的日期。

9.及时升级防病毒软件的病毒库。

第四节 计算机网络安全

网络安全是一门涉及计算机科学、网络技术、通信技术、密码技术、信息安全技术、应用数学、数论、信息论等多种学科的综合性学科。

网络安全包括系统安全和信息安全。

系统安全是指如何保证系统正常运行。一个网络是由许多部件组成的,包括交换机、集线器、路由器、防火墙、主机、调制解调器等,系统安全要求保证所有部件和网络整体能够正常运行。

信息安全主要面对在网络中传输的数据的保密性、完整性和可用性。信息安全主要依靠加密技术来保证,运用加密技术可以保证在网络中传递的数据不被非法获取,不被篡改、插入、录制重放,还可以保证人与人之间的认证、防止抵赖等。

一、计算机网络的不安全因素

1.非法访问和破坏(“黑客”攻击)

人为的恶意攻击是计算机网络所面临的最大威胁,计算机犯罪就属于这一类。此类攻击又可经分为两种,一种是主动攻击,它以各种方式有选择地破坏信息的有效性和完整性;另一种是被动攻击,它是在不影响网络正常工作的情况下,进行截获、窃取、破译以获得重要机密信息。

2.病毒问题

计算机病毒是具有不断自我复制和传播行为的计算机程序。随着计算机网络的出现,计算机病毒也有了发展,因为当前的计算机网络基本上还是一个自由开放的系统,这种环境非常适合于病毒的发展。

3.管理的欠缺

安全和管理是分不开的,即便有好的安全设备和系统,没有一套好的安全管理方法并贯彻实施,安全就是空谈。

4.网络的缺陷及软件的漏洞

网络软件一般不可能是百分之百的无缺陷和无漏洞的。然而这些漏洞和缺陷恰恰是黑客进行攻击的首选目标。另外,软件的“后门”都是软件公司的设计编程人员为了自己的方便而设置的,一般不为人知。但一旦“后门”洞开,其造成的后果将不堪设想。

二、计算机网络的安全防范

在网络安全领域,攻击随时可能发生,系统随时可能崩溃,因此必须一年365天、一天24小时地监视网络系统的状态。这些工作仅靠人工完成是不可能的,必须借助先进的技术和工具来完成,以保证计算机的网络安全。

1.防火墙技术

防火墙是一个或一组网络设备(计算机系统或路由器等),用于在两个或多个网络间加强访问控制,其目的是保护一个网络不受来自另一个网络的攻击。

防火墙 = 过滤器 + 安全策略

2.网络反病毒技术

(1)预防病毒技术　预防病毒技术通过自身常驻系统内存,优先获得系统的控制权,监视和判断系统中是否有病毒存在,进而阻止计算机病毒进入计算机系统和对系统进行破坏。它包括加密可执行程序、引导区保护、系统监控与读写控制(如防病毒卡)等。

(2)检测病毒技术　通过计算机病毒的特征进行判断的技术,如自身校验、关键字、文件长度的变化等。

(3)杀毒技术　通过对病毒的分析,开发具有删除病毒程序并恢复原文件的软件,如对网络服务器中的文件进行频繁的扫描和监测;在工作站上采用防病毒芯片和对网络目录及文件设置访问权限等。

3.国际互联网的安全管理防范策略

包括法律制度规范、管理制度约束、道德规范及进行宣传教育。

4.国际互联网的安全技术防范策略

即开发和安装一些安全防护产品。

计算机的安全问题,特别是网络的安全问题应引起关注。使用计算机的同时,也要注意使用的安全性。

习　题

1.计算机病毒指的是________。

A.生物病毒　B.细菌　C.被损坏的程序　D.具有破坏性的特殊程序

2.计算机病毒的危害性表现在________。

A.能造成计算机器件永久性失效

B.影响程序的执行,破坏用户数据与程序

C.不影响计算机的运行速度

D.不影响计算机的运算结果,不必采取措施

3.计算机病毒是一段程序,以下________不是病毒的特征

A.破坏性　　B.传播性　　C.无规律性　　D.潜伏性

4.单个微机之间"病毒传染"媒介是________。

A.键盘输入　　B.硬盘　　C.软盘　　D.电磁波

5.目前使用的防杀病毒软件的作用是________。

A.检查计算机是否感染病毒,消除已感染的任何病毒

B.杜绝病毒对计算机的侵害

C.检查计算机是否感染病毒,消除部分已感染的病毒

D.查出已感染的任何病毒,消除部分已感染的病毒

附 录

附录一 ASCII 码表

高位 低位		0	1	2	3	4	5	6	7
		000	001	010	011	100	101	110	111
0	0000	Ctrl + 2	Ctrl + P	空格	0	@	P	‘	p
1	0001	Ctrl + A	Ctrl + Q	!	1	A	Q	a	q
2	0010	Ctrl + B	Ctrl + R	“”	2	B	R	b	r
3	0011	Ctrl + C	Ctrl + S	#	3	C	S	c	s
4	0100	Ctrl + D	Ctrl + T	$	4	D	T	d	t
5	01401	Ctrl + E	Ctrl + U	%	5	E	U	e	u
6	0110	Ctrl + F	Ctrl + V	&	6	F	V	f	v
7	0111	Ctrl + G	Ctrl + W	‘	7	G	W	g	w
8	1000	BS	Ctrl + X	(	8	H	X	h	x
9	1001	→	Ctrl + Y	)	9	I	Y	i	y
A	1010	Ctrl + J	Ctrl + Z	*	:	J	Z	j	z
B	1011	Ctrl + K	Esc	+	;	K	[	k	{
C	1100	Ctrl + L	Ctrl + \	,	<	L	\	l	|
D	1101	←	Ctrl +]	-	=	M	]	m	}
E	1110	Ctrl + N	Ctrl + 6	.	>	N	^	n	~
F	1111	Ctrl + O	Ctrl + -	/	?	O	_	o	Ctrl + ←

附录二 五笔字根键盘总图及助记词

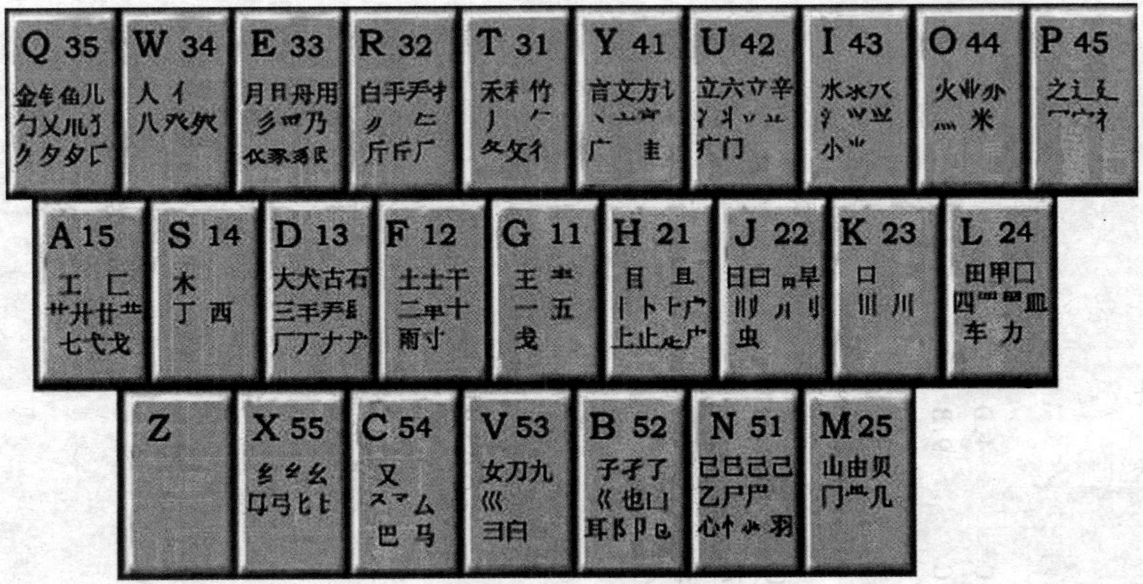

五笔字型助记词

G:王旁青头戋五一
F:土士二干十寸雨
一二还有革字底
D:大犬三羊古石厂
羊有直斜套去大
百有尤头在一三
S:木丁西,字根稀
A:工弋草头右框七
戈廿共上一五取
H:目具上止卜虎皮
J:日横扁虫早
两竖刀变撇
K:口与川,三竖稀
L:田甲方框四车力
黑置取头再加皿
M:山由贝
下框骨头几
T:禾竹一撇双立人
反文条头撇一横
R:白手看头三二斤
E:月衫乃用家衣底
爱头豹脚舟下取
W:人和八,单立人
登祭取字头
Q:金字金旁勺无点
鱼儿反犬乂尾巴
多点少点三个夕
荒慌流底氏无七
Y:言字言旁方文广
高头一捺谁人去
U:立辛两点六门疒
两点有水竖无横
I:水水缺竖三点水
学头兴头小光头
O:火业头,四点米
P:之字走之建字底
宝盖神旁缺了点
N:已半已满不出己
左框折尸心和羽
B:子耳了也框向上
左右下耳加两折
V:女刀九臼山朝西
C:又巴马勇头
去脚经右上
X:纟旁去横加点匕
弓字比半母无心

参考答案

第一章

一、选择题

1.A	2.D	3.C	4.D	5.A
6.B	7.A	8.C	9.B	10.B
11.D	12.B			

二、简答题

1.(1)$(32)_{10}=(100000)_2=(40)_8=(20)_{16}$

(2)$(79)_{10}=(1001111)_2=(117)_8=(4F)_{16}$

(3)$(194)_{10}=(11000010)_2=(302)_8=(C2)_{16}$

(4)$(314)_{10}=(100111010)_2=(472)_8=(13A)_{16}$

2.(1)101001B = 41　　(2)101110B = 46

(3)76O = 63　　(4)143O = 97

(5)FAH = 26　　(6)2B6H = 694

3.(1)110111011　　(2)1000　　(3)11010110

4.略

第二章

一、选择题

1.A	2.A	3.B;C	4.C	5.B
6.A	7.B	8.C	9.A	10.C

二、操作题

略

第三章

一、选择题

1.A	2.A	3.C	4.D	5.B
6.A	7.B	8.C	9.A	10.B
11.D	12.C	13.B	14.B	15.B

16.B　17.C　18.C　19.C　20.D
21.C

二、操作题

略

第四章

一、选择题

1.C　2.A　3.B　4.D　5.C
6.B　7.A　8.B　9.B　10.B

二、填空题

1. 3　2.B3:F7　3.XLS　4.排序　5.数据筛选

第五章

一、选择题

1.C　2.D　3.C　4.D　5.D
6.C　7.C　8.D　9.C　10.C

二、填空题

1.演示文稿
2.普通　幻灯片浏览　备注页　幻灯片放映
3.大纲　幻灯片　备注
4.文本框　文字
5.剪贴画　插入剪贴画
6.来自文件
7.幻灯片
8.宣讲者放映　观众自行浏览
9.动作　超
10.根据设计模板　空演示文稿

第六章

一、选择题

1.C　2.C　3.D　4.B　5.A

6.C　　7.C

第七章

略

第八章

略

第九章

1.D　　2.B　　3.C　　4.C　　5.A

参考文献

1.柳青,范幸枝.计算机应用基础.北京:高等教育出版社,2005
2.卢湘鸿.计算机应用教程.北京:清华大学出版社,2002
3.徐士良.计算机公共基础.北京:清华大学出版社,2002
4.许俊.计算机信息技术基础.北京:科学出版社, 2002
5.冷淑华,谷照燕.计算机应用基础.大连:大连理工大学出版社,2004
6.宋清龙.计算机应用基础.北京:高等教育出版社,2004 年 4 月
7.何克抗,周南岳.计算机应用基础.北京:高等教育出版社,2001 年 6 月
8.张学军,夏长富.计算机网络基础.大连:大连理工大学出版社,2002
9.张尧学.计算机网络与 Internet 教程.北京:清华大学出版社,1999
10.杨小平.Internet 应用基础教程.北京:清华大学出版社,2003
11.邵谦谦.Internet 实用教程.北京:希望电子出版社,2002
12.徐翠娟,吕桂友.实用工具软件.大连:大连理工大学出版社,2004
13.宋金珂,孙壮.计算机与信息技术应用基础.北京:中国铁道出版社,2005